Daniel Cruz

FÍSICA E QUÍMICA

Daniel Cruz
Licenciado em Física pela Faculdade de Filosofia,
Ciências e Letras da atual Universidade do
Estado do Rio de Janeiro (UERJ)
Professor concursado do Magistério Público
do Rio de Janeiro

**9º ano do ensino fundamental
8ª série**

tudo é ciências

editora ática

Responsabilidade editorial	João Guizzo
Coordenação da edição	Beatriz Helena de Assis Pereira Isabel Rebelo Roque
Edição de texto e imagem	Ana Caperuto
Pesquisa de texto	Maria Cristina Frota (colaboradora)
Assistência editorial	Ângela Maria Cruz Lúcia Leal Ferreira Regina Aparecida de Melo Garcia (colaboradora)
Revisão	Hélia de Jesus Gonsaga Eliana Antonioli Gloria Cunha Ivana Alves Costa
Pesquisa iconográfica	Sílvio Kligin (coordenação) Caio Mazzilli Ana Vidotti
Programação visual	Andréa Dellamagna
Edição de arte	Margarete Gomes Rivera (coordenação) Andréa Dellamagna
Editoração eletrônica	Andréa Dellamagna Ester Harue Inakake Loide Edelweiss Iizuka AGA estúdio
Ilustradores	Infografe, A.Cocolete, Carlos Avalone, Joel Bueno, Ingeborg Asbach, Luís A. Moura, Osvaldo Sequetin e Paulo Manzi
Capa	Homem de Melo & Tróia Design (programação visual) Andréa Dellamagna (adaptação) Foto de capa: Gancho de metal enferrujado. Victor de Schwanberg/SPL/Latin Stock
Impressão e acabamento	Yangraf Gráfica e Editora

1ª edição
7ª impressão

ISBN 978 85 08 11297 5 (aluno)
ISBN 978 85 08 11298 2 (professor)

2012
Todos os direitos reservados pela Editora Ática
Av. Otaviano Alves de Lima, 4400
5º andar e andar intermediário Ala A
Freguesia do Ó – CEP 02909-900
São Paulo – SP
Tel.: 0800 115152 – Fax: 0(XX)11 3990-1616
www.atica.com.br
editora@atica.com.br

apresentação

Caro aluno

Tudo é Ciências. O nome desta coleção é também uma afirmação.

Experimente olhar à sua volta. Quantos objetos fazem parte de nosso dia a dia e nós nem nos damos conta deles? Observe o material de que são feitos. Examine suas formas. Se você passar a mão em alguns deles, poderá sentir sua textura, perceber sua temperatura. Há alguma janela por perto? Veja o que está lá fora. Há árvores? O que as mantém vivas? Talvez haja também alguns automóveis, pessoas caminhando, alguns animais, como pássaros ou cachorros. O que será que move cada um deles?

Se você fez tudo o que foi proposto até aqui, exercitou algumas das atitudes mais importantes no estudo de Ciências: observar, experimentar, fazer perguntas. Mas não é só: estudar Ciências é também refletir, pesquisar, procurar respostas, elaborar explicações. E mais ainda: estudar Ciências é uma forma de descobrir quanto todos nós temos em comum com os demais seres à nossa volta e como nossas atitudes e escolhas interferem no meio que nos cerca.

Tudo é Ciências vai acompanhar você em todas essas descobertas.

O autor

Conhecendo seu livro

Este é o último dos quatro volumes da sua coleção *Tudo é Ciências*. Ele está organizado em três Unidades, que agrupam os capítulos por temas. Os capítulos são compostos de textos explicativos e de seções de atividades. Mas não é só isso: cada capítulo apresenta grande variedade de fotos, ilustrações e esquemas. Tudo com o objetivo de enriquecer e complementar as informações apresentadas no texto.

Há também diversos tipos de boxe (quadros), que ampliam ainda mais a sua visão sobre cada assunto abordado. Afinal, tudo é mesmo Ciências!

Cada uma das **Unidades** traz, em sua abertura, uma imagem sugestiva, que enfoca um aspecto relevante do tema que será desenvolvido ao longo dos capítulos.

Os **capítulos** também começam com uma ou mais imagens, seguidas de um questionamento. A ideia é que você expresse os conhecimentos que já tem sobre o assunto que será desenvolvido no capítulo.

Nas laterais das páginas do livro você encontra alguns **boxes** cuja função é explicar um conceito – destacado com cor – ou fornecer uma informação complementar sobre o assunto que está sendo desenvolvido.

Há também **boxes** laterais com um pequeno clipe em sua moldura. Sua função, entre outras, é remeter aos outros volumes da coleção ou aos diversos capítulos dentro do próprio volume.

O boxe **Portal Brasil Pesquisa** destaca algumas das contribuições de pesquisadores brasileiros à Ciência e ao desenvolvimento tecnológico. Além dele, o livro apresenta o boxe *História da Ciência*.

Para conectar nossa disciplina – Ciências – com as outras que você estuda ou mesmo com outras áreas e temas interessantes criamos o boxe **Conexão**.

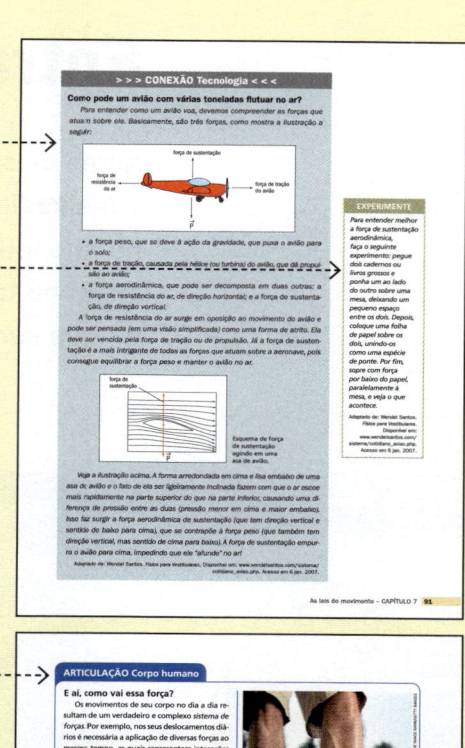

Eventualmente, você também encontrará o boxe **Experimente**, que sugere, por meio de uma atividade prática simples, a verificação de um conceito que você acabou de conhecer.

O boxe **Articulação** faz a interligação entre os quatro livros da coleção; sua moldura é da cor do respectivo volume. Há também boxes *Ampliação*, que trazem informações complementares ao tema do próprio volume – neste caso, a Física e a Química.

No fim de cada capítulo há, em geral, três seções de atividades. A primeira é **Olhe e pense**, cuja finalidade é explorar uma ou mais imagens à luz do que foi estudado no capítulo.

Na seção **Verifique o que aprendeu**, você responde a algumas perguntas sobre o conteúdo do capítulo.

Na seção **A palavra é sua** você relaciona a sua experiência pessoal com o que aprendeu. Finalmente, na seção *Pratique Ciências*, presente apenas em alguns capítulos, é proposta a realização de um experimento para a verificação prática de conceitos desenvolvidos no capítulo.

Sempre que houver referência a uma prática ou experimento que envolva risco, você verá na margem o boxe **Atenção!**. Este livro traz também, depois dos capítulos, uma seção de leitura chamada *Tudo é energia*.

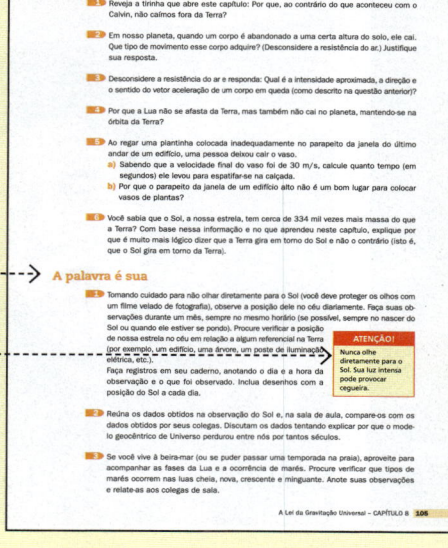

E cada volume da coleção **Tudo é Ciências** conta ainda com materiais complementares na parte final. No livro do 9º ano, temos o Suplemento de Atividades Experimentais, que convida você a pôr em prática alguns dos assuntos estudados no capítulo, e o Caderno de Atividades, com exercícios adicionais.

Conhecendo seu livro 5

Entrando no clima do livro...

Antes de seguir adiante, que tal examinar as imagens destas duas páginas? Elas antecipam um pouco do que você vai aprender no ano letivo que está começando.

Examine também o Sumário, que, de outra maneira, faz um resumo do que será estudado ao longo deste seu livro de Ciências.

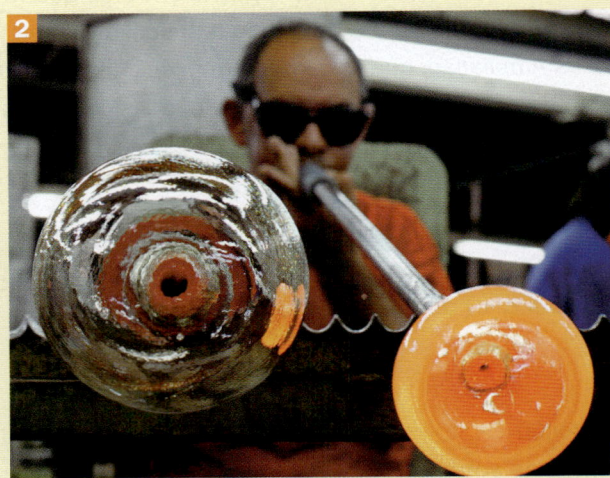

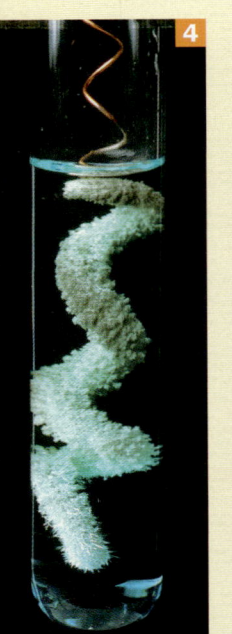

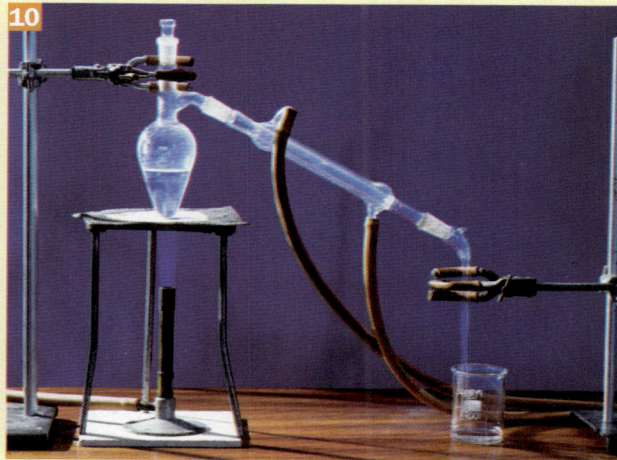

Agora que você já examinou as imagens, procure estabelecer relações entre elas e os assuntos elencados no Sumário. Para isso, elabore, em seu caderno, uma legenda para cada uma das imagens. (A numeração das fotos não corresponde à sequência dos assuntos tratados no livro.)

Entrando no clima do livro... **7**

SUMÁRIO

UNIDADE I
O MUNDO DA FÍSICA E DA QUÍMICA

Capítulo 1 • De que são feitas as coisas? ... 11
A matéria em nosso dia a dia 11
Características gerais da matéria 14
Características específicas da matéria 18

Capítulo 2 • Por dentro da matéria 24
Os estados da matéria 24
A matéria muda de estado 27
A constituição da matéria e a densidade 31

Capítulo 3 • Fenômenos 34
O que são fenômenos? 34
A classificação dos fenômenos 36
Os fenômenos e a energia 38
Tudo é Física, tudo é Química 43

UNIDADE II
O ESTUDO DA FÍSICA

Capítulo 4 • Corpos em movimento 48
O estudo dos movimentos 48
A viagem de um ciclista 52
Movimento em linha reta com velocidade constante 55

Capítulo 5 • Corpos acelerados 60
Movimentos com velocidade variada 60
Movimento em linha reta com aceleração constante 67

Capítulo 6 • Força: ação entre corpos 71
Só para dar uma força... 71
Como se caracteriza uma força? 72
Deixe que eu puxo! Ou: sistema de forças 74

Capítulo 7 • As leis do movimento 84
Força! Saia dessa inércia! 84
Força e inércia 86
Força e movimento 87
Forças de ação e reação 89
A força de atrito 92

Capítulo 8 • A Lei da Gravitação Universal .. 97
Por que não caímos da Terra? 97
A gravidade e o movimento dos planetas 100

Capítulo 9 • Peso e empuxo 106
Quer perder peso? Vá para a Lua... 106
Na banheira com Arquimedes 110

Capítulo 10 • Forças realizam trabalho 116
O que é trabalho? 116
Energia e realização de trabalho 119

Capítulo 11 • Máquinas amplificam forças 126
As máquinas em nossa vida 126

Capítulo 12 • A temperatura dos corpos e o calor 136
Frio ou quente? 136
Para medidas, um medidor 137
Calor: energia em trânsito 142

Capítulo 13 • Calor: fontes, propagação e efeitos 145
A Terra aquecida 145
A propagação do calor 147
Os efeitos do calor 150

Capítulo 14 • As ondas sonoras 156
Som é vibração, som é onda 156
Mais perto das ondas 157
Um mergulho nas ondas sonoras 159

Capítulo 15 • As ondas eletromagnéticas... 167
Um mergulho em outras ondas 167
Enfim, a luz! 172

Capítulo 16 • Fenômenos luminosos: espelhos e lentes 180
Espelhos e lentes: uma questão de imagem 180
A luz refletida e os espelhos 181
A luz refratada e as lentes 184

Capítulo 17 • Os ímãs e o magnetismo ... 191
O que é magnetismo? 191
Os polos de um ímã 193
A constituição dos ímãs 196

Capítulo 18 • A eletricidade 201
Eletricidade: alguns conceitos 201
Os circuitos elétricos 204

UNIDADE III
O ESTUDO DA QUÍMICA

Capítulo 19 • Átomos: a matéria na intimidade 211
As partículas fundamentais da matéria 211
A estrutura atômica atual 213

Capítulo 20 • A organização do conhecimento químico 220
Elementos químicos: versáteis e onipresentes 220
A Tabela Periódica 223

Capítulo 21 • As substâncias químicas ... 230
O segredo é combinar 230
As ligações químicas 230
A representação das substâncias 234

Capítulo 22 • Substâncias puras e misturas 238
O que é substância pura 238
Há mais de um tipo de mistura 239
Como separar misturas? 240

Capítulo 23 • A matéria sofre transformações 246
As transformações da matéria 246
As leis da Química 250

Capítulo 24 • Funções químicas: ácidos e bases 254
Onde encontrar ácidos e bases 254
As funções químicas 255
Os indicadores ácido-base 258

Capítulo 25 • Funções químicas: óxidos e sais 262
Onde encontrar óxidos e sais 262
A caracterização de um óxido 263
A caracterização de um sal 264

Tudo é energia 269
Referências bibliográficas 272

Unidade I
O mundo da Física e da Química

Estamos tão acostumados com os objetos de nosso mundo e com os outros seres vivos com que dividimos o planeta que dificilmente paramos para observá-los mais de perto ou para pensar neles de outros pontos de vista.

No entanto, tudo o que nos rodeia envolve processos que têm sido alvo da curiosidade humana desde muito tempo. E a curiosidade humana foi a principal responsável pelo desenvolvimento da Ciência.

As plantas e o vento que as agita, os objetos que usamos no dia a dia e as indústrias que os produzem, nós mesmos e os outros seres vivos, e até o próprio planeta Terra e seu satélite, a Lua… Nesta primeira Unidade você começará a ver como tudo isso pode constituir o objeto de estudo de dois ramos da Ciência: a Física e a Química.

1 De que são feitas as coisas?

Para que servem os guarda-chuvas? De que eles são feitos?
Uma janela e um copo têm a mesma função? Por que, em geral, o vidro é usado tanto para fabricar janelas como para fazer copos?
De que é formada a água da chuva? Ela é a mesma água que bebemos?
Anote no caderno suas ideias sobre essas questões.

A matéria em nosso dia a dia

Os guarda-chuvas e a chuva, a vidraça e o copo de vidro, a água do copo e até a jovem que bebe essa água são exemplos de **matéria**.

E não é só isso. Tudo o que existe ao nosso redor é matéria: as coisas que usamos ou consumimos no dia a dia, o solo que pisamos, o ar que respiramos, os seres vivos do ambiente, a Lua, os planetas e todos os outros corpos do Sistema Solar, da Via Láctea e dos outros bilhões de galáxias do Universo.

Até onde se sabe, existe matéria em toda parte, isto é, é pouco provável que exista **vácuo absoluto** em alguma parte do Universo. No Sistema Solar, por exemplo, o espaço entre os planetas e outros corpos está preenchido por matéria, na forma de gás hidrogênio e outros gases, ainda que em concentrações muito pequenas.

> Podemos definir **matéria** como tudo aquilo que existe, que ocupa lugar no espaço.

> A ausência total de matéria é denominada **vácuo absoluto**.

De que são feitas as coisas? – CAPÍTULO 1   **11**

> Em Química e Física, uma quantidade limitada de matéria é chamada de **corpo**.

■ A matéria e os corpos

Vidro e madeira são matéria. Com o vidro, um vidraceiro pode produzir, por exemplo, copos e vasos para flores. Copos e vasos, então, são quantidades limitadas de um tipo de matéria, o vidro.

Com a madeira, um marceneiro faz uma mesa e cadeiras. Mesa e cadeiras são, portanto, quantidades limitadas de outro tipo de matéria, a madeira.

Copo, vaso, mesa, cadeira e outros objetos que representam porções limitadas de matéria são chamados genericamente de **corpos**.

O vidro utilizado na fabricação de objetos é produzido industrialmente com material extraído do solo.
Na foto, um homem sopra a massa de vidro fundido para a produção de um recipiente.

A madeira é produzida pelas árvores. Na foto, corte em tronco de eucalipto.

Vidro e madeira são *matéria*. O vaso de vidro e a mesa de madeira são *corpos*.

■ A matéria e as substâncias

Tanto a madeira quanto o vidro são, na verdade, misturas de vários tipos de matéria.

Cada tipo de matéria que compõe o vidro e a madeira pode ser chamado genericamente de *substância*. As principais substâncias que formam a madeira são a celulose e a lignina. Já a principal substância do vidro é a sílica, que também forma os grãos de areia.

12 UNIDADE I – O mundo da Física e da Química

História da Ciência

Há mais de 4 mil anos

Acredita-se que o processo de produção do vidro tenha sido descoberto por acaso, por navegadores fenícios, por volta de 2500 a.C. Em suas paradas no litoral, esses marinheiros teriam percebido que o calor das fogueiras que faziam transformava a mistura de areia e outros materiais da praia em um material fluido mas muito viscoso, que, quando resfriado, tornava-se rígido, transparente à luz e impermeável. Ou seja, o vidro.

Hoje se sabe que para produzir vidro é preciso fundir (derreter) a areia misturada a substâncias que contenham sódio (como o carbonato de sódio, que existe em certas algas marinhas) e cálcio (como o calcário, material das conchas que encontramos na areia das praias).

> Consulte um dicionário sempre que encontrar uma palavra nova, ou quando tiver dúvida sobre o significado de um termo.

A água que bebemos contém muitas substâncias dissolvidas, ainda que em quantidades muito pequenas. Mas é fácil separar a água dessas outras substâncias: primeiro, aquecemos a água até a fervura e recolhemos o vapor; quando o vapor voltar ao estado líquido teremos água praticamente pura. Observe as fotos:

A água foi levada ao fogo. A tampa da panela está seca.

A água já está fervendo. Note o vapor escapando da panela.

Formaram-se gotinhas de água líquida na parte interna da tampa.

A água da panela transformou-se em vapor. O vapor encontrou uma superfície mais fria, a tampa, e voltou ao estado líquido, formando as gotículas de água. Essa água é praticamente pura, isto é, não está misturada a nenhuma outra substância.

Se dividirmos cada gotícula de água em porções cada vez menores, chegaremos à menor porção possível dessa substância: a *molécula* de água, formada por dois *átomos* de hidrogênio (H) e um *átomo* de oxigênio (O) e representada pela fórmula H_2O.

> Você aprenderá mais sobre os átomos e as moléculas no capítulo 19, na Unidade III – *O estudo da Química* – deste volume.

> **Modelo** é uma representação, em três dimensões e em tamanho maior ou menor, de alguma coisa que existe na realidade, construído para ajudar na explicação de certos conceitos.

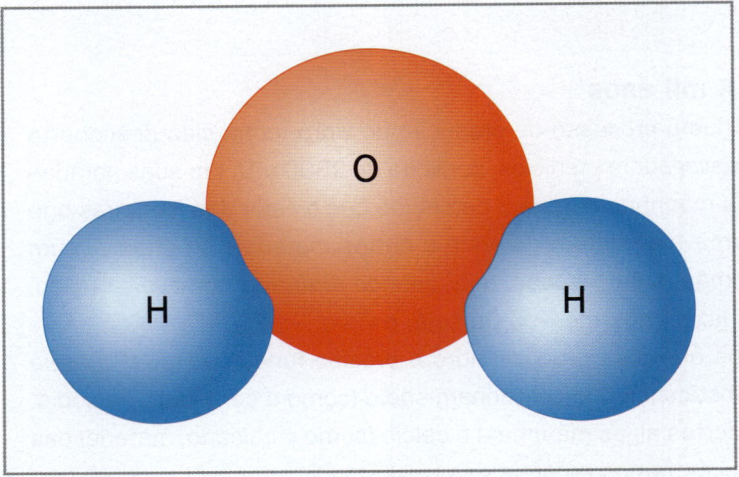

Uma molécula de água também pode ser representada pelo modelo ao lado: as esferas azuis representam átomos de hidrogênio e a esfera vermelha representa um átomo de oxigênio.

A matéria formada apenas de moléculas de H_2O é a **substância química** água, que tem algumas características constantes (isto é, que não se alteram): é incolor, inodora e insípida, e, sob pressão normal, é líquida à temperatura ambiente, ferve a 100 °C e congela a 0 °C.

AMPLIAÇÃO Física e Química

Condições normais de pressão e temperatura ambiente

Em estudos de Física e Química é comum falarmos em temperatura ambiente e pressão normal. Saiba que temperatura ambiente é a temperatura do ambiente do laboratório, estabelecida por convenção, e corresponde a valores entre 22 °C e 28 °C, e que pressão normal é, também por convenção, a pressão exercida pela coluna de ar sobre os materiais ao nível do mar e corresponde a 1 atmosfera (1 atm). É importante fornecer essas informações quando se fala de características das substâncias porque algumas delas variam com a pressão e a temperatura.

> A matéria isolada que possui um conjunto de propriedades constantes e é formada por certos átomos em proporções definidas é chamada de **substância química**.

Assim como a água, todas as substâncias químicas conhecidas são formadas por átomos em proporções determinadas e podem ser representadas por fórmulas químicas. Por exemplo, o oxigênio que respiramos é um gás formado por átomos de oxigênio (O) e representado pela fórmula O_2; já o gás que eliminamos na respiração, o gás carbônico, é formado por átomos de oxigênio (O) e de carbono (C) na proporção 2 : 1 (lê-se dois para um) e representado pela fórmula CO_2.

Características gerais da matéria

Você já viu que *matéria é qualquer coisa que existe, que ocupa lugar no espaço*. Já sabe também que a matéria é formada por átomos (que podemos chamar simplesmente de partículas). *Ocupar lugar*, isto é, *ter extensão* (ou *volume*) e *ser formada por partículas* são características comuns a todos os tipos de matéria e, por essa razão, são chamadas de *propriedades gerais* da matéria.

Veja este exemplo: os morangos preenchem todo o espaço disponível nas caixas, e as caixas preenchem todo o espaço disponível na prateleira. Os morangos e as caixas são constituídos de matéria e, portanto, têm extensão, isto é, volume.

Mas a matéria tem outras propriedades gerais. Vamos estudar algumas das mais importantes: a *impenetrabilidade*, a *divisibilidade*, a *compressibilidade*, a *elasticidade*, a *massa* e a *inércia*.

Impenetrabilidade. Você já tentou colocar dois objetos no mesmo lugar, no mesmo momento? É claro que não, afinal, você sabe que isso é impossível. É o que diz a propriedade da *impenetrabilidade* da matéria: *dois corpos não podem ocupar, ao mesmo tempo, um mesmo lugar no espaço*.

Divisibilidade. O que acontece quando você pisa em um pedaço de giz? Ele não é quebrado em muitos pedacinhos pequenos até virar pó? Isso está de acordo com a propriedade da *divisibilidade*. Segundo ela, *qualquer matéria pode, pelo efeito de uma força aplicada a ela, ser reduzida a partículas extremamente pequenas*.

ATENÇÃO!
Não manipule mercúrio! Esse metal é extremamente tóxico e mesmo em temperatura ambiente desprende vapores que podem ser inalados sem se perceber, pois não têm cheiro.

O mercúrio, um metal líquido em temperatura ambiente, ilustra bem a propriedade de divisibilidade da matéria: basta uma pequena pressão sobre uma gota do metal para que se formem muitas gotas menores.

De que são feitas as coisas? – CAPÍTULO 1

Compressibilidade e **elasticidade.** Tampe a abertura de uma bomba de pneu de bicicleta e, ao mesmo tempo, force o êmbolo da bomba para baixo, até onde conseguir. O êmbolo empurra o ar dentro da bomba e faz com que o seu volume diminua. Depois, sem tirar o dedo da abertura, solte o êmbolo e veja o que acontece. O ar se expande de novo e empurra o êmbolo para cima.

Isso acontece por causa de duas propriedades da matéria: a *compressibilidade*, pela qual a matéria submetida a determinada pressão tem o seu volume diminuído; e a *elasticidade*, pela qual a matéria, quando a pressão cessa, volta ao volume inicial. Essas duas características, embora sejam propriedades gerais, são mais facilmente observadas na matéria no estado gasoso.

Uma bola de boliche e os pinos que fazem parte desse jogo têm diferentes quantidades de matéria, isto é, eles têm massas diferentes.

Massa. Você já jogou boliche? As bolas de boliche não são todas iguais. As que são usadas pelos adultos são maiores e mais pesadas do que as bolas que as crianças usam. Apesar de todas serem feitas do mesmo material, as bolas de boliche para adultos têm mais *massa* do que as bolas para crianças. Podemos entender *massa* como a medida da quantidade de matéria de um corpo qualquer.

O **Sistema Internacional de Medidas**, também chamado de SI, é um conjunto de definições adotado na maioria dos países do mundo que uniformiza as unidades de medida das diferentes grandezas.

> > > CONEXÃO Matemática < < <

Medir é comparar

Medir uma grandeza é compará-la com outra da mesma espécie, que serve de referência e é chamada de unidade. Por exemplo, o *metro*, representado pelo símbolo *m*, é a unidade de medida de comprimento para o **Sistema Internacional de Medidas**. Medir um comprimento é verificar quantas vezes ele contém o metro. Se, por hipótese, o metro estiver contido doze vezes no comprimento de um objeto, dizemos que esse objeto mede 12 metros, ou 12 m.

Também podemos medir a massa e o volume de um corpo usando alguns instrumentos. Nas medições de massa usamos, por exemplo, uma balança de dois pratos. Em um deles, colocamos o corpo cuja massa queremos medir. No outro, colocamos massas conhecidas até que os dois pratos se equilibrem. Quando o equilíbrio é atingido, a soma das massas conhecidas corresponde à massa do corpo que está sendo medido.

A massa dos pimentões que estão no prato da esquerda é igual à massa (já conhecida) do peso colocado no prato da direita.

A unidade de medida de massa no SI é o *quilograma*, representado pelo símbolo *kg*. O submúltiplo do kg mais usado é o **grama**, símbolo *g*: 1 g corresponde à milésima parte do quilograma, portanto, 1 000 g = 1 kg.

Para o volume, a unidade de medida no SI é o *metro cúbico*, cujo símbolo é m^3, e a subunidade correspondente, equivalente à centésima parte do metro cúbico, é o *centímetro cúbico*, símbolo cm^3. No dia a dia, porém, a unidade de volume mais usada é o *litro*, representado pelo símbolo *L* ou *l*, e a subunidade correspondente, que é igual à milésima parte do litro, é o *mililitro*, símbolo *ml*. O litro, por sua vez, corresponde à milésima parte do metro cúbico, isto é, $1 m^3$ é igual a 1 000 l.

> Se você não sabia, fique sabendo: a palavra **grama** é do gênero masculino. Por isso, o certo é dizer *um* grama e não *uma* grama, *o* grama e não *a* grama.

Alguns símbolos de unidade de medida de volume – cm^3 e ml – nas embalagens de produtos do nosso cotidiano.

Inércia. Você está em pé em um ônibus parado; de repente, ele começa a andar e você se sente jogado para trás, porque a sua tendência é continuar parado. Se o ônibus estiver andando e parar de repente, você se sentirá jogado para a frente, pois agora a sua tendência é continuar em movimento. O mesmo se dá com outros corpos no ônibus, como pacotes no chão ou nos bancos, outras pessoas e até o ar que ocupa o veículo. Isso acontece porque a matéria tem a propriedade da *inércia*, característica pela qual ela tende a permanecer na situação de repouso ou de movimento em que se encontra.

Agora pense no seguinte: Se o ônibus começa a andar de repente, o que cai mais facilmente do banco, a carteira de um passageiro ou a cesta básica que ele está levando para casa? A carteira, que tem menor massa, cai mais facilmente do banco do que a cesta básica, que tem massa maior.

> *Pense: Por que é importante usar cintos de segurança em veículos em movimento?*

De que são feitas as coisas? – CAPÍTULO 1   **17**

EXPERIMENTE

1. Ponha uma moeda de 1 real no teto de um carrinho de brinquedo. Dê um empurrão na traseira do carrinho para que ele ande para a frente. O que acontece com a moeda? Por quê?

2. Repita algumas vezes esse procedimento. O que você observa?

Isso ocorre porque, *quanto maior a massa de um corpo, maior a sua resistência em sair do estado de repouso ou de movimento em que se encontra*, ou seja, *maior a sua inércia*. E *quanto menor a massa de um corpo*, menor a sua resistência em modificar o seu estado de repouso ou de movimento, ou seja, *menor a sua inércia*. Por isso se diz que a massa de um corpo é também a medida de sua inércia.

Características específicas da matéria

Você gostaria de provar um sorvete de alho, que tem sabor forte, ou de jiló, que é amargo? E num jogo de boliche, para evitar acidentes com o seu pé, por que não usar uma bola de espuma? O uso que fazemos dos materiais depende das características dos materiais e do destino que daremos aos objetos produzidos com eles. Sorvetes, por exemplo, devem ser feitos com ingredientes de sabor agradável e bolas de boliche devem ser feitas de um material que as deixe bem lisas e pesadas, para que deslizem bem e possam derrubar os pinos.

Características como essas, que diferenciam os materiais, são chamadas de *propriedades específicas* da matéria. Elas podem estar presentes ou não em determinados materiais e podem ser mais intensas ou mais fracas em alguns deles que em outros. Vamos conhecer algumas delas.

Odor. Substâncias como o álcool e a gasolina têm *odor*, isto é, cheiro. Outras, como a água, o vidro e os metais em geral, são inodoras, isto é, não têm nenhum cheiro.

Sabor. A maioria dos materiais tem *sabor*: o açúcar é doce, o vinagre e o suco de limão são azedos, etc. Já a água pura é insípida, isto é, não tem sabor nenhum.

Cor. Conforme as substâncias de que é formado, cada material tem uma cor característica, ou é incolor, isto é, não tem cor. Por exemplo, sob luz branca, o rubi é vermelho, o gás cloro é esverdeado e o gás oxigênio e a água são incolores.

A **cor** de um material depende das substâncias que o formam, mas varia também de acordo com a cor da luz que ilumina o material.

Você aprenderá mais sobre a luz e as cores no capítulo 15, Unidade II.

Observe as cores das pedras: sob luz branca, os rubis são vermelhos, as safiras são azuis e as esmeraldas são verde-escuras.

18 UNIDADE I – O mundo da Física e da Química

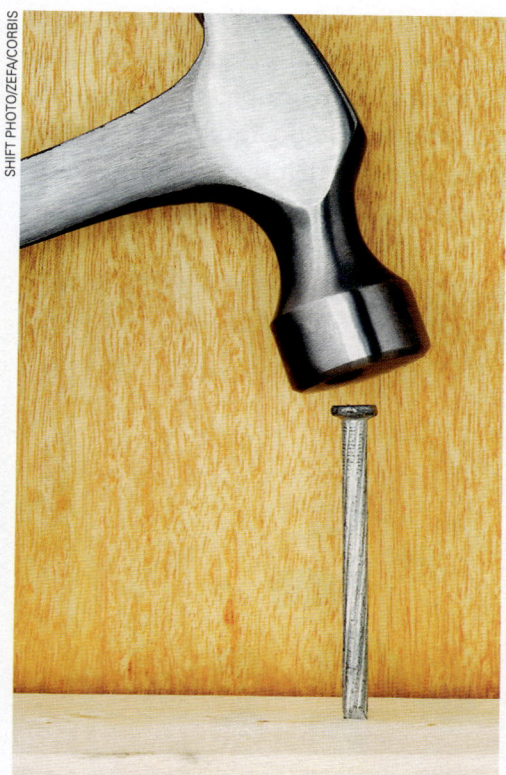

Os metais – material de que são feitos o martelo e o prego –, quando polidos, têm mais brilho do que a madeira.

Brilho. Os metais brilham quando polidos, a madeira é naturalmente fosca, isto é, não tem muito brilho. O *brilho* é a propriedade da matéria de refletir a luz.

Dureza. A faca corta a manteiga e o bife, mas não corta o prato. Isso acontece por causa da propriedade da *dureza*, pela qual a matéria oferece maior ou menor resistência ao risco (ou corte). Quanto maior a resistência da matéria ao risco, mais dura ela é considerada, e vice-versa. Em geral, o material mais duro é capaz de riscar (ou cortar) outro menos duro. Por exemplo: quando escrevemos com giz na lousa, esta, que é mais dura, risca o giz, que é menos duro.

O **diamante** é a substância natural de maior dureza, pois é capaz de riscar todas as outras e só é riscada por outro diamante. Por seu brilho intenso e pela raridade com que são encontrados na natureza, os diamantes costumam valer muito e são usados na confecção de joias.

> **?** *É o lápis que risca o papel ou o papel que risca o lápis? Dica: Quando você escreve ou desenha, o que gasta: a ponta do lápis ou o papel?*

> O **diamante**, por sua extrema dureza, é usado na produção de ferramentas de corte de outros materiais duros, como o aço, o mármore e o vidro, que desgastariam rapidamente ferramentas feitas de material menos duro. Em geral, os diamantes usados para corte são sintéticos, isto é, produzidos em laboratório. Geralmente, esses diamantes têm tamanho muito reduzido e não são usados para fazer joias.

O material de que é feita a lousa é mais duro do que o material de que é feito o giz, que é riscado facilmente pela lousa. Observe as partículas de giz nas reentrâncias da lousa áspera.

De que são feitas as coisas? – CAPÍTULO 1

> Os estados físicos da matéria e suas transformações serão estudados no próximo capítulo.

Estado físico. Que diferenças existem entre o alumínio, a água e o gás oxigênio? Muitas, mas podemos dizer que a principal é o *estado físico* ou *de agregação* desses materiais. Sob pressão normal e em temperatura ambiente, o alumínio está no estado sólido, a água está no estado líquido e o oxigênio está no estado gasoso. Dependendo das condições de pressão e temperatura, a matéria pode estar em um desses três estados: *sólido*, *líquido* e *gasoso*.

Ferro

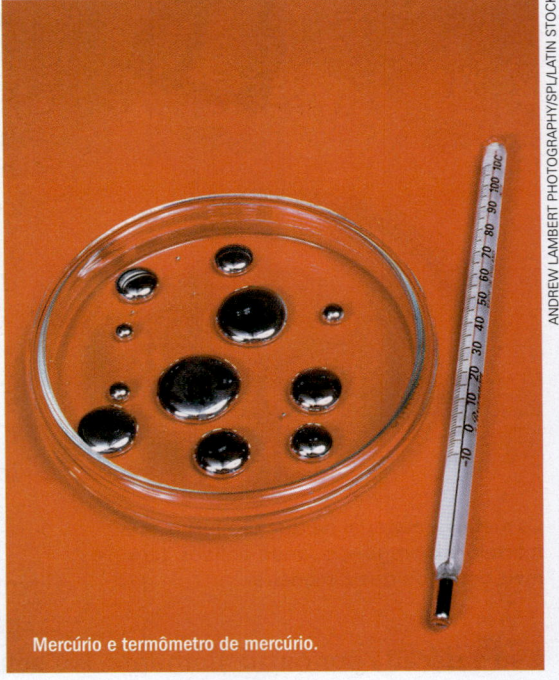

Mercúrio e termômetro de mercúrio.

Alumínio

O ferro, o alumínio e o mercúrio são metais com propriedades específicas diferentes. Nas mesmas condições ambientais, o ferro e o alumínio são sólidos e o mercúrio é líquido.

Densidade. Analise a foto a seguir:

Dois recipientes, um contendo água e outro contendo óleo, estão sobre os pratos de uma balança. Os dois recipientes são iguais, isto é, têm as mesmas dimensões, e contêm o mesmo volume de líquido. Mas a balança não está em equilíbrio: o prato que contém o recipiente com água está mais baixo. Ou seja, a água tem mais massa.

20 UNIDADE I – O mundo da Física e da Química

Se os volumes da matéria água e da matéria óleo são iguais mas suas massas são diferentes, podemos deduzir que as **densidades** desses materiais são diferentes, pois a densidade é uma relação entre o volume e a massa de um material.

Como se vê, essa relação é direta. Isto é, se em volumes iguais de água e óleo temos uma massa de água maior do que a massa do óleo, isso quer dizer que a densidade da água também é maior do que a densidade do óleo. E vice-versa, isto é, se em volumes iguais de dois materiais, por exemplo, material A e material B, a massa de A é menor do que a massa de B, podemos concluir que a densidade de A é menor do que a densidade de B.

Uma vez que o volume de um material depende da temperatura e da pressão ambientes, a densidade também depende dessas condições. Para saber qual a densidade de uma substância, podemos tomar o volume de 1 cm³ dessa substância e, nas mesmas condições ambientais, verificar qual é a massa desse volume. Depois, calcular a relação entre a massa e o volume.

Por exemplo: sob pressão normal e temperatura ambiente, 1 cm³ de água tem 1 g de massa. Nessas condições, portanto, a densidade da água é de 1 g/cm³ (lê-se grama por centímetro cúbico). Veja a ilustração ao lado.

> **Densidade** é a propriedade que mostra a relação (razão) entre certa quantidade de massa (m) de um tipo de matéria e o volume (V) que essa massa ocupa em determinadas condições de pressão e temperatura (d = m/V).

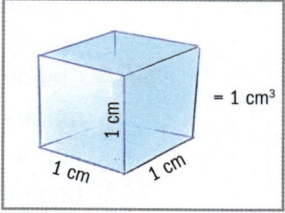

Olhe e pense

Observe as imagens e leia a legenda:

Diamantes em estado bruto.

Diamante já lapidado.

Um brilhante nada mais é que a pedra bruta do diamante que foi lapidada, isto é, trabalhada e cortada pelo joalheiro.

Responda em seu caderno:
a) Que tipo de ferramenta deve ser usada pelo joalheiro para lapidar diamantes? Por quê?
b) Que propriedades gerais da pedra de diamante são afetadas com a lapidação?
c) Compare o diamante bruto ao lapidado. Que propriedade específica do diamante fica mais intensa com a lapidação?

Verifique o que aprendeu

1 Os guarda-chuvas já eram usados por alguns povos da Antiguidade há mais de 4 mil anos. Inicialmente, esses objetos, feitos de papel, eram usados apenas como para-sóis. Os chineses foram os primeiros a usá-los também nos dias de chuva.
  a) Um guarda-chuva de papel funciona como se espera? Por quê?
  b) Em geral, os guarda-chuvas atuais são feitos de náilon. Que característica deve ter o material utilizado na fabricação de guarda-chuvas? Por quê?

2 Chuvas de granizo, também chamadas de chuvas de pedras de gelo, costumam cair com certa frequência no verão. Aos poucos, o granizo que cai no solo derrete.
  a) De que tipo de matéria são feitas as pedras de granizo? Quando as pedras derretem, a matéria ainda é a mesma? Explique.
  b) Qual é o estado físico da matéria nas pedras de granizo? Qual é o estado físico da matéria após o derretimento das pedras?

3 Elabore um quadro-resumo com as definições dos principais conceitos deste capítulo: *matéria*, *corpo* e *substância*. Dê exemplos de cada conceito.

4 Enumere as propriedades gerais que podem ser observadas nos exemplos de matéria que você listou na questão anterior.

5 Um caminhão carregando dois blocos de granito para de repente fazendo com que os blocos sejam arremessados para a frente, atingindo e amassando a cabine do motorista. Pensando nos blocos de granito, identifique as seguintes propriedades da matéria: extensão, inércia, massa e impenetrabilidade.

6 Por que, na história da colonização de nosso país, os diamantes eram muito procurados pelos portugueses que vinham para cá?

7 Quando o diamante é lapidado, ele perde massa e volume. Se a densidade de um corpo é a relação entre a massa e o volume desse corpo, será que a densidade do diamante se modifica com a lapidação? Explique.

8 O que significa dizer que, sob condições normais de pressão e em temperatura ambiente, a água tem uma densidade de 1 g/cm^3 e o ferro tem uma densidade de 7,87 g/cm^3? Explique em outras palavras.

A palavra é sua

No dia a dia, selecionamos objetos (corpos) e materiais (matéria) conforme as características que apresentam e de acordo com nossas necessidades. Por exemplo, para secar o chão, usamos um rodo, que pode ser de madeira ou de metal mas tem sempre uma borracha embaixo, porque esse material adere bem ao chão e empurra melhor a água. Depois, secamos o resto com um pano — jamais usamos plástico ou papel para isso, pois o pano absorve bem a água, ao contrário do plástico, e não rasga facilmente como o papel.

22 UNIDADE I – O mundo da Física e da Química

Observe na sua casa exemplos de uso, por você ou por seus familiares, de corpos e matérias conforme as características que eles apresentam e as necessidades que se quer satisfazer. Faça uma pequena lista.

Pratique Ciências

1. Faça uma bolinha de papel e coloque-a em um copo de vidro incolor, de maneira que ela fique presa ao fundo como mostra a foto.

a) Mergulhe o copo verticalmente em um recipiente com água (cuidado para não inclinar o copo ao mergulhá-lo). Observe: A água entra no copo?

b) Retire o copo da água (com cuidado, para não incliná-lo) e verifique: A bolinha de papel está molhada? Explique o que aconteceu.

2. Coloque em um copo água até a borda. Em seguida, coloque na água uma ou duas colheres de sopa de açúcar, sem mergulhar a colher na água. Observe o que acontece e explique.

De que são feitas as coisas? – CAPÍTULO 1   23

2 Por dentro da matéria

Hummmmmm... Milho quente com manteiga... Um bom sorvete... Uma barra de chocolate... Não é gostoso comer coisas que derretem na boca?
Nas fotos, você vê exemplos da matéria no estado sólido e situações em que a matéria passa de um estado físico para outro. Por que acontecem as mudanças de estado? Por que alguns materiais derretem mais facilmente que outros? O que se passa no interior da matéria com a mudança de estado físico?

Os estados da matéria

Você já viu que a matéria é formada por partículas organizadas. Essas partículas porém não estão paradas: elas apresentam um movimento de agitação constante (agitação térmica), que pode ser mais intenso ou menos intenso. Além disso, elas atraem-se mutuamente, também com diferentes graus de intensidade, isto é, com mais força ou menos força.

Como vamos ver, os *estados físicos da matéria* resultam da relação entre a agitação térmica das partículas da matéria e as forças de atração entre elas.

No ambiente terrestre, a matéria é facilmente encontrada nos estados *sólido*, *líquido* e *gasoso*. Mas há ainda um *quarto estado da matéria*, o estado de plasma, que constitui a maior parte da matéria no Universo.

O Sol, assim como as outras estrelas, é formado por matéria em estado de plasma. Na Terra, o **plasma** está presente em algumas situações naturais, por exemplo, as chamas e os relâmpagos, e em laboratórios de pesquisa de materiais, onde pode ser produzido em equipamentos especiais.

> Uma aplicação recente do **plasma** na indústria são os chamados "fornos de plasma". De tecnologia totalmente nacional, são usados na reciclagem de materiais como o alumínio.

■ O estado sólido

Um mineral, o silício metálico.

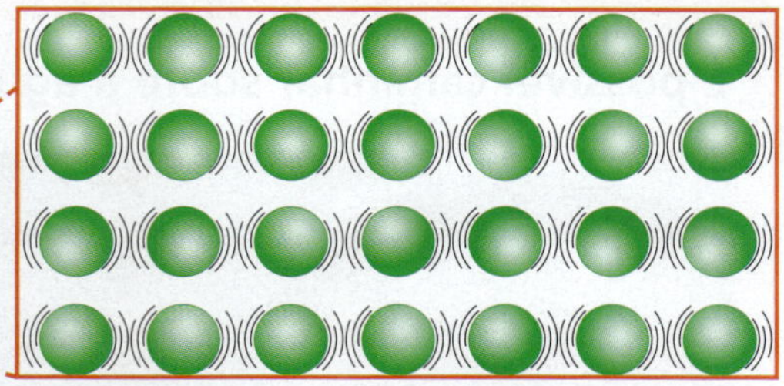

No estado sólido, as partículas que constituem a matéria estão muito próximas entre si e têm pouca liberdade de movimento. Elas praticamente não saem da posição em que se encontram, pois têm pouca agitação térmica e atraem-se mutuamente com muita força. As partículas estão representadas por bolinhas, e os traços em torno delas indicam a agitação térmica.

O lápis que você usa na aula, o giz, a lousa da classe e a maçã de seu lanche são exemplos de matéria no estado sólido. Qualquer que seja a localização desses objetos no espaço, eles terão sempre a mesma forma e o mesmo volume. A maçã do lanche, por exemplo, tem sempre a mesma forma e o mesmo volume quando está na gôndola do supermercado ou na sua mochila. No **estado sólido**, portanto, a matéria tem forma e volume bem definidos.

> A matéria no **estado sólido** apresenta forma invariável e volume constante.

■ O estado líquido

Álcool comum.

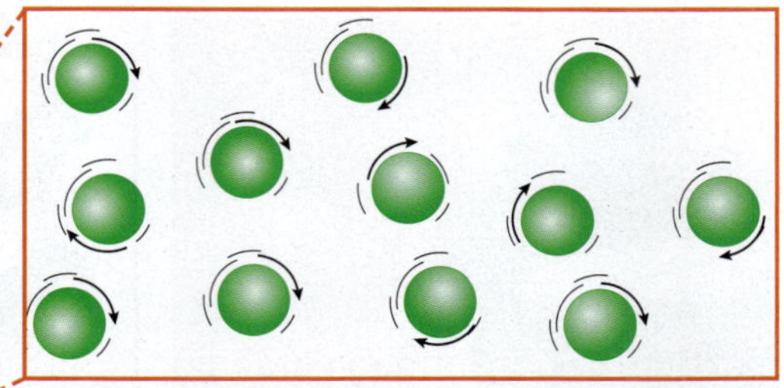

No estado líquido, as partículas que constituem a matéria têm maior agitação térmica e estão mais afastadas umas das outras do que no estado sólido. As partículas estão representadas por bolinhas, e as setas em torno delas indicam que elas se deslocam umas em relação às outras.

Você já experimentou colocar todo o leite de uma embalagem longa vida na leiteira? O líquido, que até então tinha a forma de bloco retangular da caixa, adquire a forma cilíndrica do novo recipiente. No **estado líquido** a matéria apresenta volume bem definido, isto é, um litro de um líquido é sempre um litro, não aumenta nem diminui se o transferirmos de recipiente, mas tem forma variável, isto é, adquire a forma do recipiente em que estiver.

> A matéria no **estado líquido** apresenta forma variável e volume constante.

Por dentro da matéria – CAPÍTULO 2   **25**

ARTICULAÇÃO Meio ambiente

É possível caminhar sobre a água?

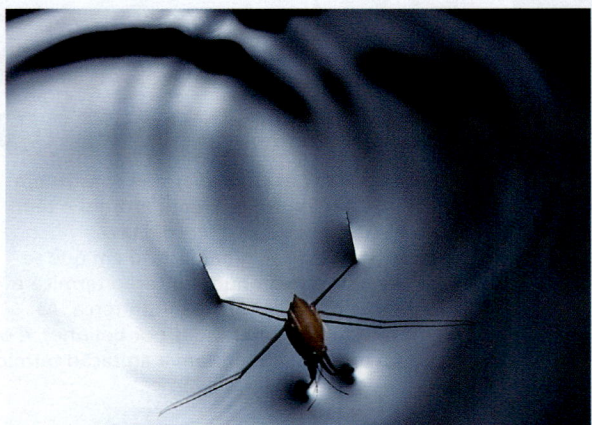

Certos insetos, como esse percevejo, ocupam uma porção especial de seu *habitat*: a superfície da água.

Talvez você já tenha visto cenas como esta. Certos insetos e outros invertebrados pequenos conseguem se manter e até mesmo andar na superfície de lagos ou de poças de água sem afundar. Esse exemplo de adaptação às condições do ambiente só é possível graças à *tensão superficial* dos líquidos.

Num líquido, cada uma das partículas que o formam é atraída igualmente por todas as partículas que a rodeiam, num equilíbrio de forças, que se anulam. Porém, as partículas da camada mais superficial (no limite com o ar) são atraídas apenas pelas que estão "ao lado" e "logo abaixo" delas, o que faz com que sejam fortemente puxadas para baixo. Cria-se assim certa tensão (resistência) na superfície, que funciona como se fosse uma película, capaz de sustentar pequenos invertebrados e objetos leves, como folhas.

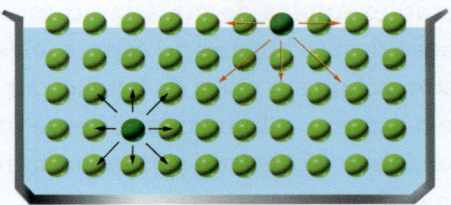

EXPERIMENTE

Encha um copo com água até a borda. Com cuidado, espalhe um pouquinho de pó de giz na superfície da água. O que acontece? Por quê?

■ O estado gasoso

Recipiente de vidro com gás cloro misturado ao ar.

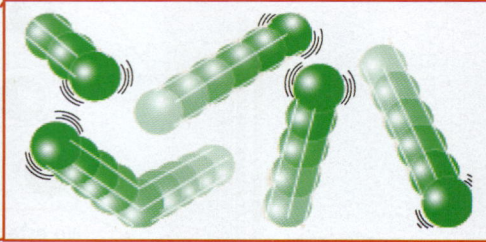

No estado gasoso, as partículas que formam a matéria apresentam grande agitação térmica e muita liberdade de movimento, deslocando-se umas em relação às outras de maneira desordenada e independente. As partículas estão representadas por bolinhas.

A matéria no **estado gasoso** não tem forma nem volume definidos.

A matéria no **estado gasoso** assume a forma e o volume do recipiente que a contém. Por exemplo, se colocamos certa quantidade de um gás em um frasco de um litro, o gás ocupa o volume de um litro e mantém a forma do frasco. Mas, se o frasco se quebra, o gás se espalha pelo ambiente, perdendo a forma que tinha e ocupando um volume maior.

UNIDADE I – O mundo da Física e da Química

A matéria muda de estado

A variação da temperatura ou da pressão sobre a matéria pode fazer com que ela mude de estado físico.

Em geral, um desses fatores permanece constante durante a mudança de estado e só o fator que varia influi na mudança. Por exemplo, se a pressão não se altera, a mudança de estado depende apenas da variação da temperatura. É o que vamos ver adiante: casos de mudança de estado por aumento ou diminuição de temperatura.

■ Mudanças por aumento de temperatura

De sólido para líquido = fusão. Um pedaço de gelo fora da geladeira derrete, isto é, passa do estado sólido para o estado líquido. Essa mudança de estado chama-se *fusão*.

Se colocarmos alguns cubos de gelo numa vasilha com um termômetro, poderemos observar que, até que todo o gelo derreta, a mistura de água e gelo se manterá sempre à mesma temperatura. Se o experimento acima for feito sob pressão normal, a temperatura da água se manterá em 0 °C. Essa temperatura constante é o *ponto de fusão* (PF) da água nessas condições de pressão.

As temperaturas em que ocorrem as mudanças de estado dependem da constituição do material considerado e, portanto, variam bastante. Compare: sob pressão normal, a temperatura de fusão do chumbo é 327 °C, a do ouro é 1 050 °C e a do ferro é 1 500 °C.

Alguns pedaços de gelo (estado sólido) estão passando para o estado líquido. Ou seja, o gelo está em processo de fusão.

De líquido para vapor = vaporização. Imagine que, ao colocar uma panela com água na chama de um fogão, você deixou cair um pouco de água no chão. Mais tarde, notou que depois de certo tempo no fogo a panela ficou vazia, e que, passado um tempo maior, o chão secou. Nas duas situações, a água líquida passou do estado líquido para o estado de vapor. Essa mudança de estado, de líquido para vapor, chama-se *vaporização*.

A água da panela vaporizou-se de forma turbulenta, com a formação de bolhas de vapor no interior do líquido. Esse tipo de vaporização, rápida e turbulenta, é chamada de *ebulição*.

Ebulição: vaporização rápida e turbulenta da água.

ATENÇÃO!

Os experimentos com fogo exigem o uso de equipamentos adequados e cuidados especiais na manipulação. Siga sempre as orientações do professor.

Por dentro da matéria – CAPÍTULO 2 **27**

Mergulhando um termômetro na água da panela, podemos observar que, sob pressão normal, a água entra em ebulição quando o termômetro atinge 100 °C, temperatura que se mantém constante até que toda a água tenha evaporado. Essa temperatura é o *ponto de ebulição (PE)* da água nessas condições de pressão.

O ponto de ebulição das substâncias também depende da constituição do material. Compare: sob pressão normal, a amônia entra em ebulição a –33 °C, o éter, a 35 °C, o mercúrio, a 360 °C, o cloreto de sódio, a 1 490 °C e o ferro, a 3 000 °C.

AMPLIAÇÃO Física e Química

A Ciência na cozinha

Vimos que, sob pressão constante, a temperatura da água se mantém até que todo o líquido se transforme em vapor. Assim, ao cozinhar, quando a água já estiver fervendo, se aumentamos o aquecimento, a temperatura da água não aumenta, mas a água vaporiza mais rapidamente, isto é, "desaparece" da panela mais depressa, o que pode fazer com que os alimentos se queimem antes de cozinhar. Ao contrário, se abaixamos o fogo, fornecendo apenas o calor necessário para manter a fervura, a temperatura da água permanece constante, mas evapora mais lentamente, e os alimentos cozinham sem queimar.

? As panelas de pressão têm esse nome porque dentro delas a pressão é maior que a pressão atmosférica. O que acontece com a temperatura de ebulição da água dentro delas?

História da Ciência

A pressão atmosférica e a ebulição

Foi o cientista italiano Evangelista Torricelli que demonstrou, no século XVII, a pressão exercida pela atmosfera sobre a superfície da Terra. Para isso, Torricelli inventou o barômetro, instrumento próprio para medir a pressão atmosférica. De seus estudos ficou comprovado: quanto maior a altitude, menor é a pressão exercida pela atmosfera.

Para a maioria das substâncias, o ponto de ebulição diminui com a redução da pressão, e vice-versa. Veja no gráfico como a temperatura de ebulição da água varia com a pressão atmosférica:

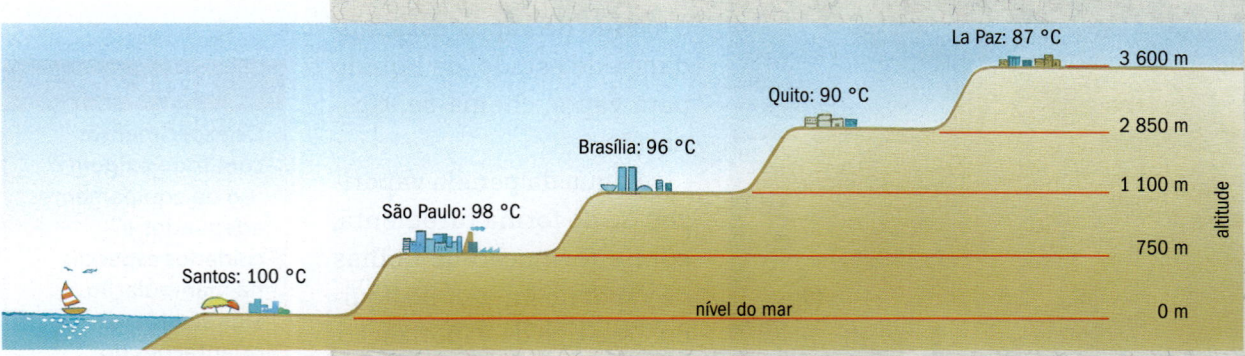

Temperatura aproximada de ebulição da água em diferentes altitudes.

A água do chão vaporizou-se de maneira espontânea. Nesse caso, a vaporização é relativamente lenta e superficial e acontece enquanto há líquido exposto. Esse tipo de vaporização, lenta e superficial, é chamada de *evaporação*.

A velocidade de evaporação de um líquido depende do tipo de substância líquida — o álcool, por exemplo, evapora mais depressa do que a água —, da superfície exposta (quanto maior a superfície, mais rápida a evaporação) e de fatores do ambiente, como a ventilação e a temperatura, a umidade e a pressão do ar.

■ Mudanças por diminuição de temperatura

De líquido para sólido = solidificação. Quando a água líquida é colocada no congelador, ela se transforma em gelo, ou seja, passa do estado líquido para o estado sólido. Essa mudança de estado chama-se *solidificação*.

Durante o processo de solidificação, se mergulharmos um termômetro na água, notamos que, sob pressão normal, ela começa a solidificar-se quando o termômetro marca 0 °C, temperatura que não se altera até que toda a água tenha se transformado em gelo. Essa temperatura é o *ponto de solidificação (PS)* da água nessas condições de pressão.

O ponto de solidificação das substâncias também depende da constituição do material. Por exemplo, sob pressão normal, o naftaleno solidifica a 80 °C, o mercúrio, a –39 °C, a amônia, a –78 °C e o álcool etílico, a –144 °C.

> Assim como acontece com a água, a temperatura das substâncias em geral permanece constante durante as mudanças de estado físico.

De vapor para líquido = liquefação ou condensação. Você já sabe que as nuvens de chuva se formam quando o vapor de água que sobe na atmosfera atinge camadas mais frias e se transforma em gotículas de água líquida. Isso ocorre porque o vapor passa para o estado líquido, isto é, condensa-se, formando as gotículas. Essa mudança de estado chama-se *liquefação* ou *condensação*.

Neblina na estrada para o pico da Marcela, Cunha, SP.

> **?** *Por que o espelho do banheiro embaça quando tomamos banho quente?*

Por dentro da matéria – CAPÍTULO 2 **29**

> **?** *Para uma mesma substância, sob mesma pressão, o ponto de ebulição equivale ao ponto de liquefação. Então, qual a temperatura de liquefação da água sob pressão normal?*

> A base da **naftalina** é o naftaleno, substância branca e de odor característico.

> **ATENÇÃO!**
> A naftalina é tóxica e não deve ser levada à boca nem de brincadeira! O gelo-seco pode provocar queimaduras.

O fenômeno da liquefação ou condensação do vapor de água do ar é comum em nosso ambiente. Por exemplo, nos dias mais frios, a neblina que se forma em certos lugares é causada pela condensação do vapor de água do ar, e o embaçamento das janelas é causado pela condensação do vapor em contato com a vidraça fria.

Cada substância, sob determinada pressão, tem uma temperatura definida em que ocorre a liquefação. Essa temperatura recebe o nome de *ponto de liquefação* ou *condensação (PL)*.

■ A sublimação

Você sabe o que é **naftalina**? É um produto utilizado para proteger roupas, estofamentos, livros e papéis do ataque de traças e outros insetos.

Lentamente, a naftalina passa do estado sólido diretamente para o estado gasoso, ou seja, a mudança de sólido para gasoso ocorre sem que a substância passe pelo estado líquido.

A situação inversa, isto é, a passagem direta do estado de vapor para o estado sólido, também acontece: se o vapor da naftalina atingir uma superfície fria, ele se solidifica, formando pequenos cristais.

As duas mudanças descritas acima, isto é, a passagem do estado sólido diretamente para o estado de vapor e do estado de vapor diretamente para o estado sólido, recebem o nome de *sublimação*.

A sublimação pode ocorrer com qualquer substância, desde que as condições de pressão e temperatura sejam adequadas. Além da naftalina, o fenômeno é facilmente observado, por exemplo, com o iodo, a cânfora, o enxofre e o gelo-seco, que é gás carbônico solidificado.

Por não ser tóxico, o gelo-seco pode ser usado, por exemplo, na limpeza por jateamento. Pedacinhos de gelo-seco são lançados contra a superfície a ser limpa e, com o impacto, arrancam as partículas de sujeira incrustada, sofrendo sublimação imediata, sem deixar resíduos. A sujeira que fica na superfície agora pode ser facilmente removida.

As bolinhas de naftalina, com o tempo, vão diminuindo de tamanho, até "desaparecer".

O gelo-seco é gás carbônico no estado sólido. Em geral, é compactado na forma de pequenos cilindros.

A constituição da matéria e a densidade

Vimos no capítulo 1 que a densidade de uma substância é a relação entre a massa dessa substância e o volume que ela ocupa (d = m/V). Agora, analise esta foto:

Em um dos pratos da balança há um recipiente com água e em outro, um recipiente com mercúrio. Os dois recipientes são iguais, isto é, têm as mesmas dimensões, e contêm o mesmo volume de líquido, mas a balança pende para o lado do mercúrio, indicando que esse material tem mais massa. Se os volumes de água e mercúrio são iguais mas a água tem menos massa, podemos concluir que a densidade da água é menor do que a densidade do mercúrio.

Além de depender da temperatura e da pressão ambientes, a densidade depende também da constituição da matéria, isto é, do tipo de partículas que formam a matéria e da distância entre essas partículas. Veja a ilustração abaixo.

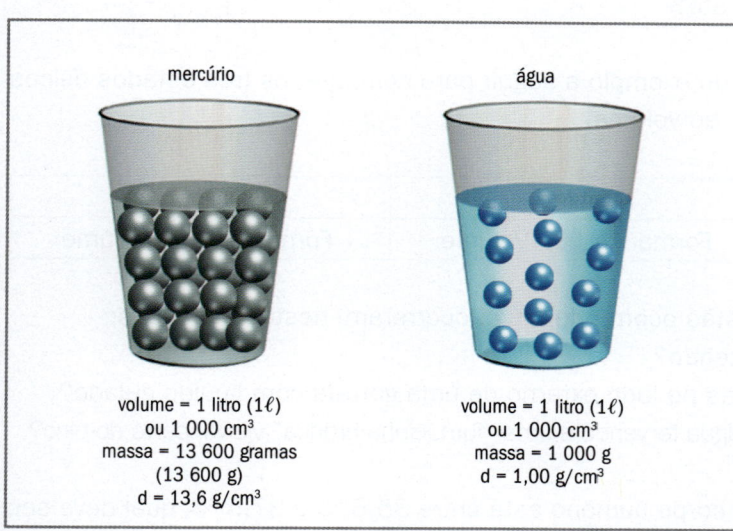

mercúrio
volume = 1 litro (1ℓ)
ou 1 000 cm³
massa = 13 600 gramas
(13 600 g)
d = 13,6 g/cm³

água
volume = 1 litro (1ℓ)
ou 1 000 cm³
massa = 1 000 g
d = 1,00 g/cm³

O mercúrio é formado por partículas de grande massa e que estão muito próximas entre si, o que dá ao material uma densidade relativamente elevada. As partículas que formam a água têm menos massa do que aquelas que formam o mercúrio, e, além disso, não estão tão próximas entre si quanto elas; por isso, a água tem uma densidade muito mais baixa do que a densidade do mercúrio.

A relação entre constituição da matéria e densidade é que faz com que, de modo geral, os gases sejam menos densos do que os líquidos e que os líquidos sejam menos densos do que os sólidos. Veja a densidade de outras substâncias, em g/cm³, sob pressão normal e temperatura ambiente: ar = 0,0013 g/cm³, álcool = 0,80 g/cm³, ferro = 7,80 g/cm³ e ouro = 19,30 g/cm³.

Por dentro da matéria – CAPÍTULO 2

Olhe e pense

Certos besouros que vivem no deserto da Namíbia, que fica no sul do continente africano, costumam ficar expostos e imóveis até que algumas gotinhas de água se formem sobre seus **élitros**. É assim que o besouro consegue água para beber.

Um besouro do deserto bebe a água das gotinhas que se formaram sobre suas asas.

Os **élitros** são asas externas mais duras dos coleópteros, grupo de insetos que reúne os besouros.

Como se chama esse fenômeno? Explique como ele ocorre.

Verifique o que aprendeu

1 Que mudanças de estado estão ocorrendo (ou vão ocorrer) nas situações das fotos que abrem o capítulo: um bloco de manteiga sobre o milho quente, um sorvete dentro da boca e um pedaço de chocolate?

2 Organize um quadro como o do exemplo a seguir para comparar os três estados físicos da matéria quanto à forma e ao volume.

Sólido		Líquido		Vapor	
Forma	Volume	Forma	Volume	Forma	Volume

3 Que mudanças de estado estão ocorrendo (ou já ocorreram) nestas situações:
a) uma pedra de gelo derretendo?
b) gotas de água depositadas no lado externo de uma garrafa com líquido gelado?
c) uma chaleira no fogo com água fervendo e uma "fumacinha branca" visível perto do bico?

4 Se a temperatura normal do corpo humano está entre 35,5 °C e 37,5 °C, qual deve ser, aproximadamente, a temperatura de fusão do chocolate? Justifique sua resposta.

5 Você sabe que o ponto de ebulição da água aumenta com a pressão, e também já viu que no interior de uma panela de pressão, a pressão é maior que a pressão atmosférica. Então, considere a pressão ambiente igual à pressão ao nível do mar e responda:
a) A água em uma panela de pressão ferve em uma temperatura mais alta ou mais baixa que 100 °C?
b) É vantajoso usar panela de pressão? Por quê?

6 Nos dias frios, forma-se uma espécie de nuvenzinha diante de nossa boca quando conversamos ou, simplesmente, respiramos. Por que isso acontece?

7 Para produzir gelo-seco, nome popular do gás carbônico (CO_2) em estado sólido, processos industriais provocam a redução da temperatura do gás carbônico até −78,5 °C. Qual é o ponto de solidificação do gás carbônico?

8 O gelo-seco é usado na conservação de alimentos, com algumas vantagens sobre o gelo comum, que, ao derreter, pode misturar-se ao produto comercializado, pois o gelo-seco não derrete: passa diretamente do estado sólido para o estado gasoso. Como se chama essa mudança de estado?

9 Sabendo que, sob pressão normal e temperatura ambiente, a densidade do ouro é de 19,3 g/cm^3 e que a densidade da prata é de 10,5 g/cm^3, responda: Quem tem maior volume, um quilo de ouro ou um quilo de prata? Por quê?

A palavra é sua

Em nosso dia a dia acontecem muitas mudanças de estado da matéria. Escolha um dia qualquer e preste atenção em todas as mudanças de estado que ocorrerem à sua volta. Anote cada uma delas tomando o cuidado de escrever de que tipo de matéria se trata e que mudança de estado você observou.

Pratique Ciências

Material
- vela;
- fósforos ou isqueiro;
- pregador de roupa de madeira;
- colher de metal;
- faca ou estilete de apontar lápis.

ATENÇÃO!
- Tenha sempre muito cuidado ao lidar com instrumentos cortantes e com fogo!
- Não toque na parafina ou na colher durante ou logo após o aquecimento.

Como fazer

1 Corte um pedaço da base da vela e pique bem a parafina, até formar pedaços bem pequenos. Coloque-os na colher.

2 Acenda a vela e fixe-a sobre a mesa de trabalho. Com o pregador de madeira, segure a colher com as raspas de parafina sobre a chama da vela.

1 O que acontece com a parafina depois de algum tempo? Como se chama esse fenômeno? Explique por que e como isso acontece no interior da matéria.

2 O que acontece com a parafina se você afasta a colher da chama e espera algum tempo? Por quê?

3 Com o tempo, o que acontecerá com a parafina se você continuar a aquecê-la?

3 Fenômenos

Ronaldo, jogador da seleção brasileira de futebol, apelidado de "Fenômeno", em partida contra a França, na Copa do Mundo da Alemanha, em 2006.

Por que alguns jogadores de futebol e seus lances em campo são chamados de fenômenos ou fenomenais?
Muito além do jogador e suas jogadas, podemos chamar de fenômeno outros elementos de uma partida de futebol. São fenômenos, por exemplo, o som do apito do juiz, o suor dos jogadores, os gritos e pulos da torcida, o impacto do chute na bola...
E também o descompasso de seu coração quando você torce, a digestão da pipoca que você come enquanto vê o jogo e até a transmissão da partida pela televisão.
Agora que sabe disso, diga: O que você entende por *fenômeno*?
Há alguma relação entre o que acontece em um jogo de futebol e a Ciência? Explique.

O que são fenômenos?

É comum chamarmos de fenômeno ou fenomenal tudo aquilo que nos parece espetacular – as belas jogadas no futebol, os acordes perfeitos de uma guitarra, um surfista deslizando nas ondas do mar – ou raro – os cometas no céu, os terremotos e furacões, a erupção de vulcões.

Para a Ciência, porém, um fenômeno não é necessariamente algo espetacular ou raro, mas qualquer acontecimento que possa ser observado e descrito e que ocorra naturalmente: o derretimento do gelo, os relâmpagos de uma tempestade, a queda de uma folha de árvore, os movimentos do coração de um ser vivo. Também é chamado de fenômeno algo que tenha sido provocado (em geral, por seres humanos): a transmissão de som pelo rádio ou de som e imagens pela televisão, o voo de um helicóptero, a queima do pavio de uma vela. E – por que não? – o gol do artilheiro do seu time do coração.

Dois exemplos de fenômenos comuns em nosso dia a dia: os relâmpagos de uma tempestade e o voo de um helicóptero.

Em Física e Química, podemos entender *fenômeno* como uma **transformação da matéria**, e que, portanto, compreende duas etapas: o *estado inicial* (como estava a matéria antes de o fenômeno acontecer) e o *estado final* (como ficou a matéria depois de o fenômeno acontecer). Isso quer dizer que, para reconhecer a ocorrência de um fenômeno, é preciso observar e comparar as características da matéria em dois momentos diferentes.

Com base na observação e comparação das características da matéria antes e depois de a transformação ocorrer, podemos distinguir dois tipos de fenômeno, que classificamos em *fenômenos físicos* e *fenômenos químicos*. É o que veremos a seguir.

A **transformação da matéria** compreende duas etapas: o estado inicial e o estado final.

Fenômenos – CAPÍTULO 3

A classificação dos fenômenos

Observe as fotos a seguir:

Pedaços de vela picados e levados ao fogo.

Parte da matéria de que é feita a vela já se fundiu.

> **ATENÇÃO!**
> Experimentos com fogo são perigosos. Não tente repeti-los fora do laboratório e sem o acompanhamento do professor.

> Lembre-se do que foi visto no capítulo anterior: as substâncias sólidas têm forma e volume definidos; já as substâncias líquidas têm volume constante mas forma variável, pois adquirem a forma do recipiente que as contém.

> A representação da **parafina** pela fórmula $C_{25}H_{52}$ indica que a molécula dessa substância é formada por 25 átomos de carbono (C) e 52 átomos de hidrogênio (H).

Uma vela comum é feita principalmente com uma substância cujas principais características são facilmente observáveis: sob temperatura ambiente e pressão normal, é sólida; é branca e translúcida; tem pouco brilho; não é muito dura, pois pode ser facilmente riscada.

Ao ser aquecida, porém, ela se modifica: passa ao estado líquido; torna-se transparente, incolor; seu brilho se acentua; ela perde sua dureza, pois tornou-se fluida.

Se tantas mudanças são percebidas, será que, ao final do aquecimento, a matéria ainda é a mesma do início?

Se analisarmos quimicamente a substância antes e depois do aquecimento, veremos que, sim, depois de derreter, a matéria ainda é a mesma: trata-se de **parafina**, uma substância química obtida da refinação do petróleo, composta apenas de átomos de carbono e hidrogênio, cuja molécula pode ser representada por $C_{25}H_{52}$.

A parafina não se perdeu nem sofreu alterações em sua constituição. O que aconteceu com ela foi apenas uma mudança de estado físico em consequência do aquecimento. E se esperarmos que resfrie, voltará ao estado sólido, apresentando as características que tinha antes da primeira transformação: o volume e a forma definidos, a cor branca e translúcida, a mesma falta de brilho e a baixa dureza.

Agora observe as fotos a seguir e analise o que está acontecendo:

36 UNIDADE I – O mundo da Física e da Química

Vela acesa.

A mesma vela algum tempo depois.

Na situação mostrada acima, para onde foi a parafina da vela? Ela pode ser recuperada?

Não há como fazer isso, pois a parafina passou por uma transformação radical e não existe mais, transformou-se em outras substâncias, que estão no estado gasoso e se perdem na atmosfera, e também em **energia**, na forma de luz e calor. É graças a essa propriedade da parafina, de queimar e produzir luz, que ela é útil para fabricar velas, objetos usados basicamente na iluminação de ambientes.

■ Os fenômenos físicos

Não é difícil perceber que, no primeiro exemplo de transformação, a parafina se mantém: ela sofre apenas mudanças de estado físico, de sólido para líquido e de líquido novamente para sólido. Mudanças de estado físico são exemplos de **fenômeno físico**. Outros fenômenos físicos são: a dissolução de substâncias (por exemplo, a dissolução do sal em água); a modificação do estado de repouso de um corpo (por exemplo, a movimentação e a deformação da bola de futebol pelo chute do jogador); a compressão e a expansão do ar; a fusão do ferro; etc.

■ Os fenômenos químicos

No segundo caso, isto é, na queima da vela, a parafina não se mantém: ela é transformada em substâncias gasosas que inicialmente não existiam, num exemplo de **fenômeno químico**. Outros exemplos de fenômeno químico são o azedamento do leite, o cozimento de alimentos, o crescimento do pão, e muitos outros.

A **energia** pode ser definida como a possibilidade de a matéria realizar trabalho. Apesar de não podermos vê-la, sabemos de sua existência ao observar seus efeitos. Por exemplo, a energia pode fazer com que um corpo ganhe movimento, como o deslizar de um barco a vela sobre a água. Isso acontece graças à energia do vento, que se transfere para a vela, que empurra o barco.

Fenômeno físico é o evento que não provoca nenhuma alteração na constituição química da matéria. Em um fenômeno físico não há transformação da matéria inicial em outra ou outras matérias.

Fenômeno químico é o evento que provoca alterações na constituição química da matéria. Em um fenômeno químico ocorre a transformação da matéria original em uma (ou mais de uma) nova substância.

ARTICULAÇÃO Corpo humano

A digestão dos alimentos

Na natureza e também nas atividades humanas diárias, há muitos processos em que ocorrem tanto fenômenos físicos quanto fenômenos químicos, praticamente ao mesmo tempo. Nesses casos, nem sempre é fácil distingui-los. A digestão dos alimentos, com o aproveitamento de seus nutrientes, é um bom exemplo de processo natural em que fenômenos físicos e fenômenos químicos ocorrem em conjunto.

Em nosso organismo, os alimentos começam a ser digeridos na boca, com a mastigação e a insalivação dos alimentos (fenômenos físicos) e a digestão de parte do amido (fenômeno químico) pela amilase (uma enzima da saliva), que ocorrem praticamente ao mesmo tempo.

Depois, os alimentos são engolidos (fenômeno físico) e o processo continua nos outros órgãos do sistema digestório, com fenômenos físicos e químicos ocorrendo em série, por exemplo, a mistura e a acidificação dos alimentos, no estômago; a finalização da digestão e a absorção dos nutrientes, no intestino delgado; a passagem dos restos não digeridos para o intestino grosso; e a formação das fezes.

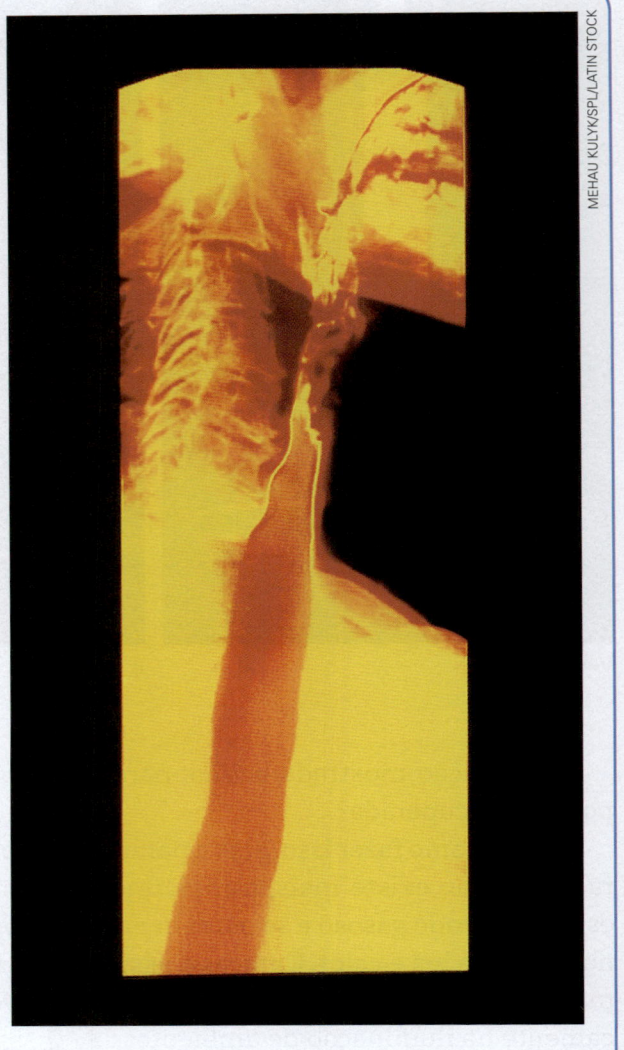

O ato de engolir – visto aqui por meio de técnica de raios X – é um fenômeno físico. Na foto, é possível ver alguns ossos: no alto, em amarelo, parte do crânio e da mandíbula, e logo abaixo, à esquerda, as vértebras do pescoço. Ainda na região do pescoço, à direita das vértebras, nota-se o esôfago, que se contrai enquanto a pessoa engole uma solução de sal de bário (usado como contraste nesse tipo de exame).

Os fenômenos e a energia

A parafina passa do estado sólido para o estado líquido quando recebe energia. E volta ao estado sólido quando perde energia. Ou seja, para que fenômenos físicos ocorram é necessária a participação da energia.

A energia em trânsito, isto é, a energia que passa do ambiente para os corpos ou dos corpos para o ambiente, ou mesmo de um corpo para outro, é chamada de *calor*. O calor sempre passa de um corpo (ou do ambiente) com temperatura mais elevada para um corpo (ou para o ambiente) com temperatura mais baixa. O primeiro corpo (ou o ambiente), portanto, perde energia, e o segundo corpo (ou ambiente) ganha energia.

AMPLIAÇÃO Física e Química

A energia da matéria e os estados físicos

Quando levamos a água ao fogo, ela recebe energia (calor) da chama. Quando um corpo ganha energia, as partículas que o constituem (no caso, as partículas da água) passam a se agitar com *mais intensidade*, o que faz com que *aumente a distância* e *diminua a atração* entre elas. Ora, se a agitação das partículas da matéria depende da quantidade de energia que a matéria contém, se continuarmos a fornecer energia à água, podemos fazer com que ela mude de estado físico, passando do estado líquido para o estado gasoso.

Ao contrário, quando levamos a água (por exemplo, a água da torneira) ao congelador, ela perde energia (calor) para o ambiente, que está a uma **temperatura** mais baixa. Se um corpo perde energia, as partículas que o constituem (novamente, as partículas de água) passam a se agitar com *menos intensidade*, o que faz com que *diminua a distância* e *aumente a atração* entre elas. Como vimos, a agitação das partículas da matéria depende da quantidade de energia que ela contém; então, se a água continuar a perder energia, poderá passar do estado líquido para o estado sólido.

> A **temperatura** é a grandeza que mede a agitação térmica das partículas que formam um corpo. Quanto maior a agitação térmica dessas partículas, maior a temperatura do corpo. E vice-versa, isto é, quanto menor a agitação térmica das partículas, menor a temperatura do corpo. Em geral, para medir a temperatura, usamos o instrumento denominado *termômetro*, e o *grau Celsius (°C)* como unidade de medida.

A energia também participa da ocorrência de fenômenos químicos. Por exemplo, na queima ou **combustão** da vela, a *energia química* da parafina transforma-se em luz, ou *energia luminosa*, e calor, ou *energia térmica*.

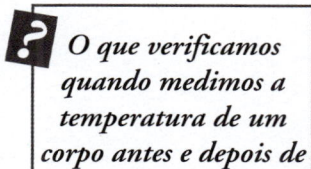

> **?** *O que verificamos quando medimos a temperatura de um corpo antes e depois de ele receber energia?*

> > > CONEXÃO História < < <

O domínio do fogo

Quando descobriram que era possível dominar o fogo os seres humanos primitivos deram os primeiros passos em direção à civilização e à Ciência.

O domínio do fogo permitiu aos humanos primitivos algumas conquistas iniciais, entre elas: cozinhar os alimentos – alimentos cozidos são mais macios, fáceis de digerir e, em geral, mais saborosos do que alimentos crus; aquecer a habitação nas longas noites frias; espantar as feras que rondavam os acampamentos humanos.

Mais tarde, o fogo permitiu a alteração de materiais obtidos da natureza para a produção de objetos mais duradouros, como o cozimento de recipientes feitos de argila, o que os torna mais duros e resistentes.

O domínio do fogo também teria sido responsável pelo começo da utilização dos metais. Inicialmente, os seres humanos utilizaram o ouro e o cobre, que podiam ser encontrados no solo em estado quase puro. Mas outros metais, como o cobre e o ferro, cuja extração depende do aque-

> A **combustão** ou queima é um fenômeno que ocorre com certos materiais – neste caso chamados de *combustíveis* –, na presença do gás oxigênio – neste caso, chamado de *comburente* – com a produção de energia e de algumas substâncias no estado gasoso.

> **Minério** é o nome dado às rochas que contêm grande quantidade de minerais, como os metais, que podem ser extraídos e utilizados na indústria.

cimento de **minérios**, só puderam ser usados com a descoberta das técnicas adequadas de extração.

Acredita-se que, ao acender fogueiras em lugares que continham minérios, algumas pessoas teriam notado a separação do metal, causada pelo aquecimento do minério. Isso teria despertado a curiosidade natural do ser humano, que passou a experimentar o aquecimento de outros minérios, e, aos poucos, descobriu como utilizar outros metais.

> **?** *Pense: Em que situações o fogo tem importância direta em sua vida?*

Ilustração representando alguns humanos primitivos usando o fogo do acampamento para produzir boas pontas em suas lanças.

■ As várias formas da energia

Como você viu nos exemplos anteriores, a energia se manifesta nos corpos sob muitas formas. Por exemplo, na vela, temos energia na forma de luz (*energia luminosa*) e de calor (*energia térmica*) e a energia das partículas que constituem a parafina (**energia química**). E uma forma de energia pode ser convertida em outra, como ocorre na vela, em que a *energia química* da parafina transforma-se em *energia luminosa* e *energia térmica*.

Em nossas casas, temos outros exemplos de conversão da energia: em uma lâmpada incandescente, a *energia elétrica* transforma-se em *energia luminosa* e *energia térmica* – por isso, as lâmpadas desse tipo ficam quentes após

> De modo geral, podemos definir **energia química** como a energia que faz parte da constituição da matéria.

No chuveiro elétrico, o aquecimento da água se dá graças à transformação da energia elétrica em energia térmica.

40 UNIDADE I – O mundo da Física e da Química

algum tempo acesas. Já no chuveiro e no ferro de passar, a energia elétrica transforma-se em *energia térmica*, apenas.

Há exemplos de conversão de energia também em nosso corpo: quando comemos, a *energia química* do alimento se transforma em *energia química* de nosso organismo; a *energia química* de nossos músculos faz com que eles se contraiam e relaxem, produzindo movimento, que é **energia cinética**.

> **Energia cinética** é a energia dos corpos em movimento.

Os movimentos de nosso corpo são o resultado da transformação da energia química dos músculos em energia cinética.

> *Pense: Por que, de modo geral, os atletas precisam comer mais do que as pessoas que não praticam atividades físicas?*

■ O Sol: fonte primordial de energia

Podemos controlar e transformar a energia, mas não podemos criá-la nem destruí-la, e, embora possamos obter energia de diversas fontes e sob diversas formas, o Sol é a fonte primária de quase toda a energia utilizada no planeta Terra.

Por exemplo, a energia elétrica gerada nas hidrelétricas é resultado da queda da água: a água que está no alto da barragem tem grande quantidade de energia armazenada (**energia potencial**), que, na água em queda, é transformada em energia de movimento (energia cinética). Esta, por sua vez, se transforma em energia elétrica, nos geradores.

Mas a água só pode subir novamente, armazenando energia potencial, com o aquecimento do Sol, que a transforma em vapor, que formará as chuvas, responsáveis por encher de novo a represa com água.

Até mesmo quando fazemos uma fogueira e queimamos galhos e pedaços de tronco de árvore, estamos apenas provocando a transformação da energia química das plantas, cuja origem primeira é o Sol, em energia térmica.

> **Energia potencial** é a energia armazenada por um corpo em razão de sua posição. Por exemplo, quando um corpo é erguido a certa altura em relação ao solo, ele adquire energia potencial.

Fenômenos – CAPÍTULO 3

ARTICULAÇÃO Meio ambiente

Nos ecossistemas, a energia do Sol sustenta as teias alimentares. Inicialmente, essa energia é captada pelas plantas e, por meio da fotossíntese, convertida por elas em energia química. A energia química das plantas pode ser transferida aos animais herbívoros, isto é, os animais que se alimentam de plantas. Estes incorporam a energia das plantas e, por sua vez, repassam-na aos animais carnívoros.

Quando animais e plantas morrem, parte da energia química de seus corpos passa aos decompositores, seres vivos que se alimentam dos restos de outros seres vivos.

Sol → folha → lagarta → sabiá → gavião

Outro exemplo em que a fonte primária de energia é o Sol é a energia elétrica produzida nos moinhos de vento: o vento é o resultado do aquecimento diferenciado da atmosfera pelo Sol.

Nos modernos moinhos de vento, a energia do vento é transformada em energia elétrica. Fortaleza, CE, 1996.

Somente a **energia nuclear**, que resulta da desintegração dos átomos de certos materiais, como o urânio, não depende do Sol para existir. Nas usinas nucleares a energia gerada pela desintegração do urânio é usada para aquecer a água até vaporizá-la, e a força do vapor move turbinas de geradores de eletricidade.

> **Energia nuclear** é a energia armazenada no núcleo dos átomos.

42 UNIDADE I – O mundo da Física e da Química

Tudo é Física, tudo é Química

De modo geral, podemos dizer que a Física dedica-se ao estudo dos fenômenos físicos que ocorrem com a matéria e que a Química, por sua vez, preocupa-se em compreender os fenômenos químicos.

Na Unidade II deste livro estudaremos os fenômenos físicos das diferentes áreas da Física:

- *Mecânica*, que estuda o movimento dos corpos e as forças que provocam esse fenômeno e explica, por exemplo, a curva da bola em um gol de escanteio;
- *Termologia*, que estuda o calor, seus efeitos e sua propagação e explica, por exemplo, por que usamos garrafas térmicas para conservar o café quente;
- *Ondulatória*, que estuda o fenômeno das ondas mecânicas e eletromagnéticas, sua produção e propagação e explica, por exemplo, o som de uma guitarra (ondas mecânicas) e a transmissão de um *show* de *rock* pela televisão (ondas eletromagnéticas);
- *Óptica*, que estuda os fenômenos produzidos pela luz que incide sobre espelhos e lentes e explica, por exemplo, a formação da imagem no espelho;
- *Magnetismo*, que estuda os fenômenos produzidos por ímãs e explica, por exemplo, o funcionamento de uma bússola;
- *Eletricidade*, que estuda os fenômenos elétricos, como a transmissão da corrente elétrica em uma casa, e, em associação com o Magnetismo, os fenômenos de origem eletromagnética, por exemplo, o funcionamento dos amplificadores de um aparelho de som.

Na Unidade III, *O estudo da Química*, veremos alguns fenômenos químicos comuns em nosso cotidiano, como a queima de combustíveis na cozinha (gás de botijão) e no tanque de veículos (gasolina), mas também problemas ambientais decorrentes do mau uso da Química, como a poluição atmosférica pelo excesso de gás carbônico e de outros gases na atmosfera e a **poluição das águas**.

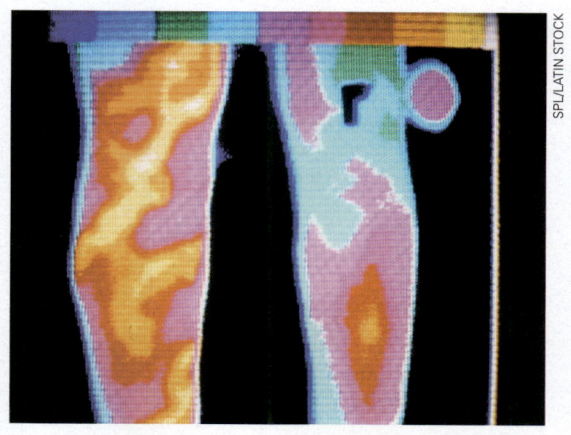

A Termologia, assim como outras áreas da Física, presta serviços também na Medicina. Essa foto – feita com a técnica termográfica, que registra o calor emitido pelos corpos – ajuda o médico a visualizar melhor as varizes (áreas em vermelho e alaranjado) das pernas de uma pessoa.

Os detergentes são produtos químicos que facilitam a limpeza doméstica. Mas quando despejados nos rios (com o esgoto não tratado) representam uma das formas de **poluição das águas**.

Rio Tietê poluído por detergentes (Itu, SP, 1999).

Fenômenos – CAPÍTULO 3

Um comprimido efervescente em um copo de água é um exemplo de reação química. As bolhas na água decorrem da formação de gás carbônico, resultado da reação química.

ATENÇÃO!
Não tome remédios sem aconselhamento médico.

Iniciaremos nossos estudos com a composição da matéria no nível atômico e a estrutura do átomo. Prosseguindo, veremos a distinção dos átomos em elementos químicos (como o ferro, o alumínio, o chumbo, etc.); a Tabela Periódica; as ligações entre os átomos na formação das substâncias, como o sal de cozinha, a água, o gás carbônico, etc.; as misturas de substâncias, suas características e métodos de separação; as reações químicas, ou seja, os fenômenos químicos propriamente ditos; e, finalmente, a classificação de substâncias em ácidos, bases, óxidos e sais.

AMPLIAÇÃO Física e Química

A Física e a Química se completam

Assim como a distinção entre fenômenos físicos e fenômenos químicos nem sempre é simples, a distinção entre o estudo da Física e o estudo da Química também não é exata. Muitos dos fenômenos que ocorrem com a matéria podem ser objeto de estudo de ambas as disciplinas, e mesmo envolver outras disciplinas.

O conhecimento da matéria em nível atômico é um bom exemplo de como a Física e a Química estão interligadas: as primeiras informações importantes relativas à estrutura do átomo foram obtidas por pesquisadores da área de Química, mas, atualmente, as informações nessa área são obtidas sobretudo por pesquisadores de Física Nuclear.

Olhe e pense

Observe as fotos abaixo e leia a legenda.

A formação de ferrugem decorre do contato entre o ferro (do parafuso), o oxigênio e a água (vapor) do ar atmosférico. Um objeto enferrujado não é mais o mesmo, pois parte dele foi perdida.

A formação de ferrugem é um fenômeno físico ou químico? Justifique sua resposta.

44 UNIDADE I – O mundo da Física e da Química

Verifique o que aprendeu

1 Em uma partida de vôlei Brasil × Itália, na sequência de um ataque do time italiano, a bola foi muito bem barrada pelo bloqueio do time brasileiro, que conseguiu assim o ponto da vitória. Para a Ciência, essa jogada do vôlei é um exemplo de fenômeno? Explique sua resposta.

2 No esquema a seguir estão representadas algumas das mudanças de estado da matéria *sob pressão constante* e *temperatura variável*. As setas indicam que a temperatura aumenta da esquerda para a direita (seta vermelha) e diminui da direita para a esquerda (seta azul).

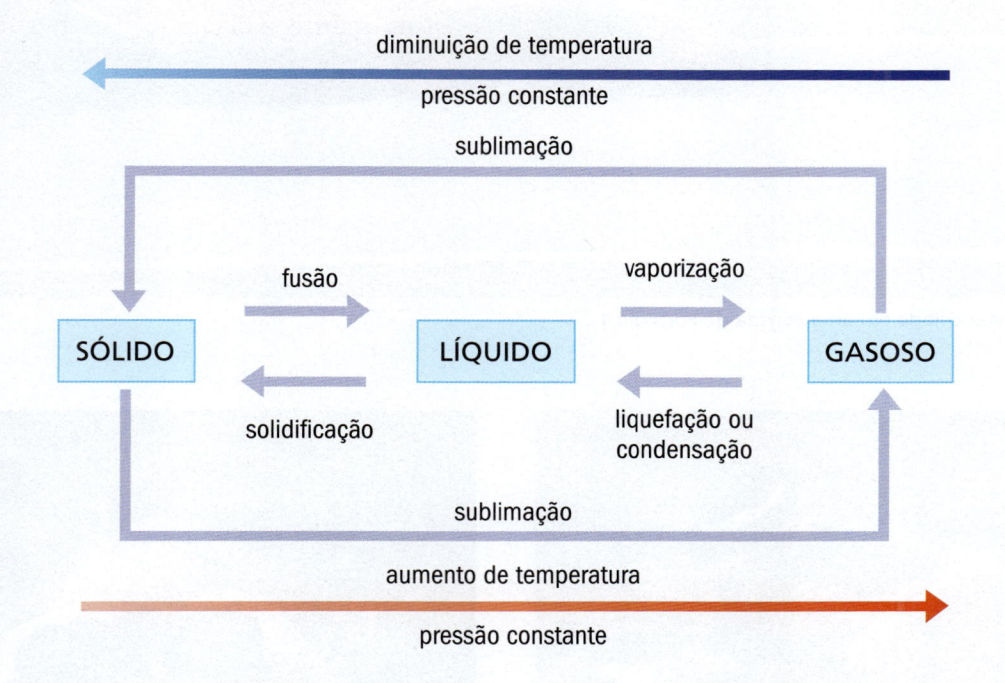

diminuição de temperatura
pressão constante

sublimação

SÓLIDO — fusão → LÍQUIDO — vaporização → GASOSO
SÓLIDO ← solidificação — LÍQUIDO ← liquefação ou condensação — GASOSO

sublimação

aumento de temperatura
pressão constante

a) Identifique as mudanças de estado que o esquema indica e anote, em cada caso, se a matéria está ganhando ou perdendo energia.
b) Fenômenos desse tipo são classificados como fenômenos físicos ou fenômenos químicos? Justifique sua resposta.

3 Com relação à queima de uma vela, explique:
a) Por que ela é considerada um fenômeno químico?
b) Por que esse fenômeno é dito irreversível?

4 Dê exemplos de diferentes tipos de energia, conforme os itens a seguir:
a) energia luminosa;
b) energia térmica;
c) energia química;
d) energia elétrica;
e) energia potencial;
f) energia cinética.

Fenômenos – CAPÍTULO 3

5 Escreva em seu caderno que área ou áreas da Física podem estudar os fenômenos retratados nas fotos abaixo.

A velocidade em uma corrida de Fórmula 1.

O som produzido pelas cordas de um violão.

As imagens produzidas pelas lentes de um binóculo.

A palavra é sua

Observe o ambiente ao seu redor, em sua casa, na escola, nos passeios com os amigos. Procure pela ocorrência de fenômenos físicos e fenômenos químicos no seu cotidiano. Anote alguns deles, devidamente classificados, e, se possível, explicados, e leve suas anotações para discussão em sala de aula.

Unidade II
O estudo da Física

Os fenômenos da natureza sempre atraíram e encantaram os seres humanos. Talvez por isso muitos deles tenham recebido explicações que remetem ao mágico, ao sobrenatural. É o caso da aurora polar, fenômeno visual de rara beleza, que Galileu Galilei, o célebre físico, matemático e astrônomo italiano, batizou de aurora boreal, em homenagem a Aurora, deusa romana do amanhecer, e ao titã grego Bóreas, um dos representantes divinos do vento.

Nesta Unidade você vai se aventurar pelo mundo da Física, e verá como, utilizando relativamente poucas leis fundamentais, essa ciência explica os vários fenômenos da natureza e amplia a nossa visão de mundo, sem tirar dele a beleza.

Aurora polar fotografada na Noruega.

4 Corpos em movimento

Trânsito congestionado na rua Teodoro Sampaio, em São Paulo, SP.

Congestionamento de riquixás em uma rua de Dacca, capital e maior cidade de Bangladesh, país da Ásia.

O que essas duas imagens têm em comum?
É possível dizer que as fotos mostram corpos em movimento? Por quê?
Qual é a relação entre essas imagens e o estudo da Física?

O estudo dos movimentos

Você já esteve em um congestionamento? Congestionamentos são uma das contradições da vida moderna. Automóveis – ou outros veículos, como os riquixás da segunda foto – foram criados para diminuir o tempo de viagem, mas, nos congestionamentos, acabam fazendo justamente o contrário. Como ficam mais tempo parados do que em movimento, prolongam o tempo que as pessoas gastam para fazer seus percursos diários, por exemplo, entre a casa e a escola ou entre a casa e o trabalho.

"Movimento dos corpos" e "ausência de movimento dos corpos" são os temas deste capítulo, que dá início aos estudos de **Mecânica**, divisão da Física que aborda os movimentos, as forças que os produzem e a energia que torna possível a existência dessas forças e desses movimentos.

■ Há *móveis* na sala de aula?

Depende. Uma pipa no céu, um nadador em uma competição, um carro de Fórmula 1 na pista ou uma aranha que caminha em sua teia são exemplos de móveis. Para a Mecânica, corpo móvel ou, simplesmente, *móvel* é qualquer corpo dotado de movimento.

Olhe para a foto a seguir. Nela há algum *móvel*? Isto é, podemos dizer que, no momento em que a foto foi tirada, havia algum corpo em movimento? Nesse caso, quem estaria em movimento, o ciclista ou as moças que o observam?

> A **Mecânica** que estudaremos neste livro costuma ser denominada *Mecânica Clássica*, em oposição à *Mecânica Quântica*, responsável pelo estudo dos movimentos, forças e energia no mundo do átomo e das partículas que o constituem.

Duas garotas observam um ciclista.

Vamos imaginar que na ocasião, questionadas pelo fotógrafo, as moças afirmaram que, do ponto de vista delas, o ciclista estava em movimento. Mas o ciclista, olhando para as moças, respondeu que o caso era justamente o contrário: para ele, elas é que estavam em movimento. Quem estaria certo?

Em Mecânica, para poder afirmar que um corpo está ou não em movimento, primeiro é preciso considerar um ponto de referência ou **referencial**. Ora, as moças veem o ciclista mudar de posição no espaço (afastando-se) em relação a elas. Logo, para elas, ele está em movimento. Mas o ciclista também vê as moças mudarem de posição no espaço (afastando-se) em relação a ele. E, para ele, são elas que estão em movimento.

Portanto, tanto as moças quanto o ciclista estão certos, pois cada um está considerando um referencial diferente: o ciclista está em movimento em relação às moças, e as moças estão em movimento em relação ao ciclista.

> Dizemos que um corpo está em movimento quando ele muda de posição no espaço em relação a um **referencial**.

> **?** *Responda depressa: Para a Mecânica, a cama em que você dorme pode ser considerada um móvel?*

Corpos em movimento – **CAPÍTULO 4** **49**

> **?** *Nas duas situações consideradas (as moças em relação ao ciclista e vice-versa), quem é o móvel e quem é o referencial?*

Imagine agora que o ciclista resolveu parar para comprar um sorvete. As moças observam que ele não está mais se afastando delas e podem afirmar que, em relação a elas – que, nesse caso, são o referencial –, o ciclista agora está *em repouso* (que significa 'parado', em Física). Mas para ele – que, agora, é o referencial – são as moças que estão em repouso.

Podemos considerar ainda outros referenciais. Por exemplo, o ciclista e as moças estão em repouso uns em relação aos outros. Mas, como os três estão sobre a superfície da Terra – que está em constante movimento de rotação em torno de seu eixo e de translação em torno do Sol –, podemos dizer que, em relação ao Sol (referencial), tanto as moças quanto o ciclista estão em movimento.

Por isso, em Mecânica, falamos em *relatividade do movimento*, ou seja, para a Mecânica, o movimento é relativo, pois depende do referencial considerado.

> **?** *Muitas outras situações são possíveis. Por exemplo, para o menino que passa pedalando a sua bicicleta, as casas da rua estão em repouso ou em movimento? Por quê?*

> > > CONEXÃO Astronomia < < <

Gira mundo, mundo gira

A humanidade levou muito tempo para entender como ocorre o fenômeno dos dias e das noites. Desde a Antiguidade até praticamente o fim do século XV, as pessoas de modo geral acreditavam que isso ocorria porque o Sol girava ao redor da Terra, enquanto nosso planeta permanecia parado, ocupando o centro do Universo.

Essa ideia, que ficou conhecida como *teoria do geocentrismo*, permaneceu por tanto tempo por várias razões, incluindo razões religiosas, mas principalmente porque essa é a sensação que temos. Afinal, quando observamos o céu durante um dia inteiro, vemos o Sol surgir em um ponto do horizonte (nascer do Sol) e pôr-se no ponto oposto (pôr do sol). Em outras palavras, quando nós somos o referencial, a sensação que temos é de que o Sol se desloca no céu.

Foi Nicolau Copérnico (1473-1543) quem comprovou, por meio de cálculos, que a Terra não poderia estar no centro do Universo, e propôs a teoria de que o Sol estaria no centro do Universo, enquanto os outros planetas giram em torno dele. Essa ideia ficou conhecida como *teoria do heliocentrismo*.

Hoje sabemos que a Terra é apenas um planeta como os outros, e não o centro do Universo. E que além de realizar o movimento de *translação*, isto é, de dar voltas em torno do Sol, ela gira como se fosse um pião ao redor de um eixo imaginário, que a atravessa de um polo a outro, no movimento de *rotação*. Como a rotação da Terra tem sempre a mesma velocidade, nós não percebemos esse movimento e, para nós, é como se o céu girasse no sentido contrário, levando consigo os astros que estão nele.

■ Quem é maior: um elefante ou uma formiga?

Aqui isso não importa. Qualquer que seja o móvel – um elefante em fuga no estouro da manada ou uma formiga em marcha em busca de alimento –, suas dimensões não interessam quando estudamos os movimentos e não estamos preocupados com as causas desses movimentos ou de suas alterações.

Isto é, quando estudamos apenas a velocidade e a posição dos corpos em movimento, podemos desprezar as dimensões do móvel (comprimento, largura e altura), pois elas não afetam os resultados, e o móvel pode ser considerado simplesmente um **ponto material**.

> **Ponto material** é todo corpo cujas dimensões podem ser consideradas desprezíveis em relação às dimensões do referencial.

Vários móveis de diferentes dimensões. No estudo dos movimentos, quaisquer que sejam as dimensões do móvel, ele pode ser considerado um ponto material.

> A linha descrita por um ponto material durante seu deslocamento (em relação a um referencial) é denominada **trajetória**.

■ Diga-me por onde você anda...

Observe, na foto ao lado, os trilhos de um trem: eles representam o caminho percorrido pelo móvel.

Para qualquer móvel e qualquer movimento, podemos imaginar uma linha que vai da posição em que o movimento tem início até a posição em que esse movimento cessa. Essa linha imaginária, que representa o caminho percorrido pelo móvel, é chamada de **trajetória**.

Agora pense no movimento de um trem em um trecho sem as curvas dos trilhos, no movimento de subida e descida de um elevador e no deslocamento de um avião cortando o céu. Todos esses movimentos têm trajetória em linha reta; por isso, são chamados *movimentos retilíneos*. Já movimentos como o da Terra em torno do Sol (elipse) ou certos movimentos da bola em jogos de futebol (parábola), que descrevem uma trajetória em linha curva, são chamados *curvilíneos*.

No caso dos trens, a trajetória não é apenas uma linha imaginária, pois é demarcada pelos trilhos.

Corpos em movimento – CAPÍTULO 4

A viagem de um ciclista

Observe a figura a seguir. Ela representa a viagem de um ciclista que sai de sua cidade e descreve um movimento retilíneo em direção à cidade vizinha.

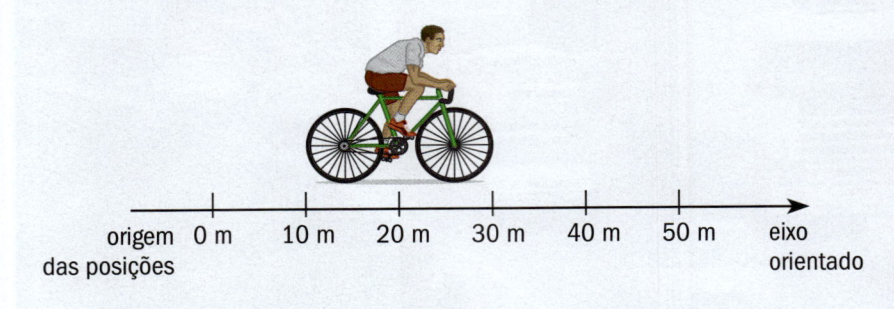

Como outros movimentos, essa viagem pode ser descrita por meio de equações matemáticas. Vamos conhecer o significado dos símbolos usados nessas equações.

A posição que um móvel ocupa em relação ao início de sua trajetória é representada matematicamente por S. Na figura acima, **a posição (S)** do ciclista é igual a 20 m.

À medida que o móvel se afasta ou se aproxima da origem do referencial, sua posição varia. Essa variação de posição é chamada de **deslocamento** e é representada matematicamente por **ΔS** (lê-se delta S).

Considerando-se a posição inicial do ciclista como S_0 e sua posição final como S, o seu deslocamento, representado por ΔS, é igual a $S - S_0$, ou seja, a posição final menos a posição inicial. Assim:

$$\Delta S = S - S_0$$

Agora, observe o nosso ciclista nesta outra figura:

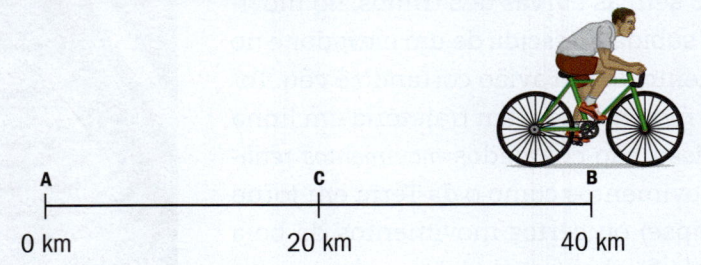

Ele partiu da cidade A e chegou à cidade B. Nesse caso, como $\Delta S = S - S_0$, o seu deslocamento foi de 40 km, pois ΔS = 40 − 0.

> A **posição (S)** de um móvel é a posição ocupada por ele em relação à origem da trajetória.

> **Deslocamento (ΔS)** é a variação de posição de um móvel em relação à origem do referencial.

Entretanto, chegando à cidade B, o ciclista resolveu voltar pelo mesmo caminho até um mirante (C) que fica exatamente na metade do caminho, ou seja, na posição S = 20 km. Qual foi agora o seu deslocamento?

Nesse caso, S = 20 km, pois ΔS = 20 – 0 = 20 km.

É importante não confundir deslocamento com espaço percorrido. O **espaço percorrido (Δe)** corresponde ao caminho total percorrido pelo móvel. Na segunda situação, o ciclista teve um deslocamento de 20 km, mas percorreu um espaço real de 60 km (40 km de A até B + 20 km de B até C).

O tempo gasto por um móvel qualquer na realização de um movimento, também chamado de **intervalo de tempo**, é representado por Δt (lê-se delta t) e é igual a t – t_0, em que t corresponde ao instante final, isto é, o instante em que o movimento termina, e t_0 corresponde ao instante inicial, isto é, o instante em que o movimento se inicia. Assim:

$$\Delta t = t - t_0$$

> **Espaço percorrido (Δe)** é o percurso total de um móvel.

> **Intervalo de tempo (Δt)** é o tempo transcorrido entre o instante final (t) de um movimento e seu instante inicial (t_0).

■ Qual é a velocidade de nosso personagem?

Imagine que o ciclista percorreu os 40 quilômetros de A até B em 2 horas. Logo, Δe = 40 km e Δt = 2 h. Conhecendo o intervalo de tempo de um movimento e o espaço percorrido pelo móvel (Δe), podemos descobrir a **velocidade média (v_m)** do móvel, que é a razão entre o espaço percorrido por ele e o tempo que ele gastou para percorrê-lo.

Essa definição de velocidade média pode ser traduzida, matematicamente, pela expressão:

$$v_m = \frac{\Delta e}{\Delta t}$$

em que:
- v_m – velocidade média do móvel durante o movimento;
- Δe – espaço percorrido pelo móvel;
- Δt – intervalo de tempo correspondente.

Portanto, a velocidade média do ciclista é igual a 40 km divididos por 2 h, e é igual a 20 km/h. Como se vê, a unidade de velocidade depende da unidade correspondente ao espaço percorrido e da unidade de tempo, e pode ser representada por km/h, km/s, m/s, cm/s, etc.

É importante não confundir velocidade média com **velocidade instantânea (v)**. Observe a foto ao lado: o velocímetro marca a velocidade instantânea (v) do veículo, isto é, sua velocidade no *instante* em que a foto foi feita.

Como se sabe, porém, veículos como bicicletas, automóveis, ônibus, etc. não mantêm a mesma velocidade durante todo o percurso que realizam. Por isso, a velocidade instantânea de um veículo em determinado ponto da estrada dificilmente coincide com a sua velocidade média.

> A razão entre o espaço percorrido por um móvel e o tempo total gasto por ele nesse movimento é, por definição, a **velocidade média (v_m)** desse móvel.

> **Velocidade instantânea (v)** é a velocidade de um móvel em um instante t.

O velocímetro de um veículo registra a velocidade de 60 km/h. Isso significa que, se essa velocidade for mantida, ele poderá percorrer 60 quilômetros em 1 hora.

Corpos em movimento – CAPÍTULO 4

> > > CONEXÃO Matemática < < <

A importância da linguagem matemática

O que você faz quando quer se comunicar com um amigo, por exemplo, para contar a ele a ideia genial que teve em uma noite de insônia? Você fala, isto é, expressa seus pensamentos por meio de um encadeamento lógico de palavras de sua língua materna.

Pois bem, como você talvez já tenha notado, a Física expressa suas ideias (conceitos) utilizando-se da linguagem matemática. Em outras palavras, a Física utiliza símbolos (algarismos e outros sinais) e operações lógicas (basicamente, de adição, subtração, multiplicação e divisão) da Matemática para expressar seus conceitos de uma maneira quantificada, isto é, com valores numéricos.

Quando falamos, por exemplo, do conceito físico de velocidade, podemos expressar essa ideia por meio de palavras: velocidade de um corpo é a relação entre o espaço percorrido por ele e o tempo que ele gastou nesse percurso. Mas, se quisermos, por exemplo, comparar a velocidade de dois corpos, saber quem foi mais veloz e quem foi menos veloz, precisamos fazer uso da expressão matemática que acabamos de ver, a fim de obter valores numéricos da velocidade de cada um e realizar uma comparação mais exata.

Para compreender melhor os conceitos vistos até aqui, acompanhe a resolução de três exercícios. Antes, porém, leia o texto que os antecede, pois suas informações são importantes para a compreensão da resolução dos problemas.

APLICANDO OS CONCEITOS

Em problemas de Física, uma mesma grandeza pode aparecer com unidades diferentes. A grandeza distância, por exemplo, pode ser dada em metros e em quilômetros. Nesse caso, é preciso escolher a unidade com que se vai trabalhar e converter as outras.

Para transformar uma unidade maior em outra menor, multiplicamos o valor da unidade maior pelo número de vezes que ela é maior que a outra. Por exemplo, de 4,25 km para metros: como 1 km tem 1 000 m, multiplicamos 4,25 por 1 000 $\Rightarrow$ 4,25 km × 1 000 = 4 250 m. Inversamente, para transformar uma unidade menor em outra maior, dividimos o valor da unidade menor pelo número de vezes que ela é menor que a outra. Por exemplo, de 5 200 cm para metros: como 1 metro tem 100 cm, dividimos 5 200 por 100 $\Rightarrow$ 5 200 cm ÷ 100 = 52 m.

No caso de unidades de tempo, é importante notar que elas não são decimais. Por isso, é preciso tomar certos cuidados ao fazer esse tipo de transformação. Por exemplo: se quisermos transformar 135 min em horas, primeiro fazemos como nos exemplos anteriores, isto é, como 1 hora tem 60 min, dividimos 135 por 60 $\Rightarrow$ 135 : 60 = 2,25 h. Mas, como as unidades não são decimais, 0,25 h não equivalem a 25 minutos, e sim a $\frac{25}{100}$ h = 15 min. Ou seja, 135 min é o mesmo que 2 h e 15 min.

1. Calcule a velocidade média, em m/s, de um móvel que percorre 14,4 km em 3 min.

Dados: Δe = 14,4 km; Δt = 3 min; v_m = ?

No exercício em questão, pede-se a velocidade em m/s. Portanto, em primeiro lugar, é preciso transformar 14,4 quilômetros em metros e 3 minutos em segundos: $\Delta e = 14,4$ km $= 14\,400$ m; $\Delta t = 3$ min $= 3 \cdot 60 = 180$ s.

Como você já viu, para calcular a velocidade média devemos empregar a relação $v_m = \dfrac{\Delta e}{\Delta t}$. Substituindo pelos valores fornecidos, temos:

$$v_m = \dfrac{14\,400}{180} \Rightarrow v_m = 80 \text{ m/s}$$

Também podemos calcular a velocidade em km/min e depois fazer a transformação para m/s:

$$v_m = \dfrac{14,4 \text{ km}}{3 \text{ min}} = 4,8 \text{ km/min} = \dfrac{4,8 \text{ km}}{1 \text{ min}} = \dfrac{4\,800 \text{ m}}{60 \text{ s}} = 80 \text{ m/s}.$$

2. Um avião voa com velocidade constante de 980 km/h. Calcule o espaço percorrido por ele em 24 min.

Dados: $v_m = 980$ km/h; $\Delta t = 24$ min; $\Delta e = ?$

Primeiramente, transformamos o tempo de minutos para horas: 24 min $= 24 : 60 = 0,4$ h. Substituindo os valores dados na expressão da velocidade média, temos:

$$v_m = \dfrac{\Delta e}{\Delta t} \Rightarrow 980 = \dfrac{\Delta e}{0,4} \Rightarrow \Delta e = 980 \cdot 0,4 \Rightarrow$$
$$\Rightarrow \Delta e = 392 \text{ km}$$

(O resultado é obtido em km, pois a velocidade foi fornecida em km/h, e o tempo, em horas.)

3. Um garoto percorre 864 m de sua casa até a escola, caminhando com velocidade média de 4,32 km/h. Calcule quantos minutos ele gasta para fazer esse trajeto.

Dados: $\Delta e = 864$ m; $v_m = 4,32$ km/h; $\Delta t = ?$

$$v_m = 4,32 \text{ km/h} = \dfrac{4,32 \text{ km}}{1 \text{ h}} = \dfrac{4\,320 \text{ m}}{60 \text{ min}} = 72 \text{ m/min}$$

$$v_m = \dfrac{\Delta e}{\Delta t} \Rightarrow 72 = \dfrac{864}{\Delta t} \Rightarrow \Delta t = \dfrac{864}{72} = 12 \text{ min}$$

Movimento em linha reta com velocidade constante

Observe a foto ao lado.

Imagine que esse automóvel está percorrendo uma longa estrada, totalmente reta e plana (portanto, uma estrada imaginária), com uma velocidade constante de 120 km/h, isto é, ele percorre espaços sempre iguais de 120 km em tempos também iguais de 1 hora. Nesse caso, poderíamos afirmar que ele executa um **movimento retilíneo uniforme (MRU)**.

Um automóvel está em movimento em uma trajetória retilínea.

O **movimento retilíneo uniforme (MRU)** é o deslocamento de um móvel em trajetória retilínea e com velocidade uniforme, isto é, constante. Na prática, um automóvel só apresenta velocidade constante em curtos trechos de sua trajetória.

Corpos em movimento – CAPÍTULO 4

Observe agora a figura a seguir, que representa o movimento de nosso veículo.

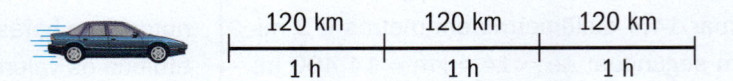

O MRU pode ser descrito por uma equação matemática. Acompanhe a seguir a construção dessa equação.

O espaço total percorrido pelo móvel é de 3 · 120 km = 360 km e o tempo gasto nesse percurso é de 3 · 1 h = 3 h. Se dividirmos o espaço percorrido pelo tempo, isto é, 360 km/3 h, teremos a velocidade média (v_m) do veículo, que é de 120 km/h.

Ora, se o veículo está em movimento retilíneo uniforme, a velocidade média é igual à velocidade do móvel em qualquer instante do percurso. Ou seja, a velocidade média do veículo é igual à sua velocidade instantânea, e podemos chamá-la simplesmente de v.

Se considerarmos o espaço percorrido total igual ao deslocamento, isto é, $\Delta e = \Delta S$, então:

$$v = \frac{\Delta S}{\Delta t} = \frac{S_0}{t - t_0}$$

Portanto:

$$S - S_0 = v(t - t_0) \Rightarrow S - S_0 = vt - vt_0$$

Uma vez que o tempo começa a ser contado só quando o movimento tem início, o tempo inicial (t_0) é igual a zero (é como se o relógio fosse zerado e colocado para funcionar apenas quando o movimento tem início), então $vt_0 = 0$.

Portanto, $S - S_0 = vt \Rightarrow S = S_0 + vt$, que é a equação do movimento retilíneo uniforme, também chamada de **função horária da posição** de um móvel no MRU.

Acompanhe agora a resolução de um exercício e entenda como se aplica a equação horária da posição na análise de um movimento retilíneo uniforme.

> A **função horária da posição** no MRU nos dá algumas informações sobre o movimento: S é a posição do móvel num instante t qualquer; S_0 é a posição inicial do móvel, correspondente ao instante inicial t_0 (que, como vimos, é igual a zero); e v é a velocidade do móvel. Com base nelas, podemos descobrir outras informações. Note que essa é uma equação de primeiro grau com duas incógnitas, do tipo ax + by = c, que você estudou em Matemática no 7º ano (antiga 6ª série).

APLICANDO OS CONCEITOS

Um móvel em trajetória retilínea tem seu movimento descrito pela equação S = 21 + 3t, em que S é a posição, dada em metros, no instante t, dado em segundos. Com base nessas informações, determine:

a) a posição inicial do móvel, isto é, S_0;
b) a velocidade v do móvel;
c) a posição no instante t = 4 s;
d) o instante em que S = 48 m.

a) e b) Inicialmente, comparamos a equação fornecida à função horária da posição de um móvel em MRU e identificamos S_0 e v. Sabendo que S = S_0 + vt e S = 21 + 3t, temos: S_0 = 21 m; v = 3 m/s.

c) Em seguida, substituindo t na equação pelo tempo dado no item c, fazemos:
S = 21 + 3 · 4 = 21 + 12 = 33 ⇒ S = 33 m

d) Finalmente, substituindo S na equação pela posição dada no item d, temos que:
48 = 21 + 3t ⇒ 48 − 21 = 3t ⇒ 3t = 27 ⇒
⇒ t = $\frac{27}{3}$ ⇒ t = 9 ⇒ t = 9 s

Olhe e pense

Observe as imagens de um puma ou leão da montanha, que no Brasil é chamado de suçuarana.

Elas foram feitas em sequência, isto é, uma após a outra em um certo intervalo de tempo (frações de segundo). Podemos dizer que o animal estava em movimento? Justifique sua resposta com base nos conceitos de referencial e posição no espaço.

Verifique o que aprendeu

1 Um ônibus para em um ponto e algumas pessoas sobem nele. Em seguida, o ônibus se afasta do ponto. Enquanto ele se afasta, as pessoas que ficaram no ponto estão paradas ou em movimento para quem está no ônibus? Por quê?

2 Para poder dizer que um corpo está em movimento, precisamos estabelecer um referencial. E, para poder dizer que um corpo está em repouso, é necessário um referencial? Explique dando exemplos.

3 Um jogador de futebol dá a saída no jogo e parte para a área adversária, percorre 30 metros, perde a bola, volta 10 metros na mesma direção, recupera a bola novamente, mas sofre falta e para. Qual foi o deslocamento executado pelo atleta? Qual foi o espaço total percorrido por ele?

4 Sabendo que $\Delta S = S - S_0$, responda: Qual é o deslocamento total (ΔS) de um móvel que parte da posição $S_0 = 0$ e chega à posição final $S = 40$ km?

5 Uma moto percorreu 42 km com velocidade de 70 km/h. Calcule quantos minutos foram gastos para realizar o percurso.

6 Doze dias depois de uma grande tempestade em São Paulo, as águas da chuva que desceram o rio Tietê atingiram o rio Paraná. Sabendo que a velocidade média das águas é de 3,5 km/h, calcule a distância percorrida por elas nesse período de tempo.

7 No campeonato de Fórmula 1 de 2006, nos treinos de classificação para a prova de Interlagos, SP, a volta mais rápida foi do piloto Felipe Massa, que ficou com a *pole position* com o tempo de 1 min e 10 s e acabou vencendo a prova. Sabendo que a pista em Interlagos mede 4 309 metros, calcule a velocidade média do piloto nos treinos (em km/h).

8 Um veículo faz um percurso de 380 km com movimento retilíneo uniforme em 5 horas; logo, sua velocidade durante o percurso é de 76 km/h. Na vida real, porém, se o automóvel repetir esse percurso várias vezes, dificilmente conseguirá manter sempre a mesma velocidade.
a) Na vida real, o movimento desse móvel será MRU? Por quê?
b) Explique a razão dessa diferença entre realidade e situação-problema.

9 Observe a figura a seguir:

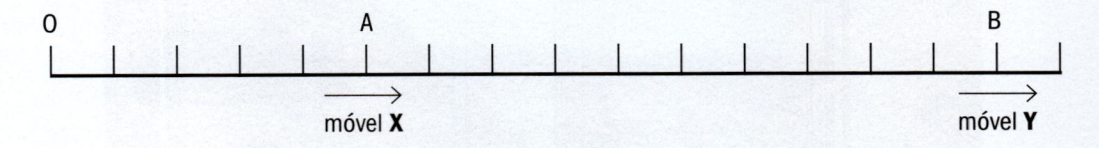

No tempo t = 0, dois móveis, X e Y, partem da origem 0. No tempo t = 5 segundos, o móvel X está no ponto A, e o móvel Y está no ponto B. Considere que a distância entre dois traços consecutivos é de 1 metro e responda:

a) De que tipo é a trajetória desses dois móveis? Por quê?
b) Qual é o deslocamento do móvel X?
c) Qual é o deslocamento do móvel Y?
d) Considerando que os dois móveis se deslocam com velocidade constante, qual é a velocidade de cada móvel?

10 A equação S = 48 + 8t, na qual S é dado em quilômetros e t, em horas, descreve o movimento de um móvel. Determine:

a) a posição inicial desse móvel;
b) sua velocidade;
c) sua posição em t = 2 h;
d) o instante em que S = 88 km.

A palavra é sua

1 Usando uma trena (ou uma fita métrica) e munido de papel, lápis e borracha, meça um trecho do quarteirão onde você mora. Pode ser, por exemplo, de seu portão até a esquina. Depois, marque no relógio quanto tempo você leva para percorrer essa distância mantendo sempre o mesmo passo (passos iguais). Faça o mesmo umas cinco vezes e tire uma média do tempo obtido.

a) Usando o tempo médio, calcule a sua velocidade média nesse percurso.
b) Explique que procedimentos seriam necessários para calcular sua velocidade média no trajeto a pé entre sua casa e a escola. Justifique os procedimentos citados.

2 Sabendo que ΔS = S − S$_0$, diga qual foi seu deslocamento total para ir de sua casa à escola e da escola para sua casa e justifique sua resposta.

3 Agora, se você quiser saber qual foi o espaço percorrido (Δe) entre sua casa e a escola, entre a ida e a volta, o que precisará fazer? Por quê?

ATENÇÃO!

Na realização do item 1 desta atividade, mantenha-se sempre na calçada, mesmo que você more numa rua sem muito movimento.

5 Corpos acelerados

Que sensação essa foto transmite a você? Por quê?
Note que há duas bicicletas na foto: de uma delas aparece apenas o guidão.
Em que tipo de situação elas estão? Justifique sua resposta.

Movimentos com velocidade variada

Você já participou de algum tipo de corrida? Em uma competição de velocidade, o objetivo é vencer, isto é, ultrapassar a linha de chegada antes de todos os outros competidores. Por isso, os participantes da prova procuram ir cada vez mais depressa.

É claro que isso nem sempre é possível. Numa corrida de motos, por exemplo, se estiver chovendo, não é bom abusar da sorte, pois é mais fácil derrapar no molhado. Por isso, talvez seja uma boa ideia reduzir um pouco a velocidade. Mas quem quer vencer precisa correr um pouco mais do que os outros participantes, e talvez precise aumentar a velocidade novamente.

Mudanças de velocidade também acontecem no dia a dia. Nos cruzamentos de trânsito, por exemplo, quando o **semáforo** fica vermelho, os motoristas são obrigados a reduzir a velocidade do veículo e parar, isto é, passar ao estado de repouso (velocidade igual a zero). Quando o semáforo fica verde de novo, o motorista sai do repouso, aumentando progressivamente a velocidade do carro.

Como se vê, na vida real, os movimentos em geral não são uniformes, mas variados.

> O **semáforo** é o sinal luminoso de três cores (vermelho = pare; amarelo = atenção; verde = passe), conhecido como farol em São Paulo e como sinaleira ou sinaleiro no Rio de Janeiro e no Nordeste do Brasil.

■ Aceleração: a velocidade aumenta ou diminui?

Você já sabe que a velocidade (v) de um móvel é a razão entre o espaço percorrido por ele (Δe) e o tempo que ele gasta para percorrer esse espaço (Δt), ou seja, $v = \dfrac{\Delta e}{\Delta t}$.

Agora, observe estas situações:

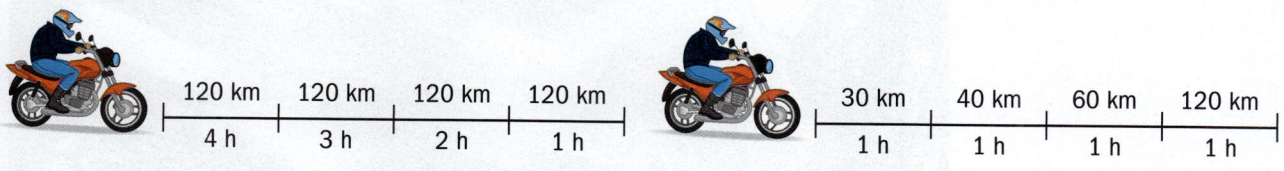

120 km	120 km	120 km	120 km
4 h	3 h	2 h	1 h

30 km	40 km	60 km	120 km
1 h	1 h	1 h	1 h

Na primeira, uma motocicleta percorre os mesmos espaços (120 km) em tempos sucessivamente menores (4 h, 3 h, 2 h, 1 h). Na segunda, ela percorre espaços cada vez maiores (30 km, 40 km, 60 km, 120 km) em intervalos de tempo iguais (1 h). Nos dois casos, a velocidade da moto está *aumentando progressivamente*, pois a razão entre o espaço percorrido e o tempo gasto para percorrê-lo está aumentando.

Observe agora duas novas situações:

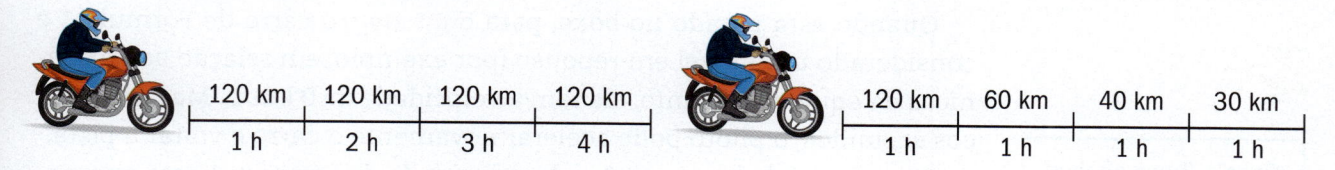

120 km	120 km	120 km	120 km
1 h	2 h	3 h	4 h

120 km	60 km	40 km	30 km
1 h	1 h	1 h	1 h

Na primeira situação, a motocicleta percorre as mesmas distâncias (120 km), mas em tempos sucessivamente maiores (1 h, 2 h, 3 h, 4 h). Na segunda, ela percorre distâncias cada vez menores (120 km, 60 km, 40 km, 30 km) em intervalos de tempo iguais (1 h). Podemos dizer, portanto, que, nos dois casos, a velocidade da motocicleta está *diminuindo progressivamente*, pois a razão entre o espaço percorrido por ela e o tempo que ela gasta para percorrê-lo está diminuindo.

O aumento ou diminuição da velocidade tem um nome: **aceleração**. Quando um móvel aumenta ou diminui a velocidade, dizemos que ele está acelerando. E, se um móvel tem aceleração, dizemos que ele executa um *movimento variado*, isto é, um movimento cuja velocidade varia com o tempo. Logo, é a aceleração que faz com que os movimentos, de um modo geral, não sejam uniformes, mas variados (ou acelerados).

Podemos dizer que a aceleração "mede" a capacidade do móvel de mudar de velocidade. Por isso, quando você lê em uma revista automobilística

> Em um movimento, dizemos que há **aceleração** quando a velocidade do móvel muda com o tempo.

Corpos acelerados – CAPÍTULO 5   **61**

que um veículo esportivo vai de 0 (velocidade no repouso) a 100 km/h em apenas 3,7 segundos, isso significa que ele tem uma boa aceleração de arranque, pois sua velocidade aumenta muito em um período de tempo muito curto.

■ Movimento acelerado ou retardado?

Observe a foto:

O piloto Jenson Button acelera seu carro após *pit stop* para colocar combustível, na prova de Fórmula 1 de Budapeste, Hungria, em 2005.

Pit stop, expressão em inglês que, no automobilismo, denomina a parada dos carros nos boxes para a troca de pneus ou o reabastecimento de combustível.

Gazela (boxe abaixo) é um gênero de antílope africano de corpo esbelto, pernas longas e chifres espiralados.

Quando está parado no boxe, para o *pit stop*, o carro de Fórmula 1 é considerado um móvel em repouso (por exemplo, em relação aos mecânicos da equipe). Portanto, ele tem a velocidade de 0 km/h. Mas, em poucos segundos, o piloto pode acelerar novamente o carro e voltar à pista.

Quando sai do boxe, o valor da velocidade do Fórmula 1 está aumentando. Nesse caso, o movimento do carro é chamado de *acelerado*. Já quando entra no boxe, o piloto está freando, ou seja, o valor de sua velocidade está diminuindo, e deve chegar a zero (velocidade do móvel em repouso). Nesse caso, o movimento do carro é chamado de *retardado*.

ARTICULAÇÃO Seres vivos

Velocidade e aceleração nos animais

Entre os mamíferos quadrúpedes, alguns pares de animais do tipo presa-predador têm velocidades máximas muito próximas – por exemplo, o guepardo (também conhecido como chita) e sua principal presa, a **gazela**, alcançam respectivamente velocidades máximas aproximadas de 30,5 m/s (ou 110 km/h) e 28 m/s (ou 101 km/h).

Como resultado da evolução, em grandes corredores, como os chitas e as gazelas, grande parte da massa muscular necessária para a corrida concentra-se no tronco. Já as pernas desses

Na África do Sul, um guepardo persegue uma gazela.

animais são muito mais leves em comparação com as de animais menos velozes. As pernas finas das gazelas privilegiam a manutenção da velocidade máxima durante muito mais tempo, em detrimento da aceleração simplesmente. As pernas muito musculosas de animais menos velozes, como os leões, privilegiam a aceleração no momento do bote, em detrimento da velocidade na corrida. Por essa razão, na caça, um leão tem apenas alguns segundos para alcançar uma gazela.

Ou seja, tudo isso significa que nem sempre o predador consegue capturar sua presa, o que corrobora o velho ditado popular: "Um dia é da caça e o outro é do caçador".

Adaptado de: Marcelo Andrade de Filgueiras Gomes. *Física e esporte.* Disponível em: <http://cienciaecultura.bvs.br/scielo.php?pid=S0009-67252005000300018&script=sci_arttext>. Acesso em 13 out. 2006.

■ Aceleração média (a$_m$)

Imagine que um automóvel, em um trecho retilíneo da estrada, desenvolve o movimento descrito no esquema a seguir:

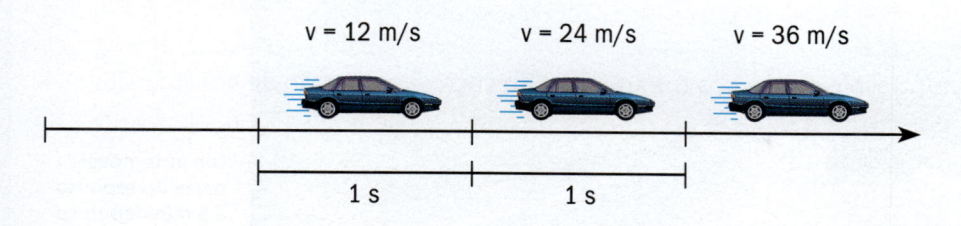

Como varia a velocidade desse carro a cada segundo? Para saber, vamos dividir a variação de velocidade, Δv, pela variação de tempo, Δt.

Após o 1º segundo, temos:

$$\Delta v = 12 - \frac{0}{1} = 12 \text{ m/s}$$

Após o 2º segundo, a velocidade dele é de:

$$\Delta v = 24 - \frac{12}{1} = 12 \text{ m/s}$$

E, após o 3º segundo, a velocidade do carro é de:

$$\Delta v = 36 - \frac{24}{1} = 12 \text{ m/s}$$

Corpos acelerados – CAPÍTULO 5

Ou seja, a variação da velocidade do carro, em intervalos de tempo iguais (1 s), é sempre igual e tem o valor de 12 m/s. Essa variação de velocidade corresponde à *aceleração média* (a_m) do móvel nesse trecho da estrada.

Determinar a aceleração média de um móvel, portanto, significa determinar em quanto a velocidade desse móvel aumenta (ou diminui) a cada período de tempo. Em nosso exemplo, a cada segundo, o móvel tem uma aceleração média de 12 m/s. Ou seja, a velocidade do móvel aumenta em 12 m por segundo a cada segundo, o que é indicado por 12 m/s².

Também podemos calcular diretamente a **aceleração média** usando uma razão matemática:

$$a_m = \frac{\Delta v}{\Delta t}$$

> Essa fórmula matemática indica que **aceleração média (a_m)** é a razão entre a variação da velocidade e o intervalo de tempo em que essa variação ocorre.

Em nosso exemplo, a variação da velocidade ($\Delta v = v - v_0$) do carro no trecho de estrada considerado é de 12 m/s a 36 m/s é:

$$36 \text{ m/s} - 12 \text{ m/s} \Rightarrow \Delta v = 24 \text{ m/s}$$

O intervalo de tempo total em que essa variação acontece é $\Delta t = t - t_0 = 2$ s. Logo, a aceleração média desse móvel é:

$$a_m = \frac{\Delta v}{\Delta t} = \frac{24 \text{ m/s}}{2 \text{s}} \Rightarrow a_m = 12 \text{ m/s}^2$$

> O **m/s²** é a unidade para aceleração no Sistema Internacional de Unidades.

A unidade de aceleração é *m/s²* porque a velocidade, em *m/s*, é dividida pelo tempo em s. Veja:

$$a = \frac{v}{t} = \frac{\frac{m}{s}}{\frac{s}{1}} = \frac{m}{s} \cdot \frac{1}{s} = \frac{m}{s^2} \text{ ou m/s}^2$$

APLICANDO OS CONCEITOS

Um automóvel parte do repouso e 5 min depois se desloca a 72 km/h em uma trajetória retilínea.

Vamos calcular a aceleração média desse automóvel? Em primeiro lugar, é preciso tornar compatíveis as unidades. Vamos escolher o minuto como unidade de tempo e converter a velocidade de km/h em m/min:

72 km/h = 72 000 m/60 min, ou 1 200 m/min

Como $v_0 = 0$ (pois o automóvel parte do repouso) em $t_0 = 0$, então:

$$a_m = \frac{\Delta v}{\Delta t} = \frac{v - v_0}{t - t_0} \Rightarrow$$

$$\Rightarrow a_m = \frac{1\ 200 \text{ m/min} - 0 \text{ m/min}}{5 - 0 \text{ min}}$$

$$\Rightarrow a_m = 240 \text{ m/min}^2$$

Velocidade e aceleração: grandezas vetoriais

Imagine que alguém diz para você, por exemplo: "Um carro se desloca a 120 km/h com uma aceleração de 20 m/s²". Só com essas informações, você não tem como saber para onde esse carro vai nem de onde ele vem. Nem se a velocidade do carro está aumentando ou diminuindo. Para saber tudo isso, você precisaria ser informado também da direção e do sentido da velocidade e da aceleração do móvel.

Esse tipo de grandeza física, da qual precisamos informar a direção e o sentido, além do **módulo** e da unidade correspondente, é chamado de *grandeza vetorial*. Em nosso exemplo, podemos dizer: "Um carro se desloca a 120 km/h, na direção horizontal, no mesmo sentido do referencial, com uma aceleração de 20 m/s² também horizontal, mas no sentido contrário ao da velocidade". Veja como isso ficaria em um esquema:

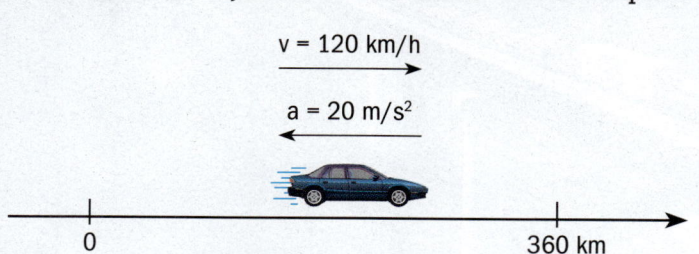

> Em estudos de Física, **módulo** é o valor numérico – sem considerar sinal positivo ou sinal negativo – de grandezas vetoriais, como a velocidade e a aceleração.

$v = 120$ km/h →

$a = 20$ m/s² ←

0 —————————— 360 km

- a direção do deslocamento do móvel é horizontal;
- o referencial está orientado da esquerda para a direita e o móvel se desloca no mesmo sentido (isto é, da esquerda para a direita).
- o módulo da velocidade (v) do móvel é 120 e sua unidade é km/h;
- o sentido da aceleração é contrário ao sentido do deslocamento.

Ou seja, esse carro está freando com uma aceleração de 20 m/s².

Aceleração positiva ou negativa?

Ao sair do boxe, um carro de Fórmula 1 se desloca em direção à chegada da prova. Portanto, podemos dizer que ele se desloca no sentido do referencial (considerado aqui da esquerda para a direita) e que, nesse caso, sua *velocidade* é *positiva*.

O valor absoluto (ou em módulo) da velocidade está aumentando e, por isso, sua *aceleração* também é dita *positiva* (pois favorece o aumento da velocidade).

Imagine agora que o carro quebrou alguns metros adiante e os mecânicos procuram empurrá-lo rapidamente de volta ao boxe. Nesse momento o Fórmula 1 está se deslocando em sentido contrário ao do referencial (portanto, da direita para a esquerda) e, por isso, sua *velocidade* é dita *negativa*.

Ora, o carro quebrado estava parado (sua velocidade, portanto, era igual a zero) e, quando os mecânicos o empurram, sua velocidade aumenta (em módulo). Logo, o carro tem *aceleração*, que, nesse caso, também é *negativa* (pois favorece o aumento da velocidade).

Quando chegar ao boxe, o carro deve parar. Assim, ao se aproximar do boxe, os mecânicos reduzem a intensidade da força com que empurram

> **Tudo é Matemática...**
> Você se lembra da regra de sinais que aprendeu em Matemática? Sinais iguais implicam soma dos valores numéricos (módulo) e sinais diferentes implicam subtração dos valores numéricos (módulo). De maneira semelhante, quando a velocidade e a aceleração têm sinais iguais, isso resulta em aumento da velocidade; se a velocidade e a aceleração têm sinais diferentes, isso resulta em redução da velocidade.

o carro, o que faz com que a velocidade dele comece a diminuir (em módulo); logo, sua aceleração (em módulo) também diminui.

Como a *velocidade* do móvel continua sendo *negativa* (pois ele ainda se move contra o referencial), mas a aceleração dele (em módulo) está diminuindo, a *aceleração* é dita *positiva* (pois é contrária ao aumento da velocidade).

APLICANDO OS CONCEITOS

Um trem viaja com velocidade de 64 km/h.

Imagine que esse trem seja freado repentinamente, mas só consiga parar 72 s depois. Ou seja, o trem vai de 64 km/h a 0 km/h em 72 s. Vamos calcular a aceleração média do trem durante a frenagem e interpretar o resultado?

Dados: $v_0 = 64$ km/h, $v = 0$ (quando o trem para, a velocidade é igual a zero), pergunta-se: $a_m = ?$

Convertemos a unidade de tempo, transformando segundos em horas, pois a velocidade foi dada em km/h:

$t = 72$ s $\Rightarrow t = 72 : 3\,600 = 0{,}02$ h

$a = \dfrac{v - v_0}{t - t_0} = \dfrac{0 - 64}{0{,}02} = -3\,200$

$a_m = -3\,200$ km/h^2

Interpretação: a aceleração tem sinal negativo porque o trem está freando no sentido do movimento. Ou seja, se o trem está no sentido do referencial, sua velocidade é dita positiva. Já a aceleração é contrária ao aumento de velocidade; então, ela só pode ser negativa.

> > > CONEXÃO Esporte < < <

As pernas dos atletas olímpicos

Não é verdade que os seres humanos, cujas velocidades máximas estão por volta de 45 km/h (ou 12,5 m/s), correm menos do que muitos animais por terem apenas duas pernas. Dentre os animais bípedes, o caso da avestruz, que alcança a velocidade máxima de 83 km/h (ou 23 m/s), contraria essa "explicação".

Na verdade, humanos não têm um rendimento tão bom em corridas, quando comparados a animais mais velozes, por causa de suas pernas pesadas. Esse peso faz com que, em uma prova de velocidade, eles consumam muita energia apenas para dar a arrancada inicial – isto é, para sair do repouso e pôr as pernas em movimento acelerado.

▶ Nas corridas olímpicas de 100 m e 200 m, a arrancada inicial corresponde a grande parte do tempo total da prova: cerca de 20% na prova de 200 m e 40% na de 100 m. Por isso, corredores dessas modalidades que aspiram à medalha de ouro nas provas olímpicas devem ser capazes de acelerar a 8 m/s² já no primeiro segundo após a largada.

Assim, os atletas que se dedicam a esses dois tipos de corridas devem ter uma preparação bem diferente em relação aos atletas de outras modalidades. Atentos a esses detalhes, os treinadores desses corredores vêm realizando nas últimas décadas um verdadeiro trabalho de reengenharia muscular, cujo objetivo é fortalecer muito a massa muscular do tronco e os ligamentos perna-tronco desses atletas. Muitos especialistas acreditam que a barreira para o ser humano alcançar maiores velocidades nas provas olímpicas é muito mais psicológica do que fisiológica; segundo eles, os melhores corredores um dia poderão correr tanto quanto as avestruzes.

Adaptado de: Marcelo Andrade de Filgueiras Gomes. *Física e esporte*. Disponível em: <http://cienciaecultura.bvs.br/scielo.php?pid=S0009-67252005000300018&script=sci_arttext>. Acesso em 13 out. 2006.

Movimento em linha reta com aceleração constante

Analise esta figura que representa o deslocamento de um automóvel imaginário:

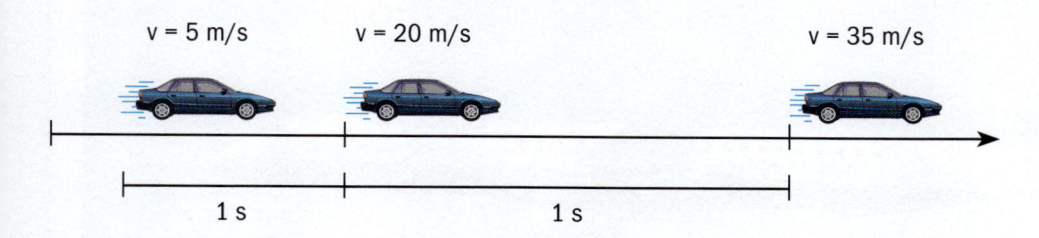

Veja que, no primeiro intervalo de tempo, a velocidade do móvel aumenta em 15 m/s, pois:

$$20 - 5 = 15 \text{ m/s}$$

No segundo intervalo, o aumento da velocidade do móvel é igualmente de 15 m/s:

$$35 - 20 = 15 \text{ m/s}$$

Trata-se de um movimento variado em que a velocidade aumenta de maneira igual a cada segundo (sempre 15 m/s). Por isso, é dito que o móvel tem um movimento que varia uniformemente. Se a trajetória que ele percorre é retilínea, como na ilustração, completamos a informação dizendo que ele descreve um **movimento retilíneo uniformemente variado (MRUV)**.

A *aceleração constante* é a principal característica do MRUV. Portanto, no MRUV, a aceleração (*a*) em qualquer instante do movimento é igual à aceleração média (a_m).

Como $a_m = \dfrac{\Delta v}{\Delta t}$, então $a = \dfrac{\Delta v}{\Delta t}$.

> O **movimento retilíneo uniformemente variado (MRUV)** é aquele em que o móvel percorre uma trajetória retilínea sempre com a mesma variação (aumento ou diminuição) de velocidade, isto é, com igual aceleração em intervalos de tempo iguais.

A teoria, na prática, é outra...
Na vida diária, o MRUV (movimento retilíneo uniformemente variado) é muito raro, pois só em trechos muito curtos de um percurso real um veículo consegue deslocar-se em uma trajetória retilínea com aceleração constante.

Se, no instante inicial t_0, a velocidade do móvel é v_0, e no instante t, a velocidade do móvel é v, então:

$$a = \frac{v - v_0}{t - t_0}$$

Passando $(t - t_0)$ para o primeiro membro da igualdade, a relação fica:
$a(t - t_0) = v - v_0 \Rightarrow v - v_0 = at - at_0$

De modo geral, consideramos $t_0 = 0$, pois ele representa o início da contagem do tempo. Então, temos:

$$v - v_0 = at \Rightarrow v = v_0 + at$$

que é a função horária da velocidade no MRUV.

Podemos simplificar ainda mais essa equação se o móvel partir do repouso, pois, nesse caso, a velocidade inicial (v_0) é igual a zero. Então: $v = at$.

APLICANDO OS CONCEITOS

Jato comercial.

Um avião passa por determinado ponto com velocidade de 160 km/h. Imagine que ele percorre uma trajetória retilínea com aceleração constante de 960 km/h², ou seja, com MRUV. Vamos calcular quantos minutos ele gasta para atingir a velocidade de 640 km/h?

Dados: $a = 960$ km/h², $v_0 = 160$ km/h, para $t_0 = 0$, $v = 640$ km/h, pergunta-se: $t = ?$

Substituindo os valores fornecidos na função horária da velocidade para o MRUV ($v = v_0 + at$), temos:
$640 = 160 + 960t \Rightarrow 960t = 480$

$t = \frac{480}{960}$, então $t = 0,5$ h

Porém, a pergunta é: "Quantos minutos?". Logo, precisamos converter para minutos o valor encontrado para o tempo. Se 1 h = 60 min, então, 0,5 h = 30 min.

68 UNIDADE II – O estudo da Física

Olhe e pense

Os dois rapazes da foto estão pedalando em uma ciclovia ideal, isto é, perfeitamente plana, retilínea e sem nenhum obstáculo e, por isso, conseguem desenvolver um MRUV.

Considere que eles saíram do repouso – logo, $v_0 = 0$ – e que o tempo começou a ser contado nesse instante – portanto, $t_0 = 0$ –, e imagine um problema. Para isso, você deve fornecer algumas informações (dados do problema) e pedir que, com base neles, se descubra uma grandeza cujo valor é desconhecido (esta será a incógnita do problema, ou seja, o que se deseja saber). Feito isso, resolva o problema proposto.

Verifique o que aprendeu

1 Pensando no conceito de aceleração, responda: Os movimentos retilíneos uniformes (MRU), estudados no capítulo anterior, existem na realidade? Justifique sua resposta.

2 Em uma prova de velocidade do atletismo olímpico, todos os participantes saem do mesmo ponto, a largada, mas só um deles vence a prova. Podemos dizer que o movimento desses atletas tem aceleração? Justifique sua resposta.

3 Observe a foto de uma bolinha em movimento. Nesse tipo de foto, chamada de fotografia estroboscópica, são registradas várias imagens do objeto em intervalos de tempos iguais.

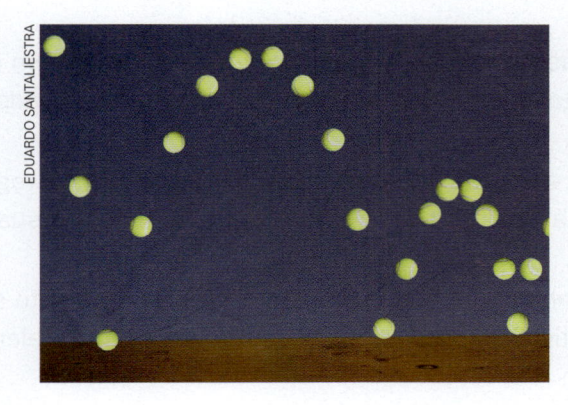

a) Os espaços que a bolinha percorre num mesmo período de tempo não são iguais. Como é essa variação na subida e na descida da bolinha?
b) A velocidade da bolinha está variando? Justifique sua resposta.
c) Ao descer, a bolinha executa um movimento acelerado ou retardado? Justifique sua resposta.

A foto registra a trajetória de uma bolinha de tênis que salta no solo.

4 Um automóvel que se desloca no mesmo sentido do referencial com MRUV atravessa um cruzamento com a velocidade de 40 km/h. Cinco segundos depois passa por outro cruzamento com a velocidade de 25 km/h (considere $t_0 = 0$).

a) A aceleração desse móvel é positiva ou negativa? Por quê?
b) Seu movimento é considerado acelerado ou retardado? Por quê?

Corpos acelerados – CAPÍTULO 5

5 Um homem queria comprar um carro avaliado em 1 milhão de reais que atinge a velocidade máxima de 325 km/h e que, além disso, tem boa aceleração de arranque, pois, partindo do repouso, atinge a velocidade de 100 km/h em 4,2 s. Mas, como tinha apenas 24 mil reais, comprou um carro popular, que atinge uma velocidade máxima de 150 km/h e, partindo do repouso, chega a 100 km/h em 15,2 s.

a) Sem fazer contas, responda: Qual dos dois tem maior aceleração de arranque?
b) Calcule a aceleração média entre 0 e 100 km/h (aceleração de arranque) do carro que esse homem queria comprar e do carro que ele pôde comprar.
c) Considere as condições de uma estrada nacional e a velocidade máxima permitida nessas estradas e responda: Qual carro seria melhor para esse homem, o que ele comprou ou o que sonhava comprar? Por quê?

6 Um trem se desloca com MRUV de acordo com a função horária v = 30 + 10t (v é dado em m/s, e t, em s).

a) Qual é a velocidade inicial do trem?
b) Qual é a sua aceleração?
c) Qual é a velocidade do trem para t = 6 s?
d) Em que instante a velocidade do trem é igual a 80 m/s?
e) A velocidade do trem está aumentando ou diminuindo? Por quê?

A palavra é sua

Usando giz (para marcar a calçada) e uma trena (ou uma fita métrica), meça um trecho considerável (por exemplo, uns 60 metros) de seu quarteirão. Escolha um sentido para o referencial e marque A no início do percurso e B no final.

a) Usando um relógio ou um cronômetro marque o tempo que você leva para percorrer essa distância, com passos normais e o mais regulares possível (com passos de tamanhos aproximadamente iguais), no sentido do referencial. Calcule sua velocidade média nesse trecho. Lembre-se: $v = \frac{\Delta e}{\Delta t}$.

b) Caminhe pelo mesmo trecho com passadas mais largas do que as normais (item a), mas ainda regulares, e registre o tempo gasto no deslocamento. Calcule sua velocidade média e sua aceleração. Lembre-se: v = at.

c) Agora, caminhe com passadas mais estreitas do que as normais (item a), mas regulares, e registre o tempo gasto no deslocamento. Calcule sua velocidade média e sua aceleração.

d) Como você faria para repetir a caminhada por esse percurso com um movimento com velocidade negativa e aceleração positiva? Nesse caso, seu movimento seria acelerado ou retardado? Explique.

6 Força: ação entre corpos

PARE DE EMPURRAR!

Você conhece Hagar, o Horrível, e seu amigo e braço direito, o Eddie Sortudo, os *vikings* das histórias em quadrinhos? Nesta tirinha, eles estão participando de um cabo de guerra. Nesse tipo de disputa, cada equipe deve puxar, tentando arrastar a equipe rival para o seu lado. Quando a disputa começa, o que deve fazer quem quiser vencer? Na situação mostrada na tirinha, todos estão fazendo o que precisa ser feito? Explique, registrando suas ideias no caderno.

Só para dar uma força...

Em nosso dia a dia usamos muito a palavra *força*, com os mais variados significados. Na expressão "dar uma força", por exemplo, ela significa ajudar de alguma maneira, mesmo que seja apenas com apoio moral. Mas você sabia que essa palavra também é empregada em Física? Qual será o significado de *força* nesse caso?

Veja, por exemplo, o que acontece em um cabo de guerra: ao sinal combinado, os dois grupos começam a puxar a corda. Dizemos que estão ocorrendo *interações entre corpos* – isto é, entre as mãos de cada pessoa e a corda – que resultam em forças.

Podemos dizer, então, que, quando um corpo *sofre a ação de uma força*, essa força obrigatoriamente está sendo exercida por outro corpo. E vice-versa, isto é, quando um corpo *exerce uma força*, essa força obrigatoriamente está agindo (ou agirá) sobre outro corpo.

Além disso, antes de a disputa ter início, os dois grupos que disputam o cabo de guerra estão parados: na linguagem da Mecânica, eles estão em *repouso*. Quando a disputa começa, um dos grupos (ou os dois) tem o seu estado de repouso modificado: adquire *movimento*.

Em geral, a aplicação de uma **força** provoca uma alteração no estado de repouso ou de movimento de um corpo. Mas, como você verá, há casos em que, apesar da aplicação de forças, não há nenhuma alteração no estado de repouso ou de movimento do corpo que recebe a ação dessas forças.

> **?** *Você certamente conhece outros exemplos de força como resultado da interação entre corpos. Procure lembrar de pelo menos um.*

> No estudo dos movimentos, **força** é a ação capaz de alterar a velocidade de um corpo, modificando o seu estado de repouso ou de movimento.

Como se caracteriza uma força?

Observe a ilustração e leia a legenda:

> Note que toda direção tem sempre dois sentidos, que são opostos. Assim, A → B representa o sentido de A para B, e A ← B representa o sentido de B para A.

> O **newton** é a unidade de intensidade de força válida no Sistema Internacional. O nome é uma homenagem a sir Isaac Newton (1643-1727), físico e matemático inglês que estudou as forças e sua relação com o movimento.

O jovem cansou-se de pedalar no parque, então o jeito foi empurrar a bicicleta. Ele segue a direção da alameda Norte-Sul, no sentido em que está a árvore, contrário ao sentido em que está o cachorro, e está aplicando uma força sobre o guidão da bicicleta.

Essa figura ilustra as três características de uma força:
- *direção* – indicada pela reta na qual a força atua; no exemplo, a força que o garoto exerce sobre o guidão da bicicleta tem a direção da alameda Norte-Sul;
- *sentido* – é a orientação da força; no exemplo, o sentido da força aplicada pelo garoto é "do cachorro para a árvore";
- *intensidade* ou *módulo* – valor numérico da força acompanhado pela unidade. As unidades de intensidade de força mais empregadas são: o **newton** (N) e o *quilograma-força* (kgf).

Portanto, para fornecer a informação correta a respeito de uma força, é preciso indicar, além de seu módulo (ou intensidade), sua direção e seu sentido. Como se vê, assim como a velocidade e a aceleração, a força é uma grandeza vetorial e, como tal, pode ser representada graficamente. Assim:

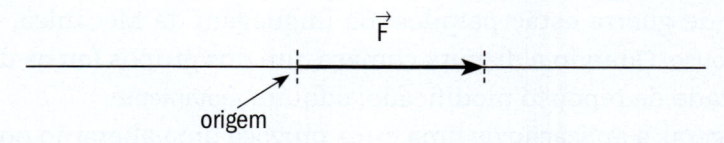

> Graficamente, grandezas vetoriais são representadas por letras acima das quais é colocada uma seta:
> $\vec{v}$ = velocidade;
> $\vec{a}$ = aceleração;
> $\vec{F}$ = força.
> Mas se nos referimos apenas ao módulo da grandeza, não colocamos a seta sobre o respectivo símbolo. Releia o texto *Velocidade e aceleração: grandezas vetoriais*, do capítulo anterior.

O segmento de reta que representa uma força é chamado de *vetor*. Na figura, a força representada tem a direção da reta onde ela atua, e seu sentido é da esquerda para a direita; o ponto de aplicação da força é a origem do vetor; e a intensidade da força é representada pelo comprimento do vetor.

72 UNIDADE II – O estudo da Física

■ Há mais de um tipo de força

Observe as fotos a seguir:

A

Jangadeiros retiram uma embarcação da água.

B

Dois jovens usando paraquedas saltam de um local elevado.

C

Um ímã atrai limalhas de ferro.

> **Força da gravidade** é a força de atração que os corpos exercem uns sobre os outros.

> **Força magnética** é a força de atração (ou de repulsão) que certos corpos, ditos magnéticos (os ímãs), exercem sobre outros de constituição semelhante (objetos de ferro, níquel, cobalto ou de ligas desses metais e outros ímãs).

- Na foto A, um jangadeiro aplica uma força sobre a jangada (puxa), fazendo com que ela se desloque; outros dois homens o ajudam aplicando uma força sobre a embarcação (empurram).
- Na foto B, ao saltar de um ponto elevado, uma pessoa é puxada para baixo, em direção à superfície terrestre, pela **força da gravidade**.
- Na foto C, o ímã exerce uma força, a **força magnética**, sobre partículas de metal, atraindo-as para si.

Em todos os exemplos acima, está havendo uma *interação entre corpos*, com a aplicação de uma força por um corpo e o recebimento dessa força por outro corpo.

Há, porém, uma diferença entre eles. No primeiro caso, a força atua pelo *contato* direto entre o corpo que aplica a força (o jangadeiro que puxa e os que empurram) e o corpo que recebe a ação dessa força (a jangada). Esse tipo de força é chamado de *força de contato*. Nos outros dois, ao contrário, há certa *distância* entre o corpo que aplica a força (a Terra e o ímã) e o corpo que recebe a ação dessa força (os dois jovens pulando de um local elevado e as partículas de metal). Esse tipo de força é chamado de *força a distância*.

> Nos capítulos 8, 17, 18 e 19 você estudará mais sobre as forças de atração gravitacional e magnética e também sobre a força de atração elétrica.

Força: ação entre corpos – CAPÍTULO 6   **73**

AMPLIAÇÃO Física e Química

Para medir a intensidade de uma força...

... podemos usar um instrumento denominado dinamômetro.

1 newton, ou 1 N, corresponde à força capaz de imprimir uma aceleração de 1 m/s² a um corpo de 1 kg de massa. Logo, 1 N = 1 kg · 1 m/s².

1 quilograma-força, ou 1 kgf, corresponde à força que age sobre um corpo de massa igual a 1 kg (unidade de massa) em um local onde a aceleração devida à força da gravidade, g, é igual a 9,8 m/s². Logo, 1 kgf = 1 kg · 9,8 m/s².

1 kgf – aproximadamente, a força necessária para erguer um litro de leite – equivale a 9,8 N (1 N é a força necessária para erguer uma laranja de tamanho médio).

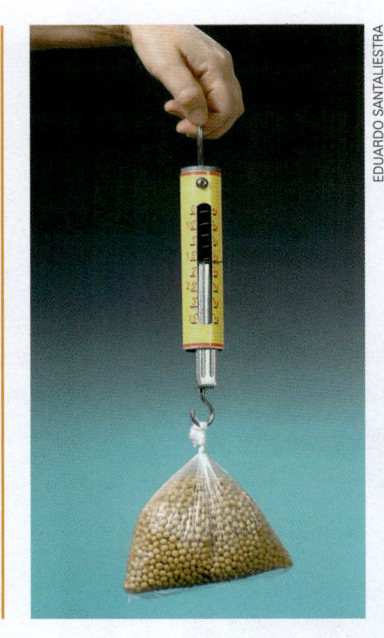

Um dinamômetro em funcionamento. Como o instrumento da foto é de uso doméstico, ele está calibrado em kg, uma unidade de massa, e não de peso, que é uma força. A uma massa de 1,5 kg, corresponde um peso de 14,7 N ou 1,5 kgf.

O conjunto de uma ou mais forças que atuam sobre um corpo é chamado de **sistema de forças**, e as forças que o compõem são chamadas de **forças componentes**.

Deixe que eu puxo! Ou: sistema de forças

Em um cabo de guerra, como o da tirinha que abre este capítulo, temos um **sistema de forças**, isto é, várias forças aplicadas ao mesmo tempo sobre um mesmo corpo, a corda. Cada força de um sistema de forças é chamada de **força componente**.

Todo sistema de forças pode ser substituído por uma única força, a *resultante*, cujo efeito equivale ao efeito somado das componentes.

■ Quem vai vencer a disputa?

Um grupo de crianças, três meninas e dois meninos, brincam de cabo de guerra.

Observe a foto: considere que nesse sistema de forças há cinco forças componentes – três do lado esquerdo e duas do lado direito. Quem vai vencer a disputa? Para saber, precisamos descobrir qual é a resultante do sistema de forças.

Para fazer isso, precisamos atender a algumas condições. Em primeiro lugar, devemos verificar se todas as componentes do sistema têm a *mesma direção*. É o que acontece nesse exemplo: todas as forças têm a direção horizontal (que é a linha da corda).

Depois, é preciso verificar o *sentido* das forças componentes. No sistema de forças da foto, as três meninas puxam a corda em um sentido – para a esquerda; já os dois meninos puxam a corda no sentido contrário – para a direita.

Finalmente, é preciso conhecer a *intensidade* de cada componente, ou não será possível calcular a resultante. As intensidades das componentes do cabo de guerra da página ao lado serão vistas mais adiante, neste capítulo.

> Forças que não têm a mesma direção são chamadas de *forças concorrentes*. Vamos estudá-las mais adiante neste capítulo.

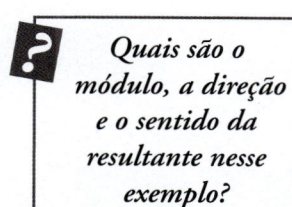

Calculando a resultante

Observe a ilustração:

Dois homens puxam um automóvel com uma corda. Eles aplicam forças individuais, que chamaremos de F_1 e F_2, de *mesma direção* e *mesmo sentido*. O ponto de aplicação das forças é o mesmo, pois a corda está presa a um único ponto do para-choque.

Quando as forças têm a mesma direção, o mesmo sentido e o mesmo ponto de aplicação, a *força resultante*, que será chamada de R, tem a mesma direção e o mesmo sentido das componentes F_1 e F_2 e sua intensidade será igual à soma das intensidades das componentes.

Essa situação pode ser representada assim:

$$R = F_1 + F_2$$

> *Quais são o módulo, a direção e o sentido da resultante nesse exemplo?*

Agora observe esta outra situação: numa disputa pessoal, dois homens resolveram puxar um automóvel para ver quem consegue arrastá-lo. Eles estão aplicando ao veículo forças individuais, de *mesma direção* mas de *sentidos opostos*, que, novamente, chamaremos de F_1 e F_2.

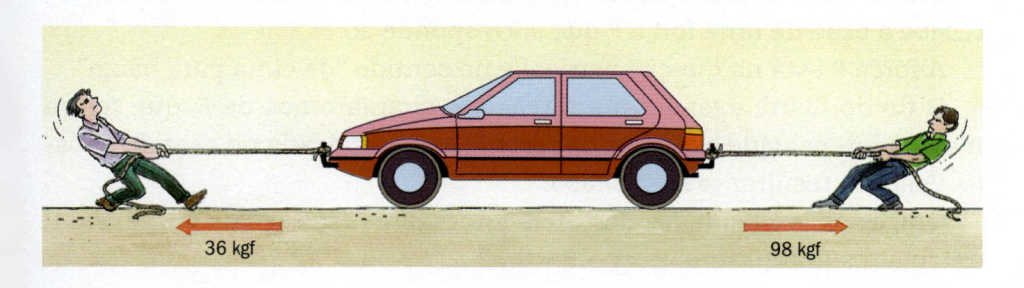

Força: ação entre corpos – CAPÍTULO 6

O veículo tende a se deslocar para o lado da força de maior intensidade. Portanto, a resultante R de duas forças de mesma direção e sentidos contrários, embora tenha a mesma direção das componentes, terá o sentido da componente de maior intensidade.

A intensidade da resultante é dada pela diferença entre as intensidades das componentes, situação que pode ser representada assim:

$$R = F_1 - F_2$$

> **?** *Represente em um esquema, no caderno, o módulo, a direção e o sentido da resultante nesse exemplo.*

Outras situações possíveis

Voltemos ao exemplo do cabo de guerra: *várias forças são aplicadas na mesma direção* (a direção da corda) e em um mesmo ponto, mas elas têm *sentidos diferentes*. A resultante terá a mesma direção das componentes, mas qual será o seu sentido?

Veja a seguir um esquema que representa o cabo de guerra da foto da página 74.

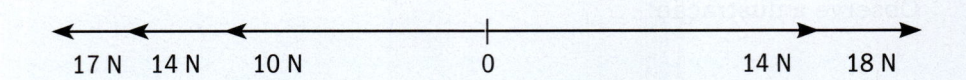

| 17 N | 14 N | 10 N | 0 | 14 N | 18 N |

Primeiro determinamos a resultante de cada lado da corda, que chamaremos de resultantes parciais:

• Intensidade da resultante parcial para a esquerda:

$$10\ N + 14\ N + 17\ N = 41\ N$$

• Intensidade da resultante parcial para a direita:

$$14\ N + 18\ N = 32\ N$$

O sistema fica reduzido a duas forças de sentidos contrários. Para encontrar a resultante final (R), basta fazer a subtração entre as resultantes parciais. O módulo da resultante final será:

$$R = 41\ N - 32\ N = 9\ N$$

O sentido da resultante final será o mesmo da resultante parcial maior. Portanto, a resultante do sistema de forças representado nesse exemplo será horizontal, para a esquerda, com intensidade de 9 N.

Outro caso interessante é o de duas forças de *mesma direção e sentidos opostos*, mas de *mesma intensidade*.

Um lustre pendurado no teto, por exemplo, como mostra a foto a seguir, recebe a ação de uma força P que corresponde ao **peso**.

A força P está na direção vertical e no sentido "de cima para baixo".

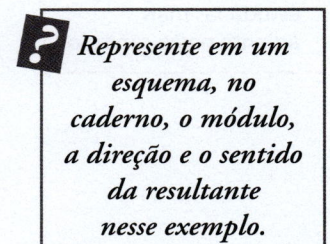

> O **peso** de um corpo é uma força, como você verá no capítulo 8.

O fio do lustre exerce uma força, que chamaremos de F, que tem a mesma intensidade e direção da força P, mas é aplicada no sentido oposto. Qual é a resultante nesse caso?

Ora, se as intensidades das duas forças, P e F, são iguais, isto é, $P = F$, então a resultante será: $R = P - F = 0$.

Ou seja, a resultante do sistema de forças que atua sobre o lustre é nula, isto é, igual a zero. Logo, tudo se passa como se o lustre não estivesse sob a ação de forças. Dizemos então que ele está em *equilíbrio*.

A ciência que estuda as forças em **equilíbrio** chama-se *Estática*. Os primeiros estudos sobre Estática foram feitos por Arquimedes (287-212 a.C.), um dos maiores engenheiros e inventores da Grécia antiga.

AMPLIAÇÃO Física e Química

O que é equilíbrio?

Você pode pensar que em situações de equilíbrio nunca existe movimento. Em Física, porém, isso não é verdade.

Para a Física, um corpo está em **equilíbrio** quando seu *estado de repouso* ou *de movimento* não sofre alterações. Para que isso seja possível, a resultante do sistema de forças aplicadas sobre o corpo deve ser nula (igual a zero). Podemos falar em *equilíbrio estático* quando, em relação a determinado referencial externo, o corpo não sofre deslocamento, e em *equilíbrio dinâmico* quando, em relação a determinado referencial externo, ele está em movimento uniforme.

O lustre do exemplo anterior está em equilíbrio estático ou dinâmico em relação às paredes da casa? Por quê?

Força: ação entre corpos – CAPÍTULO 6

> > > CONEXÃO Tecnologia < < <

A construção civil e o equilíbrio estático

Vista da Terceira Ponte do Convento da Penha, em Vila Velha, no Espírito Santo. Ao fundo, a cidade de Vitória, capital do estado.

O material empregado na construção de uma ponte (e também na construção de prédios, casas, navios, etc.) suporta forças de grande intensidade, que devem ser mantidas em equilíbrio. Caso contrário, ela poderia ruir.

Para que uma ponte permaneça em equilíbrio sob a carga que sustenta, sua estrutura deve produzir uma força oposta capaz de contrabalançar o peso da carga (que corresponde ao peso da própria ponte mais o peso dos veículos que passam por ela). O peso da carga é transferido para as regiões do solo onde a estrutura da ponte – no caso, os pilares – está apoiada.

■ Um sistema de forças concorrentes

Cães puxam um trenó em uma prova de velocidade, em Anchorage, no Alasca, Estados Unidos.

Forças que possuem o mesmo ponto de aplicação, mas direções diferentes, são chamadas de *forças concorrentes*. Por terem direções diferentes, elas formam ângulos entre si. Portanto, para calcular a resultante de um *sistema de forças concorrentes* não podemos simplesmente somar as intensidades das componentes, como fazemos no caso de sistemas de forças de mesma direção.

78 UNIDADE II – O estudo da Física

Duas forças concorrentes.

Imagine que o trenó da foto seja puxado por apenas dois cães, cada um em seu arreio: cada cão puxa o trenó em uma direção diferente, mas os dois arreios estão presos em um mesmo ponto.

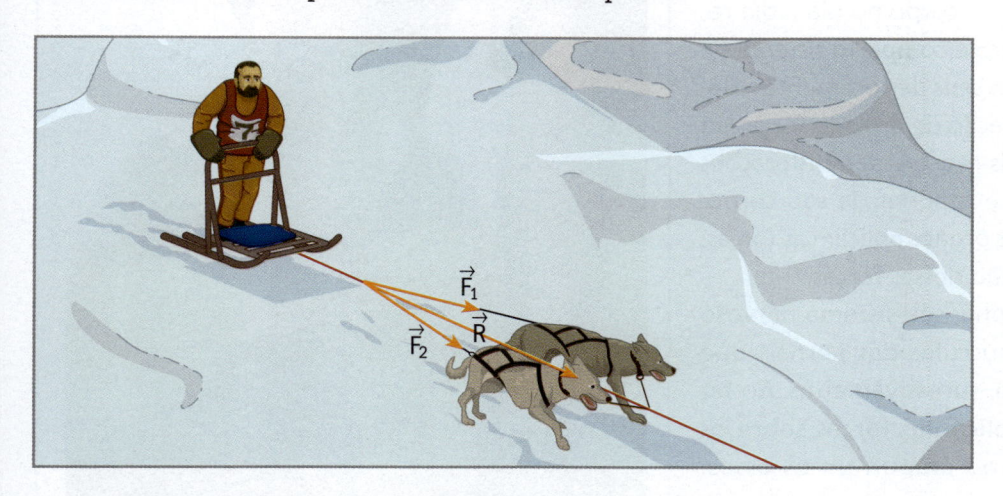

As forças componentes F_1 e F_2 têm, portanto, um mesmo ponto de aplicação. O trenó se desloca segundo uma resultante R.

Num sistema de forças concorrentes, a resultante pode ser determinada graficamente pela chamada *regra do* **paralelogramo**.

> **Paralelogramo** é o nome dado à figura geométrica plana formada por quatro lados e lados opostos paralelos.

Observe a construção da figura e a explicação a seguir:

Partindo da extremidade da força F_1 traça-se uma paralela à força F_2 e, partindo da extremidade da força F_2, traça-se uma paralela à força F_1. Dessa forma, obtém-se um paralelogramo. A resultante do sistema é a diagonal desse paralelogramo, cujo ponto de aplicação é o mesmo das duas forças F_1 e F_2.

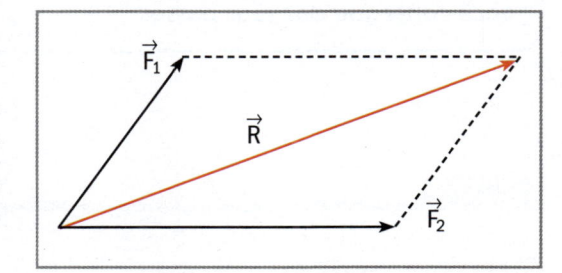

Várias forças concorrentes.

Vamos considerar três forças: F_1, F_2 e F_3. Utilizando a regra do paralelogramo, determinamos inicialmente a resultante de apenas duas forças escolhidas ao acaso entre as três forças aplicadas. A essa primeira resultante obtida chamaremos de R_1.

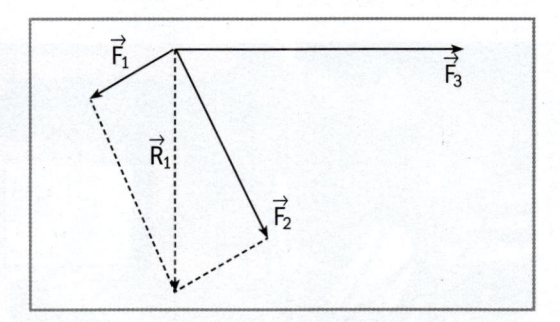

Partindo de R_1, traçamos então uma paralela a F_3 e, partindo de F_3, traçamos uma paralela a R_1, formando assim um novo paralelogramo. A diagonal desse novo paralelogramo é a resultante final R do sistema.

Num sistema formado por mais forças concorrentes, essa regra deve ser aplicada sucessivamente, obtendo-se então resultantes intermediárias que serão chamadas, respectivamente, R_1, R_2, R_3, R_4..., até que, finalmente, se possa obter a resultante final R.

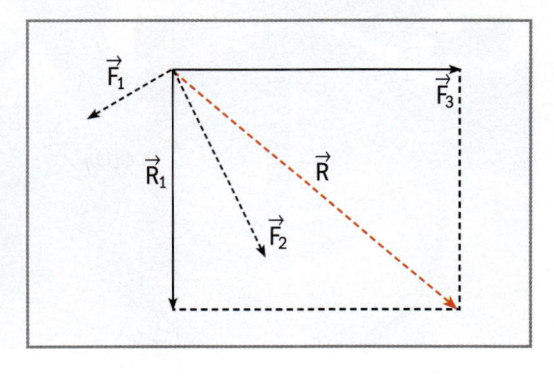

Força: ação entre corpos – **CAPÍTULO 6**

ARTICULAÇÃO Corpo humano

E aí, como vai essa força?

Os movimentos de seu corpo no dia a dia resultam de um verdadeiro e complexo *sistema de forças*. Por exemplo, nos seus deslocamentos diários é necessária a aplicação de diversas forças ao mesmo tempo, as quais representam interações entre ossos, músculos e tendões de seu corpo. Enquanto alguns desses órgãos aplicam as forças, os outros recebem a ação dessas forças.

Quando você caminha, seu sistema nervoso envia "ordens" aos músculos das pernas, que se contraem e relaxam, sucessivamente. Ao fazer isso, eles estão aplicando forças sobre os tendões, que puxam ou empurram os ossos. Estes, portanto, recebem a ação final das forças aplicadas pelos músculos.

Tudo isso faz com que as pernas se dobrem e se estiquem alternadamente. Coordenando, via cérebro, os movimentos das duas pernas, você consegue dar seus passos.

Olhe e pense

Esse estranho veículo, o riquixá, foi criado no Japão, no século XIX. Apesar de pouco conhecido entre nós, ele é comum nas ruas de países da Ásia, como Japão, China, Bangladesh e Índia. Originalmente, seu nome era *djinrikiixa*, que corresponde à soma da pronúncia de três palavras japonesas: *djin*, 'homem'; *riki*, 'força'; e *xá*, 'veículo'.

Um jovem puxa um riquixá nas ruas de Kyoto, cidade da ilha de Honshu, no Japão.

80 UNIDADE II – O estudo da Física

a) Escreva uma frase explicando a razão do nome original desse veículo.
b) Faça um esquema no caderno que represente o riquixá e seu condutor e indique por meio de vetores as forças que estão sendo aplicadas pelo homem ao veículo.
c) Se outra pessoa também puxasse o veículo, na mesma direção e no mesmo sentido, o que aconteceria? Por quê?
d) Se essa pessoa empurrasse o riquixá na mesma direção, mas em sentido oposto, com uma força de mesma intensidade que a força aplicada pelo puxador do riquixá, o que aconteceria? Por quê?

Verifique o que aprendeu

1 Reveja os quadrinhos que abrem o capítulo. Faça de conta que o Eddie Sortudo não está presente e, no caderno, represente esquematicamente (por meio de vetores) as forças que as duas equipes aplicam sobre a corda (chame as forças de F_1, F_2, e assim por diante).

2 Represente em esquemas duas forças que atuam a distância:
a) A força magnética que um eletroímã de um ferro-velho aplica sobre objetos de ferro e aço para separá-los de outros objetos.
b) A força da gravidade sobre um corpo em queda livre.
c) Compare, por escrito, as duas forças quanto à direção e ao sentido.

3 Considere que a intensidade da força de gravidade é igual a 9,8 N. Represente graficamente as três características dessa força atuando sobre o corpo em queda livre da questão anterior.

4 Observe a ilustração:

Um jogador chutou a bola em direção ao gol. A bola bateu na trave e enganou o goleiro, indo balançar a rede pelo lado de dentro, isto é, foi gol. Desenhe essa situação e represente graficamente as forças que estão atuando sobre a bola.

5 Antes de entrar na órbita da Terra, uma nave espacial tripulada estava em movimento retilíneo uniforme e em situação de equilíbrio em relação ao planeta. Qual é o tipo de equilíbrio da nave? Justifique sua resposta.

6 Os astronautas que viajam na nave da questão anterior estão sentados em suas cadeiras e em equilíbrio em relação à nave.
a) Nesse caso, qual é o tipo de equilíbrio dos astronautas? Por quê?
b) Os astronautas presos a suas cadeiras estão em equilíbrio em relação ao planeta Terra? Em caso afirmativo, qual é o tipo de equilíbrio?

Força: ação entre corpos – CAPÍTULO 6   81

7 Atribua intensidades (em newtons) às forças do esquema que você fez na questão 1:
   a) Calcule a resultante do sistema de forças para ver quem vai ganhar a disputa.
   b) Refaça o esquema incluindo o vetor correspondente à força aplicada pelo Eddie Sortudo.

8 Determine graficamente as resultantes de cada um dos sistemas de forças a seguir.
   a)
   b)

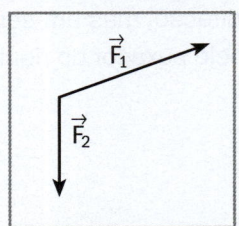

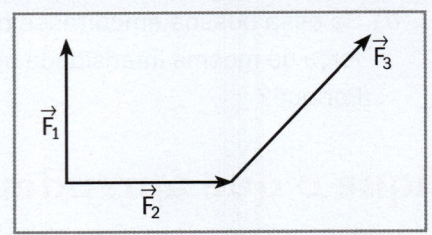

A palavra é sua

1 Em seu dia a dia, em casa, na escola ou na rua, você está sempre aplicando forças ou recebendo a ação delas. Relacione por escrito algumas situações cotidianas em que você seja o agente de forças de contato. Realize cada uma das ações enumeradas e observe se em alguma delas houve deslocamento do corpo que recebeu a ação da força. Explique o que aconteceu.

2 Organize um jogo de cabo de guerra com seus colegas ou com amigos da vizinhança.
   ✔ Formem dois grupos de igual número de pessoas (por exemplo, três de cada lado da corda).
   ✔ Façam um risco na corda dividindo-a ao meio, tracem outro risco no chão e posicionem a marca da corda exatamente sobre a marca no chão.
   ✔ Ao sinal combinado, deem início à disputa. Quem conseguir arrastar o grupo rival vence a disputa.

   Faça um relatório contando quem venceu e inclua um esquema com a representação dos vetores das forças aplicadas e a resultante.

Pratique Ciências

Quer aprender como se constrói um dinamômetro? Siga as instruções.

Material

✔ mola flexível (por exemplo, com 5 cm de comprimento e 1 cm a 1,5 cm de diâmetro);
✔ duas chapas de madeira de pequena espessura (para o suporte vertical, chapa com cerca de 22 cm x 6 cm; para a base, chapa com cerca de 12 cm x 12 cm);
✔ cola para madeira;
✔ prego de cerca de 4 cm de comprimento;
✔ 2 pedaços pequenos de arame fino e flexível;
✔ tira de papel de 20 cm, papelão, lápis, borracha e caneta;
✔ copinho de plástico descartável (de café);
✔ um pedaço de linha de náilon;
✔ uma seringa de injeção (sem a agulha) de 1 ml a 5 ml.

ATENÇÃO!
Tenha sempre muito cuidado ao lidar com instrumentos cortantes ou perfurantes.

82 UNIDADE II – O estudo da Física

Como fazer

1 Cole a chapa de madeira maior verticalmente sobre a chapa menor. Espere secar para ficar firme.

2 Prenda o prego no alto da chapa vertical, como mostra a figura ao lado.

3 Cole a tira de papel na parte dianteira da chapa de madeira vertical, abaixo do prego e lateralmente a ele (a escala deverá ficar próxima à mola).

4 Faça dois pequenos ganchos com o arame. Prenda um gancho a uma das extremidades da mola e pendure-a no prego.

5 Com papelão, faça uma setinha e cole-a na extremidade inferior da mola. Ela será o marcador do dinamômetro. Falta apenas construir a escala e o dinamômetro está pronto.

Como construir a escala

1 Com o fio de náilon, faça uma alça para o copinho de plástico.

2 Pendure outro gancho de arame na ponta da mola e o copinho no gancho. Espere até que o conjunto se estabilize. Com o lápis, marque o zero da escala no ponto apontado pela setinha com o copo vazio.

3 Com a seringa, coloque 1 cm^3 (= 1 ml) de água no copinho. Na nova posição da setinha, com o lápis, marque 1 g. (Lembre-se de que a densidade da água em temperatura ambiente e pressão normal é igual a 1 g/cm^3; logo, 1 cm^3 de água tem 1 g de massa.)

4 Coloque mais 1 cm^3 de água no copinho e marque 2 g na nova posição da setinha.

5 Repita esse procedimento até completar a escala (na verdade, até encher o copinho).

6 Para que a escala não apresente erro, refaça a calibração pelo menos mais duas vezes. Quando as marcações estiverem mais precisas, passe caneta nos tracinhos.

7 Experimente o seu dinamômetro: prenda diferentes objetos à mola e verifique o que marca a escala. Anote no caderno.

Adaptado de: Gaspar, A. *Experiências de ciências para o Ensino Fundamental*.
São Paulo: Ática, 2003.

1 Que força está sendo medida? Qual sua direção e sentido?

2 Calcule o módulo (em kgf) da força exercida sobre cada objeto. (Suponha g = 9,8 m/s^2.)

7 As leis do movimento

Você já ficou assim, com preguiça ou sem ânimo para levantar? Se ficou, certamente ouviu alguém dizer algo como: "Saia dessa inércia... vá fazer alguma coisa!", ou: "Faça uma forcinha, levante daí!".
Você se lembra do conceito de inércia, que estudamos no capítulo 1? Será que a inércia, propriedade da matéria, tem alguma coisa a ver com essa atitude? O que é essa "forcinha" que precisamos fazer para levantar? Há alguma relação entre ela e o conceito de força que você viu no capítulo anterior?

> Na comunicação diária, as palavras podem ser usadas em seu sentido literal, isto é, no sentido original ou mais exato da palavra, ou em **sentido figurado**, isto é, com um significado diferente, criado, por exemplo, por uma comparação.

Força! Saia dessa inércia!

Sair da cama muito cedo ou levantar-se de um sofá quando estamos com preguiça não é muito fácil, não é mesmo? Especialmente se for para fazer alguma coisa que consideramos aborrecida... Mas nessa situação as palavras *inércia* e *força* têm **sentido figurado** e não representam os conceitos que estudamos em Mecânica. Inércia, nesse caso, corresponde muito mais a uma certa apatia ou abatimento físico ou moral, e força, a um esforço psicológico...

Agora, veja essa história de outra maneira. Se for preguiça mesmo – e uma preguiça muito, muito grande –, sua mãe poderá puxá-lo pelo braço e tirá-lo da cama (ou do sofá), até contra a sua vontade. Por outro lado, se você vai, por exemplo, encontrar alguém especial, então sai da cama rapidamente, apronta-se e já está correndo para a rua quando sua mãe surge na sua frente e segura seus ombros, fazendo com que você pare: "Antes de mais nada, diz ela, tome o café da manhã".

Agora sim estamos mais perto das ideias de **inércia** e **força** em Mecânica. No primeiro caso, sua mãe aplicou uma *força* sobre seu corpo que fez com que ele adquirisse movimento, ou, na linguagem da Mecânica, saísse do estado de repouso. No segundo, sua mãe aplicou uma *força* sobre seu corpo que alterou o seu estado de movimento e fez com que ele entrasse em estado de repouso.

Essas duas situações, e também outras semelhantes, nas quais forças atuando sobre corpos produzem determinados efeitos, são explicadas pelas Leis do Movimento de Newton, assunto principal deste capítulo.

> Lembre-se de que **inércia**, conceito visto no capítulo 1, é a propriedade da matéria pela qual ela tende a permanecer na situação de repouso ou de movimento em que se encontra. Já **força**, conceito visto no capítulo 6, é o resultado da interação entre corpos.

? *Esta bola de tênis está em repouso em relação à mesa. O que precisa acontecer para que ela adquira movimento?*

História da Ciência

A importância de Newton

Isaac Newton (1642-1727), físico e matemático inglês, acreditava que a função da Ciência era descobrir leis universais e enunciá-las de forma precisa e racional.

Com apenas 20 anos de idade, formulou o teorema hoje conhecido como Binômio de Newton, escreveu sobre Cálculo Diferencial e Integral e fez suas primeiras hipóteses sobre gravitação universal.

Ao longo da vida, publicou diversos escritos sobre Matemática, Física, Química, Cronologia, e até mesmo sobre Teologia e Alquimia, mas sua principal publicação foi a obra em três volumes *Princípios matemáticos da Filosofia natural*, de 1687, que trata essencialmente de Mecânica e Astronomia e na qual Newton enunciou as três Leis do Movimento (que serão vistas a seguir) e a Lei da Gravitação Universal (que será estudada no próximo capítulo).

Isaac Newton, em 1689, em retrato de Godfrey Kneller.

> Consulte um dicionário sempre que encontrar uma palavra nova, ou quando tiver dúvida sobre o significado de um termo.

As leis do movimento – CAPÍTULO 7 **85**

Força e inércia

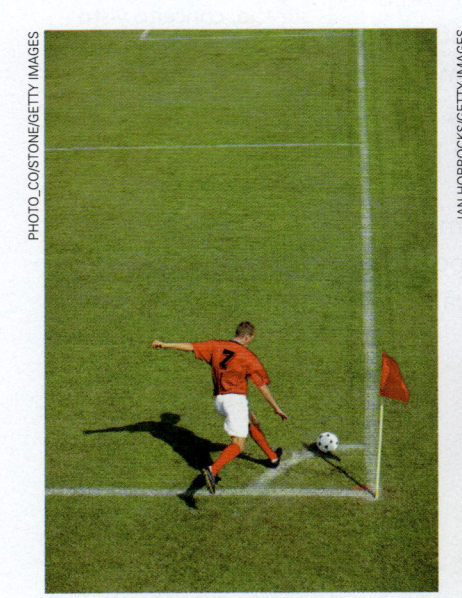

Numa cobrança de escanteio, a bola parada é colocada em movimento pelo chute do jogador.

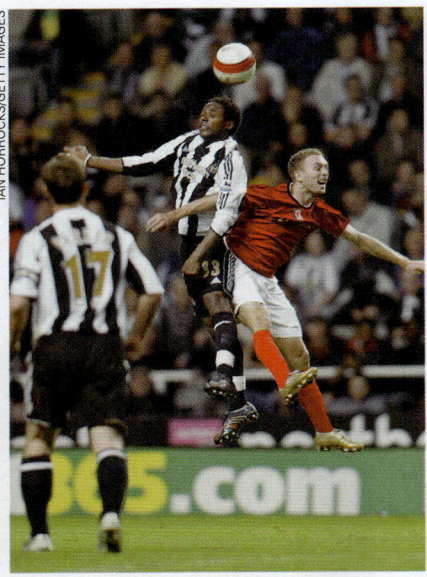

Um atacante chutou a bola, que ia na direção do gol, mas o zagueiro do time adversário, com uma cabeçada, desviou a "pelota" de sua trajetória.

A bola ia para o fundo da rede, mas o goleiro, atento, saltou e conseguiu pará-la a tempo de evitar o gol.

Todos os lances de futebol acima exemplificam a *Primeira Lei de Newton*, também conhecida como *Princípio da Inércia*, segundo a qual *um corpo tende a permanecer em repouso ou em movimento retilíneo uniforme enquanto a resultante das forças que atuam sobre ele for nula.*

Em outras palavras: se um corpo estiver em repouso, permanecerá em repouso, a não ser que uma força atue sobre ele e modifique esse estado, como o chute do jogador na primeira das fotos acima.

Mas, se um corpo estiver em movimento, continuará em movimento, com a mesma velocidade e na mesma trajetória, a não ser que uma força atue sobre ele e modifique esse estado. Por exemplo, na segunda foto, a bola é desviada de sua trajetória (cujo destino final era o gol) por uma força aplicada a ela pelo zagueiro adversário; e, na terceira foto, a bola que vinha na direção do gol tem sua velocidade e trajetória alteradas pela força aplicada a ela pelo goleiro.

Analise agora uma situação que você já viu no capítulo 1 ao ler sobre a propriedade da inércia. Veja a figura:

EXPERIMENTE

Recorte um quadrado de papel-cartão de tamanho suficiente para cobrir a abertura de um copo. Coloque o pedaço de cartão sobre o copo e, sobre o cartão, ponha uma moeda. Puxe de uma só vez (rapidamente) o papel-cartão no sentido horizontal. Explique o que acontece.

86 UNIDADE II – O estudo da Física

Quando o motorista de um ônibus freia o veículo de repente, os passageiros parecem estar sendo arremessados para a frente. Na verdade, eles estão apenas "obedecendo" ao Princípio da Inércia, isto é, eles estavam em movimento e tendem a continuar em movimento, com a mesma velocidade que tinham (igual à velocidade do ônibus) antes da freada. Se eles estiverem segurando firme nas barras do ônibus, esse movimento deve cessar rapidamente, pois a força que atua sobre o veículo durante a freada é transmitida a eles.

> Lembre-se de que **combustão** é a queima de materiais, na presença do gás oxigênio, com a produção de energia e de substâncias no estado gasoso.

> > > CONEXÃO Tecnologia < < <

A inércia e os *airbags*

Os *airbags* de automóveis são sacos infláveis que se enchem com gás nitrogênio produzido pela **combustão** de substâncias químicas armazenadas em um cartucho. Eles funcionam com base na existência da inércia. A desaceleração brusca do carro – por exemplo, em uma colisão – aciona um mecanismo que provoca a combustão dessas substâncias, produzindo o gás nitrogênio.

Teste de funcionamento de um *airbag* em que um boneco ocupa o lugar do motorista.

Força e movimento

No exemplo do ônibus, quando o motorista pisa no freio, a velocidade do veículo diminui e ele tende a parar. Isso acontece porque a nova força, produzida pelo freio, é contrária ao movimento do ônibus e faz com que ele adquira uma **aceleração negativa**.

Esse tipo de situação, em que uma força diferente de zero atua sobre um corpo e produz uma aceleração, alterando o seu estado de movimento ou de repouso, é explicado pela *Segunda Lei de Newton*, também conhecida como *Princípio da Dinâmica*, que pode ser enunciada assim: *a aceleração que um corpo adquire é diretamente proporcional à força resultante que atua sobre ele e inversamente proporcional a sua massa.*

Em outras palavras, a aceleração adquirida por um corpo é:
- diretamente proporcional à intensidade da força **resultante (de um sistema de forças)** aplicada a ele; isto é, quanto maior a intensidade da força resultante sobre um corpo, maior será a aceleração adquirida por ele;
- inversamente proporcional à massa do corpo, isto é, quanto maior a massa de um corpo, menor será a aceleração adquirida por ele.

Consequentemente, quanto maior a massa de um corpo, maior será a intensidade da força necessária para vencer sua inércia e alterar o estado de movimento ou de repouso do corpo.

> Lembre-se de que **aceleração negativa** (conceito visto no capítulo 5) é a aceleração contrária ao aumento de velocidade do corpo em movimento (móvel). Ou seja, quando um móvel tem aceleração negativa significa que o módulo de sua velocidade está diminuindo e ele tende a parar.

> Se achar necessário, reveja no capítulo anterior como se caracteriza a **resultante de um sistema de forças**: a intensidade, a direção e o sentido da força resultante dependem da intensidade, da direção e do sentido das forças que compõem o sistema.

As leis do movimento – CAPÍTULO 7

Lembre-se de que, como vimos no capítulo 1, a massa de um corpo é também a medida de sua inércia. Logo, *quanto maior a massa de um corpo, maior a sua inércia*, e, portanto, maior a sua resistência em sair do estado de repouso ou de movimento em que se encontra.
E vice-versa, isto é, *quanto menor a massa de um corpo, menor a sua inércia*, e, portanto, menor a sua resistência em modificar o seu estado de repouso ou de movimento.

AMPLIAÇÃO Física e Química

Observe a figura:

O homem empurra um carro e o menino empurra uma bicicleta.

Se o homem e o menino aplicarem forças de mesma intensidade sobre os respectivos veículos, a bicicleta vai adquirir aceleração maior, pois sua massa é muito menor do que a massa do carro, e, portanto, sua inércia também é menor. Se, eventualmente, os dois veículos adquirirem a mesma aceleração, isso significa que o homem exerceu sobre o carro uma força bem maior do que a força exercida pelo menino sobre a bicicleta, pois a massa do carro continua sendo maior (em relação à bicicleta, a massa dos corpos não se altera).

História da Ciência

A Ciência em movimento

Para Isaac Newton, não havia na natureza nenhum caso em que a massa de um corpo não fosse constante. Quase três séculos depois, outro físico genial, Albert Einstein, propôs a sua Teoria Especial da Relatividade, que, entre outras coisas, conclui o contrário, ou seja, que a massa de um corpo não é constante, mas varia com a velocidade desse corpo. Na vida diária, porém, não percebemos essa variação, pois ela só aparece quando um corpo adquire velocidade muito próxima da velocidade da luz no vácuo, que é de, aproximadamente, 300 000 km/s.

Albert Einstein (1879-1955).

Vimos que $\vec{F} = m \cdot \vec{a}$.
Logo, se F = 200 N, então 200 = 25 · a ⇒
⇒ a = 8 m/s².

A Segunda Lei de Newton pode ser expressa matematicamente pela expressão:

$$\vec{F} = m \cdot \vec{a}$$

em que F é o módulo da força resultante sobre o corpo; m é massa do corpo; e a é a aceleração adquirida pelo corpo.

Observe que a expressão é uma igualdade vetorial (F e a são vetores), logo, a direção e o sentido da aceleração adquirida pelo corpo são iguais à direção e ao sentido da força (ou resultante de um sistema de forças) que atua sobre ele. Por exemplo, se um corpo de massa igual a 25 kg em MRUV receber a aplicação de uma força F = 200 N, na direção horizontal e no sentido da esquerda para a direita, vai adquirir uma aceleração a = 8 m/s², na mesma direção e no mesmo sentido.

Forças de ação e reação

Vimos até aqui que um corpo não se move sozinho. Ou seja, de acordo com o *Princípio da Inércia*, um corpo em repouso tende a continuar em repouso. Mas, conforme o *Princípio da Dinâmica*, assim que o corpo recebe a ação de uma força resultante (de um sistema de forças) de intensidade diferente de zero, ele adquire uma aceleração, isto é, sai do repouso e adquire movimento.

Agora observe a foto a seguir:

> **?** *Observe novamente a foto do skatista e responda:*
> *1. O skate agora está em movimento. De repente, surge um obstáculo na pista; então, ele para. O que acontecerá com o skatista?*
> *2. Pensando nisso, você acha que o rapaz está vestido da maneira adequada? Por quê?*

O que esse rapaz faz para que seu *skate* saia do repouso e adquira movimento? Mantendo um dos pés sobre a prancha, com o outro pé o jovem empurra o chão para trás. Assim, ele consegue ser impulsionado para a frente e deslocar-se com seu *skate*. Isso acontece porque, ao aplicar uma força sobre o chão (para trás), o rapaz recebe do chão uma força de mesma direção e sentido contrário (para a frente), que é transmitida ao *skate* (pois o seu outro pé está sobre a prancha).

Esse é um exemplo de algo que Newton observou em seus estudos: que as forças nunca aparecem isoladamente, e sim aos pares. Isto é, quando um corpo aplica uma força sobre outro corpo, recebe desse corpo a aplicação de uma força de mesma direção e sentido contrário.

Essa observação está por trás da formulação da *Terceira Lei de Newton*, também chamada de *Lei da Ação e Reação*, que pode ser formulada assim: *a toda força de ação corresponde uma força de reação de mesma intensidade e direção e sentido contrário.*

Em outras palavras, quando um corpo A aplica uma força (ação) num corpo B, o corpo B exerce uma força (reação) de mesma intensidade, mesma direção, mas de sentido contrário, sobre A, como representado nas figuras ao lado.

As leis do movimento – CAPÍTULO 7

> **?** *Reveja os exemplos da página anterior – o do skate, o do barco e o do avião – e responda: Em cada caso, quem aplica e quem recebe a força de ação? E quem aplica e quem recebe a força de reação?*

É importante observar que, apesar de terem a mesma direção e a mesma intensidade, mas sentidos contrários, as forças de um par de ação e reação são aplicadas em *corpos diferentes*. Portanto, o efeito de uma delas não cancela o efeito da outra, isto é, as duas forças não se **anulam**.

ARTICULAÇÃO Meio ambiente

Forças de ação e reação no mundo animal

As lulas, assim como os polvos e os náutilos, são moluscos marinhos da classe dos cefalópodes. Como diz o nome do grupo (do grego, *cefalo*, 'cabeça', + *pode, podo*, 'pés'), esses animais caracterizam-se por terem os pés (tentáculos) ligados diretamente à cabeça.

As lulas têm uma forma interessante de locomoção: elas armazenam água na cavidade do manto e, quando precisam, eliminam essa água em grandes jatos por um sifão móvel, que pode direcionar os jatos para a frente ou para trás.

Ao fazer isso, a lula aplica uma força sobre a água (ação), que aplica sobre a lula uma força de igual intensidade e direção, mas de sentido contrário (reação), que impulsiona o animal.

Graças a essa forma de locomoção e ao seu corpo altamente hidrodinâmico (adaptado à natação), as lulas são rivais dos peixes na habilidade de nadar e de realizar manobras.

Uma lula nada no mar Vermelho (oceano Índico) à noite.

> Quando aplicadas sobre um *mesmo corpo*, duas forças de mesma direção e intensidade e sentidos opostos não constituem um par de forças de ação e reação. Nesse caso, as duas forças **anulam-se**, isto é, a resultante desse sistema de forças é nula, como no caso do lustre, visto no capítulo anterior.

■ A força normal

Um corpo apoiado sobre uma superfície horizontal (por exemplo, um livro sobre uma mesa) exerce sobre essa superfície uma força que chamaremos de F. Essa força tem intensidade (ou módulo) igual ao **peso** do corpo e, como o peso, é dirigida verticalmente para baixo.

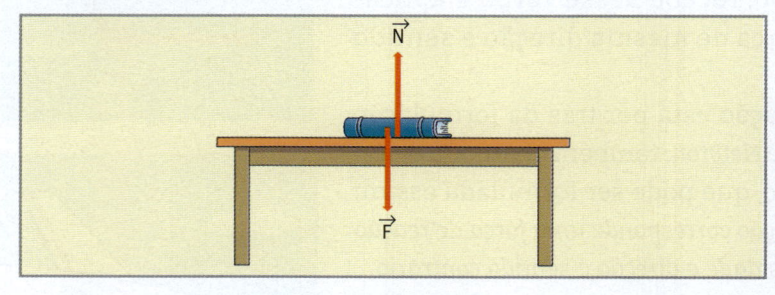

Duas forças atuam sobre o livro: a força F e a força normal N exercida pela superfície da mesa.

> O **peso** de um corpo (que você estudará no próximo capítulo) é uma força e, portanto, tem direção, sentido e intensidade (ou módulo).

Segundo a *Lei da Ação e Reação*, a superfície de apoio exerce sobre o corpo uma força de reação de mesma intensidade e direção que a força F, mas de sentido oposto, dirigida verticalmente para cima. Essa força é chamada de *força normal* (perpendicular à superfície) e é representada por N.

> > > CONEXÃO Tecnologia < < <

Como pode um avião com várias toneladas flutuar no ar?

Para entender como um avião voa, devemos compreender as forças que atuam sobre ele. Basicamente, são três forças, como mostra a ilustração a seguir:

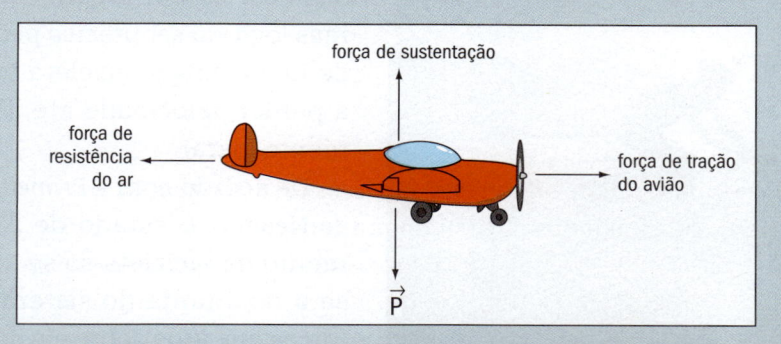

- a força peso, que se deve à ação da gravidade, que puxa o avião para o solo;
- a força de tração, causada pela hélice (ou turbina) do avião, que dá propulsão ao avião;
- a força aerodinâmica, que pode ser decomposta em duas outras: a força de resistência do ar, de direção horizontal; e a força de sustentação, de direção vertical.

A força de resistência do ar surge em oposição ao movimento do avião e pode ser pensada (em uma visão simplificada) como uma forma de atrito. Ela deve ser vencida pela força de tração ou de propulsão. Já a força de sustentação é a mais intrigante de todas as forças que atuam sobre a aeronave, pois consegue equilibrar a força peso e manter o avião no ar.

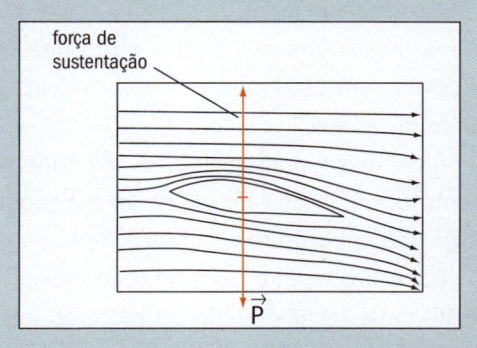

Esquema de força de sustentação agindo em uma asa de avião.

Veja a ilustração acima. A forma arredondada em cima e lisa embaixo de uma asa de avião e o fato de ela ser ligeiramente inclinada fazem com que o ar escoe mais rapidamente na parte superior do que na parte inferior, causando uma diferença de pressão entre as duas (pressão menor em cima e maior embaixo). Isso faz surgir a força aerodinâmica de sustentação (que tem direção vertical e sentido de baixo para cima), que se contrapõe à força peso (que também tem direção vertical, mas sentido de cima para baixo). A força de sustentação empurra o avião para cima, impedindo que ele "afunde" no ar!

Adaptado de: Wendel Santos. *Física para Vestibulares*. Disponível em: www.wendelsantos.com/sistema/cotidiano_aviao.php. Acesso em 6 jan. 2007.

EXPERIMENTE

Para entender melhor a força de sustentação aerodinâmica, faça o seguinte experimento: pegue dois cadernos ou livros grossos e ponha um ao lado do outro sobre uma mesa, deixando um pequeno espaço entre os dois. Depois, coloque uma folha de papel sobre os dois, unindo-os como uma espécie de ponte. Por fim, sopre com força por baixo do papel, paralelamente à mesa, e veja o que acontece.

Adaptado de: Wendel Santos. *Física para Vestibulares*. Disponível em: www.wendelsantos.com/sistema/cotidiano_aviao.php. Acesso em 6 jan. 2007.

As leis do movimento – CAPÍTULO 7

A força de atrito

Imagine que você está pedalando uma bicicleta em uma rua plana. Se você deixar de pedalar, a bicicleta continuará a deslocar-se por algum tempo, mas logo vai ser preciso pedalar de novo, pois a bicicleta tende a perder velocidade até, finalmente, parar.

De acordo com a *Primeira Lei de Newton*, o estado de movimento da bicicleta só se altera se a resultante do sistema de forças que atua sobre ela deixar de ser nula. E, se a bicicleta para, podemos deduzir que as forças contrárias ao movimento que atuam sobre ela passaram a ser predominantes.

Nesse caso, as forças contrárias ao movimento mais importantes são a **força de atrito** e a *força da resistência do ar*, que também pode ser considerada uma forma de atrito.

> **Força de atrito** é a força de resistência que ocorre no contato de duas superfícies que se movimentam ou tendem a se movimentar.

> > > CONEXÃO Dia a dia < < <

Atrito que não ajuda atrapalha

Em nosso dia a dia o atrito pode oferecer vantagens ou desvantagens. É graças a ele que as pessoas e os veículos, por exemplo, conseguem se deslocar. Veja a ilustração:

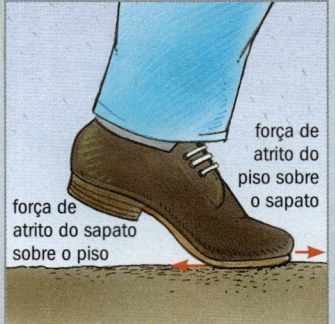

O atrito é fundamental para nosso movimento sobre uma superfície: ao caminhar, aplicamos sobre o chão uma força para trás. O chão exerce, então, uma força sobre nosso sapato, que o impulsiona para a frente. Essas forças só podem se transmitir do chão à sola do sapato, e vice-versa, graças ao atrito. São, portanto, forças de atrito.

A existência do atrito permite ainda que os veículos sejam freados, pois o atrito das pastilhas de freio com os discos das rodas reduz a velocidade do veículo.

Além disso, o aquecimento das superfícies em contato, por causa do atrito, leva à produção do fogo, tão importante na civilização humana.

Por outro lado, o aquecimento provocado pelo atrito pode levar à fusão de motores que funcionam por longos períodos, sem interrupções.

Outra desvantagem do atrito é que ele faz aumentar a necessidade de força para produzir movimento, o que exige, por exemplo, maior quantidade de energia para movimentar máquinas. Com o tempo, o atrito também leva ao desgaste das peças das máquinas.

Não é possível eliminar o atrito, mas pode-se reduzi-lo. Por exemplo, para melhorar o funcionamento de máquinas, pode-se usar um lubrificante:

UNIDADE II – O estudo da Física

um óleo (ou outro fluido viscoso) que circula entre as peças em contato e as mantém ligeiramente afastadas. Isso permite o movimento suave de uma sobre a outra, diminuindo o atrito entre elas, o que reduz o desgaste e a possibilidade de aquecimento excessivo da máquina.

Outra possibilidade de redução do atrito é a utilização de rolamentos, porque o atrito de rolamento dos corpos é menor que o atrito de deslizamento.

Crianças brincam com um carrinho de rolimã em Havana, Cuba. Uma rolimã é um rolamento, uma roda dupla que contém, na parte intermediária, esferas de aço que ajudam a reduzir o atrito.

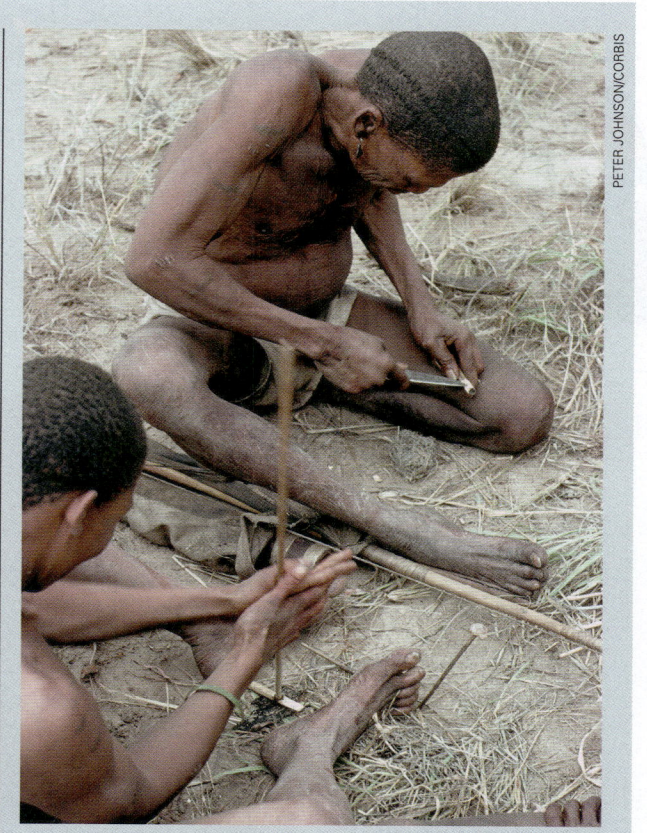

Indivíduo de uma aldeia na região de Ghanzi, em Botsuana, África, produz fogo artesanalmente. O atrito contínuo da vareta vertical contra a horizontal produz calor suficiente para incendiar a palha colocada nas proximidades.

■ O atrito é variável

Três fatores principais influem no atrito:

- **O estado das superfícies em contato.** Quando você freia a bicicleta, ela para. Mas, se estiver chovendo, ela não para tão facilmente. Isso acontece porque a superfície lisa, como o chão molhado, oferece menos atrito do que a superfície mais áspera, como o chão seco.

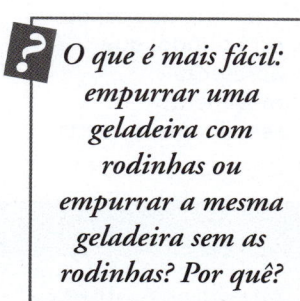

O que é mais fácil: empurrar uma geladeira com rodinhas ou empurrar a mesma geladeira sem as rodinhas? Por quê?

As leis do movimento – CAPÍTULO 7 93

- **O material de que são feitas as superfícies em contato.** É mais fácil empurrar um caixote de papelão sobre um assoalho de madeira do que um caixote de madeira de mesmo peso sobre um piso cimentado, por exemplo. Isso acontece porque o contato entre a madeira do caixote e o cimento do piso oferece mais atrito do que o contato entre o papelão e a madeira do assoalho.
- **A força normal às superfícies em contato.** É mais fácil empurrar uma cadeira de madeira sobre o chão plano do que empurrar uma mesa feita do mesmo material sobre a mesma superfície. Isso porque o atrito da mesa com o solo é maior que o da cadeira, pois a **força normal** da mesa é muito maior do que a força normal da cadeira.

É importante lembrar que, quando a superfície de apoio é horizontal, a intensidade da **força normal** é igual à intensidade da força peso sobre o corpo. E, quanto maior a massa de um corpo, maior a intensidade da força peso sobre ele.

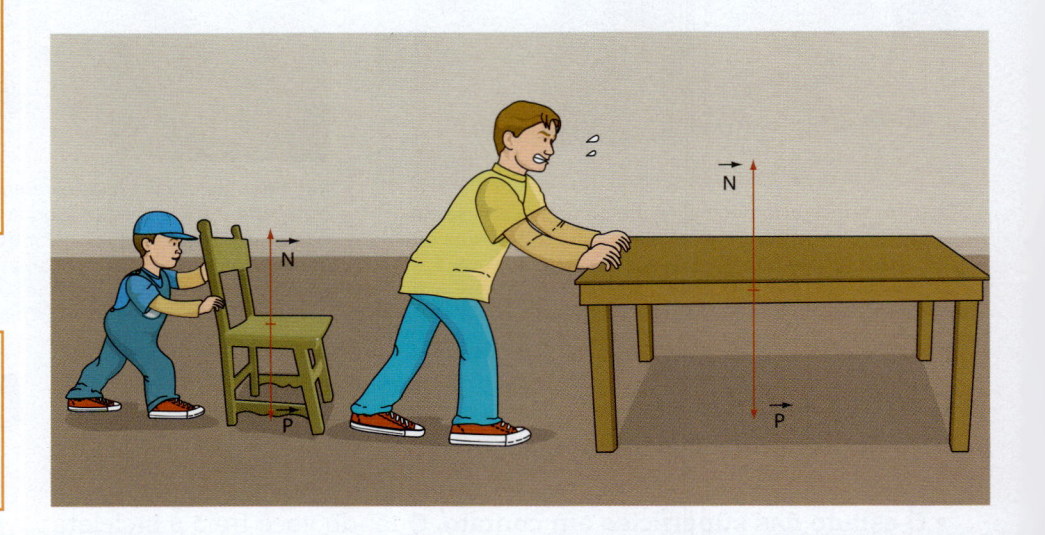

Cadente: que cai ou está caindo; que apresenta movimento semelhante à queda.

> > > CONEXÃO Astronomia < < <

Estrelas cadentes

Você já viu uma estrela **cadente**? Para a Astronomia, elas não existem. Os traços brilhantes que vemos no céu em noites escuras e que batizamos assim são o que os astrônomos chamam de *meteoros*. Os meteoros são restos de corpos celestes (os *meteoroides*) que, atraídos pela força de gravidade de nosso planeta, conseguem penetrar na atmosfera. Quando isso acontece, eles sofrem um atrito considerável, e se aquecem até incendiarem-se. É por isso que os vemos como riscos luminosos no céu.

Chuva de meteoros, em dezembro de 2004, sobre o vulcão Popocatépetl, no México.

UNIDADE II – O estudo da Física

Olhe e pense

Observe as fotos:

Crianças em um tobogã seco.

Menino em um tobogã aquático ou toboágua.

Compare duas modalidades de uma mesma brincadeira e responda:

a) Pensando no conceito de atrito, explique por que no tobogã seco (isto é, sem água) é preciso escorregar sentado em uma espécie de tapete.

b) Se os dois tobogãs – o seco e o aquático – tiverem o mesmo comprimento e a mesma forma (isto é, se ambos forem retos ou ambos tiverem curvas iguais), em qual deles uma pessoa deve escorregar mais depressa? Por quê?

c) Releia o que diz a Primeira Lei de Newton e explique-a com suas palavras usando como exemplo a descida de uma criança em um tobogã (seco ou aquático).

Verifique o que aprendeu

1 Na cobrança de um pênalti, o artilheiro de um time de futebol posicionou-se diante da bola, que estava parada na marca devida. Quando o juiz apitou, o jogador acertou nela um chute potente e rasteiro, mirando o centro do gol. O goleiro, que pulou para o canto esquerdo, nem viu a bola.

a) Com base na Primeira Lei de Newton, responda: Foi gol?
b) Faça um esquema da cobrança de pênalti em duas etapas: a bola parada e a bola em movimento. Represente o vetor de aplicação de força na bola pelo pé do artilheiro.

2 Por que é aconselhável o uso do cinto de segurança – que no Brasil é obrigatório por lei – em veículos em movimento? Explique com base na Primeira Lei de Newton.

3 Uma dona de casa resolveu modificar as posições dos objetos de sua sala de jantar e, para deslocar a mesa, precisou aplicar sobre ela uma força de 210 N de intensidade, o que fez com que a mesa adquirisse uma aceleração de 5 m/s². Calcule a massa da mesa.

4 Um veículo de 680 kg de massa está quebrado e atravessado na estrada. Para ser retirado a tempo de evitar o choque com outro carro que se aproxima, ele deve adquirir a aceleração de 12 m/s². Calcule qual deve ser a intensidade da força resultante (em quilogramas-força, kgf) sobre o veículo para que ele adquira tal aceleração.

As leis do movimento – CAPÍTULO 7

5) No supermercado, um menino levado aplicou uma força de certa intensidade sobre um carrinho de compras de 13 kg de massa, tirando-o do repouso e colocando-o em MRUV (ou seja, a aceleração do carrinho é constante). Sabendo que 2,5 s após sair do repouso o carrinho estava com uma velocidade constante de 36 km/h, calcule:
a) a aceleração adquirida pelo carrinho em m/s^2;
b) a força resultante sobre o carrinho.

6) Quanto tempo o carrinho da questão anterior levaria para atingir uma prateleira a 18 m de distância em linha reta se mantivesse a velocidade constante de 36 km/h?

7) Um automóvel de 500 kg variou sua velocidade de 36 km/h para 108 km/h em 40 s. Determine:
a) a aceleração do automóvel supondo que o movimento dele seja MRUV;
b) a força resultante que atuou sobre o automóvel.

8) Numa estrada de mão dupla de direção, um automóvel desgovernado invadiu a pista de sentido oposto e chocou-se de frente com um ônibus de turismo. Mas não se assuste, ninguém ficou ferido!
a) Esquematize os veículos com as forças que atuam sobre eles em consequência da pancada.
b) Em qual das leis do movimento você se baseou para fazer o que se pede no item anterior? Explique.

9) Quando você está sentado no chão (portanto, em repouso em relação ao chão), que forças estão agindo sobre seu corpo? De que tipo são essas forças?

10) É mais fácil empurrar um caixote de madeira de 20 kgf de peso do que um de 30 kgf sobre a mesma superfície. Por quê?

A palavra é sua

1) Registre por escrito situações de seu cotidiano nas quais você observa a manifestação da Primeira Lei de Newton (ou Princípio da Inércia).

2) Considerando a existência da Terceira Lei de Newton (ou Princípio de Ação e Reação), registre por escrito e represente por esquemas situações de seu cotidiano de aplicação de forças sobre corpos. Represente as forças com vetores.

3) Explique em quais situações descritas a seguir é mais difícil andar e por quê.
a) De meias, sobre um assoalho de madeira encerado, ou de tênis com sola de borracha sobre esse mesmo assoalho.
b) Descalço sobre um chão liso e molhado ou descalço sobre um chão liso e seco.

4) Escreva quais são as vantagens e as desvantagens que o atrito proporciona num passeio de bicicleta.

8 A Lei da Gravitação Universal

Você já conhece o Calvin, um personagem dos quadrinhos que tem muita imaginação e está sempre questionando o mundo. O que está acontecendo com ele agora?
Será que a força gravitacional da Terra pode, realmente, desaparecer por uns tempos e depois voltar, como aconteceu com o Calvin?

Por que não caímos da Terra?

Todos sabemos, por experiência própria, que nenhum corpo "cai" fora da Terra, indo parar no espaço, como aconteceu com o Calvin na tirinha acima. Ao contrário, se você se afastar um pouco do chão – por exemplo, ao dar um pulo –, vai cair novamente na Terra.

Isso acontece porque o nosso planeta exerce uma força de atração sobre todos os corpos que estejam a certa distância de sua superfície: a **força de atração gravitacional** ou **força da gravidade**.

> A **força de atração gravitacional** ou **força da gravidade** é a força de atração que todos os corpos do Universo, grandes ou pequenos, exercem uns sobre os outros.

A Lei da Gravitação Universal – CAPÍTULO 8 97

? *Reveja o primeiro quadrinho da tirinha do Calvin que abre este capítulo. Por que o balão não cai? Será que a gravidade da Terra não atua sobre o balão?*

A força de atração gravitacional não é exclusiva da Terra. Ela é característica de todos os corpos do Universo. Portanto, os corpos que estão sobre a Terra também a atraem, com uma força de mesma natureza, mas de menor intensidade.

A força da gravidade também é responsável pelo fato de os corpos permanecerem presos ao planeta, sem "cair" no espaço. É por isso que uma nave espacial, por exemplo, para sair do planeta rumo ao espaço sideral, deverá aplicar uma força de sentido contrário ao da força de atração.

■ Galileu e a queda dos corpos

Sabemos que os corpos soltos no espaço caem na superfície do planeta. E sabemos que caem porque são atraídos pela força de atração gravitacional. Mas sabemos *como* caem?

Imagine esta situação: do alto da **torre de Pisa**, "alguém" solta, ao mesmo tempo, duas esferas de mesmo tamanho (volume), mas uma delas mais leve que a outra. Será que as duas chegam juntas ao chão? Ou será que uma delas chega primeiro? Qual delas?

Com 56 metros de altura, a **torre de Pisa** começou a ser construída em 1174, mas só ficou pronta em 1350. Os primeiros sinais de inclinação surgiram ainda no início das obras, por causa da instabilidade do solo no lugar. Em 1990, a inclinação da torre era de cerca de 6 graus, e ela foi fechada para obras. Reaberta em 2001, sua inclinação atual está em pouco menos de 5 graus.

A inclinação da famosa torre da cidade de Pisa, na Itália, em 2006.

Quando soltas de uma mesma altura e ao mesmo tempo, tanto a esfera mais leve como a mais pesada atingirão o solo no mesmo instante. Essa afirmação foi feita por Galileu Galilei, que viveu entre os séculos XVI e XVII. E causou espanto geral, pois, até então, todos acreditavam que a esfera mais pesada chegasse antes ao chão.

Conta-se que Galileu teria subido ao topo da torre de Pisa para confirmar experimentalmente sua afirmação. Não se sabe se ele realmente fez isso, mas o fato é que ele estava certo: se o ar não estiver presente – por exemplo, no vácuo – ou se a **resistência do ar** puder ser desconsiderada, corpos de massas diferentes, se abandonados no espaço de uma mesma altura e ao mesmo tempo, chegam juntos ao solo.

Resistência do ar é a força contrária ao movimento de um corpo – por exemplo, o movimento de queda – que resulta da interação entre o ar atmosférico e o corpo.

98 UNIDADE II – O estudo da Física

História da Ciência

E Galileu quase morreu...

Galileu Galilei.

Não, ele não caiu da torre de Pisa. Mas quase foi para a fogueira por se atrever a fazer certas afirmações.

Galileu Galilei, físico, matemático e astrônomo, nasceu em 1564, em Pisa, a cidade da torre inclinada. Foi ele quem enunciou o *Princípio da Inércia* – que, mais tarde, daria a Newton a base para a formulação de sua *Primeira Lei do Movimento* – e a *Lei dos Corpos*, segundo a qual, no vácuo, todos os corpos caem com aceleração constante.

Também foi Galileu quem construiu a primeira luneta, com a qual fez algumas descobertas astronômicas importantes, por exemplo: que Júpiter tem satélites naturais, que o Sol tem manchas e que Vênus tem fases, como a Lua.

Na época de Galileu, a Igreja católica defendia o chamado **sistema geocêntrico** de Universo, isto é, o modelo que coloca a Terra no centro de tudo.

Mas Galileu percebeu, com base nas descobertas astronômicas que fez, que o **sistema heliocêntrico** – proposto anos antes por Nicolau Copérnico, que aperfeiçoou uma ideia muito antiga, do grego Aristarco de Samos – estava mais de acordo com o que ele via no céu.

Por defender o sistema heliocêntrico, Galileu foi acusado de heresia pela **Inquisição**. Ao ser julgado e condenado à morte na fogueira, decidiu voltar atrás: em 1616 assinou um decreto do Tribunal da Inquisição em que negava o heliocentrismo, e conseguiu que sua sentença de morte fosse cancelada.

Reza a lenda, porém, que, após renegar publicamente suas ideias, Galileu teria dito em voz baixa: "Eppur si muove", frase em italiano que significa: 'Ainda assim, ela se move', referindo-se ao movimento da Terra em torno do Sol. Galileu Galilei morreu em 1642, em Florença, também na Itália.

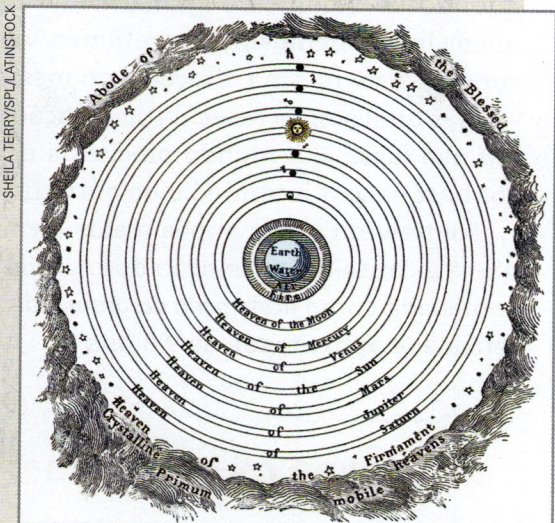

Modelo geocêntrico de Universo na concepção do grego Ptolomeu, que viveu no começo da era cristã (século II). A Terra está no centro e, em torno dela, estão as "esferas" ou órbitas da Lua, dos seis planetas conhecidos na época e do Sol (entre Vênus e Marte).

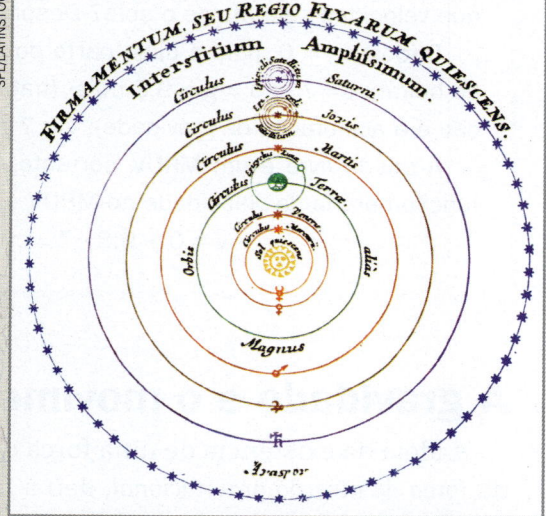

Modelo heliocêntrico de Universo proposto pelo astrônomo polonês Nicolau Copérnico (1473-1543). O Sol está no centro e, em volta dele, os planetas conhecidos até então. A Lua aparece na órbita da Terra.

Sistema geocêntrico: a Terra (*Gea* ou *Geia*, para os gregos) estaria no centro do Universo, imóvel, com o Sol e os planetas conhecidos girando em torno dela.

Sistema heliocêntrico: o Sol (*Hélios*, para os gregos) é o "centro planetário", e a Terra e os outros planetas conhecidos giram em torno dele.

Inquisição: tribunal criado pela Igreja católica no começo do século XIII, que investigava e julgava pessoas acusadas de crimes contra a fé católica.

Quando a resistência do ar é muito pequena ou não existe, o corpo em queda adquire um movimento retilíneo uniformemente variado (MRUV), que recebe o nome de *movimento de queda livre*. Ou seja, um corpo em queda livre tem movimento retilíneo, vertical e acelerado, com aceleração constante na mesma direção e no mesmo sentido do movimento.

Mas qual seria a *causa* da aceleração dos corpos em queda livre? Galileu não disse. E o mundo precisaria esperar até o século seguinte para conhecê-la, por intermédio de outro físico genial, o inglês Isaac Newton.

Foi Newton quem supôs a existência da *força de atração gravitacional*, que é a causa da aceleração dos corpos em queda livre. Essa aceleração, conhecida como *aceleração da gravidade*, é representada por *g* e tem a intensidade aproximada de 9,8 m/s².

> Sobre a função horária da velocidade no MRUV, reveja o capítulo 5.

APLICANDO OS CONCEITOS

Se um tijolo cai do beiral de um edifício e gasta 7 s em sua queda, com que velocidade ele atinge o solo? Despreze a resistência do ar e calcule.

Dados: $v_0 = 0$, pois o tijolo parte do repouso (ele estava parado, preso ao beiral); t = 7 s; a = g = 9,8 m/s² (trata-se de queda livre, logo, a aceleração é a aceleração da gravidade): v = ?

A queda livre é um MRUV, portanto, substituindo os valores dados na função horária da velocidade no MRUV, $v = v_0 + at$, temos:

$$v = 0 + 9,8 \cdot 7 \Rightarrow v = 68,6 \text{ m/s}.$$

> A **Lei da Gravitação Universal** pode ser formulada assim: *Todos os corpos no Universo exercem uma força de atração uns sobre os outros na razão direta de suas massas e na razão inversa do quadrado da distância entre eles.* Mais adiante você entenderá isso melhor.

A gravidade e o movimento dos planetas

A ideia da existência de uma força de atração entre os corpos, ou seja, da *força de atração gravitacional*, deu a Isaac Newton a base para a teoria que explica o movimento dos planetas e de outros corpos do espaço sideral, conhecida como **Lei da Gravitação Universal**.

De acordo com a *Lei da Gravitação Universal* de Newton, todos os corpos do Universo exercem entre si uma força de atração, que é a *força de atração gravitacional* ou *força da gravidade*. Assim, um planeta do Sistema Solar é atraído pelo Sol, mas também o atrai. Da mesma forma, a Lua é atraída pela Terra, mas também exerce atração sobre ela.

História da Ciência

Ei, Newton, cuidado com a maçã!

Você conhece a história da maçã de Newton?

Conta-se que, sentado sob as árvores de um pomar e pensando na razão pela qual a Lua nunca se afasta da Terra, o físico inglês teria presenciado a repentina queda de uma maçã. A observação desse fenômeno fez com que

▶ ele formulasse as seguintes ideias: existe uma força que atrai os corpos para o chão, como aconteceu com a maçã que caiu da árvore; essa mesma força atrai a Lua, fazendo com que ela também "caia" continuamente na Terra, e impede que ela se afaste de nosso planeta.

Parece que essa história da maçã é apenas uma lenda, talvez inventada pelo próprio Newton. Seja como for, ele realmente teve a intuição da força de atração entre os corpos, que chamou de *força de atração gravitacional* ou *força da gravidade*.

No tempo de Newton, ainda predominava a explicação geocêntrica para o Universo, mas ele conhecia o modelo heliocêntrico de Copérnico e também a descrição matemática para as **órbitas** dos planetas, do matemático e astrônomo alemão **Johannes Kepler**, que aperfeiçoava o modelo de Copérnico.

Usando sua ideia de *força de atração gravitacional* na análise dos dados de Kepler, Newton chegou à *Lei da Gravitação Universal*, descrita em seu livro *Princípios matemáticos da Filosofia natural*, de 1687.

As ideias de Newton acabaram por fazer com que o modelo heliocêntrico de Universo fosse definitivamente aceito. E pensar que, menos de um século antes, Galileu quase foi queimado na fogueira por defender o mesmo modelo...

Órbita é a trajetória descrita por um corpo celeste (um planeta ou um satélite, por exemplo) em torno de outro (outro planeta ou uma estrela, como o Sol).

Johannes Kepler (1571-1630), astrônomo que formulou as leis fundamentais da Mecânica celeste e demonstrou, por meio de cálculos matemáticos, que as órbitas dos planetas do Sistema Solar são elípticas e não circulares, como pensava Copérnico.

A massa da Lua é cerca de 81 vezes menor do que a massa da Terra.

■ Fatores que interferem na gravidade

Você sabia que a força da gravidade na Lua é cerca de seis vezes menos intensa do que na Terra? Isso acontece porque a intensidade da força da gravidade varia de acordo com a massa do corpo, e a Lua é muito menor do que a Terra. Quanto *menor a massa* de um corpo, *menor a intensidade da força de atração gravitacional* exercida por ele sobre os outros corpos.

A intensidade da força de atração gravitacional também depende da distância entre os corpos. De acordo com a Lei da Gravitação Universal, ela varia com o inverso da distância entre os corpos elevada ao quadrado.

Agora pense: Quando você dá pulos, é o seu corpo que cai na Terra, voltando para o chão, ou a Terra que cai no seu corpo? Explique.

A Lei da Gravitação Universal – CAPÍTULO 8   **101**

Para entender melhor a Lei da Gravitação Universal, observe a ilustração a seguir e acompanhe a explicação da legenda.

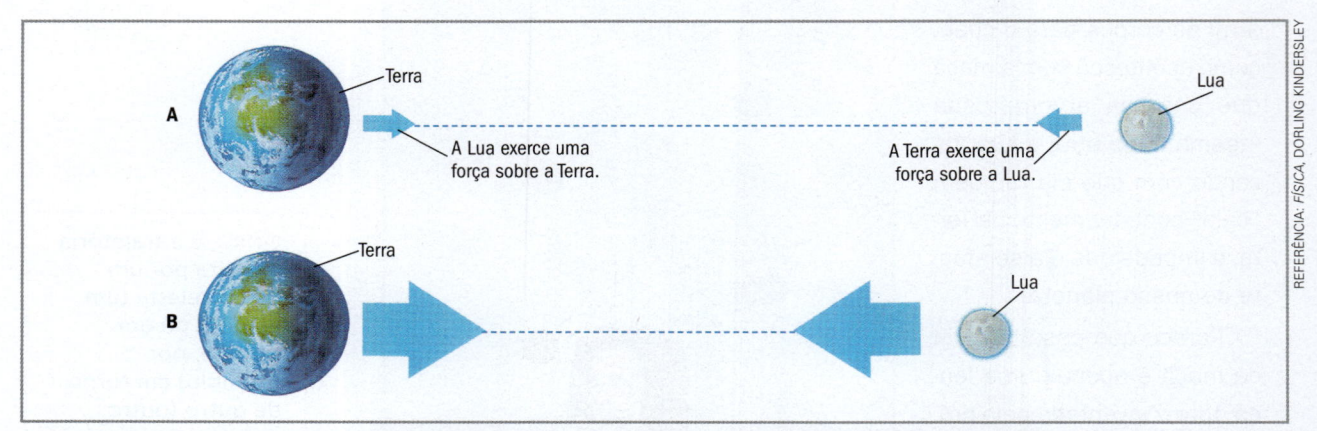

A Lua exerce uma força de atração sobre a Terra, e vice-versa (figura A). Essa força depende da massa dos corpos e também da distância entre eles: se a distância entre a Terra e a Lua fosse metade do que é (figura B), a força gravitacional seria quatro vezes maior, pois varia com o inverso do quadrado da distância.

Podemos resumir tudo isso da seguinte forma: quanto *maior a massa* dos corpos, *maior a intensidade da força* que os atrai mutuamente; quanto *mais distante* estiver um corpo do outro, *menor a força de atração* entre eles.

> > > CONEXÃO Trabalho < < <

As marés e a atividade pesqueira

Você sabia que as alterações diárias no nível do mar, movimentação que denominamos maré, são muito importantes na vida de algumas pessoas, especialmente daquelas que vivem da pesca e da coleta de animais marinhos? É por isso que um pescador experiente acompanha as marés atentamente.

Mas não é preciso ser pescador para entender as marés. Elas são uma consequência da força de atração gravitacional da Lua e do Sol sobre a Terra. A força de atração gravitacional da Lua é a principal responsável pela alteração no nível dos oceanos. O Sol, por estar muito mais distante da Terra do que nosso satélite natural, é responsável por apenas metade do efeito da Lua.

Ainda assim, o Sol pode reforçar ou compensar o efeito da Lua. É por isso que as marés cheias mais altas e as marés vazantes mais baixas ocorrem na lua nova e na lua cheia, isto é, quando o Sol e a Lua estão alinhados com a Terra. É também sob essa configuração dos astros que ocorrem as maiores ressacas. Já sob as fases lunares conhecidas como quarto crescente e quarto minguante acontecem as marés mortas, isto é, marés em que o nível do mar tem alteração mediana.

A coleta do caranguejo só pode ser realizada na maré baixa, porque, em geral, os trabalhadores retiram os animais diretamente de suas tocas, enfiando a mão na lama do mangue.

102 UNIDADE II – O estudo da Física

■ Por que a Lua não cai na Terra?

Lua na fase crescente.

Para entender por que a Lua não cai na Terra, observe o esquema ao lado. O que faz com que a bolinha descreva um movimento circular em torno da mão?

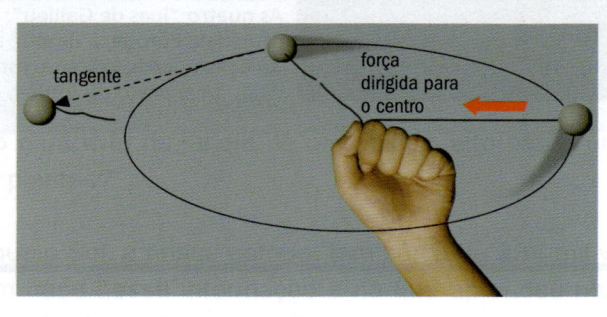

O fio preso puxa a bolinha para o centro, ou seja, o fio representa uma força que atua sobre a bolinha, na direção do fio, no sentido "de fora para o centro do conjunto". Porém, a bolinha não cai sobre a mão porque a velocidade que ela desenvolve faz com que se afaste da mão.

Os dois fatores atuando em conjunto fazem a bolinha descrever o movimento circular que observamos na figura. Se o cordão se romper, a bolinha deixará de sofrer a ação da força que a puxa para o centro e sairá pela **tangente**, passando a descrever uma **trajetória retilínea**.

Agora observe o esquema ao lado, que representa parcialmente a órbita da Lua em torno da Terra.

Apesar da força com que a Terra atrai a Lua para si, esta não cai na Terra por causa da sua própria velocidade de deslocamento no espaço (representada pela reta tangente – linha tracejada – à órbita da Lua).

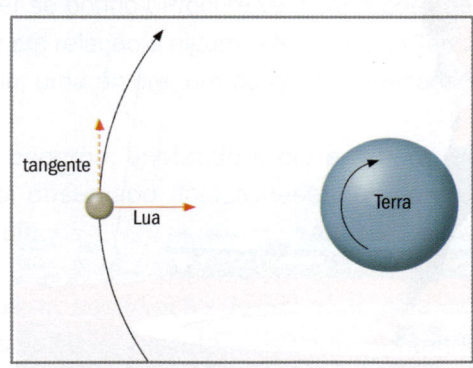

Pelos mesmos motivos, os planetas do Sistema Solar não caem no Sol, apesar de serem constantemente atraídos por ele. A ação combinada dos dois fatores – ou seja, a força de atração gravitacional e a velocidade que os astros desenvolvem no espaço – faz com que os corpos celestes se mantenham em suas respectivas órbitas.

> **Tangente** é a reta que toca uma circunferência em um único ponto (veja nas duas ilustrações ao lado a linha reta tracejada; ela é a reta tangente ao círculo representado).

> Lembre-se: nos capítulos anteriores vimos que, se um corpo se move livremente, sem que nenhuma força atue sobre ele, sua trajetória é uma linha reta. Portanto, se a força que faz com que um corpo descreva uma trajetória circular deixa de existir, esse corpo passa a descrever uma **trajetória retilínea**.

A Lei da Gravitação Universal – CAPÍTULO 8

9 Peso e empuxo

Atleta treina salto ornamental em piscina de clube em São Paulo, SP.

Talvez você já tenha saltado assim na piscina. Numa situação dessas, enquanto você ainda está no ar, que forças estão agindo sobre o seu corpo? E quando você mergulha na água, que forças atuam sobre ele?

Quer perder peso? Vá para a Lua…

Você sabia que na Lua o seu peso é menor do que na Terra? No entanto, sua **massa** corporal é a mesma nos dois lugares.

Massa e *peso* são dois conceitos bem diferentes. *Massa*, como você viu no capítulo 1, é a quantidade de matéria de um corpo, e praticamente não se altera, não importa o lugar do Universo em que o corpo esteja.

O *peso*, porém, depende da ação da gravidade local e, portanto, varia conforme o lugar em que o corpo está. O peso de um corpo resulta da ação da força da gravidade local sobre sua massa.

Isso quer dizer que o peso de um corpo qualquer não será o mesmo na Terra e na Lua, pois – como vimos no capítulo anterior – a gravidade na Lua é menor do que na Terra. Na Lua, um corpo pesa cerca de seis vezes menos do que na Terra.

> Lembre-se de que, para medir a **massa** de um corpo, em geral se utiliza uma balança de pratos. A medida obtida será sempre a mesma, não importa o lugar do Universo em que a medição seja feita.

A massa de um corpo é a mesma em qualquer ponto do Universo em que seja feita a medição.

Na Lua, o dinamômetro indica 8 100 N de peso para um elefante, que, na Terra, pesa 49 000 N, aproximadamente.

Reveja, no capítulo 6, como funciona um dinamômetro.

■ O peso é uma força

A atração gravitacional que a Terra exerce sobre os corpos também pode ser chamada de *força peso*. Como qualquer outra força, o *peso* é um vetor e, como tal, tem:
- uma *direção*, que é sempre vertical em relação à superfície terrestre;
- um *sentido*, que é sempre de cima para baixo, pois é a massa da Terra que, sendo muito maior que a de todos os corpos sobre ela, atrai os corpos e define o sentido da força peso;
- uma *intensidade*, que é o módulo da força expresso em quilograma-força (kgf) ou em newton (N).

■ O cálculo do peso

Uma vez que o peso é uma força e que o peso de um corpo na Terra é igual à ação da força gravitacional de nosso planeta sobre sua massa, podemos calcular o peso pela aplicação da expressão matemática da *Segunda Lei de Newton*: $F = m \cdot a$.

Reveja, no capítulo 7, o que diz a Segunda Lei de Newton.

Substituímos F por P, pois, nesse caso, a força que atua sobre o corpo de massa m é seu peso P. No lugar de a, colocamos a aceleração da gravidade g, pois essa é a aceleração que o corpo adquire quando submetido à ação da força de atração gravitacional. Então:

$$P = m \cdot g$$

O peso de um astronauta enquanto ele flutua no espaço – mas ainda na órbita da Terra, como mostra a foto –, deve ser menor, maior ou igual ao peso dele na Terra? Por quê?

Astronauta no espaço, na órbita da Terra.

Peso e empuxo – CAPÍTULO 9   107

Se precisar, reveja os conceitos de *sistema de forças* e *resultante* no capítulo 6.

Podemos definir **centro de gravidade (cg)** como o ponto de aplicação da força peso em um corpo.

EXPERIMENTE!

Arranje um bloquinho retangular de isopor de paredes paralelas.

1. Coloque-o em pé, na vertical, e empurre-o de leve. O que acontece?

2. Com cola branca, fixe uma moeda na base do bloquinho. Espere a cola secar e coloque-o novamente em pé, com a moeda voltada para baixo. Empurre-o de leve. O que acontece? Por quê?

3. Tente inverter a posição do bloquinho virando o lado com a moeda para cima. O que acontece? Por quê?

AMPLIAÇÃO Física e Química

Centro de gravidade e equilíbrio dos corpos

Vimos que os corpos nas proximidades da Terra estão sujeitos à ação da força da gravidade (ou força peso). Ora, uma vez que os corpos são formados de diminutas partículas de matéria (como você aprendeu no capítulo 1), podemos imaginar cada uma dessas partículas sujeita à ação de uma força peso individual, compondo um verdadeiro sistema de forças. A resultante desse sistema de forças é a *força peso*, que atua sobre o corpo como um todo.

O ponto de aplicação da resultante, isto é, da força peso, é o que chamamos de **centro de gravidade (cg)** do corpo. Tudo se passa como se toda a massa do corpo estivesse concentrada nesse ponto. Veja uma representação esquemática disso.

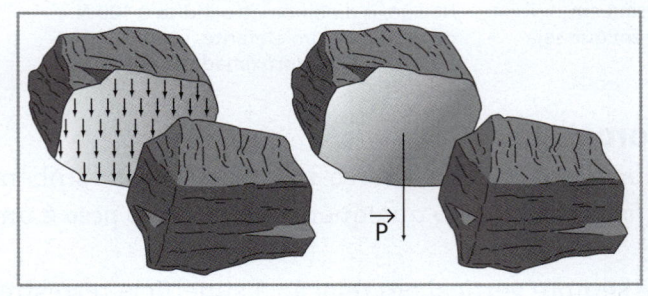

Esse sistema de forças peso tem uma resultante com direção vertical e sentido de cima para baixo, que é a força peso aplicada ao corpo como um todo.

Nos corpos que têm a massa distribuída regularmente, isto é, naqueles em que as partículas de matéria estão uniformemente distribuídas no volume disponível, o centro de gravidade coincide com o centro geométrico do corpo. Por exemplo: numa esfera maciça, como uma bolinha de gude, o centro de gravidade está no centro geométrico da bolinha; num corpo em forma de paralelepípedo, como um tijolo, o centro de gravidade coincide com o centro geométrico do paralelepípedo.

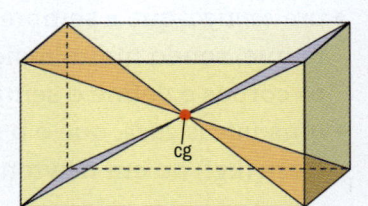

Em um paralelepípedo, o centro geométrico (que corresponde ao centro de gravidade do corpo) está no ponto de cruzamento dos planos de simetria que passam por suas diagonais.

Em corpos irregulares, que tenham uma distribuição irregular da massa – por exemplo, o nosso próprio corpo –, é mais difícil localizar o centro de gravidade. Mas, de modo geral, considera-se que o centro de gravidade de um corpo está localizado na região de maior concentração de massa desse corpo.

O equilíbrio de um corpo

Suponha dois veículos de formas regulares – por exemplo, um caminhão de mudanças e um automóvel compacto, como no esquema a seguir –, que tenham uma distribuição de massa também regular. O centro de gravidade (*cg*) de ambos está mais ou menos no centro do corpo.

108 UNIDADE II – O estudo da Física

Podemos traçar uma linha vertical que passe pelo centro de gravidade do veículo (linha tracejada). Enquanto essa linha vertical passar pela base de sustentação do corpo, ele estará em equilíbrio. Quando ela sair da base de sustentação, o corpo perde o equilíbrio e tomba. Isso pode acontecer, por exemplo, se a pista for um pouco mais inclinada do que mostra a figura.

Observe que o *cg* do caminhão é mais alto (mais distante do chão) do que o *cg* do automóvel. Por isso, a probabilidade de ele perder o equilíbrio e capotar é maior. Basta uma pequena inclinação da pista para que a linha vertical que passa por seu centro de gravidade saia de sua base de sustentação.

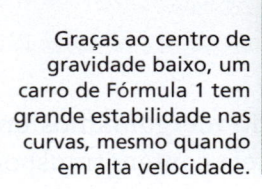

Graças ao centro de gravidade baixo, um carro de Fórmula 1 tem grande estabilidade nas curvas, mesmo quando em alta velocidade.

> > > CONEXÃO Trabalho < < <

O que é um fio de prumo?

O fio de prumo (ou prumo, simplesmente), instrumento utilizado por trabalhadores da construção civil, baseia-se em dois conceitos da Física: centro de gravidade de um corpo e direção vertical da força peso.

Constituído de uma parte mais pesada – em geral, uma esfera ou um cone de metal denso, como o chumbo – presa a um fio flexível, ele é usado para checar a verticalidade de paredes construídas em relação ao solo.

Como mostra a foto, o trabalhador segura em uma das pontas do fio e, deixando livre a ponta que tem a parte metálica, aproxima o instrumento da parede a ser checada. Sob a ação da força peso, a parte mais pesada do instrumento (onde está o centro de gravidade) desce, fazendo com que o fio se estique em uma vertical em relação ao solo. Se a parede não estiver torta, o fio esticado deve ficar perfeitamente paralelo a ela.

Na banheira com Arquimedes

> **Pressão** é o nome dado ao efeito de uma força aplicada a um corpo distribuída por sua área de aplicação (área ou superfície do corpo que recebe a ação da força). A pressão pode ser representada pela fórmula matemática $P = \dfrac{F}{A}$, em que F é a força aplicada e A é a área que recebe a aplicação dessa força.

> **Fluido** é qualquer tipo de matéria capaz de fluir, isto é, de escorrer. Além da água, os gases, como o ar atmosférico, são fluidos.

Você já tomou banho de banheira? Quando mergulhamos em uma banheira cheia, certa quantidade da água que ela contém transborda. Se você já passou por essa experiência, talvez tenha percebido que, uma vez dentro da água, seu corpo parece mais leve.

Dentro da banheira ou fora dela, o seu peso é o mesmo, pois sua massa corporal ainda é a mesma e você continua sob a ação da força de atração gravitacional da Terra. A impressão de estar mais leve existe porque a água exerce sobre o seu corpo uma força que tem direção vertical, mas sentido contrário ao da força peso, que tende a empurrá-lo para cima.

Essa força é chamada de *força de empuxo*. Ela é exercida sobre qualquer corpo imerso em um fluido, como a água ou o ar.

No 6º ano (antiga 5ª série), você estudou a pressão da água e deve lembrar que um corpo mergulhado em água recebe a **pressão** desse **fluido** sobre todos os seus pontos.

Também no 6º ano (antiga 5ª série) você viu que, quanto maior a profundidade do corpo imerso, maior a altura da coluna de água sobre ele, e, portanto, maior o peso que ele suporta.

Ora, uma vez que o peso é uma força e que a pressão, nesse caso, é o efeito da força peso, se o peso aumenta com a profundidade, a pressão sobre o corpo também aumenta. Podemos concluir, portanto, que a pressão da água não é igual sobre todos os pontos do corpo imerso, como mostra o esquema:

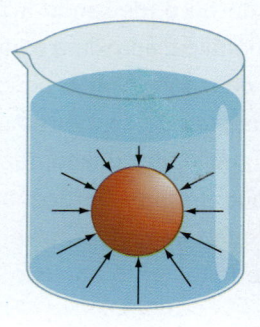

O esquema mostra que, quanto maior a profundidade, maior a intensidade das forças de pressão que atuam sobre o corpo mergulhado.

110 UNIDADE II – O estudo da Física

A resultante desse sistema de forças (forças de pressão) tem direção vertical e sentido de baixo para cima. Ela representa o *empuxo* do líquido sobre o corpo mergulhado.

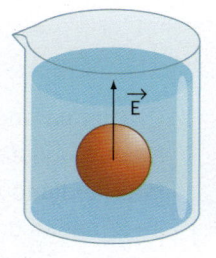

A resultante desse sistema de forças está dirigida para cima e representa a força de empuxo sobre o corpo.

■ O Princípio de Arquimedes

Veja a seguir duas situações de atuação das forças peso e de empuxo sobre corpos na água. Observe as ilustrações e leia as legendas.

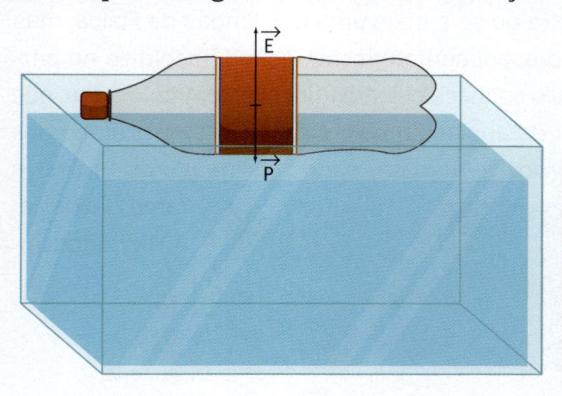

Quando o empuxo for maior do que o peso do corpo, o sentido da resultante dessas duas forças será de baixo para cima, e o corpo tende a flutuar. Quando o peso e o empuxo se igualam, a situação se equilibra (o corpo boia na superfície).

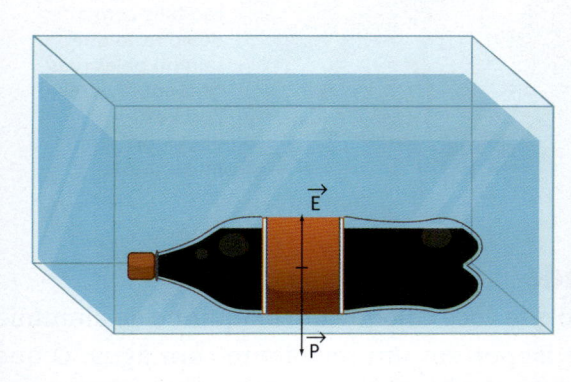

Se, ao contrário, o peso do corpo for maior do que o empuxo, o sentido da resultante será de cima para baixo e o corpo tende a afundar.

Arquimedes (287-212 a.C.), sábio e matemático grego que estudou o fenômeno do empuxo na prática, isto é, realizando experimentos. Nasceu e viveu em Siracusa, cidade da Sicília, ilha localizada no sul da atual Itália, que, naquela época, pertencia ao mundo grego. Na imagem acima, a tela *O sábio*, de Domenico Fetti (1589-1624), conhecida como representação de Arquimedes.

Quem descreveu pela primeira vez o fenômeno de flutuação dos corpos foi Arquimedes.

Baseado em suas descobertas ele formulou a lei científica que ficou conhecida como *Princípio de Arquimedes*, que diz: "Todo corpo mergulhado num líquido (ou em outro fluido, como o ar ou outro líquido) recebe um empuxo que tem **intensidade (módulo)** igual ao peso do volume do líquido deslocado por ele ao mergulhar".

Em outras palavras, a intensidade (módulo) do empuxo sobre um corpo corresponde à intensidade (módulo) do peso do volume de fluido (líquido ou gás) que esse corpo desloca.

Assim, um corpo flutua na água quando o empuxo que ele recebe é maior do que o seu próprio peso. Ou seja, quando o peso de um corpo é menor do que o peso do líquido que ele desloca, ele flutua.

Da mesma forma, um corpo afunda na água quando o empuxo que ele recebe é menor do que o seu próprio peso. Ou seja, quando o peso de um corpo é maior que o peso do líquido que ele desloca, ele afunda.

Lembre-se: **intensidade** ou **módulo** de uma força é o valor numérico dessa força acompanhado pela respectiva unidade; em geral, o newton (N), ou o quilograma-força (kgf).

Peso e empuxo – CAPÍTULO 9   111

História da Ciência

Sábio até dentro da água

Conta-se que Hierão, rei de Siracusa na época de Arquimedes, mandou fazer uma coroa de ouro puro. Ao receber a coroa, porém, ele desconfiou que o ourives pudesse ter misturado prata ao ouro e, para resolver a questão, chamou Arquimedes, que estava acostumado a lidar com problemas complicados.

Arquimedes ficou pensando no assunto e, um dia, ao entrar em sua banheira, observou que, quando ele submergia, uma quantidade de água equivalente ao volume de seu corpo se elevava na banheira. Foi então que ele teve uma ideia para resolver o problema.

Arquimedes primeiro mergulhou a coroa num recipiente com água até a boca e recolheu a água que transbordou; esse volume de água correspondia ao volume da coroa. Depois, ele arranjou um bloco de ouro puro de mesma massa que a coroa e fez a mesma coisa, isto é, mergulhou o bloco de ouro num recipiente cheio de água e recolheu a água que transbordou; esse volume de água correspondia ao volume do bloco de ouro. Em seguida, usando o mesmo método, descobriu o volume de um bloco de prata pura, também de mesma massa que a coroa.

Comparando o volume dos três corpos, Arquimedes constatou que a coroa tinha um volume intermediário ao dos blocos de ouro e prata. Ora, se a massa dos três objetos era a mesma, mas o volume da coroa era intermediário ao volume dos blocos, ficava claro que a coroa não era de ouro puro, mas de uma mistura dos dois metais.

Não se sabe se essa história é mesmo verdadeira ou se é mais uma das lendas da Física, mas o procedimento descrito acima baseia-se no princípio conhecido como Princípio de Arquimedes, que foi estabelecido pelo sábio grego no *Tratado dos corpos flutuantes*, obra que inaugurou um novo ramo da Física, a Hidrostática.

Dizem que Arquimedes ficou tão feliz com a descoberta que saiu nu pelas ruas gritando: "Eureka! Eureka!" ('descobri', em português).

■ Flutuação e densidade

Imagine que você coloque um bloquinho de alumínio e outro de isopor em um recipiente com água. O que acontece com eles: os dois afundam, os dois flutuam, ou será que um deles flutua e o outro afunda?

A resposta, como vimos, está na relação entre a força de empuxo e a força peso que atuam sobre cada um dos objetos. Para saber como é essa relação nesse caso, precisamos fazer algumas investigações.

Você sabe que cada substância tem sua própria densidade. Em condições de temperatura ambiente e pressão normal, a **densidade** do alumínio é igual a 2,7 g/cm³, a densidade do isopor é igual a 0,1 g/cm³, e a densidade da água é de 1 g/cm³.

> Lembre-se de que **densidade** é a relação entre massa e volume ($d = \frac{m}{V}$).

O bloquinho de alumínio. Considere que o volume do bloquinho de alumínio é igual a 100 cm³. Como a densidade do alumínio é 2,7 g/cm³, a massa do bloquinho só pode ser igual a 270 g ou 0,27 kg. E, uma vez que P = m · g, para g = 9,8 m/s², o peso do bloquinho será: 0,27 · 9,8 = 2,646 N. Ou seja, $P_{\text{bloquinho de alumínio}}$ = 2,646 N.

112 UNIDADE II – O estudo da Física

Sabemos que:
- um corpo flutua quando o empuxo que ele recebe é maior do que o seu peso, e afunda quando o empuxo sobre ele é menor do que o seu peso;
- segundo o Princípio de Arquimedes, a intensidade do empuxo (módulo) recebido por um corpo é igual ao peso do volume do líquido (a água) que ele desloca ao mergulhar.

Portanto, para saber se o bloquinho flutua ou afunda, precisamos descobrir o peso do líquido deslocado por ele.

O volume de líquido que um corpo desloca ao mergulhar é igual ao seu próprio volume. Se o bloquinho tem 100 cm³, ele desloca exatamente esse volume de água.

Se $d = \frac{m}{v}$ e $d_{água} = 1$ g/cm³, então 100 cm³ de água correspondem a 100 g ou 0,1 kg dessa substância. Como P = m · g, então, $P_{água} = 0,1$ kg · 9,8 m/s² $\Rightarrow$
$\Rightarrow P_{água} = 0,98$ N.

Como você pode ver, a intensidade do empuxo (E) sobre o bloquinho é de 0,98 N, o que é muito menor do que a força peso (P) sobre ele. Logo, o bloquinho de alumínio afunda.

O bloquinho de isopor. Considere agora que o bloquinho de isopor tem o mesmo volume do bloquinho de alumínio, isto é, 100 cm³. Sabemos que a densidade do isopor é igual a 0,1 g/cm³; então a massa do bloquinho é igual a 10 g ou 0,01 kg. Como P = m · g, então,

$P_{bloquinho\ de\ isopor} = 0,01$ kg · 9,8 m/s² = 0,098 N.

O volume de água deslocado pelo bloquinho de isopor é igual ao volume deslocado pelo bloquinho de alumínio (os dois bloquinhos têm o mesmo volume). Portanto, o empuxo da água sobre o bloquinho de isopor é igual ao empuxo sobre o bloquinho de alumínio, isto é, 0,98 N.

Nesse caso, portanto, a intensidade do empuxo é muito maior do que a intensidade da força peso sobre o corpo. Logo, o bloquinho de isopor flutua na superfície do líquido.

Resumindo, se um corpo é totalmente mergulhado em um fluido (água, ar ou outro) e, em seguida, solto, ficando apenas sob a ação das forças peso e empuxo:
- quando a densidade do corpo é maior que a densidade do fluido, o empuxo é menor do que o peso, e o corpo afunda;
- quando a densidade do corpo é menor do que a densidade do fluido, o empuxo é maior do que o peso, e o corpo tende a subir até que as duas forças (empuxo e peso) se igualem (o corpo pode vir a flutuar na superfície, mas parte dele estará imersa).

> *Conhecendo as densidades de alguns materiais sob pressão normal e temperatura ambiente: madeira = 0,7 g/cm³; açúcar = 1,6 g/cm³; sal = 2,2 g/cm³; ferro = 7,9 g/cm³; chumbo = 11,3 g/cm³; ouro = 19,3 g/cm³, responda: Quais deles afundam e quais flutuam na água? Justifique sua resposta.*

Peso e empuxo – CAPÍTULO 9

É mais fácil boiar na água do mar do que na água de uma piscina ou de um rio.

Quanto maior a densidade do fluido, maior o empuxo

A água do mar contém muito sal, o que a torna mais densa que a água doce (isto é, a água dos rios e da piscina). Dessa forma, como $d = \frac{m}{V}$, o volume de água que nosso corpo desloca no mar tem mais massa do que o mesmo volume de água que ele desloca na piscina.

Isso significa que o empuxo da água salgada sobre nosso corpo é maior do que o empuxo da água doce sobre ele. E, por isso, é mais fácil boiar (flutuar) no mar do que na água da piscina (ou de um rio).

História da Ciência

Balança hidrostática

Quase dezoito séculos depois de Arquimedes, Galileu construiu este aparelho, a balança hidrostática, que se baseava no Princípio de Arquimedes: um obje-to imerso em um líquido, como a água, pesa menos do que quando está no ar. A diferença de peso do objeto é igual ao empuxo sobre ele, e corresponde ao peso do líquido que ele desloca ou derrama.

A balança podia ser utilizada para identificar os metais de que eram feitos os objetos e também permitia descobrir a proporção desses metais em ligas ou misturas. Assim, evitava-se que os artesãos ludibriassem os compradores, misturando metais caros com metais baratos.

Adaptado de: Steve Parker, *Galileu e o Universo*. São Paulo: Scipione, 1996.

Olhe e pense

Explique por que uma latinha de refrigerante flutua na água quando está intacta e afunda quando amassada. (Dica: pense na relação de peso e empuxo sobre o corpo.)

Verifique o que aprendeu

1. Qual é a intensidade da força peso sobre uma pedra de 58 kg de massa? (g = 9,8 m/s²).

2. Considere uma pessoa de 73 kg de massa e represente os vetores da força peso e da força normal que atuam sobre ela (reveja o conceito de *força normal* no capítulo 7).

3. Se a pessoa da questão anterior está em repouso, qual deve ser a intensidade da força normal que atua sobre ela? (Lembre-se de que, como vimos no capítulo 7, para que um corpo esteja em repouso a resultante das forças que atuam sobre ele deve ser zero.)

4. Calcule o seu peso (em newtons) na Terra e na Lua (aceleração da gravidade (g) na Terra = 9,8 m/s²; aceleração da gravidade na Lua = 1,6 m/s²).

5. Um homem que, na Terra, pesa 1 000 N, pesaria 2 645 N em Júpiter se pudesse suportar a gravidade daquele planeta.
   a) Adotando g na Terra = 10 m/s², calcule a massa desse homem (em kg).
   b) Usando os dados fornecidos e o que você descobriu no item *a*, calcule a aceleração da gravidade em Júpiter (em m/s²).

6. Reveja a foto que abre o capítulo. Represente em um esquema as forças que agem sobre o corpo de uma pessoa mergulhando em uma piscina:
   a) ainda no ar;
   b) quando a pessoa já estiver na água.
   c) Compare, quanto à direção e o sentido, as principais forças que atuam sobre essa pessoa na água. Já na água, ela deve flutuar ou afundar? Explique.

7. *A força da gravidade sobre os animais depende de suas massas. Atualmente, o maior animal que se conhece é a baleia-azul, um mamífero aquático que tem cerca de 130 toneladas de massa. O segundo maior animal é o elefante – também mamífero, só que terrestre –, com cerca de 6 toneladas de massa. Mas o maior animal terrestre que já existiu foi um dinossauro, o braquiossauro, que tinha massa aproximada de 100 toneladas.*

   Adaptado de: K. Dobson. *Physics*. London: Thomas Nelson, 2002.

   a) Que problemas poderia ter um animal terrestre de massa muito grande? (Dica: pense no tamanho das pernas, na velocidade de locomoção, etc.)
   b) Por que animais aquáticos podem ter massa muito maior do que animais terrestres? (Dica: pense na força peso e na força de empuxo sobre os corpos.)

8. Reveja os quadrinhos do Calvin que abrem o capítulo 8 e observe a primeira cena: um balão solto sobe no ar. O que podemos concluir a respeito da relação entre a força peso e a força de empuxo que agem sobre o balão? (Observação: a densidade do gás que enche o balão é menor do que a densidade do ar.)

A palavra é sua

1. Você já subiu pelas escadas até o último andar de um prédio alto? Ou já tentou subir um morro muito elevado? Sentiu dificuldade? Por quê? Qual é a explicação para isso?

2. Você já brincou com uma bola de plástico ou borracha dentro da água? Já tentou manter a bola embaixo da água? O que aconteceu com ela? Troque ideias com seus colegas.

10 Forças realizam trabalho

Na foto, o tetracampeão mundial de *skate*, Sandro Dias, o Mineirinho, em uma manobra durante competição em Los Angeles, Califórnia, nos Estados Unidos.

Andar de *skate* pode ser considerado um trabalho?
Analise a foto com base no que você já aprendeu até aqui e responda: Há forças atuando sobre o *skatista* (e seu *skate*) quando ele está no ar? Quais?

O que é trabalho?

> A palavra **trabalho** tem origem na expressão latina *tripalium*, nome de um instrumento de tortura usado pelos romanos na Antiguidade.

Quem disse que o **trabalho** precisa ser doloroso ou desagradável? Há muitas pessoas que acham sua atividade profissional prazerosa, porque descobriram o que gostam de fazer — e ainda são pagas para fazê-lo. Exemplo disso são os *skatistas* e os surfistas profissionais, que recebem dinheiro de patrocinadores para se aperfeiçoarem no que mais gostam de fazer. Mas há exemplos de profissionais satisfeitos em muitas outras áreas.

Em um dicionário você poderá conferir que a palavra trabalho tem muitos significados. Apesar de diversos, eles têm alguma semelhança entre si: em geral, correspondem à realização de uma tarefa com o emprego de esforço (força física ou mental) e o gasto de energia (física ou mental).

Em Física, como você verá, a ideia de trabalho não está muito distante disso, mas corresponde a um conceito bastante específico.

O trabalho de uma força

Em Física, o conceito de *trabalho* envolve as ideias de *força* como interação entre corpos e de *energia* como capacidade de realizar trabalho. Para ter uma ideia inicial desse conceito, analise as ilustrações a seguir:

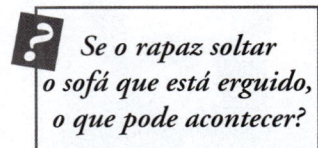

> **?** *Se o rapaz soltar o sofá que está erguido, o que pode acontecer?*

Um rapaz empurra um sofá, que não sai do lugar.

O mesmo rapaz ergue o sofá.

Na primeira situação, há a aplicação de uma força (com direção horizontal), mas o corpo (o sofá) que recebe a ação dessa força não sofre deslocamento. Já na segunda, aplica-se ao sofá uma força de direção vertical, e este que se desloca na mesma direção (é erguido).

Para a Física, o trabalho é realizado por uma *força*. Mas só há **trabalho** (símbolo τ, letra grega *táu*) quando há deslocamento do corpo na mesma direção de aplicação da força. Quando não há deslocamento do corpo, não há trabalho (o trabalho é considerado nulo).

Portanto, dizemos que há realização de trabalho apenas no segundo caso, em que uma força de direção vertical é aplicada ao sofá, que se desloca verticalmente (é erguido). No primeiro caso, como não há deslocamento do corpo, não há realização de trabalho.

Agora, considere o que você acabou de aprender e analise as fotos a seguir. Em qual destas situações há realização de trabalho (como conceito físico)?

> Em Física, uma força realiza **trabalho** quando o corpo sobre o qual ela é aplicada se desloca na mesma direção de sua aplicação.

Um trabalhador leva um fardo de piaçava às costas (Barcelos, Amazonas).

Uma mulher que vive da coleta de algas arrasta uma rede carregada em uma praia de Zanzibar, na Tanzânia.

Forças realizam trabalho – CAPÍTULO 10

A unidade de trabalho no SI, o **joule**, é uma homenagem póstuma a James Prescott Joule (1818-1889), físico inglês que estudou a natureza do calor e descobriu relações entre essa forma de energia e o trabalho mecânico, o que acabou por levá-lo à formulação da Lei da Conservação da Energia (ou Primeira Lei da Termodinâmica). Leia mais sobre isso no item "A energia não se perde nem se cria: ela se transforma", deste capítulo.

Essa é fácil, não? Como acabamos de ver, em Física, só se considera que há realização de trabalho quando uma força é aplicada sobre um corpo que se desloca na mesma direção de aplicação da força. Logo, só há realização de trabalho na segunda foto, em que uma mulher puxa rede com algas, que se deslocam na mesma direção de aplicação da força.

Na primeira foto, embora o trabalhador sustente um corpo muito pesado sobre os ombros (aplicação de uma força), não há deslocamento do corpo na direção de aplicação da força.

■ O trabalho pode ser medido

Se a força atua na mesma direção do deslocamento de um corpo, o trabalho realizado por ela é diretamente proporcional a essas grandezas (isto é, à força, em módulo, e ao deslocamento).

Em linguagem matemática, essa relação pode ser expressa por:

$$\tau = F \cdot \Delta S$$

Ou seja, o trabalho de uma força (F) corresponde ao produto do módulo dessa força pelo deslocamento (ΔS), do corpo que recebe a aplicação da força. Portanto, o trabalho de uma força é tanto maior quanto maior for a intensidade da força aplicada ao corpo ou o deslocamento do corpo que recebe a ação dessa força.

A unidade de trabalho no Sistema Internacional (SI) é o **joule**, cujo símbolo é J:

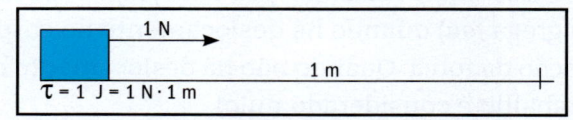

$$\tau = 1\ J = 1\ N \cdot 1\ m$$

1 J é o valor do trabalho realizado por uma força de 1 N que produz um deslocamento de 1 m na mesma direção e no mesmo sentido de aplicação dessa força.

Mas o *quilogrâmetro*, símbolo *kgm*, também é uma unidade muito utilizada na quantificação do trabalho:

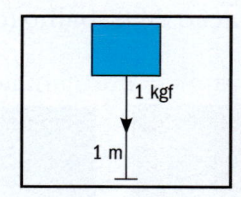

1 kgm é o valor do trabalho realizado por uma força de 1 kgf que produz um deslocamento de 1 m na mesma direção e no mesmo sentido de aplicação dessa força.

■ Trabalho e potência

Observe a cena ao lado e leia a legenda.

Imagine agora que outro homem levante o mesmo peso à mesma altura, mas gaste 5 s na realização dessa tarefa. Será que os dois estão em situação de igualdade? Aparentemente, sim, pois realizaram o mesmo trabalho:

$$\tau = F \cdot \Delta S \Rightarrow \tau = 10 \cdot 1{,}5 = 15\ J$$

Mas, enquanto o primeiro homem realizou um trabalho de 7,5 J para cada segundo (15 J em 2 s), o segundo realizou um trabalho de apenas 3 J por segundo (15 J em 5 s).

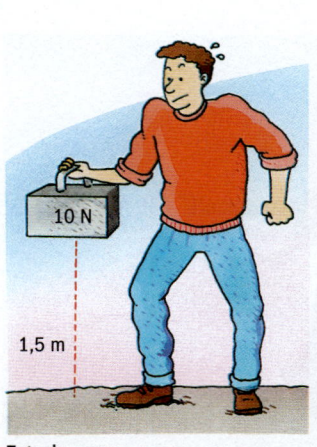

Este homem ergue um peso de 10 N até a altura de 1,5 m em 2 s.

A razão entre o trabalho realizado e o tempo gasto para realizá-lo é denominada **potência**, que é dada pela expressão matemática:

$$P = \frac{\tau}{\Delta t}$$

em que P = potência desenvolvida; τ = trabalho realizado; Δt = intervalo de tempo.

Podemos dizer, portanto, que, em nosso exemplo, a primeira pessoa desenvolveu uma potência maior que a segunda.

A unidade de potência usada com mais frequência é o watt (W), que é a unidade de potência no SI, mas em muitas atividades práticas utiliza-se também um múltiplo do watt, o quilowatt (kW). Assim, 1 watt corresponde à potência desenvolvida na realização de um trabalho de 1 J no tempo de 1 s, e 1 kW equivale a 1 000 W.

> **Potência** é quantidade de trabalho realizado dividida pelo intervalo de tempo gasto para realizá-lo.

Energia e realização de trabalho

Observe a sequência de figuras a seguir:

O operário que está no chão aplica uma força de direção vertical à corda, e o balde, que está preso a ela, sofre um deslocamento na mesma direção (ele sobe). Ou seja, a força aplicada à corda pelo operário realiza trabalho.

Se o operário se distrai e larga a corda antes que seu colega no alto do prédio agarre o balde, ele cai. Como você viu no capítulo anterior, é a *força peso* ou *força de atração gravitacional* (direção vertical) que faz o balde descer (direção vertical). É a *força peso* (P), portanto, que realiza trabalho.

A realização de trabalho por uma força implica *transformação* ou *transferência de energia* entre corpos (ou conjuntos de corpos), ou as duas coisas, isto é, transformação e transferência de energia ao mesmo tempo.

■ Energia potencial (E_p)

Na primeira cena acima, quanto mais o balde sobe, afastando-se da superfície da Terra, mais energia ele acumula. Essa energia, que o corpo acumula em função de sua posição, recebe o nome de **energia potencial** (E_p). Podemos entender energia potencial como uma potencialidade do corpo, pois ela pode ser utilizada a qualquer momento na realização de trabalho.

A energia potencial que decorre da posição do corpo em relação à superfície da Terra – isto é, da altura ocupada pelo corpo em relação ao chão – é chamada de *energia potencial gravitacional* (E_{pg}).

> Há outro tipo de **energia potencial**, armazenada pelos corpos capazes de se alongar quando distendidos – como elásticos e molas –, que recebe o nome de *energia potencial elástica*.

Forças realizam trabalho – **CAPÍTULO 10** 119

A energia potencial gravitacional de um corpo que se encontra a uma altura h em relação a um referencial (nesse caso, o solo) pode ser calculada pela seguinte relação:

$$E_{pg} = m \cdot g \cdot h$$

em que *m* é a massa do corpo; *g* é a aceleração da gravidade; e *h* é a altura em que se encontra o corpo.

■ Energia cinética (E_c)

Reveja agora a segunda cena: o balde cai. Durante a queda, a energia potencial do balde transforma-se em **energia cinética**. Energia cinética (E_c) é a energia que se manifesta nos corpos em movimento.

A energia cinética de um corpo pode ser calculada pela relação:

$$E_c = \frac{m \cdot v^2}{2}$$

em que *m* é a massa do corpo e *v* é a velocidade do corpo.

> Outros exemplos de **energia cinética** são a energia de uma queda-d'água (cachoeira), de alguém que saltou de um trampolim, de uma flecha lançada por um arco e de uma pedra em queda livre.

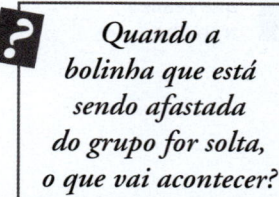

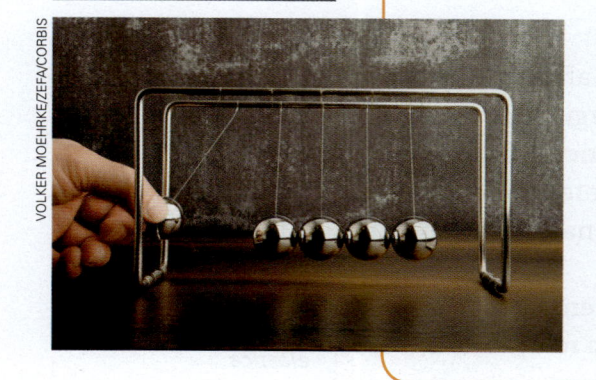

■ Energia mecânica (E_m)

Enquanto o balde não atinge o solo, ele tem *energia cinética*, por causa de seu deslocamento, e *energia potencial*, em virtude de sua altura em relação ao solo.

A energia cinética de um corpo somada à sua energia potencial num determinado instante é, por definição, a *energia mecânica* (E_m) do corpo nesse instante.

Assim, a energia mecânica (E_m) de um corpo é igual à soma de sua energia potencial (E_p) e sua energia cinética (E_c).

$$E_m = E_p + E_c$$

AMPLIAÇÃO Física e Química

O pêndulo de Newton

Você já viu uma engenhoca dessas em funcionamento? Se erguemos a primeira bolinha do conjunto e, em seguida, a soltamos, observamos que ela volta à posição inicial e, quando isso acontece, a última bolinha da fila adquire movimento, elevando-se em relação ao grupo. Mas, logo, também esta volta à posição inicial e se choca com a sua antecessora, o que faz com que a primeira bolinha do grupo suba novamente. E tudo recomeça.

Por que isso acontece? Trata-se de uma sequência de fenômenos de conversão de energia e realização de trabalho. Vamos tentar entender, acompanhando passo a passo as diferentes ocorrências.

Quando a primeira bolinha é erguida e afastada do conjunto (portanto, há realização de trabalho), ela adquire *energia potencial gravitacional*. Quando ela é solta, a

> **?** *Quando a bolinha que está sendo afastada do grupo for solta, o que vai acontecer?*

120 UNIDADE II – O estudo da Física

gravidade terrestre a atrai para a posição inicial (nova realização de trabalho), e parte de sua *energia potencial* se transforma em *energia cinética*.

Quando ela atinge a posição inicial, choca-se com a segunda bolinha, e a *energia cinética* que lhe restou passa adiante, de bolinha em bolinha, até chegar à última bolinha da fila. Esta, ao receber energia, afasta-se do conjunto, subindo. Ou seja, a energia que ela recebeu transformou-se em *energia cinética* e houve realização de trabalho.

Enquanto a última bolinha sobe, sua *energia cinética* transforma-se em *energia potencial gravitacional*. Mas, novamente, a atração da gravidade terrestre faz com que essa bolinha também volte à posição inicial (realização de trabalho), e parte de sua *energia potencial* transforma-se em *energia cinética*. Quando ocorre o choque entre ela e sua antecessora, a energia que lhe resta passa para a bolinha seguinte, e desta para a seguinte, e assim sucessivamente até chegar à primeira bolinha, que se afasta novamente (realização de trabalho).

Esse ciclo se repete até que a energia do sistema se perca para o ambiente (por causa do atrito e da resistência que o ar oferece ao movimento) e as bolinhas parem.

O pêndulo de Newton, também chamado de "esferas de Newton", deve seu nome aos conceitos newtonianos que explicam o seu funcionamento. O brinquedo também é conhecido como "tranquilizante de executivos", pelo fato de ser usado em escritórios para diminuir o estresse no trabalho.

■ A energia não se perde nem se cria: ela se transforma

Voltemos ao exemplo do balde. Enquanto ele cai, quanto mais perto do solo ele estiver, menos energia potencial ele tem. Em compensação, sua energia cinética aumenta. Ou seja, está havendo uma transformação da energia potencial (E_{pg}) em energia cinética (E_c).

Não há destruição nem criação de energia, apenas transformação de uma forma de energia em outra. Isso está de acordo com o *Princípio da Conservação da Energia*, segundo o qual "a energia não pode ser criada nem destruída, apenas transformada".

Quando o balde, enfim, atinge o solo, ele não tem mais nem energia potencial (pois está no solo e sua altura, h, é zero) nem energia cinética (pois está parado e sua velocidade, v, é zero). O que aconteceu com a energia? Será que ela desapareceu, contrariando o Princípio da Conservação da Energia?

Na verdade, não. Uma pequena parte da energia do balde, pelo atrito com o ar, transformou-se em *calor*, que, como vimos, também é uma forma de energia. Mas a maior parte da energia cinética do balde é convertida em trabalho, que pode ser observado na deformação dos corpos (o solo, com deformação menor, e o próprio balde, com deformação maior).

Portanto, se considerarmos a ideia de energia na definição de trabalho, podemos dizer que só há realização de trabalho quando a força aplicada fornece energia cinética a um corpo (provocando o seu deslocamento) ou retira a energia cinética de um corpo (fazendo cessar o seu deslocamento).

Quando ocorre o impacto, o balde aplica uma força no solo, e, de acordo com o Princípio da Ação e Reação, o solo aplica no balde uma força de mesma intensidade e sentido contrário. Essas forças realizam trabalho (observado na deformação dos corpos), retirando toda a energia cinética do balde.

Uma vez que a realização de trabalho corresponde à transformação e/ou transferência de energia entre corpos, a unidade de medida da quantidade de energia é a mesma utilizada para o trabalho. Ou seja, a *unidade de energia* no SI é o *joule* (J).

A energia em uma queda-d'água

Numa cachoeira, a água que está no alto tem determinada *energia potencial* (E_p), pois está a certa altura do solo. À medida que a água cai, sua altura em relação ao solo diminui, e, portanto, diminui também sua energia potencial. Ao mesmo tempo, sua velocidade aumenta; portanto, aumenta também sua energia cinética (E_c). Ou seja, a energia total do sistema, a energia mecânica (E_m) da água da cachoeira, se conserva.

A energia cinética da água em queda pode ser utilizada para girar uma turbina, que está ligada a um gerador. O gerador transforma a *energia cinética* da água em *energia elétrica*. Essa energia é distribuída pela rede elétrica para diversos lugares, como casas, escolas, hospitais, indústrias, etc.

Em nossa casa, a *energia elétrica* pode ser transformada novamente em *energia cinética* (que pode ser percebida no giro do motor de alguns eletrodomésticos, como o liquidificador, o ventilador, a batedeira, a máquina de lavar roupas, etc.), mas também em energia luminosa (lâmpadas), energia sonora (aparelhos que produzem imagens e sons, como televisores, computadores, etc.) e energia térmica (aquecedores elétricos, lâmpadas, fornos e fogões), etc.

Numa cachoeira, enquanto a energia cinética da massa de água aumenta, a energia potencial gravitacional diminui.

> > > CONEXÃO Atitude < < <

Entre nessa dança

Todos nós podemos gerar energia elétrica. E é melhor você assumir esse fato, pois pode estar aí o futuro do nosso planeta. Pelo menos no que depender de um grupo de holandeses que tiveram uma ideia que pode dar samba (ou funk, hip-hop, como preferir): uma danceteria sustentável, que já funciona como um evento itinerante e deve virar clube permanente em Roterdã.

Pista de dança de um clube noturno em São Paulo, SP.

O projeto inclui abastecimento dos banheiros com água da chuva, paredes que mudam de cor numa reação ao calor e turbinas de vento para arejar o terraço. No bar, cerveja orgânica, claro. Mas o grande destaque da noite fica por conta da pista de dança. Enquanto as pessoas sacolejam ao som de DJs, um sistema sob o assoalho capta a energia gerada pelo movimento na pista e a conduz até um gerador que a transforma em eletricidade, usada em alguns equipamentos do clube. Um ganho e tanto, visto que, funcionando três vezes por semana, uma casa noturna gasta por ano 150 vezes mais energia elétrica que uma residência. E pensar que tudo começou numa equação básica que aprendemos nas aulas de Física: energia mecânica gera energia elétrica (a lógica que faz funcionar as turbinas das hidrelétricas). Ou melhor: energia gera energia. A cada passo que damos, deixamos energia para trás. Se você não consegue aproveitá-la, pode ao menos usar braços e pernas para poupar a natureza: vá de escada em vez de elevador, use espremedor de laranja manual e dispense a batedeira elétrica para fazer claras em neve. Você poupa o bolso e o planeta.

Adaptado de: Priscilla Santos. *Vida simples*. Disponível em: <http://vidasimples.abril.uol.com.br/edicoes/050/08.shtml>. Acesso em 8 fev. 2007.

Olhe e pense

Observe a foto; depois responda às questões. O *skatista* está no ar, acima do ponto mais alto de uma das verticais (parede) da pista. Na sequência, ele deve descer e, no embalo, subir pela parede oposta, até atingir o ponto mais alto; depois, descerá de novo e, embalado pela descida, subirá mais uma vez a vertical oposta. E assim por diante, até que sua exibição termine.

Um *skatista* faz manobras em um *half-pipe*. Um *half-pipe* (meio tubo, em tradução livre do inglês) é uma pista em forma de "U", com uma parte plana (o chão) entre duas paredes verticais opostas (frente a frente).

1 Que forças atuam sobre o *skatista* quando ele está no ar ou enquanto ele desce a pista?

2 Nessa sucessão de descidas e subidas pela pista, há realização de trabalho como conceito físico? Nesse caso, que força realiza trabalho? Explique.

3 Explique as transformações de energia que ocorrem na situação descrita.

Forças realizam trabalho – CAPÍTULO 10

Verifique o que aprendeu

1 Observe esta cena, considere o conceito físico de trabalho e responda:

O vencedor de uma prova de ciclismo segura sua bicicleta acima da cabeça (Bordeaux, França).

a) No instante mostrado na foto, há realização de trabalho? Justifique sua resposta.
b) Antes de a foto ser feita, a bicicleta estava no chão e foi erguida pelo atleta. Nesse processo, houve realização de trabalho? Explique.

2 Um operário empurra um carrinho de mão aplicando às hastes dele uma força de 58 N e desloca o carrinho por 3 m, na mesma direção e sentido de aplicação da força. Qual é o trabalho realizado nesse caso?

3 Uma pessoa ergue verticalmente um corpo de 3 kg de massa por uma distância de 0,15 m. Considere a aceleração da gravidade, g, igual a 10 m/s^2 e calcule o trabalho da força peso nesse caso.

4 Duas máquinas realizam trabalhos iguais. Entretanto, para realizar esse trabalho, a primeira gasta 3,5 min e a segunda gasta 200 s. Qual delas tem potência maior? Por quê?

5 Duas pedras têm a mesma massa. Uma delas se encontra em repouso no alto de um morro de 80 m de altura e a outra se desloca no chão ao pé desse morro com uma velocidade de 4 m/s. Levando em conta os dados fornecidos, responda:
a) Qual é o tipo de energia de cada pedra?
b) Qual das duas pedras é dotada de maior quantidade de energia? Por quê? Considere g = 10 m/s^2.
c) O que se pode dizer sobre a realização de trabalho em relação às duas pedras?

UNIDADE II – O estudo da Física

6 Leia a tirinha do Calvin:

a) Para escorregar com o trenó colina abaixo, o Calvin precisa subir. Ao subir, que tipo de energia ele está armazenando?
b) Quando ele desce a colina, qual é o tipo de energia do trenó?
c) Que transformação de energia está ocorrendo durante a descida da colina?
d) Se a energia se conserva, por que o trenó para ao chegar embaixo (no pé da colina)?

7 Determine a energia potencial, em relação ao solo, de uma massa de 1,5 kg de água contida em uma jarra que está sobre uma mesa de 0,80 m de altura. Considere g = 10 m/s^2.

8 Um corpo de 10 kg de massa é abandonado de uma altura de 500 m. Aplicando o Princípio da Conservação da Energia, determine a velocidade com que o corpo chega ao solo. Despreze a resistência do ar sobre o corpo. Considere g = 10 m/s^2.

A palavra é sua

1 Observe e registre por escrito as situações de seu dia a dia em que ocorra realização de trabalho (como conceito físico).

2 Observe e registre por escrito as situações de seu dia a dia em que ocorram transformações de energia, por exemplo:
a) potencial gravitacional em cinética;
b) cinética em potencial gravitacional;
c) Outras transformações de energia, por exemplo: química (corporal) em cinética; elétrica em cinética; elétrica em luminosa; elétrica em térmica; química (combustíveis) em térmica; etc.

3 Pense no conceito de trabalho como atividade profissional: a prática de *skate* profissional, na qual o *skatista* se submete a obrigações de contrato – por exemplo, participar de todas as competições – e recebe dinheiro de patrocinadores por sua atividade, pode ser considerada um trabalho? Debata com seus colegas a relação entre trabalho (como atividade profissional ou estudantil) e prazer ou desprazer. Sugestão: Ouça a opinião dos colegas e, caso tenha uma opinião contrária, apresente argumentos para defender o seu ponto de vista.

11 Máquinas amplificam forças

Garotas russas divertindo-se em gangorra. Ilustração do começo do século XIX.

Burrica, jangalamarte, zanga-burrinho, coximpim, ou... gangorra. Todos esses nomes para um mesmo brinquedo com o qual você já deve ter se divertido muito. A gangorra é um dos brinquedos mais simples e antigos que existem, e por isso mesmo é conhecido até em lugares que nos parecem remotos, como a Rússia, o Afeganistão ou o Japão.

Como funciona uma gangorra? Você sabia que uma gangorra pode ser considerada uma máquina?

Em geral, ao ouvir falar em **máquinas**, pensamos em mecanismos complexos, como o motor de um carro. Mas mesmo as máquinas mais complexas não passam de combinações de componentes mais simples.

As máquinas em nossa vida

Liquidificador, batedeira, máquina de lavar roupas, aparelho de CDs e DVDs, carro, motocicleta, macaco de pneus, tesoura, chave de fenda, alicate, patinete, bicicleta e, até mesmo, a gangorra. Ainda que não tenha todos em casa, certamente você os conhece de algum lugar.

Todos esses engenhos são **máquinas**. As máquinas facilitam a execução de nossas tarefas porque reduzem o esforço empregado na realização de um trabalho. Como isso acontece é o que veremos a seguir.

UNIDADE II – O estudo da Física

■ Simples, mas muito eficientes...

Você já parou para pensar na importância das tesouras em nossa vida? Há tesouras de diversos tipos: para jardineiros, cabeleireiros e costureiras, para usar na cozinha ou no escritório, para cortar metais ou papéis, e muitas outras. Todas elas, porém, têm algo em comum: amplificam a intensidade da força empregada para cortar.

Essa é a ideia que está por trás da utilização de uma **máquina**. Máquinas são instrumentos que reduzem o esforço empregado, porque, de modo geral, *multiplicam a força que aplicamos e, dessa forma, facilitam a realização de um trabalho*.

Tesouras são o que a Física chama de **máquinas simples**. Outros instrumentos comuns em nosso dia a dia que funcionam como máquinas simples são o alicate, o carrinho de mão, o abridor de garrafas, o cortador de unhas e, acredite ou não, até as vassouras, além de muitos outros.

Neste capítulo você estudará três tipos de máquinas simples: a *alavanca*, as *roldanas* e o *plano inclinado*. Em todas elas, uma força, chamada de *força potente* ou *potência* e representada por $\vec{P}$, é aplicada sobre a máquina com a finalidade de produzir um equilíbrio ou um deslocamento; por sua vez, a máquina ou o objeto que deve ser posto em equilíbrio ou deslocado aplica uma força que é chamada de *força resistente* ou *resistência* e é representada por $\vec{R}$.

> Para a Física, **máquina** é o instrumento capaz de amplificar forças, isto é, aumentar a intensidade de uma força.

> **Máquina simples** é qualquer instrumento capaz de transmitir e modificar a ação de forças, e que, dessa forma, facilita a realização de trabalho.

Uma tesoura sendo utilizada no trabalho de poda de plantas.

PORTAL Brasil Pesquisa

Macaco-prego tem "tradições" culturais

Um estudo da pesquisadora italiana Elisabetta Visalberghi e colegas dos Estados Unidos e do Brasil – entre eles, o etólogo Eduardo Ottoni, da Faculdade de Psicologia da USP – demonstra que, ao contrário do que se pensava, o uso de ferramentas é comum entre macacos-pregos selvagens – até algum tempo atrás, o uso de ferramentas era considerado exclusividade de seres humanos e seus parentes mais próximos, como os chimpanzés – e que esses animais têm "tradições culturais" distintas.

E mais: segundo os pesquisadores, os bichos são capazes de transportar as pedras que usam como "martelo" por vários metros até as rochas e troncos usados como "bigorna". O desgaste pelo uso acaba produzindo traços típicos nas pedras, criando locais na mata próprios para a atividade de quebrar coquinhos.

O macaco-prego (*Cebus apella*) em postura ereta, quebrando coquinhos com o auxílio de ferramentas.

Máquinas amplificam forças – CAPÍTULO 11

> Consulte um dicionário sempre que encontrar uma palavra nova, ou quando tiver dúvida sobre o significado de um termo.

> As observações foram feitas em um bando de macacos que habita uma fazenda em Gilbués, zona de transição entre cerrado e caatinga, no Piauí, apenas três anos depois de o uso de ferramentas entre macacos selvagens ter sido observado pela primeira vez.
>
> "Até alguns anos atrás as pessoas ainda se perguntavam se o macaco-prego realmente fazia isso. É porque não foram perguntar a ninguém no interior do Brasil", brinca Eduardo Ottoni, coautor do estudo.
>
> Ottoni e seus alunos já observaram macacos usando ferramentas em outros lugares do Piauí. Em Goiás, encontraram o que eles chamam de "sítios de quebra", os locais onde os bichos se juntam para se banquetear com coquinhos, jatobás e outros frutos de casca dura.
>
> Adaptado de Claudio Angelo. *Folha de S.Paulo*, 22 jan. 2007.
> Disponível em: <www1.folha.uol.com.br/fsp/ciencia/fe2201200701.htm>.
> Acesso em 7 fev. 2007.

As alavancas

Varrer o chão é uma tarefa fácil: qualquer criança a executa. Porém, deslocar uma pedra de 200 kg até mesmo um adulto certamente acharia muito difícil. Entretanto, basta usar um instrumento que segue o mesmo princípio de funcionamento da vassoura para que a história seja bem diferente.

Está achando isso estranho? Pois saiba que o funcionamento de uma vassoura baseia-se no princípio da *alavanca*, e que usando uma dessas máquinas simples você poderia mover facilmente a pedra de 200 kg.

Até mesmo uma criança sabe como usar uma vassoura, não é mesmo?

> *Você conhece a frase: "Deem-me um ponto de apoio e uma alavanca e levantarei o mundo"? Segundo alguns historiadores, seu autor foi um importante pensador grego da Antiguidade, de quem já falamos neste livro. Quem é ele?*

Observe a ilustração: uma alavanca é um instrumento constituído de uma barra rígida – nesse caso, uma barra de ferro – capaz de girar em torno de um ponto de apoio (O) – nesse caso, o calço em que se apoia a barra –, o braço da potência (b_p) e o braço da resistência (b_r).

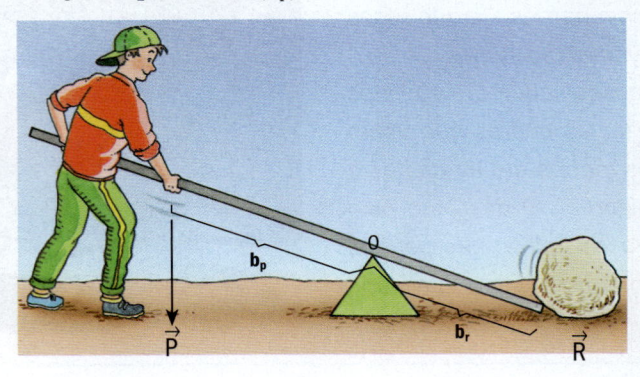

Alavanca: o braço da potência (b_p) é a distância entre o ponto de aplicação da força potente ($\vec{P}$) e o ponto de apoio (O); o braço da resistência (b_r) é a distância entre o ponto de aplicação da força resistente ($\vec{R}$) e o ponto de apoio (O).

Uma alavanca pode ser do tipo:
- **interfixa**, na qual o ponto fixo O (ponto de apoio) está localizado, como o nome sugere, entre a força potente $\vec{P}$ e a força resistente $\vec{R}$. Exemplos desse tipo de alavanca são: alicate, tesoura e martelo, quando utilizado como um **pé de cabra**.
- **inter-resistente**, na qual a força resistente $\vec{R}$ está localizada entre o ponto fixo O (ponto de apoio) e a força potente $\vec{P}$. Exemplos desse tipo de alavanca são: carrinho de mão, abridor de garrafas e abridor de latas.
- **interpotente**, na qual a força potente $\vec{P}$ está localizada entre o ponto fixo O (ponto de apoio) e a força resistente $\vec{R}$. Exemplos desse tipo de alavanca são: pinça, vassoura e cortador de unhas.

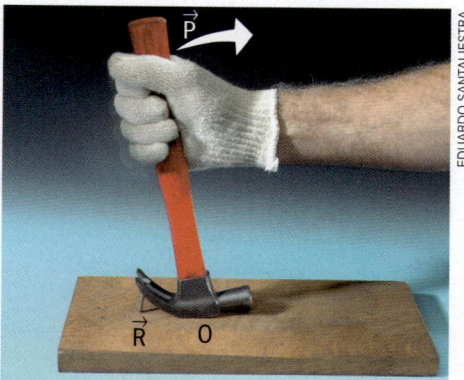

Pé de cabra é uma alavanca metálica que tem a extremidade fendida (como o casco do animal de mesmo nome) e que serve para arrancar pregos e abrir juntas de caixotes.

Martelo sendo usado como alavanca para retirar prego de madeira.

Abridor de latas.

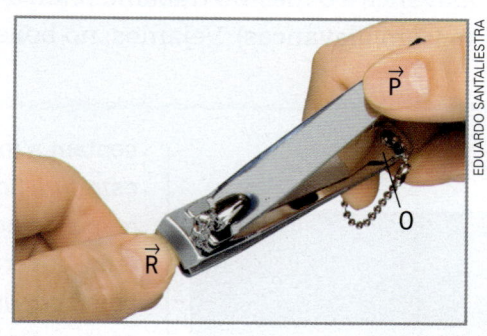

Cortador de unhas.

> > > CONEXÃO História < < <

A antiguidade das tesouras

Cleópatra, a famosa rainha egípcia que viveu entre os anos 70 e 30 a.C, costuma ser retratada sempre com os cabelos bem cortados e penteados. Mas como será que ela cortava os cabelos? É bem possível que ela usasse tesouras, instrumentos bastante antigos na história da humanidade: as mais antigas conhecidas datam de 1500 a.C. e são justamente egípcias.

As tesouras egípcias eram como lâminas unidas por uma das extremidades. Ou seja, elas tinham a estrutura de uma pinça e, portanto, correspondiam a *alavancas interpotentes*. As tesouras com a forma atual, que correspondem a *alavancas interfixas*, só seriam criadas mais tarde, pelos romanos, por volta do ano 100 de nossa era (ano 100 d.C.).

Tesoura de bronze com lâminas decoradas encontrada na Turquia. Provavelmente ela data do século II de nossa era (depois de Cristo).

Máquinas amplificam forças – CAPÍTULO 11

O equilíbrio de uma alavanca

Para que uma alavanca fique em equilíbrio é necessário que as forças e o ponto de apoio estejam em um mesmo **plano**. Além disso, o produto da força potente $\vec{P}$ pelo comprimento do braço da potência (b_p) deve ser igual ao produto da força resistente $\vec{R}$ pelo comprimento do braço da resistência (b_r).

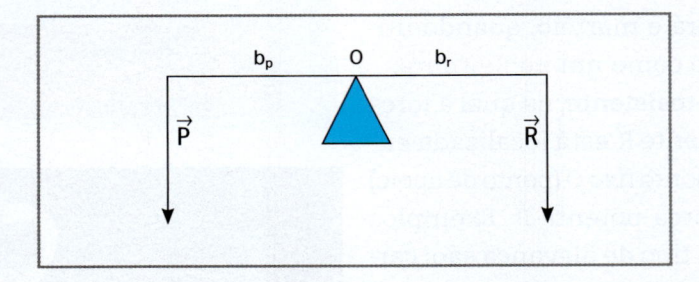

> Em Física, define-se **plano** como a superfície que contém inteiramente qualquer reta que una dois de seus pontos.

O equilíbrio de uma alavanca pode ser assim representado:

$$\vec{P} \cdot b_p = \vec{R} \cdot b_r$$

É importante observar que nenhuma máquina pode multiplicar trabalho ou energia. O trabalho realizado para elevar um corpo utilizando uma alavanca é o mesmo trabalho realizado para elevar esse corpo diretamente (sem alavancas). Vejamos, no boxe a seguir, um exemplo prático.

APLICANDO CONCEITOS

Guindaste usado em construção civil: um exemplo de alavanca.

Nesse guindaste, as placas de concreto da extremidade esquerda da estrutura horizontal servem de contrapeso à alavanca e, portanto, representam a força da potência $\vec{P}$. O ponto em que a estrutura horizontal se prende à torre vertical corresponde ao ponto fixo O (ponto de apoio). O material a ser transportado pelo guindaste, que é preso por um gancho a um carrinho móvel, representa a força de resistência $\vec{R}$.

O comprimento do braço da potência b_p da máquina (que vai de $\vec{P}$ a O) é fixo, mas o do braço da resistência b_r (que vai de $\vec{R}$ a O) é variável, pois o material a ser transportado pode ser deslocado (graças ao carrinho móvel) para a esquerda ou para a direita pelo operador da máquina.

Se a massa (m) em $\vec{P}$ é igual a 200 kg e b_p tem 10 metros de comprimento, a que distância do ponto fixo o gancho móvel deve estar para que a alavanca suporte o peso de um corpo de 350 kg de massa? Considere g = 10 m/s².

$\vec{P} = m \cdot g \Rightarrow P = 200 \cdot 10 = 2\,000$ N
$\vec{R} = m \cdot g \Rightarrow R = 350 \cdot 10 = 3\,500$ N
$\vec{P} \cdot b_p = \vec{R} \cdot b_r \Rightarrow 2\,000 \cdot 10 = 3\,500 \cdot b_r \Rightarrow$
$\Rightarrow b_r = \dfrac{20\,000}{3\,500} \Rightarrow b_r = 5{,}7$ m

ARTICULAÇÃO Corpo humano

A ampliação de forças em nosso corpo

Você já ouviu a expressão "máquina humana"? É claro que nosso corpo não é uma máquina, pois expressa pensamentos e emoções, o que nenhuma máquina é capaz de fazer. Mas algumas partes do nosso corpo – as articulações – funcionam como alavancas. Veja alguns exemplos:

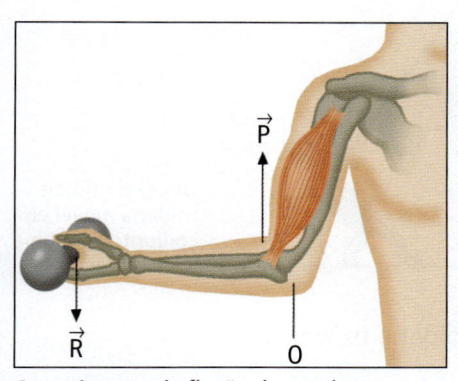

O movimento de flexão do antebraço sobre o braço, que fazemos, por exemplo, ao erguer um objeto, corresponde a uma alavanca interpotente: a força potente $\vec{P}$ (ponto em que o músculo bíceps, no braço, se prende ao osso do antebraço) está entre o ponto de apoio O (cotovelo) e a força de resistência $\vec{R}$ (mão que segura o objeto).

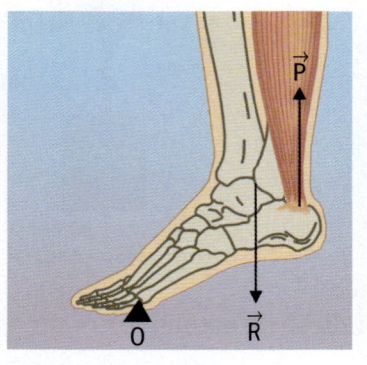

O movimento de se erguer na ponta dos pés corresponde a uma alavanca inter-resistente: a força de resistência $\vec{R}$ (o peso do corpo) está entre o ponto de apoio O (a ponta do pé) e a força potente $\vec{P}$ (o músculo gastrocnêmio, na perna).

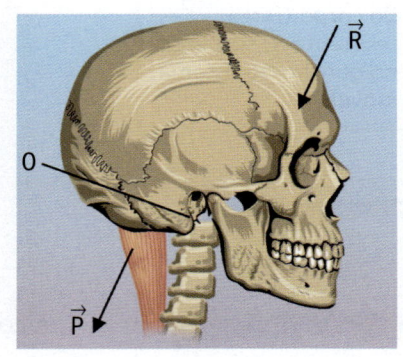

O movimento de levantar a cabeça, puxando-a para trás, corresponde a uma alavanca interfixa, pois o ponto de apoio O (articulação da cabeça com a coluna vertebral) está entre a força potente $\vec{P}$ (os músculos do pescoço) e a força de resistência $\vec{R}$ (o peso da cabeça).

■ As roldanas ou polias

Observe a ilustração a seguir.

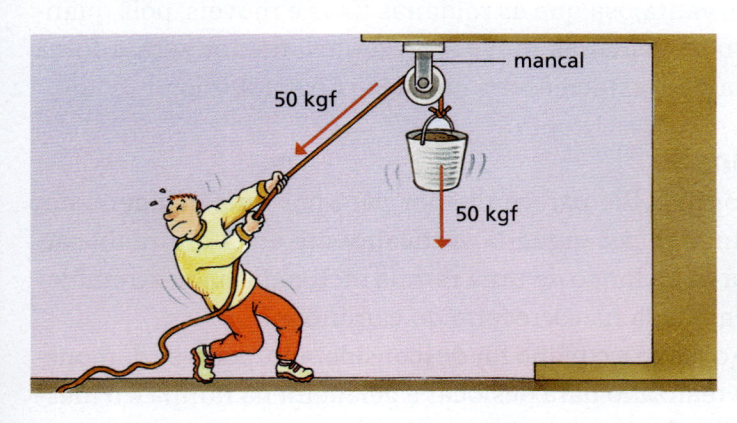

Um homem está tentando suspender um balde por meio de uma corda que passa em torno de um disco giratório.

O disco giratório da ilustração acima é chamado de *roldana* ou *polia*. Em toda a volta desse disco há um espaço mais fundo (uma espécie de canaleta) onde a corda (ou o fio) se acomoda; a ponta da corda está presa à carga.

As roldanas podem ser:
- **fixas**: nesse tipo de roldana, o **mancal** está preso a um suporte. Reveja a ilustração acima.

Em uma roldana fixa, para que haja equilíbrio, a força potente deve ser igual à força resistente. Portanto, a condição de equilíbrio é $\vec{P} = \vec{R}$.

FIQUE LIGADO!

Uma alimentação adequada – rica em cálcio, que é bom para os ossos, e em proteínas, que contribuem para o desenvolvimento muscular – e atividades físicas esportivas ajudam a manter a saúde de nossas "máquinas" corporais.

O **mancal**, nesse caso, é a peça de metal em que se apoia o eixo giratório da roldana e que permite o movimento dela com um mínimo de atrito.

Máquinas amplificam forças – CAPÍTULO 11   **131**

> Teoricamente, para manter em equilíbrio o **cadernal** da foto abaixo é necessária uma força potente $\vec{P}$, aplicada na extremidade livre do fio, seis vezes menor do que o peso do corpo (força resistente $\vec{R}$) suspenso no gancho do sistema móvel.

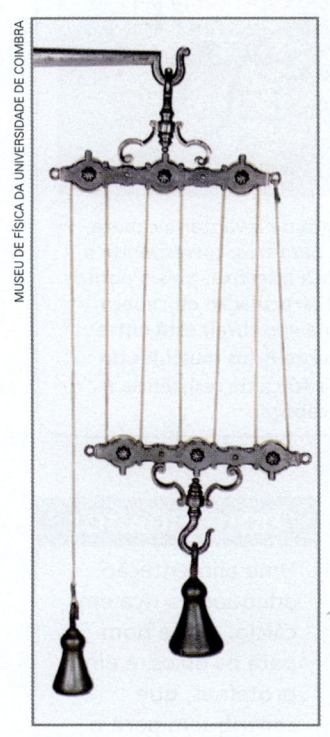

Este **cadernal** (modelo didático do século XVIII, que está no Museu de Física da Universidade de Coimbra, Portugal) é composto de dois sistemas idênticos com três roldanas em cada um, sendo um fixo e o outro móvel.

> Observe a ilustração ao lado: a geladeira está sobre rodinhas. Lembre-se de que, no capítulo 7, foi visto que o *atrito de rolamento* dos corpos é menor do que o *atrito de deslizamento*.

- **móveis**: nesse tipo de roldana, o mancal já não serve de apoio ao eixo da roldana. Ele é utilizado para pendurar o corpo, e o eixo da roldana é móvel, ou seja, ele pode ser deslocado juntamente com a força resistente. Veja a ilustração a seguir.

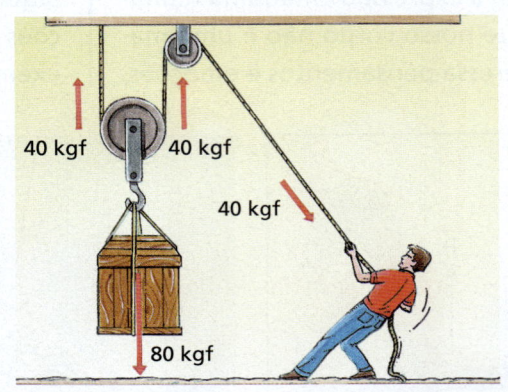

Um exemplo de roldana móvel em conjunto com uma roldana fixa.

A condição de equilíbrio em uma roldana móvel é:

$$\vec{P} = \frac{\vec{R}}{2}$$

Na ilustração acima, a força peso da carga (80 kgf) sobre a roldana móvel é equilibrada por duas forças de igual intensidade (40 kgf), cada uma com metade da intensidade da força peso. Para equilibrar a carga, o homem aplica na corda uma força de apenas metade da força peso. A intensidade da força potente ($\vec{P}$), portanto, corresponde à metade da intensidade da força resistente ($\vec{R}$).

Também é possível combinar os dois tipos de roldana, fixa e móvel, numa única peça denominada *cadernal* ou *moitão* (veja foto ao lado). Essa combinação é mais vantajosa que as roldanas fixas e móveis, pois quanto maior o número de roldanas móveis presentes, menor será a força potente empregada para estabelecer a condição de equilíbrio.

■ O plano inclinado

Qual das duas opções lhe parece melhor para pôr uma geladeira em um caminhão de mudanças: erguê-la verticalmente até a altura da carroceria ou empurrá-la ao longo de uma rampa inclinada cuja extremidade superior esteja apoiada na carroceria do caminhão?

Se o atrito entre o corpo e o plano for desconsiderado, pode-se demonstrar que o trabalho realizado para deslocar a geladeira na rampa é o mesmo que aquele realizado para erguê-la verticalmente até o caminhão.

132 UNIDADE II – O estudo da Física

Entretanto, uma vez que τ = F · ΔS, ao empurrar a geladeira pela rampa, como o deslocamento (ΔS) é maior (a distância da rampa é maior que a altura do caminhão), a força empregada para deslocá-la é menor.

Uma rampa inclinada, assim como todo plano rígido que forme um ângulo com a horizontal, é conhecida em Mecânica como *plano inclinado*. Outros exemplos de plano inclinado são as estradas construídas em ziguezague numa montanha, os *parafusos* e também as *cunhas*.

O parafuso nada mais é que um plano inclinado espiralado em torno de um eixo. É usado de muitas maneiras: na fixação de móveis e quadros à parede, como parte de instrumentos usados para levantar peso (por exemplo, macaco de automóvel), na regulagem de certos aparelhos, etc.

> τ = F · ΔS significa que o trabalho de uma força *F* é igual ao produto do módulo dessa força pelo deslocamento do corpo sobre o qual ela é aplicada (como vimos no capítulo anterior).

As cunhas são peças de metal, pedra ou madeira dura que têm os lados em ângulo. Podem ser usadas, por exemplo, para fender (rachar) materiais sem que seja preciso empregar muita força para isso. A forma de cunha da lâmina facilita o corte da madeira.

EXPERIMENTE

Para compreender como um parafuso é construído, corte um pedaço de papel em forma de triângulo retângulo e enrole-o em torno de um lápis, como na figura a seguir. Quando fizer isso, terá uma boa ideia da construção de um parafuso.

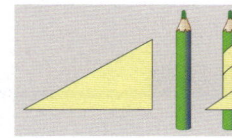

Meça o pedaço de papel que você enrolou e o comprimento do lápis envolvido por ele. Qual é mais longo?

História da Ciência

Ainda uma vez, Arquimedes!

Atribui-se a Arquimedes a criação de um instrumento que, em sua época, tinha por finalidade tirar a água que se acumulava nos porões dos navios. Um tubo oco era enrolado em torno de um eixo, formando uma espécie de parafuso. A extremidade inferior do tubo ficava dentro da água e, conforme o parafuso girava, a água entrava por ela e subia, saindo pela extremidade superior. Veja as imagens.

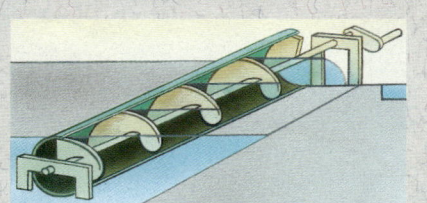

Embora tão antigo, esse tipo de parafuso ainda é muito usado em diferentes atividades; por exemplo, no tratamento de água e na indústria de reciclagem de plástico.

Máquinas amplificam forças – CAPÍTULO 11 **133**

> > > CONEXÃO Tecnologia < < <

Nem tão simples assim!

Em nossa sociedade, as máquinas prevalecem. Mas, por mais independentes que pareçam, elas sempre dependem de operadores humanos.

De modo geral, as máquinas podem ser classificadas em *automáticas* e *manuais*. As manuais são aquelas que necessitam da energia humana, como as batedeiras não elétricas, que só funcionam se alguém girar sua manivela.

As automáticas utilizam energia de outras fontes. Uma batedeira automática, por exemplo, funciona sozinha, graças à energia elétrica. Mas, é claro, dizer que ela funciona sozinha é apenas um modo de falar, porque sempre será preciso alguém para colocá-la em funcionamento.

Mesmo as máquinas automáticas mais modernas dependem de seres humanos para funcionar. Algumas delas, porém, têm a vantagem de poderem ser programadas, isto é, de receberem os comandos com alguma antecedência, armazenando as informações em uma espécie de memória, o que permite ao operador dedicar-se a outras atividades. É o caso das máquinas que funcionam com base em um controlador de tempo, como certas cafeteiras que, devidamente ajustadas e abastecidas, "acordam" a pessoa no dia seguinte com o cheiro do café fresco. Ou daquelas que possuem reguladores de intensidade, como as máquinas de lavar roupas, que podem ser reguladas para funcionar conforme o tipo de roupa e a quantidade de sujeira.

Finalmente, há as verdadeiras máquinas automáticas programáveis, mais comuns nas indústrias, que recebem informações de programas de computador ou de outros processadores eletrônicos. Mesmo estas, porém, são operadas por seres humanos, ainda que remotamente, pois os programas que utilizam são produzidos por pessoas.

Olhe e pense

Uma gangorra pode ser considerada uma máquina simples do tipo alavanca.

a) Na situação mostrada, qual é a relação entre os braços da alavanca? (Sugestão: Chame de O o ponto de apoio, de A o ponto em que está a garota da esquerda e de B o ponto em que está a menina da direita.)

b) Se as duas meninas ocuparem posições equivalentes na gangorra, como fica a relação entre os braços da alavanca?

c) Se uma das garotas tem 480 N de peso e a outra 520 N e se as duas sentarem em bancos equivalentes, será possível deixar a gangorra na horizontal? Explique.

Verifique o que aprendeu

1 Registre em seu caderno o nome de alguns objetos de sua casa que são máquinas simples, indicando a categoria que cada um representa.

2 Observe as ilustrações a seguir e classifique as alavancas representadas.

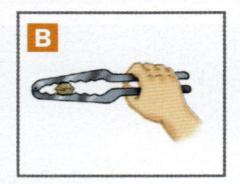

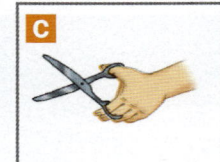

3 Em uma alavanca, se o braço da potência for menor que o da resistência, como deve ser a potência em relação à resistência para haver equilíbrio?

4 Calcule o comprimento de uma alavanca (de massa desprezível) equilibrada por dois pesos de, respectivamente, 36 kgf e 9 kgf, considerando que o primeiro peso está situado a 10 cm do apoio.

5 Observe a ilustração e faça o que se pede:
   a) Calcule o peso da carga.
   b) Por que, para manter o equilíbrio do sistema, a força aplicada à corda é menor do que a força peso da carga?

6 Que tipo de roldana facilita mais a realização de um trabalho: a fixa ou a móvel? Por quê?

7 Um balde de água com massa de 22,5 kg é suspenso por uma corda passada numa roldana fixa. Que força deve ser aplicada na ponta da corda para manter o balde equilibrado?

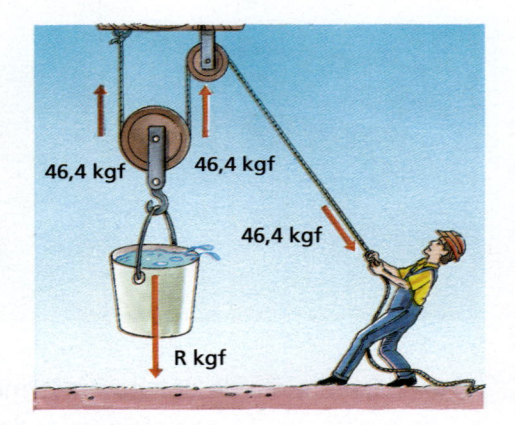

8 Quando utilizamos planos inclinados para realizar um trabalho, por que, quanto maior a extensão da rampa, mais fácil é a realização do trabalho? (Dica: lembre-se de que $\tau = F \cdot d$.)

A palavra é sua

Quem nunca brigou com um irmão ou um amigo por causa de um *videogame* ou de um programa de televisão? Quem nunca se sentiu perdido por precisar ficar algum tempo sem computador? No mundo atual, as máquinas estão tão presentes e ganharam tamanha importância que, muitas vezes, a situação parece fugir de nosso controle.
Pense nisso e discuta as questões a seguir com seus colegas.

1 As máquinas são importantes na vida humana? Dê exemplos de máquinas que você conhece, explicando para que elas servem e como melhoram a vida humana. Escolha uma cujo funcionamento você conheça (ainda que superficialmente) e exponha o que sabe aos colegas.

2 Será que as máquinas controlam a nossa vida ou nós controlamos as máquinas?

12 A temperatura dos corpos e o calor

Em um dia de sol, ao entrarmos no mar, a água nos parece mais fria do que o resto do ambiente. Ao contrário, quando entramos na água em um dia nublado – ou no fim do dia, um pouco depois do pôr do sol – achamos que ela está um pouco mais quente do que o ar.
Quente ou frio: o que significa isso?
Quando você acha que a água (do mar, de um rio ou de uma piscina) está gelada, os outros sempre concordam com você?

Frio ou quente?

Em geral, quando dizemos que um corpo (a água, nas situações acima) está frio ou quente é porque estabelecemos uma comparação entre ele e um outro. Ou seja: para nós, um corpo está *quente* ou *frio* quando está *mais quente* ou *mais frio* que um outro corpo. Mas o que significa estar frio (ou mais frio) ou quente (ou mais quente)?

Na primeira Unidade deste livro, nos capítulos 1 e 2, vimos que os corpos são constituídos de partículas muito pequenas, que vibram constantemente. Essa vibração das partículas da matéria, chamada de *agitação térmica*, pode ser mais intensa ou menos intensa.

Quanto *mais intensa* a agitação térmica das partículas de um corpo, *mais quente* esse corpo parecerá aos nossos sentidos. E vice-versa, isto é, quanto *menos intensa* a agitação térmica das partículas de um corpo, *mais frio* (ou *menos quente*) ele parecerá aos nossos sentidos.

Assim, se quisermos falar sobre quão quente ou quão frio um corpo está sem precisar compará-lo a outros, podemos recorrer à **temperatura**, grandeza que quantifica (isto é, traduz em números) a intensidade da agitação térmica das partículas de um corpo.

Quanto maior (ou mais intensa) a agitação térmica das partículas de um corpo, maior a temperatura desse corpo. E vice-versa, isto é, quanto menor (ou menos intensa) a agitação térmica das partículas de um corpo, menor a temperatura do corpo.

Para medidas, um medidor

Graças ao sentido do tato, somos capazes de perceber diferenças de temperatura, por exemplo, entre o ar e a água, como nas situações descritas na abertura deste capítulo. Mas será que somos capazes de saber qual é o grau dessas diferenças?

A experiência nos ensina que, de maneira geral, os nossos sentidos funcionam de modo subjetivo, isto é, pessoal, particular. Por exemplo, a água que parece apenas um pouco fria para uma pessoa pode ser considerada gelada por outra, mais sensível ao frio, e vice-versa. Por isso, para avaliações de temperatura, não é bom confiar nos sentidos.

Para quantificar e comparar a temperatura de dois corpos, ou fazer isso com um mesmo corpo em momentos diferentes, contamos com um instrumento especialmente construído para esse tipo de avaliação: o *termômetro*.

A **temperatura** é a grandeza que mede a intensidade da agitação térmica das partículas de um corpo.

EXPERIMENTE

Em três recipientes iguais, coloque água gelada no primeiro, água quente no último (**Atenção**: não muito quente, para não queimar sua pele!) e água morna no do meio. Mergulhe uma das mãos na água quente e, ao mesmo tempo, ponha a outra na água gelada. Depois de 1 minuto, mergulhe as duas na água morna. O que você percebe? Como isso pode ser explicado?

O termômetro de coluna líquida consiste em um tubo de vidro alongado e delgado – o *tubo capilar* – com um reservatório na parte inferior – o *bulbo* – onde fica contido um líquido, em geral mercúrio (prateado) ou álcool misturado a um corante vermelho.

ATENÇÃO!

O mercúrio é tóxico quando inalado e mesmo em temperatura ambiente desprende vapores. Quando um termômetro de mercúrio se quebra, o metal deve ser removido com cuidado e descartado em locais apropriados (por exemplo, onde se descartam pilhas usadas), pois é tóxico também para o ambiente.

A temperatura dos corpos e o calor – **CAPÍTULO 12** **137**

Uma **escala termométrica** é a escala graduada com os valores de temperatura, como as que podem ser vistas nos termômetros de coluna de vidro atuais.

Anders Celsius (1701-1744) foi astrônomo e professor de astronomia. Como também fazia observações meteorológicas, construiu a escala termométrica que lhe deu fama mundial. Na graduação original, o zero (0) correspondia ao ponto de ebulição da água e o 100, ao ponto de solidificação. Após sua morte, seus colegas (entre eles Lineu, que você conheceu no 7º ano, antiga 6ª série) inverteram a escala, dando-lhe a forma atual.

ATENÇÃO!
Nunca toque em objetos quentes, chamas e vapor de água quente!

As escalas de temperatura

Costuma-se atribuir a Galileu Galilei a construção do primeiro termômetro de que se tem notícia. Mas o instrumento que ele construiu era na realidade um termoscópio, pois registrava as variações de temperatura atmosférica, mas não as quantificava, uma vez que não possuía nenhuma **escala termométrica**.

Há diferentes escalas termométricas. Neste livro, você estudará apenas as mais importantes para o estudo de Física: a *escala Celsius*, a *escala Fahrenheit* e a *escala Kelvin*.

A escala Celsius

Esta escala foi proposta pelo sueco Anders Celsius. Observe, na ilustração e no texto abaixo, alguns procedimentos seguidos em sua construção.

Um termoscópio do século XIX, construído conforme o modelo de Galileu Galilei.

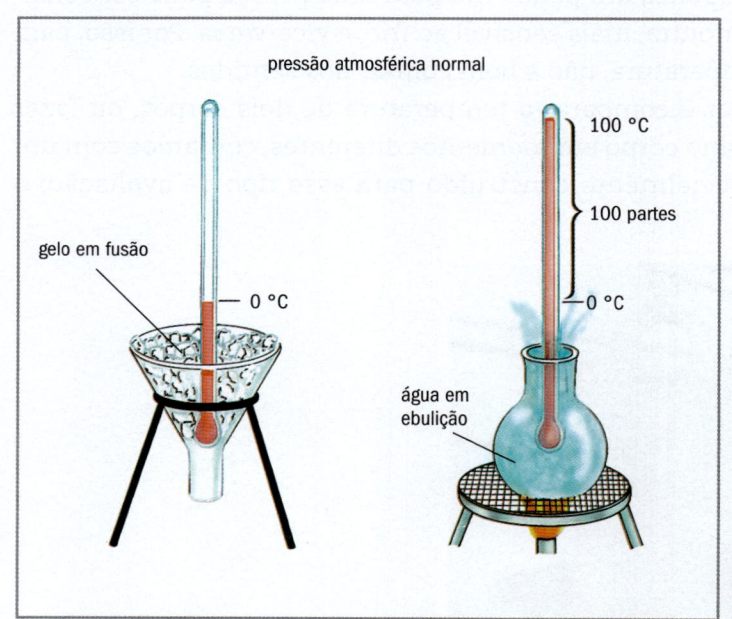

Graduação de um termômetro na escala Celsius.

Para graduar um termômetro de acordo com a escala Celsius, primeiro se coloca o bulbo de vidro cheio de líquido (álcool ou mercúrio) no gelo em fusão até que o líquido se estabilize em certa altura da coluna. Essa altura é marcada no vidro. A ela se atribui o valor zero (0).

Depois, o bulbo é colocado na água em ebulição, em um lugar de *pressão atmosférica normal*, até que o líquido se estabilize novamente a certa altura da coluna. Essa altura também é marcada no vidro. A ela é atribuído o valor cem (100).

O intervalo entre os dois valores (0 e 100) é dividido em 100 partes iguais, cada uma valendo 1 grau Celsius. O *grau Celsius* é representado pelo símbolo °C.

A escala Celsius é a mais usada no Brasil. Ela pode ser prolongada acima de 100 °C e abaixo de 0 °C (neste caso, para temperaturas negativas).

A escala Fahrenheit

Para graduar um termômetro na **escala Fahrenheit** procede-se da mesma maneira que para a escala Celsius, mas os valores atribuídos às marcas inferior e superior da coluna líquida do instrumento serão outros: 32 para a temperatura do gelo em fusão; 212 para a temperatura da água em ebulição.

O intervalo entre as duas medidas, 32 e 212, é dividido em 180 partes iguais, cada uma valendo 1 grau Fahrenheit. O *grau Fahrenheit* é representado pelo símbolo °F.

Por ser dividida em 180 partes, o uso da escala Fahrenheit em laboratórios não é muito simples. Por isso, ela caiu em desuso em todo o mundo e, atualmente, é adotada em poucos países, como os Estados Unidos da América, a Jamaica e alguns países do norte da Europa.

A escala Kelvin

A **escala Kelvin** é obtida pelo prolongamento da escala Celsius, com o zero (0) correspondendo a –273 °C (isto é, 273 graus negativos na escala Celsius).

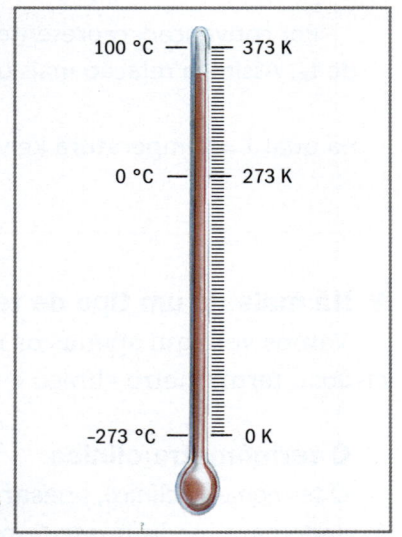

Comparação entre as escalas Celsius e Kelvin.

Ela também é conhecida como *escala absoluta*, pois nela o zero (0) – também chamado de **zero absoluto** – corresponde a um *estado mínimo de agitação das partículas* que constituem a matéria, a temperatura mais baixa que um corpo pode atingir. Sua unidade é o kelvin, símbolo K. Assim, a temperatura mais baixa da escala é o *zero kelvin* (ou *zero absoluto*), que é representado por 0 K (lê-se "zero kelvin").

Como se vê, a escala Kelvin não usa a palavra *grau*, e qualquer valor de temperatura é relacionado diretamente ao nome da escala; por exemplo: 100 K (100 kelvin), 35 K (trinta e cinco kelvin), e assim por diante.

O kelvin é a unidade padrão de temperatura no Sistema Internacional de Unidades.

Daniel Gabriel Fahrenheit (1686-1736), físico alemão, foi o primeiro a propor uma escala termométrica confiável para temperaturas baixas e altas: a **escala Fahrenheit**. Em 1714, ele construiu um termômetro de mercúrio.

A **escala Kelvin** foi idealizada por sir William Thomson, mais conhecido como Lord Kelvin, físico nascido na Irlanda em 1824 e morto em 1907.

A Física moderna admite que no **zero absoluto** as partículas que constituem a matéria têm um *estado de agitação mínimo*, mas não nulo, isto é, as partículas estão quase imóveis, mas ainda apresentam alguma vibração.

AMPLIAÇÃO Física e Química

Relações entre as escalas termométricas

Observe a figura abaixo. Ela representa três termômetros colocados num mesmo recipiente com água. Eles são praticamente idênticos, mas estão graduados em escalas diferentes: a escala Celsius, a escala Fahrenheit e a escala Kelvin.

O líquido do bulbo de cada termômetro atinge um mesmo nível nas escalas correspondentes. A relação entre as três escalas é dada pela expressão:

$$\frac{t_C}{100} = \frac{t_F - 32}{180} = \frac{t_K - 273}{100}$$

na qual t_C = temperatura em Celsius; t_F = temperatura em Fahrenheit; t_K = temperatura em Kelvin.

Simplificando os denominadores, temos:

$$\frac{t_C}{5} = \frac{t_F - 32}{9} = \frac{t_K - 273}{5}$$

Se considerarmos apenas as escalas Celsius e Kelvin, que são as mais importantes para nós, teremos:

$$t_K = t_C + 273$$

Por convenção, representa-se a temperatura absoluta por T, em lugar de t_K. Assim, a relação mais usada é:

$$T = t_C + 273$$

na qual T = temperatura kelvin e t_C = temperatura na escala Celsius.

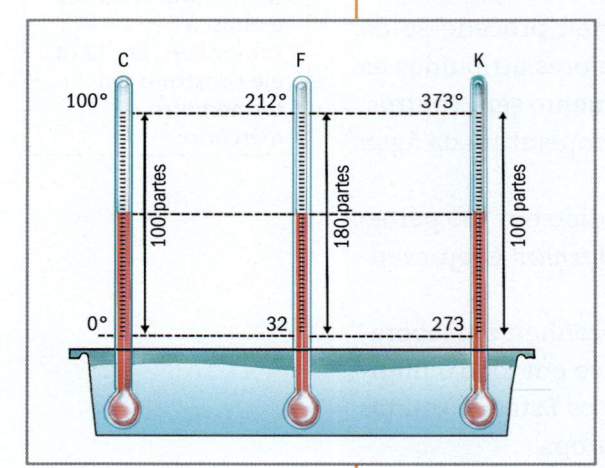

Termômetros idênticos graduados nas escalas Celsius, Fahrenheit e Kelvin.

? *Exercite algumas conversões de temperatura; por exemplo:*
a) de 104 °F para °C;
b) de 423 K para °C;
c) de 10 °C para °F;
d) de 53 °C para kelvin.

■ Há mais de um tipo de termômetro

Vamos ver aqui apenas os mais importantes, por sua utilização e precisão: o termômetro clínico e o termômetro de máxima e mínima.

O termômetro clínico

O *termômetro clínico*, apesar do nome, também é de uso doméstico. Ele é usado para medir nossa temperatura corporal, em geral para a verificação de febre.

O mais comum é o termômetro de coluna líquida de mercúrio com graduação que vai de 35 °C a 42 °C, ou seja, a faixa de temperaturas que podem ser atingidas pelo corpo humano.

Quando o termômetro é colocado em contato com o corpo, a temperatura do mercúrio aumenta e o líquido sobe pela

Um termômetro de coluna líquida de uso médico, conhecido como *termômetro clínico*. Observe o estreitamento na coluna de vidro, logo acima do bulbo.

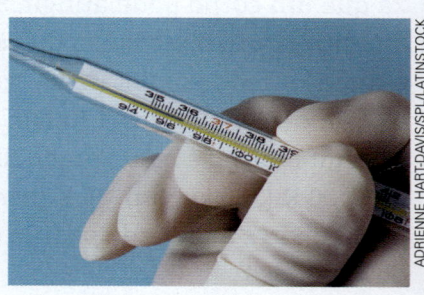

140 UNIDADE II – O estudo da Física

coluna, atravessando o estreitamento. Quando o termômetro é afastado do corpo, a temperatura do mercúrio volta a cair, mas o estreitamento da coluna de vidro impede que ele desça. Assim a **temperatura corporal** continua registrada no termômetro mesmo quando este é afastado do corpo, ainda que ao redor dele ela diminua bastante.

Quando se quer fazer uma nova medição, é preciso fazer com que o mercúrio retorne ao bulbo. Para isso, deve-se agitar vigorosamente o termômetro, segurando-o pela parte superior.

A utilização desse tipo de termômetro está proibida em alguns países da Europa por causa do perigo que representam, pois podem quebrar facilmente, machucando pacientes e profissionais e espalhando o mercúrio, um metal tóxico para as pessoas e para o ambiente. No Brasil, seu uso não é proibido, mas tem diminuído bastante, graças à popularização dos termômetros digitais.

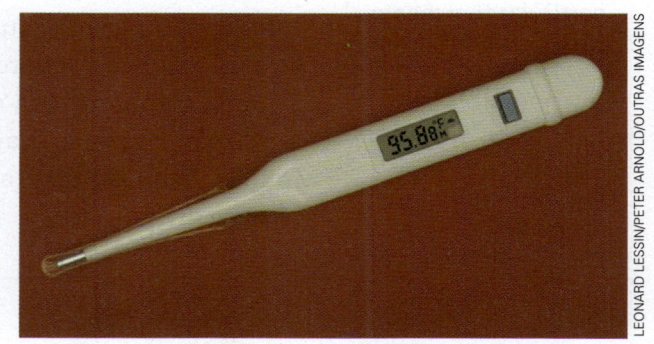

> A **temperatura corporal** normal em seres humanos está entre 36,5 °C e 37,2 °C.

Termômetro digital.

O termômetro de máxima e mínima

O *termômetro de máxima e mínima* é usado em meteorologia e em estudos de Ecologia. Como o nome indica, ele tem a função de determinar as temperaturas máxima e mínima no ambiente em um período de tempo determinado (em geral 24 horas).

> **?** *Imagine medir a temperatura corporal de alguém em dois momentos: no início, o termômetro registra 40 °C; mais tarde, 37 °C. O que você conclui? Explique.*

Neste tipo de termômetro, o tubo de vidro, que tem a forma de uma letra U, tem álcool e mercúrio em seu interior. O álcool fica nas duas extremidades do tubo, intercalado pelo mercúrio. Na coluna esquerda fica registrada a temperatura mínima do dia. Na coluna direita, a temperatura máxima do mesmo período.

Observe a figura ao lado. Dentro do tubo de vidro há dois **índices** móveis de ferro esmaltado, cada um deles em um braço do tubo, posicionados logo acima da coluna de mercúrio.

Esquema de termômetro de máxima e mínima. Enquanto a temperatura do ambiente diminui, o álcool do bulbo se contrai e a coluna de mercúrio pode subir no ramo da direita, empurrando o *índice de mínimas* para cima. Quando a temperatura aumenta novamente, o álcool se expande, empurrando o mercúrio para baixo no ramo da direita e fazendo com que suba no ramo da esquerda, empurrando o *índice de máximas* para cima.

> Para fazer os **índices** voltarem à superfície do mercúrio para novas marcações, usa-se um ímã. Modernamente, porém, esse tipo de termômetro dispõe de um botão que, quando acionado, faz com que os índices voltem.

A temperatura dos corpos e o calor – CAPÍTULO 12

> **Calor** é o nome dado à energia térmica em trânsito, isto é, à energia que está sendo transferida de um corpo (cujas partículas têm maior agitação térmica) para outro (cujas partículas têm menor agitação térmica em relação ao primeiro).

> **Termodinâmica** é o ramo da Física que estuda o calor e suas aplicações.

Calor: energia em trânsito

Você já sabe que as variações de temperatura de um corpo correspondem a variações na intensidade de agitação das partículas que o constituem. Mas por que a intensidade de agitação dessas partículas varia?

Veja a ilustração a seguir: uma barra de ferro quente (temperatura mais alta) é mergulhada em um pouco de água fria (temperatura mais baixa).

A energia passa de um corpo cujas partículas têm maior agitação térmica (em relação a outro) para um corpo cujas partículas têm menor agitação térmica (em relação ao primeiro), e nunca o contrário.

Essa transferência de energia térmica – chamada **calor** – continua a ocorrer até que a agitação das partículas de ambos os corpos se iguale. Quando isso acontece, dizemos que foi atingido o *equilíbrio térmico* entre eles.

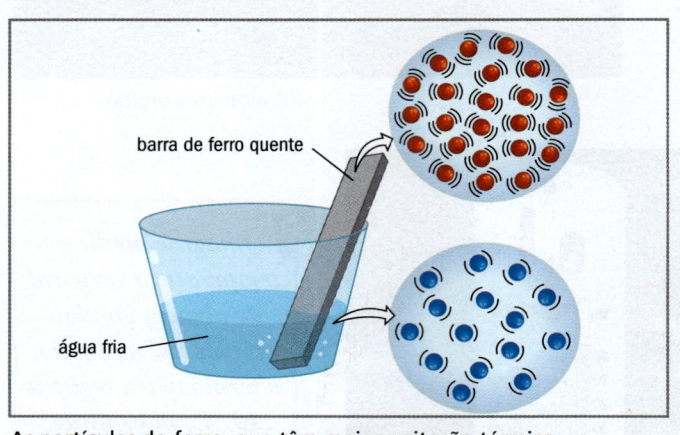

O exemplo descrito ilustra uma das leis da **Termodinâmica**, segundo a qual, *quando dois corpos estão em contato, a transferência de energia térmica sempre ocorre num mesmo sentido, do corpo mais quente* (de maior temperatura relativa) *para o mais frio* (de menor temperatura relativa), *e nunca em sentido inverso*.

Isso explica, por exemplo, por que os alimentos congelados devem ser guardados no congelador se o que se deseja é mantê-los congelados. A temperatura desses alimentos costuma ser inferior a 0 °C; por isso, se ficarem fora do congelador – na parte inferior da geladeira, por exemplo, cuja temperatura é, em média, 5 °C –, eles recebem calor do ambiente e descongelam.

As partículas do ferro, que têm maior agitação térmica, transferem energia para as partículas da água, que têm menor agitação térmica. À medida que recebem energia, as partículas da água passam a vibrar com mais intensidade (sua agitação térmica aumenta). Ao mesmo tempo, diminui a intensidade de vibração das partículas que formam o ferro (sua agitação térmica diminui).

AMPLIAÇÃO Física e Química

O calor e os termômetros

Quando o bulbo de um termômetro de coluna líquida é colocado em contato com um corpo (por exemplo, a água), ocorre transferência de energia (calor) entre o corpo e o termômetro, até que seja atingido o equilíbrio térmico entre eles. Duas situações podem ocorrer:

• se a água estiver mais quente que o termômetro, o calor dela passa para o termômetro; quando o líquido do termômetro recebe calor, aumenta a agitação de suas partículas, que passam a ocupar um espaço maior (isto é, um volume maior), e o líquido sobe na coluna de vidro; registra-se, assim, um valor de temperatura maior na escala graduada;

• se a água estiver mais fria que o termômetro, o calor passa do termômetro para a água; quando o líquido do termômetro perde calor, diminui a agitação de suas partículas, que passam a ocupar um espaço menor (isto é, um volume menor), e o líquido desce dentro do tubo; registra-se, assim, um valor de temperatura menor na escala graduada.

■ A quantidade de calor

Assim como medimos a quantidade de energia térmica de um corpo (temperatura), podemos quantificar também o calor que um corpo é capaz de produzir. Em geral, essa quantificação é feita por meio de um instrumento denominado *calorímetro*.

Na prática, a unidade de medida mais usada para quantidade de calor é a caloria (cal). Uma caloria corresponde à quantidade de calor necessária para elevar de 1 °C (entre 14,5 °C e 15,5 °C) a temperatura de 1 grama de água, sob pressão atmosférica normal.

Um múltiplo dessa unidade é a **quilocaloria (kcal)**, que é igual a 1 000 cal, ou seja, 1 kcal = 1 000 cal. A quilocaloria é muito usada para medir o valor energético dos alimentos, isto é, a quantidade de energia que os alimentos podem liberar no organismo quando consumidos.

> No dia a dia, quando nos referimos ao valor energético de alimentos, é comum falarmos em calorias (cal), quando deveríamos dizer **quilocalorias (kcal)**. Isso se deve ao uso, em nutrição, da chamada "caloria nutricional" (Cal), unidade que a Termodinâmica não considera e que equivale a 1 000 cal (ou 1 kcal).

Rótulos de um mesmo produto, o leite, em duas versões, natural e desnatado, registrando a quantidade de energia fornecida por eles: enquanto um copo de leite natural fornece 132 kcal, a mesma quantidade do leite desnatado fornece apenas 97 kcal.

Olhe e pense

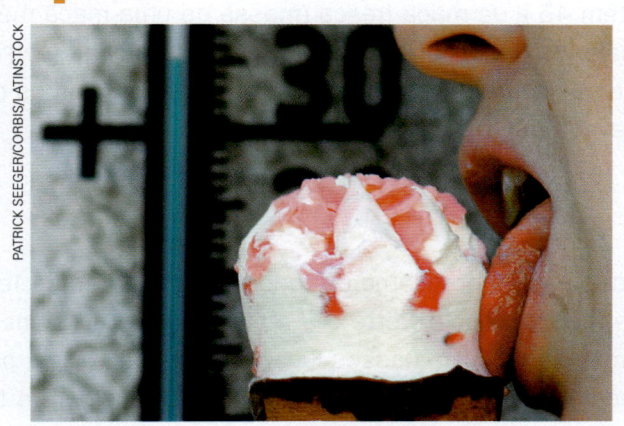

Em um dia do mês de maio de 2005, em Steinach, cidade da Áustria – em plena primavera, portanto, pois a Áustria fica no hemisfério norte –, uma jovem toma um sorvete. Atrás dela, um termômetro marca 35 °C à sombra.

1 Qual é o tema dessa foto? Como ele se relaciona com o que você aprendeu neste capítulo?

2 Por que, em geral, as pessoas preferem tomar sorvete no verão e não no inverno? Responda usando elementos estudados no capítulo.

Verifique o que aprendeu

1 Você já deve ter passado por isto: sentiu-se doente, com dor de garganta, e sua mãe colocou uma mão em sua testa e a outra na testa de si mesma para ver se você estava com febre. Explique o procedimento de sua mãe, estabelecendo a relação entre percepção térmica de quente e frio e temperatura.

2 Uma pessoa mediu a própria temperatura com um termômetro clínico; e, em seguida, sem agitar o instrumento, colocou-o na geladeira. Algum tempo depois, leu novamente a temperatura. O termômetro registrou alterações? Por quê?

3 Por causa da grande distância do planeta em relação ao Sol, a temperatura mínima em Netuno pode chegar aos −328 °F. Quanto vale essa temperatura na escala Celsius?

4 Uma temperatura em graus Fahrenheit é expressa por um número que é o triplo do seu correspondente na escala Celsius. Qual é essa temperatura na escala Fahrenheit? (Dica: utilize seus conhecimentos de álgebra para calcular.)

5 Considere a faixa de temperatura normal do corpo humano em graus Celsius: de 36,5 °C a 37,2 °C. Qual é a faixa correspondente de temperaturas na unidade de temperatura do SI?

6 Explique como funciona um termômetro de coluna líquida.

7 Por que, em um ambiente natural qualquer – como uma praia, foto que abre este capítulo – a água ora está quente, ora está fria?

8 Explique por que, depois de algum tempo expostos à temperatura ambiente:
a) alimentos congelados descongelam;
b) comidas e bebidas quentes esfriam.

9 100 g de maçã fresca contêm 56 kcal de energia. Então:
a) Quantas quilocalorias contêm 45 g de maçã fresca (massa de uma maçã média)?
b) Essa quantidade de quilocalorias (kcal) corresponde a quantas calorias (cal)?
c) Se 1 cal eleva em 1 °C a temperatura de 1 grama de água, quantos gramas de água teriam sua temperatura elevada em 1 °C por essa maçã de 45 g?

A palavra é sua

Os seres humanos conseguiram adaptar-se a praticamente todos os ambientes da Terra, até mesmo aos radicalmente diferentes, como o polo Norte e a região tropical do planeta. Que adaptações permitem que as pessoas sobrevivam nesses lugares? Por quê? (Dica: para responder, pesquise a temperatura média predominante nesses lugares e considere a faixa de temperatura corporal humana.)

13 Calor: fontes, propagação e efeitos

Imagem produzida em computador representando o provável aumento da temperatura do planeta e uma de suas consequências: a elevação do nível do mar.

Se você está ligado no mundo em que vive, já deve ter ouvido falar de aquecimento global e do perigo que o possível aumento de temperatura do planeta representa. O que você sabe a esse respeito? O que significa, por exemplo, *aquecimento global*? Por que esse aquecimento está ocorrendo? Por que ele representa perigo para a Terra?

A Terra aquecida

Nos últimos tempos – especialmente depois de fevereiro de 2007, com a divulgação de um relatório da ONU sobre o clima na Terra –, a ameaça de aquecimento do planeta tem tirado o sono de muita gente. E com razão: segundo o relatório, calcula-se que a temperatura da Terra vai subir de 2 °C a 4 °C somente neste século, o que trará consequências ambientais muito sérias, entre elas o derretimento do gelo das calotas polares, com a elevação do nível dos mares.

Entretanto, o fato de a Terra ser aquecida não é, por si só, algo ruim. Ao contrário, se ela não recebesse calor suficiente, talvez nem existisse vida por aqui. Pelo menos, não a vida que conhecemos, com tamanha diversidade de espécies.

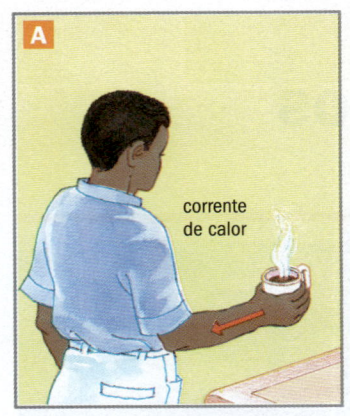

(A) Um garoto segura uma xícara de café quente.
(B) Uma garota segura um copo com gelo.

> **?** *Observe as ilustrações acima e responda: Qual é o sentido de propagação do calor nas duas situações? Explique.*

■ Nossa principal fonte de calor

De onde vem a energia que aquece a Terra? Como vimos no capítulo anterior, o calor é a energia em trânsito, que passa do corpo mais quente (ou seja, aquele de temperatura mais elevada) para o mais frio (ou seja, o de temperatura mais baixa).

Isso significa que qualquer corpo que apresente temperatura mais elevada do que outro com o qual ele esteja em contato funciona, para esse outro, como uma *fonte de calor*.

Assim, é fácil concluir que o **Sol** é a principal fonte de calor da Terra, uma vez que suas temperaturas superficiais giram em torno de 6 000 °C, sendo, portanto, o corpo mais quente nas cercanias do planeta (cujas temperaturas máximas, na superfície, dificilmente ultrapassam os 58 °C).

> No núcleo do **Sol** as temperaturas atingem cerca de 15 milhões de graus Celsius, porque nessa região ocorrem continuamente reações de fusão nuclear, que geram grandes quantidades de energia. Essa energia é emitida para o espaço. (Leia mais sobre fusão nuclear nas estrelas no capítulo 21.)

Sol, a principal fonte de calor da Terra.

> **Radiação térmica**, também chamada de *radiação infravermelha*, é o fluxo de calor na forma de *raios infravermelhos*, sobre os quais você lerá no capítulo 15.

A energia emitida pelo Sol propaga-se no espaço praticamente vazio (isto é, onde quase não existe matéria) e atinge a Terra principalmente como luz (*radiação luminosa*) e raios ultravioleta, mas uma pequena parte dessa energia é **radiação térmica**.

A energia que chega do Sol é absorvida pela Terra e a aquece. Mas essa energia é emitida de volta pelo planeta na forma de radiação térmica (calor) e poderia perder-se no espaço, não fosse a presença, na atmosfera terrestre, de gás carbônico, metano e vapor de água, que absorvem parte do calor e mantêm a Terra aquecida.

Graças a esse fenômeno natural, conhecido como **efeito estufa**, a Terra tem uma temperatura média de 15 °C. Não fosse por ele, o ambiente terrestre seria gelado, mesmo com a proximidade do Sol. Sua temperatura média seria de –17 °C, e, se existisse vida por aqui, certamente ela não seria tão diversa.

É importante saber, no entanto, que o efeito estufa tem sofrido um agravamento nos últimos tempos, devido principalmente ao aumento da concentração de gás carbônico na atmosfera. Esse aumento provém da queima, cada vez maior, de combustíveis fósseis – petróleo e carvão mineral – nos motores de veículos (automóveis, ônibus, etc.), nas indústrias e nas usinas termelétricas (usinas que geram eletricidade por meio da vaporização da água).

O aumento do efeito estufa pode elevar a temperatura do planeta em alguns graus, o que pode trazer consequências graves para a vida no planeta. Um exemplo é o derretimento das calotas polares, com o alagamento de muitas regiões e o desaparecimento de muitas espécies vivas.

> O nome **efeito estufa** é uma alusão às *estufas de plantas*, muito usadas em países frios, com invernos rigorosos. Nessas estufas, o material transparente do teto e das paredes (vidro ou plástico) permite a entrada de luz, mas impede a saída do calor, o que mantém amena a temperatura interna.

Além do Sol, o **magma** é a principal fonte de energia térmica na Terra. Essa energia, que teve origem na formação do planeta, é responsável, por exemplo, pelas erupções vulcânicas e pelo aquecimento da água nas fontes hidrotermais. (Na foto, Parque Nacional de Banff, Alberta, Canadá.)

> **Magma** é o material composto de diversos minerais em estado de fusão – portanto, a temperaturas elevadas – localizado no manto, camada que fica abaixo da crosta terrestre.

A propagação do calor

No exemplo do capítulo anterior, em que a energia se transfere da barra de ferro quente para a água fria, o calor se propaga por *condução*. Mas a transmissão ou propagação de energia entre corpos também pode ocorrer de outras duas formas: a *convecção* e a *irradiação*.

■ A condução

Uma cozinheira experiente sabe que, se usar uma colher de metal para mexer o alimento que está no fogo, logo não conseguirá mais segurar o cabo da colher, porque ele esquentará. Isso acontece porque o calor se propaga de uma extremidade da colher à outra. A energia térmica recebida pelas partículas da extremidade inferior da colher se transmite rapidamente a todas as partículas do objeto.

Calor: fontes, propagação e efeitos – **CAPÍTULO 13**

> **?** *Que tipo de colher a cozinheira citada no texto sobre condução pode usar para não queimar a mão?*

Como se vê, a condução é uma forma de propagação do calor que tanto pode ocorrer de um corpo para outro (desde que eles estejam a temperaturas diferentes) como em um mesmo corpo, de um ponto desse corpo para outro ponto (desde que a temperaturas diferentes).

A condução requer um meio material para ocorrer e é própria dos sólidos, mas também ocorre, com menor intensidade, nos líquidos e gases.

AMPLIAÇÃO Física e Química

Bons e maus condutores de calor

Por que os alimentos cozinham rapidamente em uma panela de alumínio? Isso acontece porque o material de que ela é feita – o alumínio – é bom condutor de calor.

Os metais, em geral, são *bons condutores* de calor, mas a eficiência e a velocidade de condução variam com o tipo de metal. Por exemplo, a prata é o melhor condutor de calor entre os metais de uso comum. Depois, pela ordem, vêm o cobre, o alumínio, o ferro e o chumbo. Ao contrário, outros materiais sólidos, como a madeira, o vidro, a borracha, os plásticos, o isopor, a lã e o papel, são *maus condutores* de calor. Esses materiais são comumente empregados como *isolantes térmicos*.

De modo geral, líquidos e gases também são maus condutores de calor, com exceção do mercúrio – que, apesar de líquido, é um metal – e do hidrogênio.

Os agasalhos precisam impedir a condução de calor de nosso corpo para o ambiente. Por isso, eles são feitos de materiais maus condutores de calor. Além disso, agasalhos (e outras roupas) mantêm junto ao corpo uma camada de ar, que também é mau condutor de calor, o que reforça o isolamento térmico.

■ A convecção

Você já observou o voo de uma asa-delta? Elas não apenas planam no ar, mas ganham altura em algumas ocasiões. Como isso é possível se elas não têm motor?

Asas-deltas e planadores voam aproveitando as chamadas *correntes de convecção* que se formam na atmosfera.

A propagação de calor por *convecção* é produzida pelo deslocamento ascendente (subida) das partículas aquecidas do material, e é característica dos líquidos e gases. Dessa forma, na atmosfera, massas de ar aquecidas pelo calor do solo tendem a subir, enquanto massas de ar mais frio descem e ocupam seu lugar.

Formam-se assim as *correntes de convecção atmosférica*, cuja porção ascendente é aproveitada até mesmo por aves, como urubus e abutres, que ganham altura sem gastar energia corporal.

As correntes de convecção têm outras utilizações práticas, por exemplo, na refrigeração de ambientes. Um aparelho de ar condicionado deve ser colocado na parte mais alta do aposento porque o ar que ele resfria tende a descer, ocupando o lugar do ar mais quente, que tende a subir, e as correntes de convecção garantem o resfriamento do ambiente por igual.

Correntes de convecção na água: a água da parte inferior do recipiente, mais próxima do fogo, se aquece e sobe, e a água da parte superior, mais fria, desce. Se, por exemplo, colocássemos serragem na água, veríamos facilmente esse movimento.

? *Um aquecedor de ambientes deve ser colocado no alto do aposento ou deve ficar no chão? Explique.*

PORTAL Brasil pesquisa

Brasileiros mapeiam "radiador" polar

O aquecimento global pode estar enguiçando o principal "radiador" do hemisfério sul. Cientistas brasileiros descobriram indícios de que as correntes de convecção oceânicas do hemisfério sul, que dissipam o calor da região, estão sendo afetadas pelo derretimento de geleiras na Antártida, e pretendem investigar no local, isto é, nos mares do continente gelado, a atual extensão do dano.

O projeto, liderado por oceanógrafos do Rio Grande do Sul, é um dos sete estudos brasileiros em colaboração com grupos de outros países que integram a participação do país no Ano Polar Internacional (**API**).

O grupo, coordenado por Carlos Alberto Eiras Garcia, da Fundação Universidade do Rio Grande (FURG), vai examinar o estado de saúde das correntes oceânicas **austrais**, que ajudam a manter o equilíbrio climático do planeta.

Esse "**radiador**" colossal funciona da seguinte forma: correntes quentes trazem o calor da zona equatorial atlântica para o polo, dissipando-o no caminho. Na Antártida, essas correntes resfriam (perdem calor) e ficam mais salgadas. Com isso, aumenta a densidade das águas, que afundam, formando correntes frias submarinas. Essas correntes frias tomam o rumo da América do Sul.

Além de dissipar o calor da região, a corrente submarina fria traz um bônus para a América do Sul: nutrientes do fundo do oceano para o mar argentino. "É por isso que o litoral gaúcho é o mais rico [em peixe] do país", diz Eiras Garcia.

Acontece que o degelo na península Antártica, uma das regiões do planeta que mais esquentaram nos últimos cinquenta anos, ao jogar mais água doce no oceano pode estar acabando com a diferença de densidade das águas, que é fundamental para a manutenção das correntes. Com o acréscimo de água doce, a salinidade das águas diminui, o que faz com que diminua também sua densidade, e a corrente deixa de afundar.

O prognóstico é pessimista: estudos anteriores já detectaram que as águas do fundo do estreito de Bransfield (oeste da península Antártica) já estão mais quentes e menos salgadas.

Adaptado de: Claudio Angelo, *Folha Online*, 3 mar. 2007. Disponível em: <www1.folha.uol.com.br/folha/ciencia/ult306u16075.shtml>. Acesso em 6 mar. 2007.

Aberto em março de 2007, em Paris, o **API** foi até março de 2009. Nesse período, projetos científicos de mais de cinquenta mil pesquisadores de sessenta países, incluindo o Brasil, serão realizados nas latitudes polares. O objetivo é alertar sobre as consequências do aquecimento global nos polos Norte e Sul. O último ano polar ocorreu entre 1957 e 1958.

Radiador é um aparelho que, por meio de correntes de convecção, esfria a água circulante de motores, como o motor de automóvel.

Austral: que pertence ao hemisfério sul.

Calor: fontes, propagação e efeitos – CAPÍTULO 13

A irradiação

> **Irradiação** é a transferência de energia em *ondas eletromagnéticas,* que dispensam o meio material (mas que também se propagam em alguns meios materiais). Você aprenderá mais sobre *ondas eletromagnéticas* no capítulo 15.

> **Radiação** é a energia emitida no processo de irradiação.

> **?** *Por que em geral as pessoas sentem maior necessidade de consumir alimentos calóricos nos dias frios de inverno?*

Conversar com amigos diante da fogueira é uma experiência duplamente calorosa. Além de calor humano, você recebe também o calor que vem das chamas.

A maior parte do calor da fogueira chega até nós por **irradiação.** Por condução, isso praticamente não acontece, porque o ar é mau condutor de calor (suas partículas estão muito afastadas umas das outras), e por convecção também não, pois o ar aquecido pela fogueira tende a subir e o calor não chega até nós.

Qualquer corpo aquecido – uma fogueira, a chama de uma vela ou o Sol – emite energia por irradiação. Dependendo da intensidade dessa energia, ela se propaga como calor – **radiação** de menor energia – ou como luz – radiação de maior energia. Antes de atingir a atmosfera da Terra, a energia do Sol se propaga no espaço praticamente vazio por irradiação.

Os efeitos do calor

Os efeitos do calor sobre os corpos dependem de uma série de fatores e, por isso, são muitos e variados, mas você deve conhecer pelo menos alguns deles.

Você conhece pelo menos dois efeitos do calor, pois já deve tê-los sentido na própria pele: a sensação de frio, experimentada quando seu corpo é exposto sem proteção às temperaturas mais baixas do ambiente (especialmente nos dias de inverno); e a sensação de calor, enfrentada nas condições opostas, isto é, quando a temperatura do ambiente está mais elevada do que a temperatura do corpo (especialmente no verão). Esses são alguns dos *efeitos fisiológicos do calor.*

ARTICULAÇÃO Corpo humano

Neste verão, use suor. Suor é mais refrescante!

Você sabia que nosso corpo precisa transpirar (suar) para se manter saudável? Se a temperatura do corpo subir excessivamente, algumas de suas funções ficarão prejudicadas; por isso, é importante manter a temperatura corporal estável – na faixa de 36,5 °C a 37,2 °C –, e o suor contribui para que isso ocorra.

O suor é composto principalmente de água, que, em nosso corpo, está na forma líquida, dissolvendo substâncias diversas dentro e fora das células. Para se transformar em vapor – forma na qual o suor sai de nosso corpo –, a água precisa receber calor.

Em geral, quando a temperatura do corpo começa a subir além do ideal para o bom funcionamento dos órgãos, parte do calor corporal é cedido à água, que se transforma em vapor e sai pelas aberturas da pele (os poros), refrescando o organismo. Ou seja, o suor leva consigo parte do calor corporal, o que provoca uma diminuição em nossa temperatura e nos faz sentir mais confortáveis.

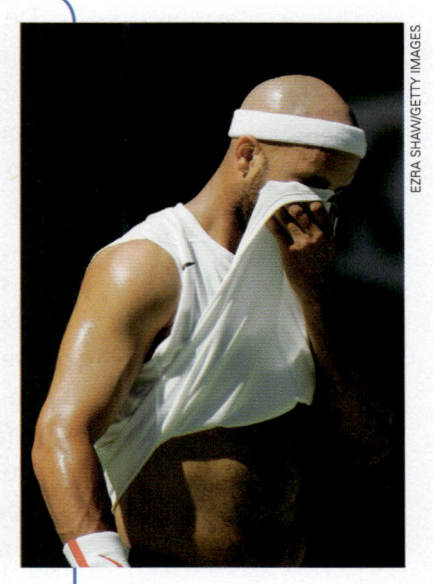

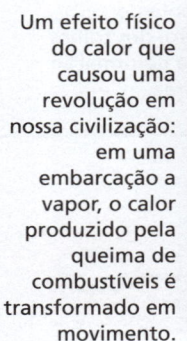

O suor – que é basicamente água – é eliminado do corpo na forma de vapor, mas, ao encontrar a temperatura mais baixa do ar, perde calor para o ambiente e condensa-se (passa ao estado líquido).

Existem também os chamados *efeitos físicos* do calor. Por exemplo, a mudança de estado físico das substâncias, que pode ser observada na condensação do vapor de água do ar em contato com superfícies mais frias e no derretimento do gelo exposto a temperatura mais elevada do ambiente, ou a **dilatação** dos corpos em consequência do aquecimento, chamada de *dilatação térmica*.

Um efeito físico do calor que causou uma revolução em nossa civilização: em uma embarcação a vapor, o calor produzido pela queima de combustíveis é transformado em movimento.

Dilatação é o aumento das dimensões (comprimento, altura, largura) de um corpo. Quando ela é causada pelo calor é chamada de *dilatação térmica*.

■ A dilatação térmica

Você se lembra do que acontece com o líquido (mercúrio ou álcool) do termômetro, que sobe no tubo de vidro conforme é aquecido (ganha calor) e desce quando é resfriado (perde calor)?

Ao receber calor, o líquido sobe porque se dilata, isto é, suas partículas passam a vibrar com mais intensidade e, assim, ocupam um espaço maior. E

Calor: fontes, propagação e efeitos – **CAPÍTULO 13** **151** desce ao perder calor porque, nesse caso, ele se contrai, isto é, suas partículas passam a vibrar com menor intensidade e ocupam um espaço menor.

De modo geral, isso acontece com todos os corpos: quando aquecidos, suas dimensões sofrem dilatação, isto é, aumentam. Quando resfriados, suas dimensões sofrem contração, isto é, diminuem.

Todos os corpos – sólidos, líquidos ou gasosos – estão sujeitos à dilatação térmica. Muitas vezes, porém, a dilatação de um corpo aquecido não é evidente e só pode ser comprovada por meio de instrumentos.

A dilatação dos sólidos

Você já teve dificuldade para retirar a tampa de metal de um vidro de conserva? É difícil mesmo! Mas há uma maneira de facilitar a tarefa: basta mergulhar a tampa do frasco na água quente por um minuto ou dois (**atenção:** segurando-o com uma luva apropriada, para evitar queimaduras) e, em seguida, girá-la (ainda com a luva) para abrir o frasco.

Como a dilatação do metal é maior do que a do vidro, a tampa fica ligeiramente maior do que o bocal do frasco e sai com mais facilidade.

De modo geral, os sólidos que se dilatam mais facilmente são os metais, principalmente o alumínio e o cobre.

A dilatação de um corpo sólido por aquecimento acontece nas três dimensões do corpo: comprimento, largura e espessura, mas pode ser predominante (ou mais evidente) em uma única dimensão ou em duas delas. Observe a seguir as variações possíveis:

Willem Jacob's **Gravesande** (1688-1742) foi jurista e diplomata, além de filósofo e matemático. De origem holandesa, era apaixonado pela Ciência e pela experimentação. Entre os inúmeros aparelhos que criou está o anel dilatométrico, mais conhecido como *anel de Gravesande*.

Ao longo dos trilhos das ferrovias antigas há pequenos intervalos de espaços a espaços. Sem eles, a *dilatação linear* (que ocorre principalmente no comprimento) dos trilhos provocaria a deformação da linha férrea.

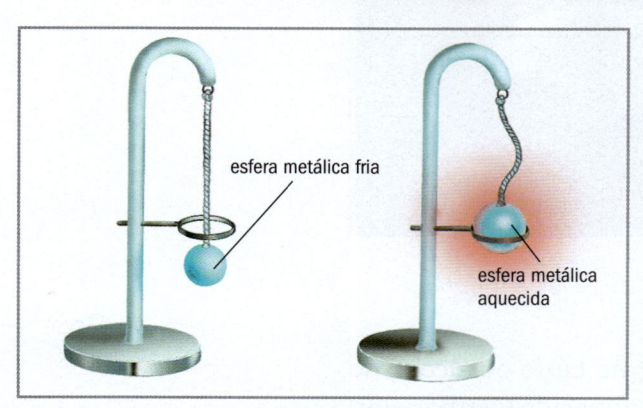

O *anel de* **Gravesande** é um instrumento usado para comprovar a chamada *dilatação volumétrica* (assim chamada porque ocorre nas três dimensões do corpo). Antes de ser aquecida, a esfera atravessa o anel; depois do aquecimento, seu volume aumenta e ela não passa mais.

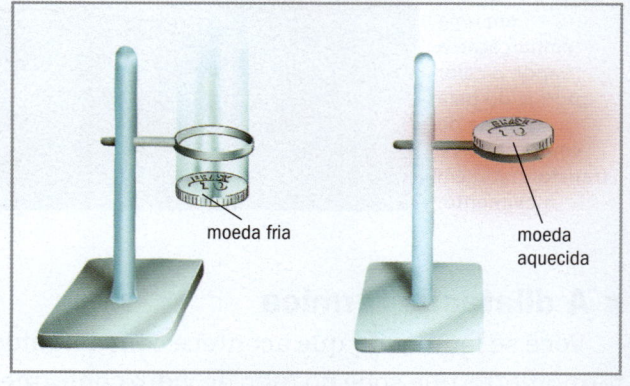

Um experimento simples demonstra a *dilatação superficial* (assim chamada porque ocorre em duas dimensões do corpo): a moeda passa pelo aro antes de ser aquecida; depois de aquecida, sua superfície aumenta e ela não passa mais.

152 UNIDADE II – O estudo da Física

A dilatação dos líquidos

Os líquidos também sofrem dilatação com a elevação da temperatura, mas, como eles têm forma variável, só se considera sua dilatação volumétrica. De modo geral, o volume de um líquido aumenta quando ele é aquecido e diminui quando ele é resfriado.

A exceção é a água. Até 4 °C, ela se comporta como os outros líquidos, isto é, seu volume aumenta com a elevação da temperatura e diminui com a diminuição da temperatura. Abaixo de 4 °C, porém, e até chegar a 0 °C – isto é, até passar para o estado sólido –, o volume da água aumenta gradativamente com a diminuição da temperatura.

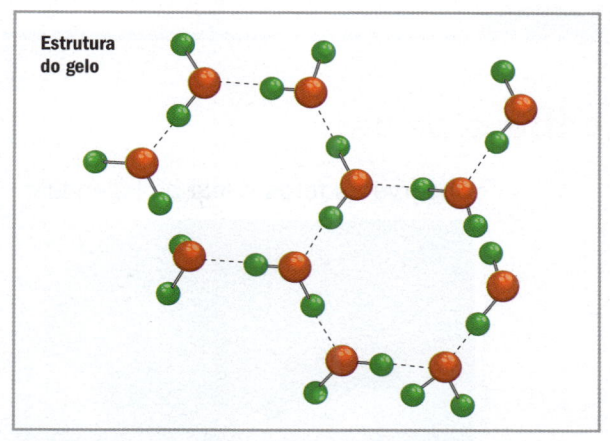

A explicação para o comportamento diferenciado da água está no arranjo espacial de suas moléculas: a partir de 4 °C, elas começam a formar uma estrutura cristalina que ocupa um volume cada vez maior, até atingir o volume máximo com a estrutura cristalina do gelo, a 0 °C.

AMPLIAÇÃO Física e Química

A vida no ambiente gelado

O volume da água aumenta quando ela é resfriada abaixo de 4 °C, mas sua massa permanece a mesma. É fácil concluir, então, que sua **densidade** abaixo dos 4 °C é menor do que sua densidade acima dessa temperatura.

Em lugares muito frios, no inverno, quando a temperatura da água do ambiente (lagos, rios, etc.) já atingiu os 4 °C, mas continua a cair, o volume do líquido começa a aumentar e, portanto, sua densidade começa a diminuir. A água menos densa sobe e ocupa o lugar da água mais densa, que desce. Exposta às baixas temperaturas do ar, a água que subiu perde ainda mais calor e, aos poucos, transforma-se em gelo.

Forma-se, assim, uma camada de gelo superficial, que funciona como um *isolante térmico*, o que permite que a água abaixo dessa camada de gelo permaneça líquida. Isso é fundamental para a manutenção da vida aquática.

> *Por que uma garrafa de vidro cheia de água e fechada estoura quando é deixada no congelador até a solidificação da água?*

ATENÇÃO!

Evite acidentes! Não tente repetir esse procedimento em casa!

Lembre-se: a **densidade** de uma substância é igual à massa dessa substância dividida por seu volume. A densidade do gelo é 0,92 g/cm³, a da água doce é 1 g/cm³ e a da água salgada é igual a 1,03 g/cm³.

A dilatação dos gases

Observe, na foto ao lado, o que ocorre quando a tocha de um balão é acesa: o ar é aquecido e se dilata, inflando o balão.

Esse é um exemplo de dilatação dos gases, que, de modo geral, é mais acentuada que a dos líquidos e, por isso, mais facilmente observada.

Calor: fontes, propagação e efeitos – CAPÍTULO 13

Olhe e pense

Observe as fotos e leia as legendas:

Chaminés em refinaria de petróleo brasileira.

No dia 27 de fevereiro de 2007, o *Greenpeace* (organização internacional de defesa do meio ambiente) colocou na torre Eiffel, em Paris, um termômetro gigantesco que registrava a provável elevação da temperatura da Terra. Abaixo dele, a frase: "Não é tarde demais" (em inglês). Isto é, para eles ainda é possível reverter a situação, desde que se combatam as causas do problema.

Há alguma relação entre essas imagens? Ou entre elas e os temas abordados neste capítulo? Explique.

Verifique o que aprendeu

1 O que deve acontecer em nosso planeta quando o Sol se extinguir? Por quê?

2 Explique por que o fenômeno denominado *efeito estufa* é importante para a vida na Terra, mas, ao mesmo tempo, pode representar perigo.

3 Por que as panelas e outros utensílios de metal usados na cozinha, como as escumadeiras e conchas, costumam ter cabo de madeira e não de metal?

4 O isopor é mau condutor de calor; por isso, esse material é excelente isolante térmico.
  a) Explique como recipientes de isopor conservam alimentos ou líquidos gelados.
  b) Seria possível conservar alimentos e bebidas quentes dentro de recipientes de isopor? Explique.

5 Por que os congeladores devem ficar na parte mais alta da geladeira? (Dica: considere o exemplo do ar-condicionado citado no texto.)

6 Por que o calor não se propaga por condução no espaço sideral?

7 Ao se aproximar com os olhos fechados de uma fogueira acesa você pode sentir a energia emitida por ela sobre suas pálpebras.
  a) Qual é a forma de emissão de energia nesse caso?
  b) Se abrir os olhos, você poderá ver a energia que a queima da lenha produz. Qual é a forma de emissão de energia nesse caso?

8 O que acontece com a temperatura interna de um carro parado sob o sol e com os vidros fechados? Por quê?

9 Quando fazemos muitos exercícios, nosso corpo se aquece e, para que a temperatura corporal não aumente, transpiramos bastante. Explique como a evaporação do suor (água, basicamente) contribui para diminuir a temperatura corporal.

10 Um técnico foi chamado para instalar a mangueira de gás combustível em um fogão. Para encaixá-la no cano metálico do fogão – que tem quase o mesmo diâmetro da mangueira –, antes ele mergulhou a extremidade da mangueira em água fervente. Explique por que ele fez isso.

> **ATENÇÃO!**
> Evite acidentes! Não tente repetir o procedimento descrito na atividade 10!

A palavra é sua

Leia a seguir um texto de jornal:

Vida sustentável

O planeta está esquentando, e o risco de catástrofes naturais, aumentando. E o que você tem a ver com isso? Tudo. A queima de combustíveis fósseis [gasolina, óleo diesel, etc.] e a produção desenfreada de lixo – duas das principais causas do aquecimento global – estão diretamente relacionadas ao estilo de vida urbano, consumidor e predador da natureza que os humanos vêm adotando de modo cada vez mais acelerado.

Dá para mudar? Dá. Até mesmo na vida cotidiana, vivendo em cidade grande, morando em apartamento, trabalhando em prédio fechado com ar-condicionado e tendo carro.

A Folha ouviu especialistas e reuniu dicas simples para cuidar melhor da Terra e reduzir o impacto da nossa passagem por aqui. Para construir um planeta menos arriscado onde viverão seus netos e os netos dos seus netos. Veja algumas:

- economize água;
- tenha plantas em casa, pois elas significam mais qualidade no ar e menos poluição;
- separe o lixo reciclável (vidro, plástico, metal e papel) e o lixo poluente (lâmpadas com mercúrio, pilhas ou baterias usadas);
- no supermercado, não compre produtos com excesso de embalagens (por exemplo, legumes e verduras em bandeja de isopor e cobertos com filme plástico);
- evite comprar alimentos que estragam, se não for para consumi-los logo; assim não terá que jogá-los fora;
- consuma menos. Antes de comprar qualquer coisa, pergunte-se se você realmente precisa do que está comprando;
- ande mais a pé e prefira os transportes coletivos aos automóveis.

Adaptado de: Tatiana Diniz e Amarílis Lage, *Folha de S.Paulo*, 15 fev. 2007. Disponível em: <www1.folha.uol.com.br/fsp/equilibrio/eq1502200707.htm>. Acesso em 23 fev. 2007.

O texto sugere algumas dicas para cuidar melhor de nosso planeta. Depois da leitura, discuta com seus colegas: Quais dessas sugestões você, seus familiares e seus colegas já adotaram ou pretendem adotar? Que outras atitudes podem ser tomadas para tentar melhorar as condições de vida na Terra?

14 As ondas sonoras

O som em um *show* de música é tão "alto" que até parece que podemos ouvi-lo daqui, você não acha?

O som nos *shows* de música é tão intenso que, se uma pessoa falar com você durante a apresentação, dificilmente você conseguirá ouvir, ainda que essa pessoa esteja ao seu lado. Mas, afinal, quem foi ao *show* não quer mesmo conversar; quer ouvir música… Música e fala são dois exemplos de som. Mas o que é o som? Como são produzidos os sons?

Som é vibração, som é onda

Quando alguém toca um violão ou uma guitarra, por exemplo, e acompanha o instrumento cantando, os movimentos vibratórios das cordas – as dos instrumentos e as cordas vocais do cantor – chegam até nós como sons. Como isso acontece?

Ao vibrar, as cordas provocam vibrações no ar ao redor delas, que se propagam e atingem nosso tímpano, fazendo-o vibrar também. As vibrações do tímpano, por sua vez, propagam-se por ossículos e líquidos da orelha e atingem o nervo auditivo, sensibilizando-o. Esse nervo envia sinais ao nosso cérebro, que decodifica a mensagem e interpreta o som.

Basicamente, então, o *som* nada mais é que a *propagação de uma vibração por um meio material*, que pode ser gasoso (o ar), sólido (como os ossículos da orelha) ou líquido (como os líquidos do aparelho auditivo).

Perturbações produzidas em um ponto qualquer que se propagam para os pontos vizinhos são chamadas de **ondas**. Além das vibrações sonoras, há outros exemplos de onda, como veremos a seguir.

> O ramo da Física que estuda as **ondas** é a *Ondulatória*.

Mais perto das ondas

Quando começa a chover e as primeiras gotas de chuva caem na água parada de um lago, por exemplo, a partir do ponto em que cada gota atinge a água, formam-se círculos concêntricos (com o mesmo centro), que se propagam na água. Esses círculos são ondas.

■ Onda: propagação de energia

Cada gota de chuva que atinge a água tem energia cinética, pois está em movimento (queda). Quando a gota toca a superfície da água, parte de sua energia cinética provoca o aparecimento das ondas.

A propagação das ondas na água faz com que esta suba e desça (oscilação vertical), mas não produz seu deslocamento ao longo da superfície (deslocamento horizontal). Assim, se algumas folhinhas estiverem flutuando na superfície do lago, à medida que as ondas se propagam, as folhinhas sobem e descem com a água, mas não são arrastadas para a margem. Isso acontece porque ondas não transportam matéria: transportam apenas **energia**.

Observe a superfície da água. Esse tipo de perturbação surge quando a água é atingida por um objeto qualquer, como os primeiros pingos de chuva ou uma pedra lançada por alguém.

EXPERIMENTE

1. Tampe o ralo de um tanque de roupas e abra a torneira. Quando o tanque estiver quase cheio, feche a torneira e espere até a água parar. Abra novamente a torneira de modo que caiam apenas pingos. O que acontece quando eles atingem a superfície da água?

2. Feche novamente a torneira e espere a água parar. Coloque cuidadosamente uma rolha na superfície da água e abra a torneira para que volte a pingar. O que acontece com a rolha?

A propagação de uma onda corresponde à propagação de **energia**.

■ Elementos de uma onda

Imagine uma corda presa a uma parede, de maneira que, se você segurar na extremidade livre dela, possa esticá-la na horizontal. Se você mover essa corda rapidamente e uma única vez para cima e para baixo, verá que surge uma perturbação que "caminha" por ela, propagando-se até o ponto em que a corda está presa. Essa perturbação que se propaga na corda é outro exemplo de onda.

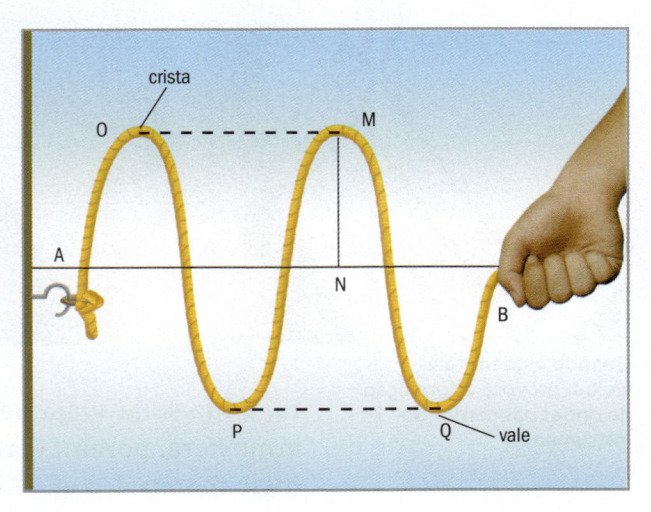

Exemplo de onda em uma corda.

As ondas sonoras – CAPÍTULO 14 **157**

Tanto as ondas que surgem na água como aquelas produzidas em cordas têm as mesmas características: apresentam pontos mais elevados – *cristas* ou *montes* – e pontos mais baixos – *vales* ou *depressões*. Observe, na ilustração da página anterior, esses elementos e mais os seguintes:

- amplitude da vibração – distância que vai do eixo médio da onda (linha AB, que divide a figura ao meio, horizontalmente) até o ponto mais alto de uma crista ou até o ponto mais baixo de um vale e que está representada pelo segmento de reta MN;
- comprimento de onda – distância entre duas cristas sucessivas (segmento de reta OM) ou entre dois vales sucessivos (segmento de reta PQ);
- frequência (f) – número de ondas completadas (ou pulsos) em uma unidade de tempo. A unidade de medida de frequência no SI é o hertz (Hz): 1 Hz equivale a um pulso por segundo. Assim, por exemplo, se uma onda sonora tem a frequência de 20 Hz, significa que, a cada segundo, 20 pulsos dessa onda se propagam no espaço.
- período (T) – intervalo de tempo de uma oscilação completa de determinada onda, isto é, o tempo gasto pela onda para percorrer um espaço igual ao comprimento de onda. O período de uma onda é o inverso da frequência dessa onda e é dado por:

$$T = \frac{1}{f}$$

Assim, para uma onda cuja frequência é igual a 20 Hz, o período T é igual a $\frac{1}{20}$.

> O som – que só se propaga no ar ou em outros meios materiais, como a água ou os sólidos – é, portanto, uma **onda mecânica**.

> Como você verá no próximo capítulo, a **luz** se propaga em ondas eletromagnéticas.

■ Tipos de onda

As vibrações nas cordas de um violão, a perturbação que uma gota de chuva causa na água e a vibração que produzimos na corda presa à parede são exemplos de ondas que se propagam em um meio material. Esse tipo de onda é chamado de **onda mecânica**.

Além das ondas mecânicas, há as *ondas eletromagnéticas*, que não precisam de um meio material para se propagar – pois viajam pelo espaço sideral, que é praticamente vazio – mas que se propagam por meios materiais. É o caso da **luz**: até chegar à Terra, a luz solar viaja pelo espaço praticamente vazio. Quando atinge a atmosfera, porém, e até atingir a superfície do planeta, atravessa um meio material, o ar.

Quando alguém toca violão, provoca a formação de ondas nas cordas do instrumento.

158 UNIDADE II – O estudo da Física

Quanto à direção de propagação, as ondas podem ser:
- *transversais* – quando sua direção de vibração é perpendicular à sua direção de propagação; as ondas em uma corda são um exemplo de ondas transversais, pois vibram na direção vertical e se propagam na direção horizontal; as ondas eletromagnéticas, como a luz, também são transversais;
- *longitudinais* – quando a direção de vibração da onda é a mesma na qual a onda se propaga; as ondas sonoras propagam-se como ondas longitudinais. Veja, na ilustração, um exemplo desse tipo de onda.

Se puxarmos levemente uma das espiras de uma mola flexível presa ao teto, largando-a em seguida, observaremos a formação de uma perturbação – evidenciada pelas *zonas de compressão* e *de distensão* ao longo da mola – que se propaga até o teto. Ou seja, forma-se uma onda longitudinal que se propaga em toda a extensão da mola.

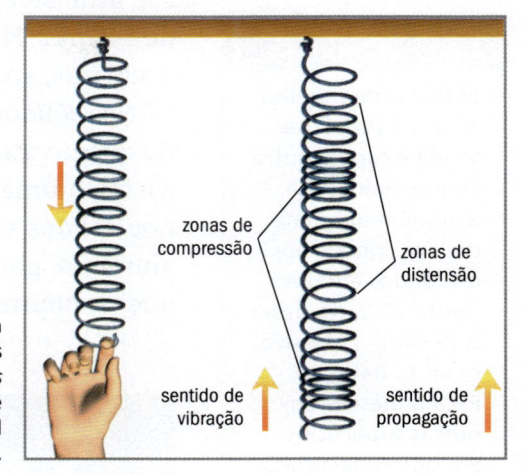

Um mergulho nas ondas sonoras

? *Em geral, nos filmes de ficção científica, batalhas travadas no espaço sideral produzem sons, como o barulho de explosões. Do ponto de vista da Física, qual é o erro dessa situação?*

Quando o badalo de um sino bate em suas paredes metálicas, as paredes do objeto vibram e surge uma perturbação no ar ao redor delas. Essa perturbação – som – é uma *onda mecânica*, pois propaga-se em um meio material, e *longitudinal*, pois vibra na mesma direção de propagação.

Além do sino, existem muitos outros objetos capazes de produzir som. Se pensarmos apenas em instrumentos musicais, podemos citar, por exemplo, as membranas que revestem bumbos e tambores; as palhetas e os tubos dos instrumentos de sopro; a corda do berimbau e o corpo metálico do triângulo. Todos esses objetos são *fontes sonoras*.

Uma palheta é uma lâmina feita de madeira especial (de metal ou de plástico) utilizada em instrumentos musicais de sopro. Com a passagem do ar (o sopro do músico), a lâmina vibra e produz som. Na foto, palheta de um oboé (instrumento de sopro).

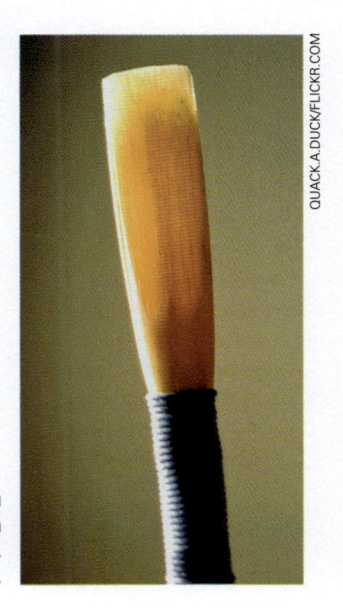

As ondas sonoras – **CAPÍTULO 14** **159**

■ Velocidade do som

A velocidade de propagação do som depende do meio em que ela ocorre e da temperatura desse meio. No ar, à temperatura de 15 °C e sob pressão atmosférica normal, o som se propaga com uma velocidade de cerca de 340 m/s. Na água, a 20 °C, a velocidade de propagação do som é maior: 1 480 m/s, aproximadamente.

Nos sólidos, de modo geral, a velocidade de propagação do som é maior do que no meio líquido e muito maior do que no ar (meio gasoso). Ainda assim, a uma mesma temperatura, a velocidade de propagação do som nos sólidos varia com a natureza do material: a velocidade do som no alumínio, por exemplo, é maior que no ferro, que, por sua vez, é maior que no chumbo.

> **EXPERIMENTE**
>
> Encoste uma orelha em uma superfície sólida e tape a outra com o dedo. Peça a alguém que bata de leve com os nós dos dedos em um ponto distante dessa superfície. É possível ouvir as batidas? Faça o mesmo em outras superfícies. Em que superfícies o som se propagou melhor ou mais rapidamente?

> > > CONEXÃO Tecnologia < < <

Gravações sonoras e suas orelhas

O fato de termos duas orelhas nos permite descobrir de que direção vem um som. Se um ruído for emitido diante de nós, mas um pouco à nossa esquerda, as vibrações sonoras chegarão à nossa orelha esquerda um pouco antes de chegarem à orelha direita, pois esta se encontra mais distante da fonte sonora. Esse intervalo de tempo é muito pequeno – frações de segundo –, mas é o bastante para que saibamos de que lado partiu o ruído.

Atualmente, os sistemas de gravação e reprodução de música levam em conta essa nossa capacidade. É por isso que, ao ouvirmos uma gravação musical, podemos ter ideia da posição em que estavam os integrantes de uma banda ou os diferentes instrumentos de uma orquestra, por exemplo.

Em um estúdio de música o som é captado por dois microfones posicionados diante dos músicos no ponto em que estaria um ouvinte para uma audição perfeita. O som captado pelos microfones é gravado em dois canais: um, direito, que corresponde à captação do som pela orelha direita do ouvinte imaginário; outro, esquerdo, que corresponde à captação do som pela orelha esquerda do ouvinte. Assim, quando ouvimos a reprodução dessa gravação, temos a impressão de estar diante dos músicos, sentados no lugar ideal da plateia.

■ Outras características do som

É fácil saber quando um som que ouvimos provém de um piano, de uma tuba ou de uma flauta, por exemplo. Também distinguimos sem nenhum esforço um som muito intenso, como a sirene de um carro de bombeiros, de outro pouco intenso, como o tilintar de um sininho...

Fazemos essas distinções graças a algumas qualidades ou características do som, chamadas **qualidades fisiológicas do som**: a *altura* (ou *frequência*), a *intensidade* e o *timbre*.

> As **qualidades fisiológicas do som** recebem tal denominação porque sua percepção e identificação estão condicionadas ao funcionamento de órgãos de nosso corpo.

A altura

A *altura* de um som depende da frequência da onda sonora, isto é, do número de pulsos dessa onda propagados por unidade de tempo. Quanto maior a frequência de um som, mais agudo (ou alto) ele é; e quanto menor a frequência, mais grave (ou baixo) é o som.

Nossa audição só consegue perceber frequências compreendidas entre 20 Hz e 20 000 Hz, aproximadamente. Por isso, ondas cujas frequências são inferiores a 20 Hz são chamadas de **infrassons**, e aquelas cujas frequências são superiores a 20 000 Hz são classificadas como **ultrassons**.

A altura de um som é a qualidade que nos permite distinguir sons baixos ou graves ("grossos"), como o som de um contrabaixo, de sons altos ou agudos ("finos"), como o som de um violino. Na foto, da esquerda para a direita: violino, viola, violoncelo e contrabaixo.

Os **infrassons** – frequências que estão abaixo das percebidas por nossas orelhas – e os **ultrassons** – frequências que estão acima das percebidas por nossas orelhas – são captados, e até emitidos, por alguns animais. Os cães, por exemplo, ouvem frequências ultrassônicas de até 30 000 Hz; e os rinocerontes usam frequências infrassônicas de 5 Hz para chamar uns aos outros.

A intensidade ou volume

A *intensidade* de um som é a qualidade que nos permite distinguir sons fortes (muito intensos) de sons fracos (pouco intensos) e está diretamente relacionada à amplitude da onda sonora e à quantidade de energia transportada por essa onda sonora por unidade de tempo.

Quanto mais forte (*mais intenso*) o som nos parece, maior a quantidade de energia transportada pela onda sonora por unidade de tempo e maior a amplitude dessa onda; quanto mais fraco (*menos intenso*), menor a quantidade de energia transportada pela onda sonora por unidade de tempo e menor a amplitude dessa onda.

À medida que uma onda sonora se propaga, a intensidade do som diminui, isto é, quanto mais distante da fonte sonora, menos intenso (mais fraco) é o som.

EXPERIMENTE

Se você passar os dentes finos e grossos de um pente na borda de um cartão, ouvirá dois tipos de som: agudo, produzido pelos dentes finos (maior frequência); e grave, produzido pelos dentes mais grossos (menor frequência).

ARTICULAÇÃO Corpo humano

Não há orelha que aguente...

A grandeza denominada *nível de intensidade sonora* mede a relação entre a intensidade sonora e a reação de nosso aparelho auditivo a ela. As unidades dessa grandeza são o *bel* (B) e seu submúltiplo, o *decibel* (dB), equivalente a 1/10 (um décimo) do bel.

O quadro a seguir mostra os níveis de intensidade sonora de algumas fontes. Como se vê, a unidade mais utilizada nesse tipo de avaliação é o decibel.

As ondas sonoras – CAPÍTULO 14   **161**

Você sabia que uma buzina estridente atinge até **120 dB** no nível de intensidade sonora? O Código de Trânsito Brasileiro estabelece que a buzina só pode ser usada – e ainda assim, em toque breve – em duas situações: para fazer as advertências necessárias a fim de evitar acidentes; e, fora das áreas urbanas, quando for conveniente advertir um condutor de que se tem o propósito de ultrapassá-lo.

Nível de intensidade	(dB)
Cochicho	10
Conversação normal a 1 metro de distância	12
Trânsito leve a 30 metros de distância	30
Carro sem redutor de barulho no escapamento	65
Motocicleta em avenida de grande movimento	80
Concerto de *rock* ao vivo	110
Motor de helicóptero em funcionamento	120

A orelha humana suporta bem apenas sons de até **120 dB**. Mas já foi provado que a exposição prolongada a níveis de intensidade sonora maiores que 80 dB pode prejudicar permanentemente a audição.

Sons como o ruído de um motor de avião a jato, por exemplo, cujo nível de intensidade chega a cerca de 140 dB quando a poucos metros do observador, são capazes de causar estímulos dolorosos em nossas orelhas.

O timbre

Imagine a seguinte situação: você, que não entende de música, está fechado em uma sala ao lado da qual estão um piano e um violino.

Se alguém tocar a nota dó no piano e, ao mesmo tempo, outra pessoa tocar a mesma nota no violino e ambos os instrumentos produzirem sons com a mesma altura (frequência) e a mesma intensidade, ainda assim você poderá distinguir facilmente o som do piano do som do violino. Isso porque cada instrumento tem seu som característico, ou seja, seu *timbre*, e nosso aparelho auditivo é capaz de distinguir timbres.

Timbre, portanto, é a qualidade do som que nos permite perceber a diferença entre duas ondas sonoras de mesma frequência e mesma intensidade produzidas por fontes diferentes.

> > > CONEXÃO Saúde < < <

Som alto nos fones de ouvido pode provocar surdez

Conforme a suscetibilidade de cada pessoa, o tempo de uso e o volume do som, ouvir música com fones de ouvido pode acarretar danos à saúde, que vão desde a diminuição da audição até a surdez, alerta o médico Marcos Sarvat, conselheiro do setor de otorrinolaringologia do Cremerj (Conselho Regional de Medicina do Estado do Rio de Janeiro).

Com o tempo, as pessoas expostas ao barulho por longos períodos – seja pela permanência continuada em ambientes ruidosos, seja pelo uso inadequado de fones de ouvido – começam a ouvir e entender mal o que os outros falam ao seu redor. Também é muito comum começarem a reclamar de ruídos que, até então, não as incomodavam, porque a poluição sonora aumenta a irritabilidade e pode causar ainda outros problemas, como depressão, distúrbios do sono e até hipertensão arterial.

▶ *O médico ressalta que a perda de audição é irreparável, pois, ainda que a pessoa deixe de se expor ao barulho excessivo, ela não recupera a audição que tinha antes. Segundo ele, como a perda auditiva costuma se manifestar progressivamente, é bom procurar um especialista aos primeiros sinais do problema. Deve procurar um médico, quem:*

- *ouve, mas não entende o que foi dito;*
- *fala alto ou baixo demais sem se dar conta;*
- *tem um zumbido constante na orelha;*
- *pede frequentemente para repetirem o que foi dito;*
- *isola-se das pessoas e tende a evitar conversas por causa da dificuldade de ouvir ou compreender.*

Adaptado de: Janaína Ferreira, *O Dia Online*. Disponível em: <http://odia.terra.com.br/ciencia/htm/geral_68231.asp>. Acesso em 2 mar. 2007.

ATENÇÃO!
Segundo especialistas, usar fones de ouvido por 90 minutos ou mais por dia, todos os dias, com o volume do som a 80% da capacidade do aparelho, produz danos irreversíveis ao sistema auditivo.

■ O eco: um fenômeno sonoro

Observe a ilustração ao lado.

Quando isso acontece e nossas orelhas conseguem captar o som refletido, esse fenômeno é denominado *eco*.

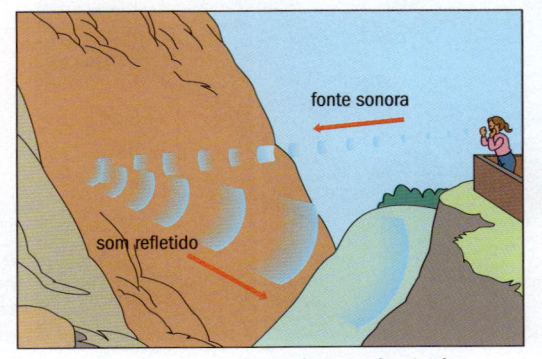

Condições necessárias para a produção de eco

É preciso considerar, antes de mais nada, que nossas orelhas só distinguem dois sons de uma sequência se o intervalo entre os sons produzidos for de, no mínimo, 0,1 s. Se o tempo decorrido entre eles for menor, tudo se passa como se ouvíssemos um único som, ou seja, como se o segundo som fosse continuação do primeiro; nesse caso, não há eco.

Como sabemos, a velocidade do som no ar a 15 °C é de cerca de 340 m/s. Logo, em 0,1 s (um décimo de segundo), o som percorre um décimo dessa distância, que é igual a 34 m. Isso significa que, para que se produza eco, é necessário que o obstáculo (onde o som vai bater e refletir) esteja a uma distância mínima de 17 m da fonte sonora. Assim, no intervalo de tempo de 0,1 s, o som emitido percorre 17 m, bate no obstáculo e volta, percorrendo mais 17 m, o que dá um total de 34 m.

Quanto mais distante o obstáculo estiver, mais tempo demora para ouvirmos o eco. As reflexões produzidas por diversos obstáculos podem produzir ecos múltiplos.

O eco possui a mesma altura (mesma frequência) e o mesmo timbre do som emitido, porém sua intensidade é menor.

Quando um obstáculo impede que as ondas sonoras continuem a se propagar, o som pode sofrer *reflexão*, isto é, a onda sonora bate no obstáculo e volta.

Algumas aplicações do eco

Diversas atividades humanas recorrem a aplicações do fenômeno do eco. Ele é utilizado, por exemplo, no estudo das rochas, na previsão de terremotos, no estudo de relevo de fundos oceânicos, na detecção de corpos mergulhados (como navios submersos) e na medicina diagnóstica. Vamos ver apenas duas dessas aplicações.

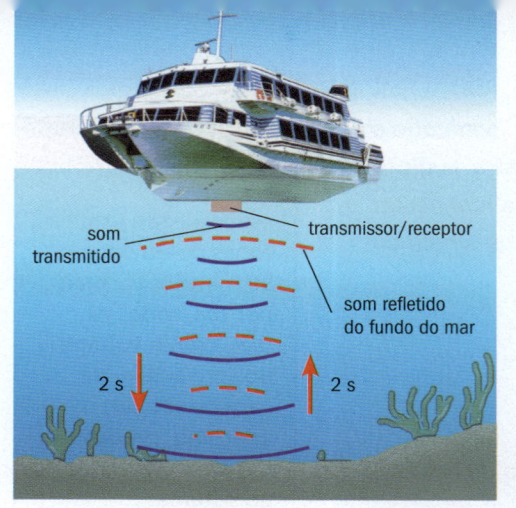

O sonar. Trata-se de um aparelho usado para estudos de relevo de fundos oceânicos e para detectar corpos que estejam debaixo da água, como navios submersos, submarinos, recifes e até mesmo cardumes de peixe.

O equipamento consiste basicamente em um transmissor e um receptor de ultrassons montado no fundo de um navio. Observe a ilustração ao lado.

O funcionamento do sonar baseia-se no fenômeno da reflexão do som ou eco. Para descobrir a profundidade do local, por exemplo, basta fazer com que o sonar emita um som e registrar o tempo decorrido para a captação do eco.

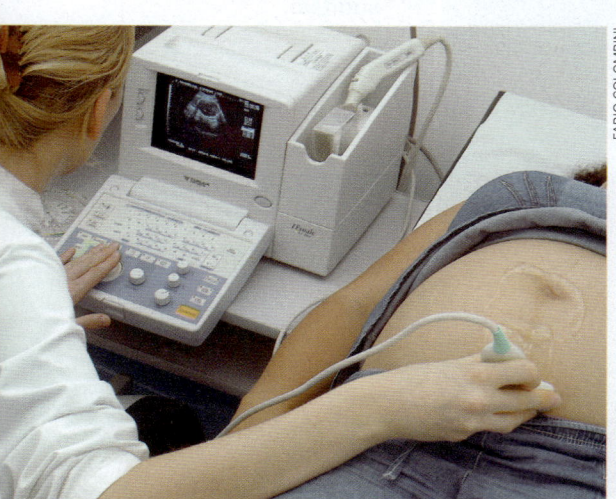

As ondas ultrassônicas. Essas ondas são utilizadas pelos médicos para fazer diagnósticos. O princípio é o mesmo do sonar: a reflexão do som. O eco gerado por ondas ultrassônicas dirigidas para o interior do corpo permite obter imagens da anatomia interna numa tela.

O uso do ultrassom não prejudica as células vivas – sua utilização, portanto, é bastante segura. Por isso, o ultrassom é muito empregado, por exemplo, para acompanhar o desenvolvimento de bebês no útero.

A imagem de um feto em desenvolvimento no útero da mãe pode ser obtida pelo fenômeno da reflexão dos sons, na técnica denominada ultrassonografia.

AMPLIAÇÃO Física e Química

O fenômeno da ressonância

Quase todos os objetos que conhecemos podem ser considerados fontes sonoras, pois são capazes de vibrar, produzindo sons. Por exemplo, se alguém bater levemente uma colher numa taça de cristal, a taça vibrará e emitirá um som.

O mais interessante, porém, é que a frequência do som produzido pela taça corresponde a uma nota musical e, se nas proximidades dela houver um instrumento musical – por exemplo, um violino – tocando a mesma nota, isto é, produzindo um som de mesma frequência, haverá um aumento gradativo da amplitude das vibrações da taça, o que poderá provocar seu rompimento. Esse fenômeno é chamado de **ressonância**.

Ressonância é o nome dado a todas as situações em que a energia de um sistema oscilante (que vibra) se transfere para outro sistema oscilante. Para que isso ocorra, a frequência de oscilação do primeiro deve coincidir com uma das frequências de oscilação do segundo.

O aumento da amplitude sonora corresponde a um aumento na quantidade de energia do som. Por isso, a ressonância pode causar o estilhaçamento de objetos delicados, como a taça de cristal.

164 UNIDADE II – O estudo da Física

Olhe e pense

Por que, durante uma tempestade, ouvimos o trovão somente alguns segundos depois de termos visto o relâmpago correspondente, embora ambos se formem ao mesmo tempo? (Dica: o relâmpago é luz e a velocidade de propagação da luz é de, aproximadamente, 300 000 km/s.)

Raio risca o céu durante tempestade em Alegrete (RS).

Verifique o que aprendeu

1. Explique como você recebe e compreende o som produzido em uma apresentação musical.

2. Quais são as semelhanças entre os círculos formados na água de um lago atingida por pingos de chuva e as perturbações produzidas pelo dedo do músico em uma corda de violão? Explique utilizando os conceitos que estudou neste capítulo.

3. Desenhe em seu caderno a propagação de uma onda do tipo transversal. Inclua em seu desenho os principais elementos de uma onda.

4. Um colega seu afirmou que as ondas em uma corda são visíveis e que as ondas sonoras, ao contrário, são invisíveis. É possível fazer esse tipo de afirmação? Explique sua resposta.

5. Dois homens descem ao leito de uma estrada de ferro e um deles encosta a orelha no trilho. Qual dos dois homens ouvirá primeiro o som de um trem que se aproxima? Explique sua resposta.

6. Que características do som nos permitem distinguir o som emitido por um violoncelo do emitido por um violino?

As ondas sonoras – CAPÍTULO 14

7 A voz humana costuma ser classificada em tipos de acordo com a faixa de frequências que atinge:

Tipo	Frequência (Hz)
Baixo	80-365
Barítono	100-450
Tenor	140-540
Contralto	180-730
Soprano	270-1230

a) Que tipo de voz consegue emitir os sons mais graves e qual emite os sons mais agudos? Justifique.
b) Nessa classificação, onde provavelmente se encaixam as vozes masculinas? E as femininas? Por quê?
c) Entre as vozes masculinas, qual consegue atingir maior faixa de frequências?

8 Uma pessoa dá um grito diante de um rochedo situado 510 metros de distância a sua frente. Depois de quanto tempo ela ouvirá o eco? Deixe indicado em sua resposta como você fez para descobrir.

9 Algumas pessoas estão utilizando um sonar para medir a profundidade do mar em certo ponto. Entre a emissão do som pelo aparelho e o registro do eco, decorreram 4 s. Calcule a profundidade encontrada. (Lembre-se de que S = v × t e de que a velocidade do som na água é de, aproximadamente, 1 480 m/s.)

A palavra é sua

Baleias vivem no mar e nadam, morcegos habitam o meio terrestre e voam. Apesar de tão diferentes à primeira vista, esses animais têm muito em comum. Por exemplo, além do fato de ambos serem mamíferos, nos dois animais a estratégia de sobrevivência está baseada, em parte, na emissão e recepção de sons.
Faça uma pesquisa (em livros ou na internet) buscando informações relacionadas à importância da habilidade de produção e recepção de sons nos grupos das baleias e dos morcegos.

15 As ondas eletromagnéticas

Até mais ou menos a metade da década de 1990, vivíamos perfeitamente bem sem telefones celulares. Hoje, porém, esses aparelhinhos parecem ter se tornado uma necessidade básica na vida de muita gente. Talvez isso também tenha acontecido com você. Mas você sabe como funciona um telefone celular – como as conversas e as mensagens de texto saem de um aparelho e chegam ao outro? O que tudo isso tem que ver com as ondas eletromagnéticas, tema deste capítulo?

Um mergulho em outras ondas

No capítulo anterior você começou a estudar as ondas e ficou sabendo que, além das ondas mecânicas – cujo exemplo mais importante para nós é o som –, existem as **ondas eletromagnéticas**. Pois bem, é por meio dessas ondas que mensagens, fotos, conversas, etc. são "transportadas" do seu telefone celular, por exemplo, para os celulares de seus amigos.

Quando você fala ao celular, as ondas sonoras de sua voz são transformadas em ondas eletromagnéticas, que são enviadas para uma antena. Da antena, essas ondas são direcionadas ao telefone celular da pessoa para quem você ligou e transformadas novamente em ondas sonoras. Assim, o telefone celular transmite e recebe sinais sonoros sem depender de fios.

> Como você viu no capítulo anterior, **ondas eletromagnéticas** são ondas transversais, cuja propagação não necessita de meio material – elas se propagam no vácuo –, mas pode ocorrer também em meios materiais – elas se propagam, por exemplo, na água, no ar, no vidro, etc.

Cada antena de telefone celular serve apenas aos aparelhos de uma pequena região – por exemplo, algumas ruas ou um bairro –, que é chamada de *célula*. Daí o nome celular!

As ondas eletromagnéticas também permitem que você se delicie com uma transmissão ao vivo de sua banda preferida, por rádio ou televisão, mesmo que a apresentação ocorra a milhares de quilômetros de distância.

Nos dois casos – na transmissão de dados de telefones celulares e de programas de rádio e de televisão – atuam ondas eletromagnéticas classificadas como *ondas de rádio*. Mas, além dessas, há muitos outros tipos de ondas eletromagnéticas, como veremos adiante.

■ O espectro eletromagnético

A denominação *ondas eletromagnéticas* abrange uma ampla variedade de ondas, que, embora tenham muito em comum, diferem em três aspectos fundamentais: os *comprimentos de onda*, as *frequências* e a *quantidade de energia* que transportam. Veja o esquema a seguir:

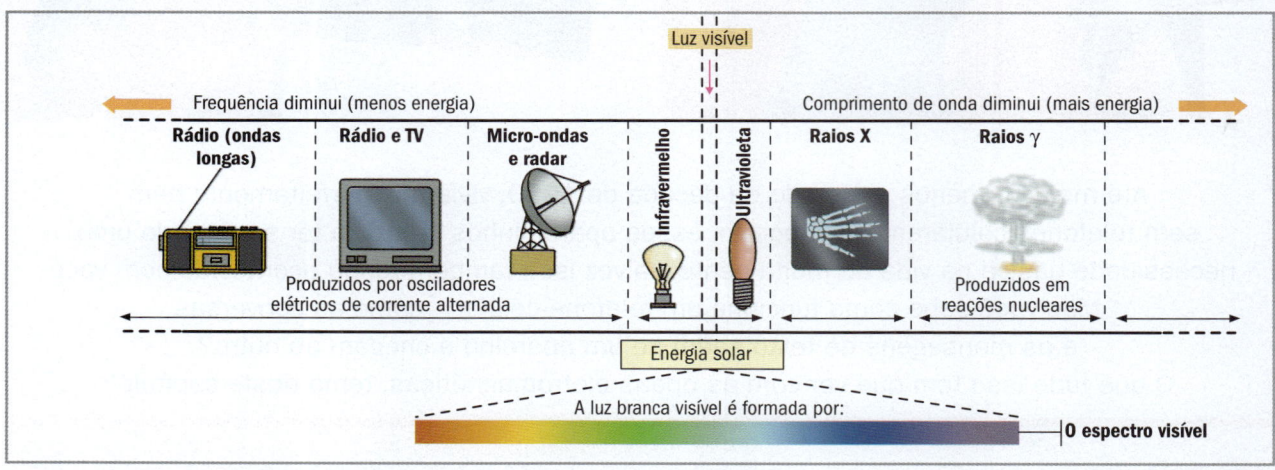

Luz visível
Frequência diminui (menos energia) — Comprimento de onda diminui (mais energia)
Rádio (ondas longas) | Rádio e TV | Micro-ondas e radar | Infravermelho | Ultravioleta | Raios X | Raios γ
Produzidos por osciladores elétricos de corrente alternada
Produzidos em reações nucleares
Energia solar
A luz branca visível é formada por:
O espectro visível

O **espectro** eletromagnético está dividido por faixas de frequências (ou por faixas de comprimentos de onda). Da esquerda para a direita, diminuem os comprimentos de onda, nesta ordem: ondas de rádio e subfaixas, infravermelho, luz visível, ultravioleta, raios X e raios γ (raios gama); e aumentam as frequências de propagação e as quantidades de energia que as ondas transportam.

Em Física, **espectro** é um gráfico que mostra características ou propriedades mensuráveis – que podem ser medidas, quantificadas –, ordenadas conforme o seu grau de intensidade.

Ondas de rádio

Faixa do espectro que compreende os maiores comprimentos de onda (e as menores frequências) e pode ser subdividida, conforme sua aplicação na vida prática, em faixas menores:
- *ondas longas*, *ondas curtas*, *ondas de VHF* e *ondas de UHF* – usadas nas transmissões de rádio e televisão;
- *micro-ondas* – usadas na emissão e na recepção de dados por radar, nas transmissões telefônicas (telefones fixos e celulares) e de televisão por satélite e nos fornos de micro-ondas, como mostra a ilustração a seguir.

168 UNIDADE II – O estudo da Física

Em um forno de micro-ondas, o magnétron, um tipo de válvula, gera as micro-ondas, cuja energia provoca um aumento de agitação das moléculas de água do alimento. Essa agitação propaga-se por condução às outras moléculas, o que faz com que o alimento cozinhe.

No capítulo 1 você viu algumas informações sobre as moléculas da água, mas aprenderá mais sobre moléculas na Unidade III.

História da Ciência

Quem inventou o rádio?

A invenção do rádio é atribuída ao italiano Guglielmo Marconi (1874-1937), que, em 1895, diante de testemunhas, transmitiu alguns sinais do **código Morse** por meio de ondas de rádio. Mas há quem diga que o verdadeiro inventor do rádio foi Roberto Landell de Moura, que nasceu em Porto Alegre, Rio Grande do Sul, em 1861, e ordenou-se padre. Você já ouviu falar dele?

Segundo alguns pesquisadores, entre 1893 e 1894, o nosso padre inventor teria feito, como teste, as primeiras transmissões radiofônicas da voz humana, usando um aparelho desenvolvido e construído por ele. Ou seja, além de transmitir a voz humana, e não apenas sinais de Morse, o padre Landell de Moura teria feito sua transmissão um ou dois anos antes de Marconi. Infelizmente, porém, não há comprovação disso.

Landell de Moura chegou a projetar também um aparelho que deveria transmitir e receber sons e imagens por meio de ondas eletromagnéticas, ou seja, um aparelho de televisão, que ele chamou de *telefotorama*. O projeto (registrado em desenhos) não chegou a ser posto em prática porque o padre não conseguiu apoio do governo e também porque contrariava a Igreja.

O **código Morse** é um conjunto de sinais – formados pela combinação de traços (–) e pontos (·) – usados na transmissão de mensagens telegráficas.

Réplica do radiotransmissor patenteado por Landell de Moura nos Estados Unidos exposta na sede da Fundação Padre Landell de Moura, em Porto Alegre (RS).

Infravermelho

As ondas de *infravermelho* (que, como foi visto no capítulo 13, propagam calor) são emitidas por qualquer corpo aquecido e são facilmente absorvidas pela maioria dos materiais.

Esse tipo de radiação é usado, por exemplo, em fisioterapia, no tratamento de lesões musculares, e em medicina diagnóstica, no processo da *termografia*, uma fotografia feita por contraste de áreas mais quentes (maior emissão de infravermelho) e áreas mais frias (menor emissão de infravermelho).

Reveja, na página 43 (capítulo 3), a foto de uma termografia.

As ondas eletromagnéticas – CAPÍTULO 15

> Retornaremos ao tema *luz visível* mais adiante neste capítulo.

> Os **raios X** foram descobertos acidentalmente em 1895 pelo físico alemão Wilhelm Conrad Roentgen. Ele escolheu chamá-los assim porque não sabia do que se tratava – e a letra *X* simboliza algo desconhecido, misterioso.

Luz visível

O que chamamos de *luz visível* é a radiação eletromagnética com comprimentos de onda capazes de estimular as células de nossa retina, produzindo sensação visual.

Ultravioleta

O Sol é a principal fonte de *radiação ultravioleta* (UV). Conforme a quantidade de energia que transporta, a radiação UV pode ser dividida em UV-A, radiação menos energética, e UV-B e UV-C, radiações mais energéticas.

Até certo ponto, a radiação UV costuma ser benéfica ao nosso organismo: ao ser absorvida pela pele, ela promove produção de vitamina D. Porém, a exposição prolongada a essa radiação é prejudicial, porque pode causar queimaduras e até câncer de pele.

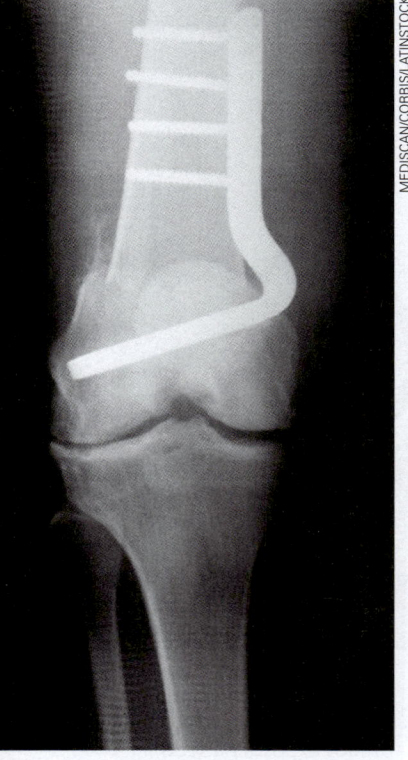

Raios X

Os **raios X** têm uma interessante propriedade: eles atravessam com relativa facilidade os materiais menos densos, como os tecidos moles do corpo de uma pessoa, e são absorvidos por materiais mais densos, como os ossos.

Graças a essa propriedade, os raios X podem ser usados na obtenção de fotografias internas do organismo, as *radiografias*. Entretanto, exposições desnecessárias devem ser evitadas, porque esses raios são muito energéticos e podem danificar tecidos vivos.

Raios gama

Os *raios gama* – as ondas eletromagnéticas de frequência mais elevada e de maior quantidade de energia – são emitidos naturalmente por substâncias radiativas, mas podem ser produzidos em laboratório.

Por serem tão energéticos, têm grande poder de penetração e podem causar sérios danos aos tecidos vivos. Ao mesmo tempo, justamente por essa característica, são muito usados para combater tumores.

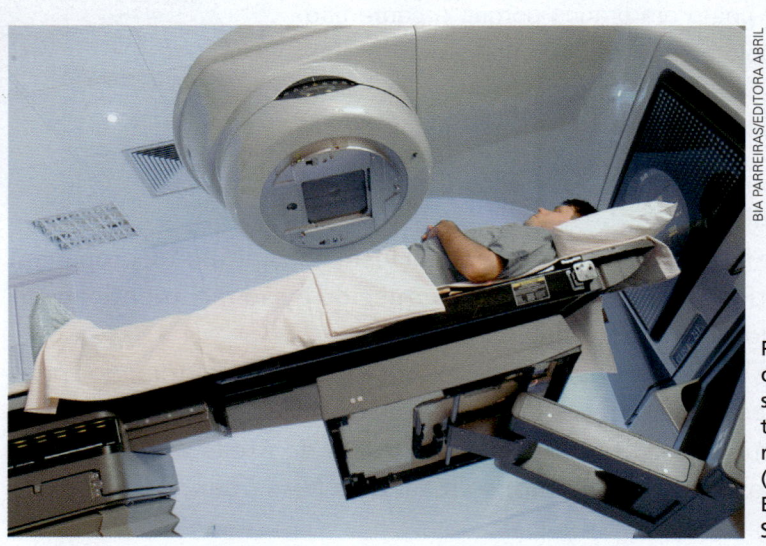

Ao atravessar o corpo de maneira diferenciada, os raios X atingem a chapa fotográfica com intensidades diferentes, formando imagens do corpo por dentro. Na radiografia, fêmur (osso da perna) fraturado que recebeu um pino de metal para corrigir o problema.

Paciente portador de câncer sendo submetido a tratamento com radioterapia (Hospital Albert Einstein, São Paulo, SP).

> > > CONEXÃO Astronomia < < <

Enxergando o Big Bang

Quando olhamos para o céu noturno numa noite sem lua e longe das luzes da cidade, podemos ver talvez alguns milhares de estrelas. Com poucas exceções, são todas nossas vizinhas cósmicas, a distâncias de não mais do que dezenas de anos-luz.

Quanto mais distante um objeto, maior a distância que sua luz viaja para chegar até nós. O Sol está a 8 minutos-luz da Terra: a luz que vemos saiu dele 8 minutos antes. São 150 milhões de quilômetros em 8 minutos – nada mau!

Portanto, a luz que vemos corresponde ao objeto como era no passado e não no presente: olhar para o cosmo é viajar para o passado. Quanto mais distante o objeto, mais para o passado olhamos. Por exemplo, a luz de nossa galáxia vizinha, Andrômeda, saiu de lá há 2 milhões de anos, quando o gênero humano começava a despontar na África.

Hoje, os astrônomos observam radiação de objetos a 13 bilhões de anos-luz (só para comparação, a Terra foi formada há 4,6 bilhões de anos). Como o Universo tem uma idade de 13,8 bilhões de anos, é natural indagar se podemos ver o seu próprio nascimento.

Será possível, então, ver o Big Bang? Infelizmente, não. Ao menos não por meio da captação de radiação eletromagnética, da qual a luz visível faz parte. (Os objetos mais distantes são "vistos" em ondas de rádio, que têm frequência bem menor do que a da luz visível.) A luz só começou a propagar-se livremente pelo espaço após 400 mil anos do surgimento do Universo. Por isso, é impossível receber informação, por meio desse tipo de radiação, do que ocorreu durante os seus primeiros 400 mil anos.

Mas nem tudo está perdido. Existe um outro tipo de radiação que pode ser detectado e que existiu desde o início da história cósmica, chamada radiação gravitacional. O problema é que ela é extremamente fraca, quase imperceptível, e ainda não existem equipamentos capazes de detectá-la.

Portanto, para "vermos" o Big Bang e conhecermos os detalhes de nossa infância cósmica, que estão registrados nas ondas gravitacionais tal qual uma música está registrada em ondas de rádio, basta construirmos antenas capazes de detectá-las.

Adaptado de: Marcelo Gleiser, *Folha de S.Paulo*, 25 fev. 2007.

Um **ano-luz** corresponde ao espaço percorrido pela luz em um ano, no vácuo, na velocidade de 300 000 km/s.

Segundo a teoria do *Big Bang*, uma grande explosão teria dado origem ao Universo.

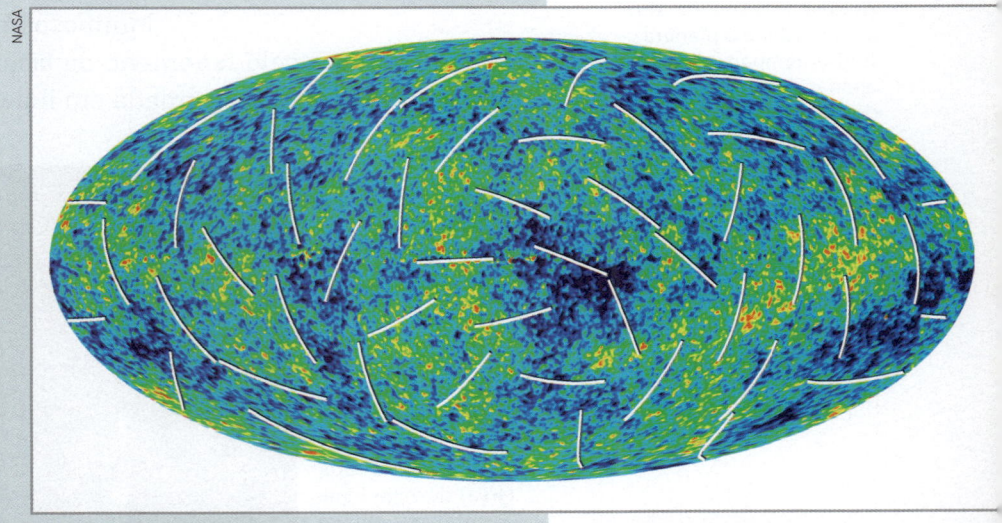

Em fevereiro de 2003, o satélite norte-americano WMAP contribuiu para reforçar a teoria do *Big Bang*, ao "fotografar" o Universo tal como ele seria um pouco menos de 400 mil anos depois de seu nascimento. A imagem acima, de março de 2006, acrescenta informações à de 2003. As variações de temperatura são indicadas por cores – do vermelho (mais quente) ao azul (mais frio); a forma oval corresponde a uma projeção de todo o céu, semelhante àquelas que vemos nos mapas terrestres; as barras brancas indicam a direção de polarização da luz mais antiga.

Enfim, a luz!

Se podemos experimentar cenas tão belas quanto a da foto, devemos isso à presença, no ambiente, de radiação eletromagnética capaz de estimular as células de nossa retina, ou seja, **luz**, também chamada de *luz visível*.

Corpos capazes de emitir luz – como as estrelas, o filamento de uma lâmpada incandescente, a chama de uma vela e alguns seres vivos – são chamados de *fontes de luz* ou *corpos luminosos*.

Dizemos que eles têm luz própria, pois produzem a luz que emitem por meio de transformação de energia. Os seres vivos luminosos, como os vaga-lumes, por exemplo, produzem luz pelo fenômeno da *bioluminescência*, em que a energia química do corpo é transformada em luz visível (energia luminosa).

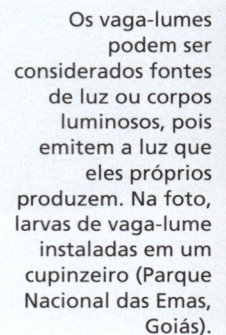

As nuvens, a Lua (no alto, à esquerda) e o planeta Júpiter (embaixo, à direita) apenas refletem a luz do Sol. Mas as estrelas (parte inferior da foto) produzem sua própria luz.

As características ou propriedades da **luz** e os fenômenos decorrentes são estudados pela Óptica, um dos ramos da Física.

? *Que tipo de transformação de energia está ocorrendo quando uma lâmpada elétrica emite luz?*

Os vaga-lumes podem ser considerados fontes de luz ou corpos luminosos, pois emitem a luz que eles próprios produzem. Na foto, larvas de vaga-lume instaladas em um cupinzeiro (Parque Nacional das Emas, Goiás).

Em contrapartida, corpos como a Lua, as nuvens e o planeta Júpiter, da foto acima, assim como a maioria dos corpos que vemos, não têm luz própria. Mas podemos vê-los porque eles são *corpos iluminados*, isto é, refletem a luz que recebem de fontes de luz, como o Sol e as outras estrelas.

Corpos que refletem a luz que incide sobre eles – ou seja, a maioria dos objetos que vemos – são chamados de *corpos iluminados*.

A propagação da luz

As retas que saem da lâmpada acesa representam os raios de luz, propagando-se em todas as direções e em linha reta.

Você já notou que uma lâmpada acesa em um ambiente, desde que nenhum corpo opaco impeça sua passagem, ilumina todas as paredes do lugar e também o chão, o teto e os outros objetos? Isso acontece porque *a luz se propaga em todas as direções.*

Agora imagine que você coloque dois cartões opacos entre a lâmpada acesa e seus olhos. Você não poderá mais vê-la, não é mesmo? Mas, se ambos os cartões tiverem uma perfuração e os dois furos estiverem alinhados com a lâmpada e com seus olhos, você poderá vê-la novamente. Isso acontece porque *a luz se propaga em linha reta.*

Além disso, como você viu no capítulo 13, a luz emitida pelo Sol atinge a Terra depois de atravessar grande extensão do espaço sideral em que praticamente não há matéria. Por isso, dizemos que *a luz se propaga no vácuo* (como, aliás, todas as outras radiações eletromagnéticas).

Observe novamente a ilustração da lâmpada acesa em uma sala. O conjunto dos raios luminosos emitidos por uma fonte de luz é chamado de *feixe luminoso*, que pode ser *convergente*, *divergente* ou *paralelo*.

Estas são, portanto, três propriedades da propagação da luz:
1ª) a luz se propaga em todas as direções;
2ª) a luz se propaga em linha reta;
3ª) a luz se propaga no vácuo.

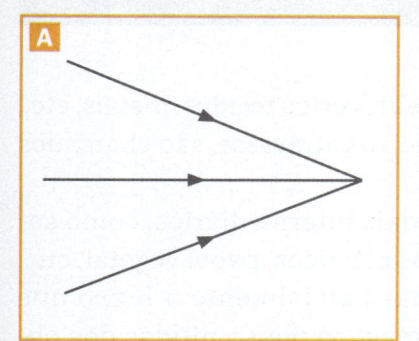

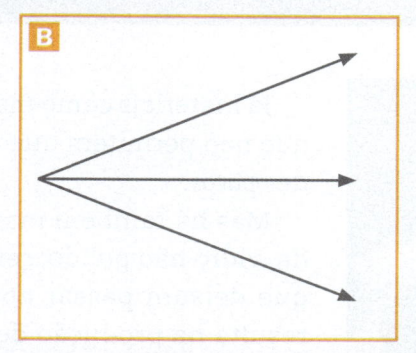

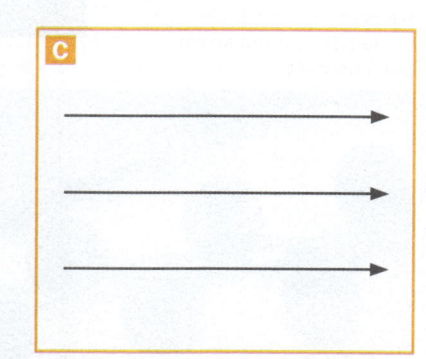

A

B

C

A) Em um *feixe luminoso convergente* todos os raios luminosos se dirigem para um mesmo ponto.
B) Em um *feixe luminoso divergente* todos os raios luminosos se afastam de um ponto.
C) Em um *feixe luminoso paralelo* todos os raios luminosos seguem direções paralelas.

As ondas eletromagnéticas – CAPÍTULO 15

> *O que você acha: O feixe luminoso de uma lâmpada acesa é do tipo convergente, divergente ou paralelo? Por quê?*

A *velocidade de propagação* da luz é muitíssimo superior à velocidade do som. No vácuo, a luz se propaga com a mesma velocidade de outras ondas eletromagnéticas: aproximadamente 300 000 km/s. Em meios materiais transparentes, a velocidade de propagação varia, pois depende do material que a luz atravessa: no ar, por exemplo, ela é praticamente a mesma que no vácuo, mas, na água, cai para cerca de 230 000 km/s.

A luz sofre reflexão

Ao incidir em uma superfície, a luz que se propaga pode voltar ao meio de propagação original, no fenômeno denominado *reflexão*. É graças à reflexão da luz que podemos ver os corpos: nossos olhos são sensibilizados pela luz que eles refletem.

Porém, nem toda a luz que incide sobre uma superfície é refletida. Parte dela pode ser absorvida, transformando-se em energia térmica.

Outra parte, ainda, pode atravessar a superfície, permitindo, assim, que vejamos o que há do outro lado. É o que acontece com materiais como vidros polidos, o ar e certos plásticos, que são quase que totalmente atravessados pela luz e permitem que se veja com nitidez através deles: são considerados, por isso, materiais ou corpos *transparentes*.

Podemos ver claramente os objetos do outro lado dos vidros polidos de uma janela.

As sementes são vistas através do envoltório (fruto) com pouca nitidez, pois o material é translúcido, isto é, ele deixa passar a luz apenas parcialmente.

Já materiais como madeira, certos tecidos, metais, etc., que não permitem que a luz os atravesse, são chamados de *opacos*.

Mas há também materiais intermediários, como seda, vidro não polido, certos plásticos, papel vegetal, etc., que deixam passar apenas parcialmente a luz, o que resulta na produção de imagens pouco nítidas dos objetos que estão do outro lado. Esses materiais são ditos *translúcidos*.

A luz sofre refração

Observe abaixo a foto de um objeto parcialmente mergulhado na água.

Os raios de luz refletidos pela parte do canudinho que está fora do copo percorrem uma linha reta até os nossos olhos. Já os raios refletidos pela parte do objeto que está dentro do copo sofrem desvios de direção, no fenômeno denominado *refração da luz*.

A refração da luz ocorre sempre que um feixe luminoso passa de um meio transparente para outro – por exemplo, do ar para a água, do ar para o vidro, do vidro para o ar, etc. –, porque a **velocidade de propagação da luz** não é a mesma em diferentes meios.

O fenômeno da refração da luz afeta nossa percepção visual. É por causa dele, por exemplo, que vemos objetos parcialmente mergulhados – o canudinho da foto, por exemplo – como se estivessem quebrados.

No ar, a **velocidade de propagação da luz** é praticamente a mesma que no vácuo: aproximadamente 300 000 km/s. É, portanto, bem maior do que na água: aproximadamente 230 000 km/s; ou no vidro comum: cerca de 200 000 km/s.

Você já olhou para o fundo de uma piscina quando está na borda dela? Ela não parece bem mais rasa do que é na realidade? Por que isso acontece?

O canudinho não parece quebrado? Por que isso acontece?

■ A luz e as cores

Observe novamente a figura do espectro, na página 168: na faixa correspondente à luz visível destacam-se as *cores do espectro de luz visível*. De fato, a luz visível, embora nos pareça branca, é uma mistura de inúmeras cores. Basta observar um arco-íris no céu para conferir.

Foi Isaac Newton – o mesmo que elaborou a Lei da Gravitação Universal – quem primeiro observou o espectro de luz visível obtido pela decomposição (refração seguida de dispersão) da luz branca.

Quando há umidade suficiente no céu e o Sol está brilhando, a luz atravessa as gotículas de água suspensas e sofre refração. E, a cada refração, sofre também dispersão, isto é, separa-se nos diferentes comprimentos de onda ou cores do arco-íris. São sete cores principais – vermelho, laranja, amarelo, verde, azul, anil e violeta –, cada uma delas com diversas gradações, e algumas cores intermediárias.

As ondas eletromagnéticas – CAPÍTULO 15

Prisma óptico é o objeto geométrico transparente (de cristal ou vidro), composto de, no mínimo, duas superfícies planas não paralelas, isto é, em ângulo.
Alguns objetos do nosso dia a dia, como o pingente de cristal de um lustre ou a face brilhante de um CD ou DVD, podem funcionar como prismas ópticos, pois, quando os olhamos de certos ângulos, vemos pequenos arco-íris produzidos pela luz que eles refletem.

Ele fez uma série de experimentos utilizando **prismas ópticos** e demonstrou que, ao atravessá-los, a luz sofre refração, seguida de dispersão, isto é, separação em seus diversos comprimentos de onda, que nós percebemos como cores.

Representação artística de Isaac Newton em um de seus experimentos de decomposição da luz usando prismas ópticos. Ele publicou os resultados desses experimentos no livro *Óptica*, de 1704.

Estas frutas foram iluminadas com a mesma luz, branca. Por que, então, elas têm cores diferentes?

As cores dos corpos

A cor de um corpo depende de quais faixas de radiação visível ele reflete ou absorve. Por exemplo, na foto ao lado, a fruta vermelha reflete as radiações da faixa do vermelho e absorve todas as outras; a fruta amarela reflete as radiações da faixa do amarelo e absorve as restantes; o mesmo se dá com as outras duas frutas.

Somente a luz vermelha é refletida.

luz branca

A cor de um corpo qualquer resulta das faixas de radiação do espectro de luz visível que ele reflete e das que ele absorve.

176 UNIDADE II – O estudo da Física

ARTICULAÇÃO Corpo humano

Nossos olhos e a percepção das cores

A cor de um corpo também depende de como cada pessoa percebe e interpreta a radiação que ele reflete, num trabalho conjunto de olhos e cérebro. As células da retina especializadas na percepção das cores, os cones, são estimuladas pela radiação e enviam esses estímulos ao cérebro, onde eles serão interpretados.

Há três tipos de **cone**: sensíveis ao vermelho, ao verde ou ao azul. De maneira simplificada, podemos dizer que, se a radiação refletida estimular predominantemente os cones sensíveis ao vermelho, o corpo será visto como vermelho; se o estímulo se der predominantemente sobre os cones sensíveis ao verde, o corpo será visto como verde; finalmente, se o mesmo acontecer com os cones sensíveis ao azul, o corpo será visto como azul.

Mas, como você pode ver a sua volta, há milhares de outras possibilidades de cor. Isso porque a radiação refletida por um corpo em geral estimula, ao mesmo tempo, com as mais variadas combinações de intensidade, os três tipos de cone. Cabe ao cérebro interpretar as diferentes combinações de estímulos que recebe como cores diferentes.

E quanto à percepção do preto e do branco? Se um corpo reflete toda (ou quase toda) a radiação que incide sobre ele, os três tipos de cone – sensíveis ao vermelho, ao verde e ao azul – são estimulados ao mesmo tempo, com praticamente a mesma intensidade de radiação. Nesse caso, os estímulos nervosos que chegam ao cérebro se somam e são interpretados como *branco*.

Ao contrário, se um corpo absorve toda (ou quase toda) a luz que incide sobre ele, a radiação que ele reflete não estimula nenhum dos três tipos de cone. Nesse caso, o cérebro interpreta a cor do corpo como *preto*.

Há pessoas que não conseguem distinguir certas cores porque possuem uma deficiência visual chamada *daltonismo*. Os olhos dessas pessoas têm um número insuficiente de **cones**, ou têm algumas dessas células com anomalias, e, por isso, não captam adequadamente a radiação refletida. Na forma mais comum do problema, o portador da deficiência não percebe a diferença entre o verde e o vermelho.

As ondas eletromagnéticas – **CAPÍTULO 15**

Olhe e pense

Observe a foto, leia a legenda e, com base no que aprendeu neste capítulo e no que já sabe sobre a importância da luz para as plantas, explique por que a planta morrerá se for mantida nessas condições.

Esta palmeira parece bastante viçosa, não é? Mas ela está recebendo apenas um tipo de iluminação: luz verde, isto é, radiação eletromagnética visível da faixa correspondente ao verde. Por isso, logo começará a definhar e, em breve, morrerá.

Verifique o que aprendeu

1. Explique de modo simplificado como as informações que entram em seu telefone celular, por meio de sua fala, passam para o celular de seu amigo.

2. Cite duas faixas do espectro eletromagnético cujas ondas tenham alguma aplicação prática em nossa sociedade e a respectiva aplicação prática.

3. Compare o som à luz, indicando algumas semelhanças e diferenças entre os dois fenômenos.

4. Quanto à passagem da luz, como pode ser classificado um material como o vidro fosco (não polido) de uma divisória de ambientes? Por quê?

5. Se a luz se propaga em todas as direções, então, por que, quando a lâmpada de um quarto está acesa, o banheiro anexo não fica iluminado, ainda que sua porta esteja aberta?

6. Faça em seu caderno um esquema representando o feixe luminoso produzido por uma vela acesa. Depois, classifique o tipo de feixe luminoso que ela produz.

7. Quando é noite para nós aqui na Terra, não podemos ver o Sol; mas, com exceção das noites de lua nova, podemos ver a Lua. Represente em um esquema como é possível vermos a Lua (que reflete a luz do Sol) se não vemos o Sol.

8. Explique por que, aos nossos olhos, a neve parece branca e o carvão parece preto.

A palavra é sua

Leia o texto e faça o que se pede nas questões.

Os radares e a velocidade nas estradas

Além da luz, outras ondas eletromagnéticas também sofrem reflexão, fenômeno que está por trás do funcionamento dos radares. O aparelho emite vários sinais de rádio seguidos, com intervalos de milionésimos de segundo entre eles, que se propagam até um alvo e são refletidos de volta e captados pelo aparelho.

Considerando a velocidade de propagação das ondas de rádio no ar – aproximadamente 300 000 km/s – e o tempo que o sinal leva para ir até o alvo e voltar ao emissor, o radar pode calcular a distância do alvo.

Por exemplo, se o sinal emitido pelo aparelho leva 1×10^{-6} s (0,000001 s) para chegar a um móvel e o mesmo tempo para voltar, significa que o móvel está a 300 m de distância do radar.

Radar instalado à beira de uma grande avenida. Com base em pelo menos dois pontos da trajetória de um automóvel e na informação de quanto tempo o veículo gastou nesse trajeto, o aparelho pode calcular a velocidade do veículo e, se ele excedeu o limite de velocidade local, registrar a infração.

1 Um radar rodoviário captou as seguintes informações sobre um automóvel em deslocamento: em um intervalo de tempo de 55 s, o veículo passou por dois pontos de sua trajetória, distantes 2 km um do outro. Sabendo que o limite de velocidade nesse trecho da estrada é de 80 km/h, responda: O automóvel foi multado por excesso de velocidade ou não? (Dica: lembre-se de que a velocidade de um móvel é dada por $\frac{\Delta S}{\Delta t}$.)

2 Além do problema da multa, quais são as outras possíveis consequências do excesso de velocidade?

3 Uma pessoa ficou sabendo em que pontos de sua cidade estavam instalados alguns radares de velocidade e disseminou a informação por *e-mail*. Discuta com seus colegas: Qual foi a intenção dessa pessoa ao fazer isso? Você acha correto esse tipo de atitude? Por quê? Qual é a melhor forma de evitar multas por excesso de velocidade?

16 Fenômenos luminosos: espelhos e lentes

Você consegue ficar um dia inteiro sem se olhar no espelho?

Quem não enxerga bem, em geral, precisa colocar óculos até mesmo para se ver no espelho. Espelhos e lentes de óculos são aplicações de fenômenos ópticos que você conheceu no capítulo anterior. Como se explicam as imagens que vemos em espelhos? Por que e como as lentes ajudam algumas pessoas a enxergar melhor?

Espelhos e lentes: uma questão de imagem

Os **espelhos** e as **lentes** dos óculos têm algo em comum: ambos representam aplicações de fenômenos ópticos, isto é, fenômenos que resultam da propagação da luz no espaço.

Quando se trata de *espelhos*, o fenômeno é a *reflexão da luz*, que você já estudou no capítulo anterior: a luz, ao incidir numa superfície, reflete-se, parcial ou totalmente, voltando ao meio de propagação.

Se o assunto for *lentes*, o fenômeno relacionado é a *refração da luz*, que você também estudou no mesmo capítulo: quando um feixe luminoso incide obliquamente sobre a superfície de separação de dois meios transparentes – o ar e a água, por exemplo –, ele muda de direção.

> Normalmente chamamos de **espelho** superfícies planas de vidro com um dos lados recoberto por um composto de prata. As **lentes** comuns de óculos são vidros ou plásticos polidos até adquirirem a curvatura desejada.

180 UNIDADE II – O estudo da Física

A luz refletida e os espelhos

Experimente isto: Ainda que você fique horas diante de uma parede ou qualquer outra superfície plana não polida, não conseguirá se ver aí. Mas basta uma fração de segundo diante de uma chapa de alumínio bem lisa, ou de qualquer outra superfície plana polida, para que você perceba nela a sua **imagem**.

Por que superfícies polidas nos permitem ver imagens dos corpos, mas superfícies não polidas, também chamadas de ásperas, não? Para entender, observe os esquemas a seguir.

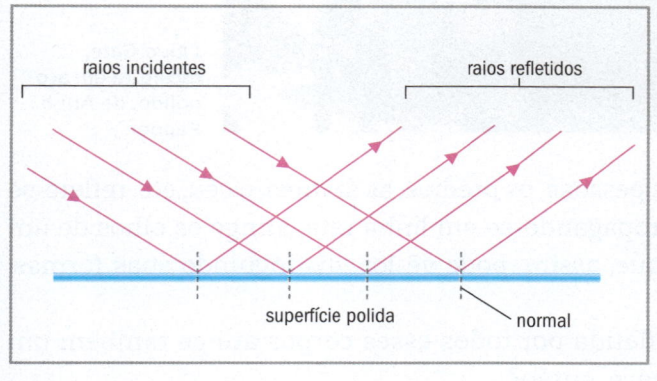

> Uma **imagem** é a reprodução de um corpo por meio de um fenômeno óptico, como a reflexão da luz.

Os raios de luz que incidem (**raios incidentes**) numa superfície polida voltam ao meio (**raios refletidos**) na mesma direção e com o mesmo ângulo em relação à **normal**. Assim, se os raios incidentes forem paralelos entre si, os raios refletidos também serão.

> **Raios incidentes**: raios luminosos que vêm de uma fonte luminosa qualquer e atingem a superfície de um corpo.
> **Raios refletidos**: raios luminosos que, ao atingirem uma superfície refletora, retornam ao meio de origem.
> **Normal**: linha perpendicular à superfície que passa pelo ponto de incidência do raio luminoso.

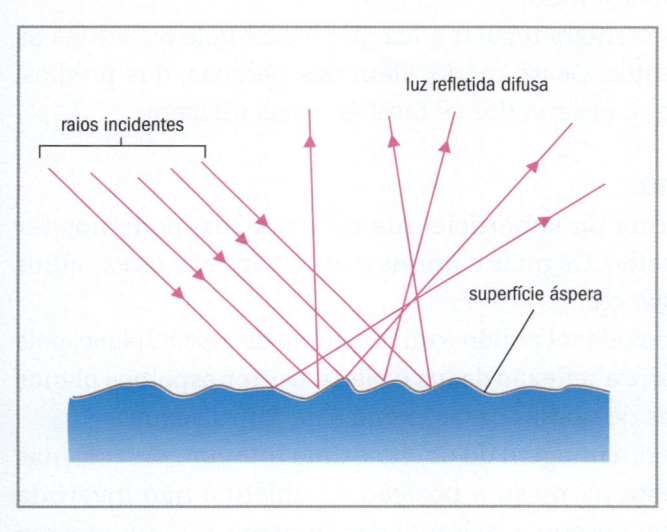

Reflexão da luz em corpos não polidos, isto é, que têm superfície irregular: as irregularidades da superfície fazem com que os raios luminosos sofram desvios e se propaguem em diversas direções (luz refletida difusa).

> Uma superfície polida refletora sempre absorve uma pequena parte da luz que incide sobre ela. Além disso, como não existem superfícies perfeitamente polidas, uma pequena porcentagem da luz incidente é refletida de maneira difusa.

O primeiro esquema mostra a luz refletida por uma superfície polida: há *regularidade* na reflexão da luz, com uma coincidência quase perfeita entre raios incidentes e raios refletidos. É essa regularidade na reflexão da luz que permite que observemos imagens de nós mesmos e de outros corpos em superfícies polidas.

O segundo mostra que, ao contrário do que acontece nas superfícies polidas, a reflexão da luz em superfícies irregulares se dá de maneira *difusa*. É graças a esse fenômeno que um ambiente pode ser iluminado pela luz do Sol (ou de outras fontes), que se reflete de maneira difusa ao incidir no ar, nos objetos, nas paredes, etc., fazendo com que ele se torne visível aos nossos olhos.

Agora, observe a foto a seguir:

Cloud Gate, escultura em aço polido, de Anish Kapoor.

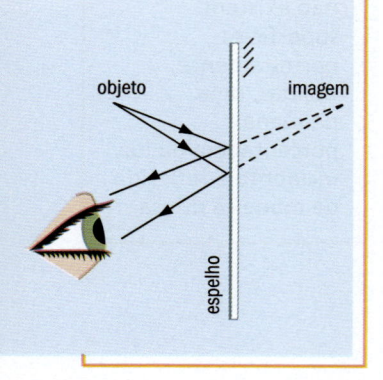

A luz que ilumina as pessoas, os prédios, as árvores, o céu, etc. reflete-se de maneira difusa e, propagando-se em linha reta, atinge os olhos de um observador qualquer, que, assim, pode vê-los, distinguindo suas formas, cores e texturas.

Entretanto, a luz refletida por todos esses corpos atinge também um **espelho**. E o que acontece, então?

O espelho reflete de maneira regular a luz que incide nele e **conjuga** as imagens desses elementos. Desse modo, além das pessoas, dos prédios, das árvores, do céu, etc., o observador vê também suas imagens.

■ Tipos de espelho

Dependendo da forma da superfície que reflete a luz, podemos ter diferentes tipos de espelho. Os mais comuns e utilizados são os espelhos *planos* e os espelhos *esféricos*.

Uma chapa de aço inoxidável polido é um exemplo de *espelho plano*, pois a superfície em que ocorre a reflexão da luz é plana. Outros espelhos planos são os espelhos comuns de nossas casas, como o da foto a seguir.

Em um espelho plano, a imagem do objeto é uma **imagem virtual**, mas também *direita*, pois está na mesma posição do objeto e não invertida verticalmente; *simétrica*, porque o objeto e sua imagem estão à mesma distância do sistema óptico; e *igual*, porque objeto e imagem têm o mesmo tamanho.

No entanto, como se observa na foto, quando a mão direita é erguida diante do espelho, na imagem parece estar erguida a mão esquerda. Esse fenômeno é chamado de *reversão da imagem*: o lado direito do corpo corresponde ao lado esquerdo da imagem, e vice-versa.

Mão direita diante de um espelho plano.

Para a Física, um **espelho** é qualquer superfície polida capaz de refletir com regularidade toda (ou quase toda) a luz que incide sobre ela.

Um espelho (ou uma lente) não "produz" ou "gera" a imagem de um corpo. A imagem só existe porque há um corpo e um espelho (ou uma lente); então, o certo é dizer que o espelho (ou a lente) **conjuga** – isto é, combina, une – o corpo com sua imagem.

Uma **imagem virtual** é aquela que parece formar-se atrás do instrumento óptico (no caso, o espelho), pelo prolongamento dos raios de luz refletidos, como mostra a ilustração:

182 UNIDADE II – O estudo da Física

EXPERIMENTE

Segure um espelho plano pequeno, em pé, junto à página de um livro. Primeiro, mantenha o espelho apoiado paralelamente às linhas do texto. O que acontece? Depois, coloque-o apoiado perpendicularmente às linhas do texto. O que você observa? Que fenômeno é esse?

? Por que os letreiros que identificam ambulâncias e outros veículos de emergência são escritos ao contrário?

Se você mora em uma cidade grande, ou mesmo média, certamente conhece **espelhos esféricos**. Eles podem ser vistos, por exemplo, nas portarias dos prédios, nos elevadores, entre as gôndolas de supermercados, nos ônibus, em agências bancárias, etc.

Espelho esférico no interior de um ônibus.

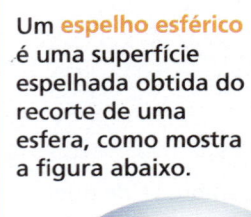

ATENÇÃO!

Experimentos com objetos de vidro, como os espelhos, exigem cuidado redobrado, para evitar que se quebrem e se tornem objetos cortantes.

Esses espelhos esféricos são do tipo *convexo*. Neles, a superfície espelhada é *externa*. Apesar de conjugarem imagens um pouco deformadas do objeto, ampliam o campo visual.

É por isso que eles são muito usados como auxiliares na vigilância de ambientes – colocados em pontos estratégicos, permitem uma visão mais ampla do lugar – e como retrovisores externos de automóveis.

Outros exemplos de espelhos esféricos convexos são as calotas de automóvel, as bolinhas de árvores de Natal, esferas de cristal polido e até gotas de água.

Um **espelho esférico** é uma superfície espelhada obtida do recorte de uma esfera, como mostra a figura abaixo.

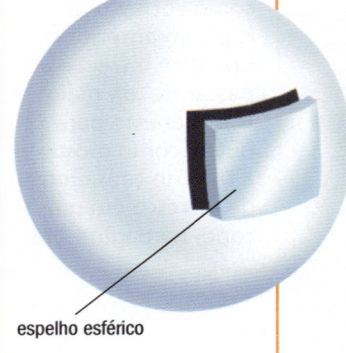

espelho esférico

Uma gota de água refletindo algumas árvores: exemplo de espelho esférico do tipo convexo.

Fenômenos luminosos: espelhos e lentes – **CAPÍTULO 16**

EXPERIMENTE

Certos objetos podem ser, ao mesmo tempo, espelho esférico côncavo e espelho esférico convexo. Quer ver? Segure uma colher de alumínio ou de aço inoxidável, mas bem limpa e polida, a uma distância de uns 15 cm de seus olhos e observe seu reflexo na face côncava e na face convexa do objeto. Existe diferença entre as imagens observadas em cada face da colher? Compare-as e anote suas observações no caderno.

Mas um espelho esférico também pode ser do tipo *côncavo*. Nos espelhos esféricos côncavos a superfície espelhada é *interna*.

Um exemplo de espelho côncavo: a superfície espelhada de uma lanterna.

A luz refratada e as lentes

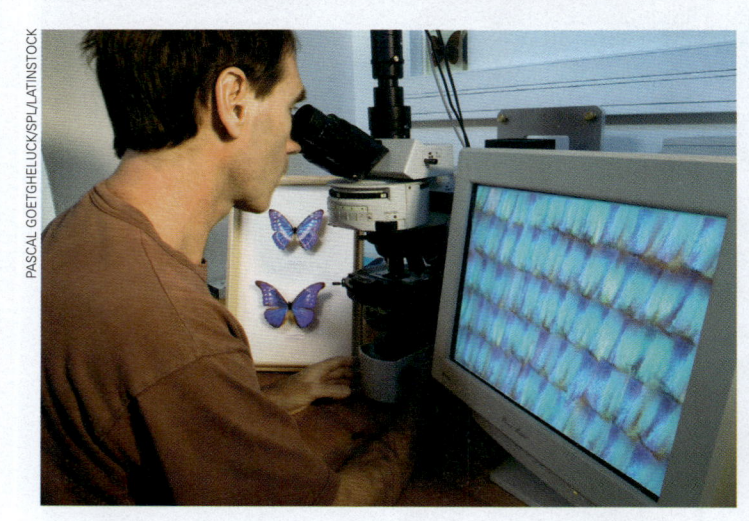

Um microscópio é usado, por exemplo, na observação de minúsculos seres vivos, pois é capaz de conjugar imagens ampliadas de objetos e seres pequenos ou de partes e estruturas de seres e objetos maiores.

Uma luneta astronômica (ou telescópio) presta-se à observação de planetas e estrelas, pois é capaz de conjugar imagens ampliadas de objetos localizados a grande distância de nossos olhos.

Lembre-se de que, como você viu no capítulo anterior, a luz sofre **refração** ao passar de um meio transparente para outro, como mostra a foto do canudinho de refresco em um copo, na página 175.

Óculos, objetivas de câmeras fotográficas, microscópios ópticos e telescópios são alguns dos instrumentos ópticos que permitem a conjugação de imagens ampliadas ou reduzidas de objetos. Todos esses instrumentos utilizam *lentes esféricas*.

Basicamente, uma lente esférica é um meio transparente – isto é, um meio plenamente atravessado pela luz –, com pelo menos uma das superfícies curva, que provoca a **refração** dos raios de luz que o atravessam.

Objetos feitos de vidro ou plástico, polidos até adquirirem a curvatura adequada, constituem boas lentes esféricas, mas até mesmo uma gota de água pode funcionar como uma dessas lentes.

Estas gotas de água em um ramo de planta, ao focalizar a imagem da flor, ao fundo, funcionam como as lentes esféricas de uma câmera fotográfica.

> > > CONEXÃO Astronomia < < <

Os telescópios e os estudos astronômicos

O grande impulso para a Astronomia veio com a invenção do telescópio, no início do século XVII. Um fabricante de óculos holandês, Hans Lippershey, pensou em associar duas lentes em um tubo para a observação de objetos distantes, e *Galileu Galilei* pôs a ideia em prática, construindo o primeiro telescópio (também chamado de luneta) de que se tem notícia.

Mais tarde, Isaac Newton, baseando-se nas ideias do astrônomo e matemático escocês James Gregory (1638-1675), construiu um telescópio em que as imagens sofriam menos distorções (em relação ao modelo disponível, isto é, o de Galileu).

Os telescópios atuais são constituídos basicamente de duas partes: a ocular, geralmente composta de um conjunto de lentes, e a objetiva, que pode ser uma lente, nos telescópios de refração (como o telescópio de Galileu), ou um espelho esférico, nos telescópios de reflexão (como o de Newton).

Os telescópios de refração têm alguns defeitos, como o fato de produzirem *aberrações cromáticas*, mas, na observação de astros mais próximos da Terra, eles são adequados.

Os telescópios de reflexão são os melhores instrumentos para a observação de corpos celestes longínquos, porque, além de evitar as aberrações cromáticas, reduzem a distorção das imagens. Por isso, os enormes telescópios dos observatórios astronômicos são, preferencialmente, do tipo refletor.

O famoso telescópio espacial Hubble, que orbita a Terra a 596 km de altitude, também é um telescópio refletor: seu sistema óptico é formado por um espelho primário côncavo de 2,4 m de diâmetro e um espelho secundário de 30 cm de diâmetro.

Desde que entrou em órbita, em 1990, o Hubble já produziu diversas e belas fotografias do espaço, incluindo imagens de estrelas e galáxias extremamente afastadas de nosso planeta.

Adaptado de: Luiz Carlos Marques Silva. *Sala de Física – Como funciona: telescópio.* Disponível em: <http://br.geocities.com/saladefisica7/funciona/telescopio.htm>. Acesso em 2 abr. 2007.

O comportamento óptico de uma lente depende do material de que ela é feita e do meio em que ela está. O que veremos adiante (após o texto ao lado) é válido para lentes de vidro imersas em ar.

Com seu telescópio, *Galileu Galilei* fez algumas descobertas astronômicas, por exemplo, as luas de Júpiter (que você estudou no capítulo 8).

As *aberrações cromáticas*, que fazem as imagens parecerem borrões, resultam da dispersão dos raios luminosos ao atravessar a lente. A dispersão da luz, como você viu no capítulo anterior, é a separação da luz branca nas cores do espectro visível.

Graças ao Hubble, podemos ver o planeta Júpiter com uma riqueza de detalhes que Galileu nunca pôde experimentar. Até 2006, pelo menos, ano em que esta foto foi feita, o telescópio continuava em atividade.

Fenômenos luminosos: espelhos e lentes – CAPÍTULO 16

■ Lentes esféricas convergentes

Em uma lente esférica com bordas mais finas que seu centro, a curvatura é voltada para fora. Por isso, a lente é dita *convexa*.

Lentes convexas também são chamadas de *lentes convergentes*, porque desviam os raios luminosos paralelos que incidem sobre elas para um ponto chamado *foco*, como mostra a ilustração a seguir:

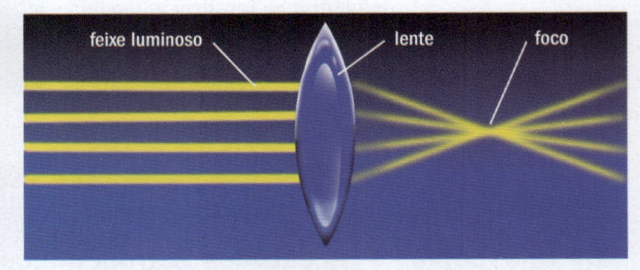

Lente convexa ou convergente. Ao atravessá-la, o feixe de luz paralelo torna-se convergente; os raios de luz convergem para o foco.

Observe na figura os tipos de lente convergente:

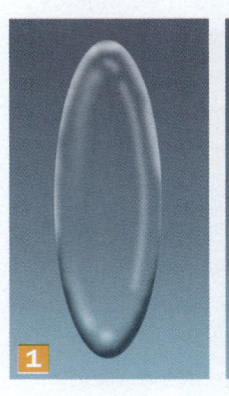

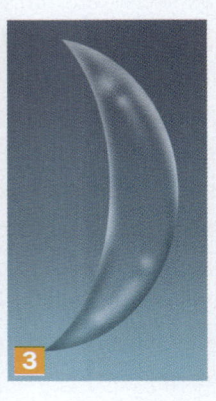

1. Biconvexas: quando possuem duas superfícies convexas.
2. Plano-convexas: quando apresentam uma superfície plana e outra convexa.
3. Côncavo-convexas: quando as duas superfícies são curvas, uma côncava e a outra convexa.

AMPLIAÇÃO Física e Química

As imagens reais

Quando você estudou os espelhos, ficou sabendo que espelhos planos conjugam imagens virtuais do objeto. Pois bem, nem sempre as imagens conjugadas por artefatos ópticos são virtuais: algumas vezes, temos *imagens reais*.

Uma imagem real é aquela que se forma efetivamente pelos raios de luz (e não por seus prolongamentos). Ela é observada, por exemplo, quando se utilizam lentes convexas, também chamadas de convergentes, e o objeto está posicionado antes do foco (F). Ao contrário das imagens virtuais, que são direitas, a imagem real é invertida, isto é, está de cabeça para baixo em relação ao objeto. Veja a seguir um esquema.

Imagens reais podem ser projetadas em anteparos, por exemplo, uma tela, caso dos filmes e *slides*.

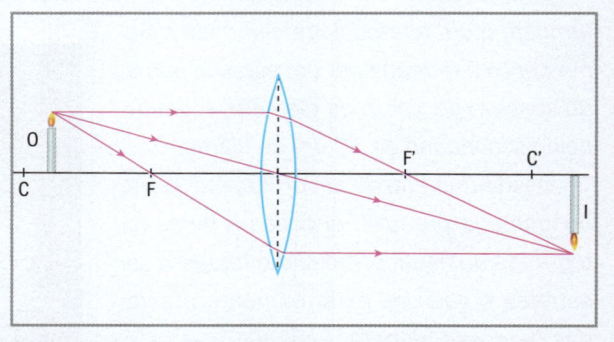

Na figura, O representa o objeto e I, sua imagem; F corresponde ao foco da lente e F' é o ponto para onde convergem os raios de luz que incidem paralelamente à lente depois de atravessarem-na; C e C' correspondem aos centros de curvatura da lente.

186 UNIDADE II – O estudo da Física

Lentes esféricas divergentes

Quando as bordas da lente esférica são mais grossas que seu centro, a curvatura da lente é voltada para dentro e ela é dita *côncava*.

Lentes côncavas também são chamadas de *lentes divergentes*, porque dispersam os raios luminosos paralelos que incidem sobre elas.

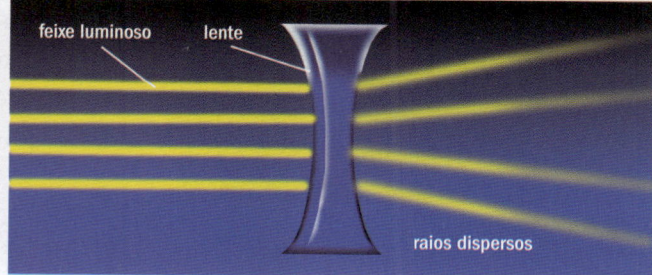

Lente côncava ou divergente. Ao atravessá-la, o feixe de luz paralelo torna-se divergente; os raios de luz afastam-se, dispersam-se.

Os prolongamentos dos raios dispersados se cruzam no *foco*, que, nesse caso, é *foco virtual*, porque está localizado não no ponto de encontro dos raios luminosos, mas no ponto de encontro do prolongamento desses raios, como mostra a ilustração:

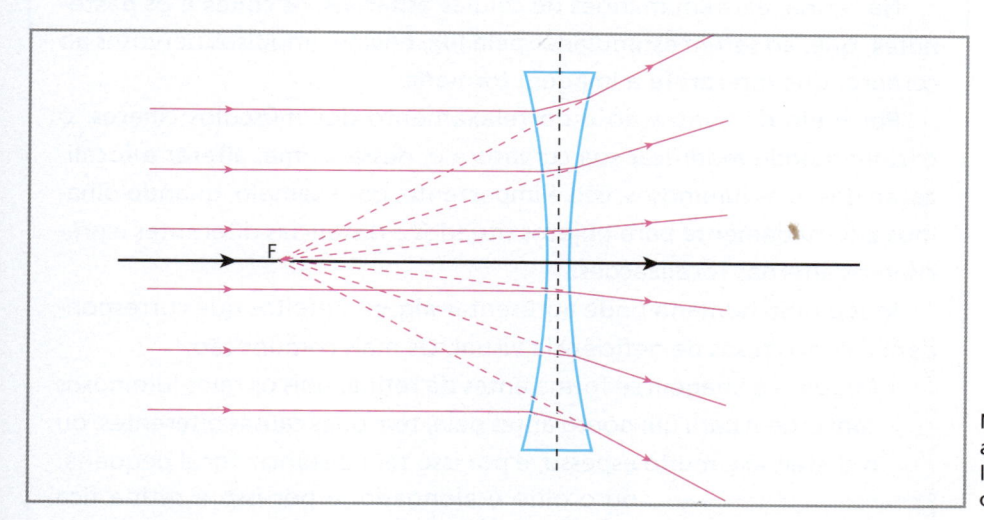

Na figura, *F* corresponde ao foco da lente, que, na lente divergente, é chamado de foco virtual.

Observe na figura os tipos de lente divergente:

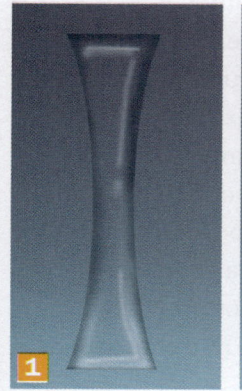

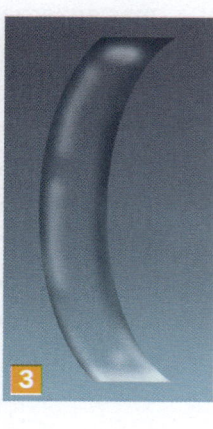

1. Bicôncavas: quando possuem duas superfícies côncavas.
2. Plano-côncavas: quando possuem uma superfície plana e outra côncava.
3. Convexo-côncavas: quando possuem duas superfícies curvas, uma convexa e outra côncava.

Fenômenos luminosos: espelhos e lentes – CAPÍTULO 16

ARTICULAÇÃO Corpo humano

O olho humano e as lentes

Uma das partes fundamentais do olho humano é o *cristalino*, corpo transparente de superfícies curvas que funciona como uma lente convergente e focaliza os raios de luz refletidos por um corpo na retina, onde se forma a imagem óptica desse corpo. Observe o esquema a seguir:

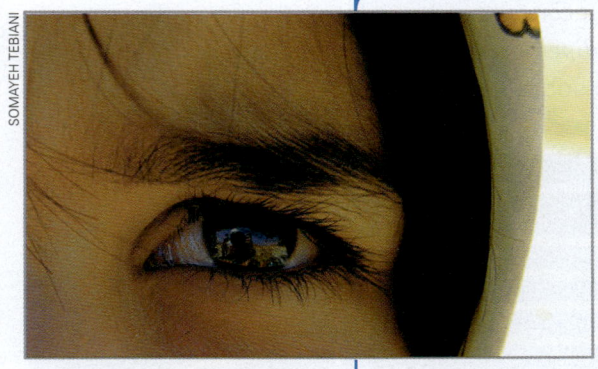

O olho humano, um exemplo de instrumento óptico.

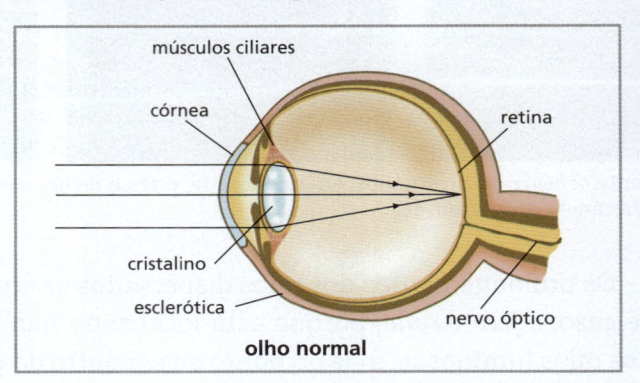

O cristalino, a retina, os músculos ciliares e outros elementos que compõem nosso globo ocular.

olho normal

Os **cones**, sensíveis à cor dos objetos, são ativados apenas por estímulos luminosos relativamente intensos. Os **bastonetes**, embora insensíveis à cor dos corpos, funcionam com estímulos luminosos de baixa intensidade e nos permitem enxergar mesmo em ambientes pouco iluminados.

Na retina, existem milhões de células especiais, os **cones** e os **bastonetes**, que, ao serem estimuladas pela luz, enviam impulsos nervosos ao cérebro, que interpreta a imagem formada.

Por meio da contração e do relaxamento dos músculos ciliares, o cristalino pode modificar sua curvatura e, dessa forma, alterar a focalização dos raios luminosos. Isso é importante, por exemplo, quando olhamos alternadamente para objetos situados a distâncias diferentes e precisamos alternar focalizações.

Mas o olho humano pode apresentar alguns defeitos que correspondem a certos tipos de deficiência visual. Os mais comuns são:

- *Miopia* – a imagem se forma antes da retina, pois os raios luminosos convergem para um ponto antes dela; tem duas causas diferentes: ou o cristalino é muito espesso, e por isso tem distância focal pequena, ou o olho é alongado, e por isso a retina fica muito distante do cristalino. Um míope não enxerga com nitidez objetos que estejam distantes, mas enxerga bem objetos próximos.
- *Hipermetropia* – a imagem tende a se formar depois da retina, o que faz com que um hipermetrope tenha dificuldade para enxergar de perto, mas tenha uma boa visão a grandes distâncias.
- *Presbiopia* ou *vista cansada* – deficiência que surge com a idade (em geral, por volta dos 40 ou 50 anos de idade) e dificulta a visão de perto. Ocorre porque, com o passar dos anos, os músculos ciliares ficam mais fracos e não conseguem

Lentes divergentes corrigem a miopia. A lente divergente refrata os raios luminosos, o que faz com que, ao atravessarem o cristalino, convirjam no ponto exato, isto é, sobre a retina.

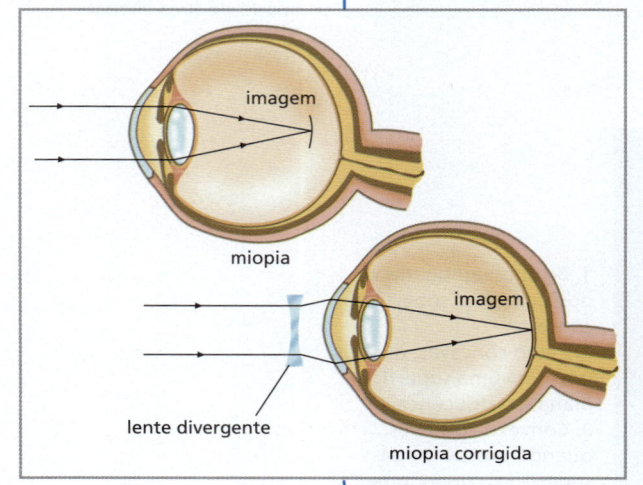

miopia

lente divergente

miopia corrigida

188 UNIDADE II – O estudo da Física

mais se contrair nem relaxar com a eficiência necessária para modificar a curvatura do cristalino.
- *Astigmatismo* – a curvatura da córnea ou do cristalino apresenta irregularidades. A correção é feita com as lentes cilíndricas, que compensam essas irregularidades.

Lentes convergentes corrigem a hipermetropia. As lentes convergentes refratam os raios luminosos, fazendo com que se fechem um pouco e se focalizem sobre a retina.

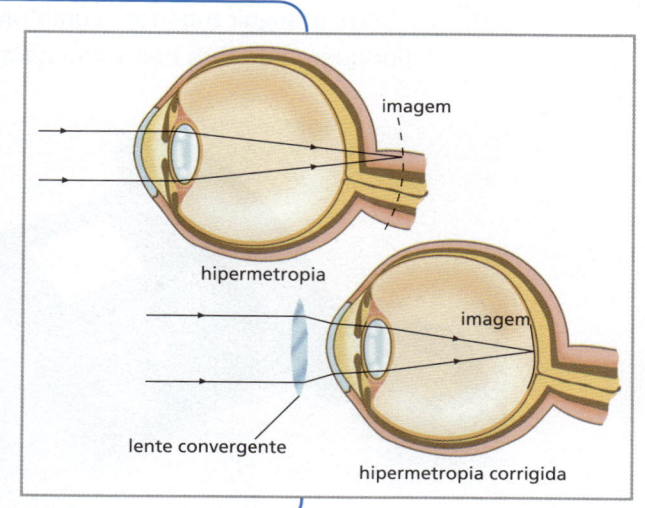

hipermetropia

lente convergente

hipermetropia corrigida

Olhe e pense

Observe a foto ao lado.

1 Com base no que você aprendeu neste capítulo, diga que fenômeno está sendo mostrado na fotografia e explique como ele acontece.

2 Se estivesse começando a chover nesse lugar no momento da realização da fotografia, o fenômeno seria o mesmo? Explique.

Verifique o que aprendeu

1 O que há em comum e qual é a diferença fundamental entre espelhos e lentes?

2 Por que se formam imagens em superfícies polidas refletoras (espelhos)?

3 O que é luz refletida difusa e qual é sua importância para nós?

4 Como é a imagem de seu rosto no espelho do banheiro (real ou virtual; direita ou invertida; simétrica ou assimétrica; reversa ou não reversa; maior, menor, ou do mesmo tamanho que seu rosto)?

5 Que tipo de espelho é uma concha de sopa de aço inoxidável bem polida? Por quê?

6 Por que o filme ou o *slide* devem ser colocados de cabeça para baixo no projetor?

Fenômenos luminosos: espelhos e lentes – CAPÍTULO 16

7 As fotos a seguir mostram como um mesmo objeto é visto por quem tem visão normal e por quem não tem boa visão para longe.

a) De acordo com o texto do capítulo, como se chama esse tipo de deficiência visual e qual é sua causa?
b) Que tipo de lente pode ser usada para corrigir esse problema?
c) Desenhe o olho de uma pessoa com esse problema e represente a formação da imagem.

8 Explique o que é hipermetropia, que lentes corrigem esse tipo de deficiência visual e como isso se dá.

9 Você conhece o ditado que diz: "À noite, todos os gatos são pardos"? Pensando em como funcionam as células de nossa retina (cones e bastonetes), responda qual é o significado literal (isto é, ao pé da letra) dessa frase.

A palavra é sua

Espelhos cilíndricos conjugam imagens deformadas de objetos ou pessoas. Se o espelho for cilíndrico e côncavo, a pessoa se vê mais alta e magra (ou "fina"), mas, se ele for cilíndrico convexo, ela se verá mais baixa e gorda (ou "larga").

1 Você sabe o que é anorexia nervosa? Se não souber, faça uma pesquisa rápida e responda: Por que a fotografia ao lado está sendo usada para representar essa doença?

2 O que é mais importante, o que somos na realidade ou a imagem que acreditamos ter?

3 Mais importante que a imagem é a manutenção da saúde do corpo, o que requer que se ponham em prática alguns hábitos. Que hábitos de vida são importantes para a saúde corporal?

Esta fotografia, produzida com o auxílio de um espelho cilíndrico convexo, representa a autoimagem de uma garota que sofre de anorexia nervosa. Essa representação procura mostrar como uma pessoa com essa doença veria a própria imagem em um espelho comum (plano).

17 Os ímãs e o magnetismo

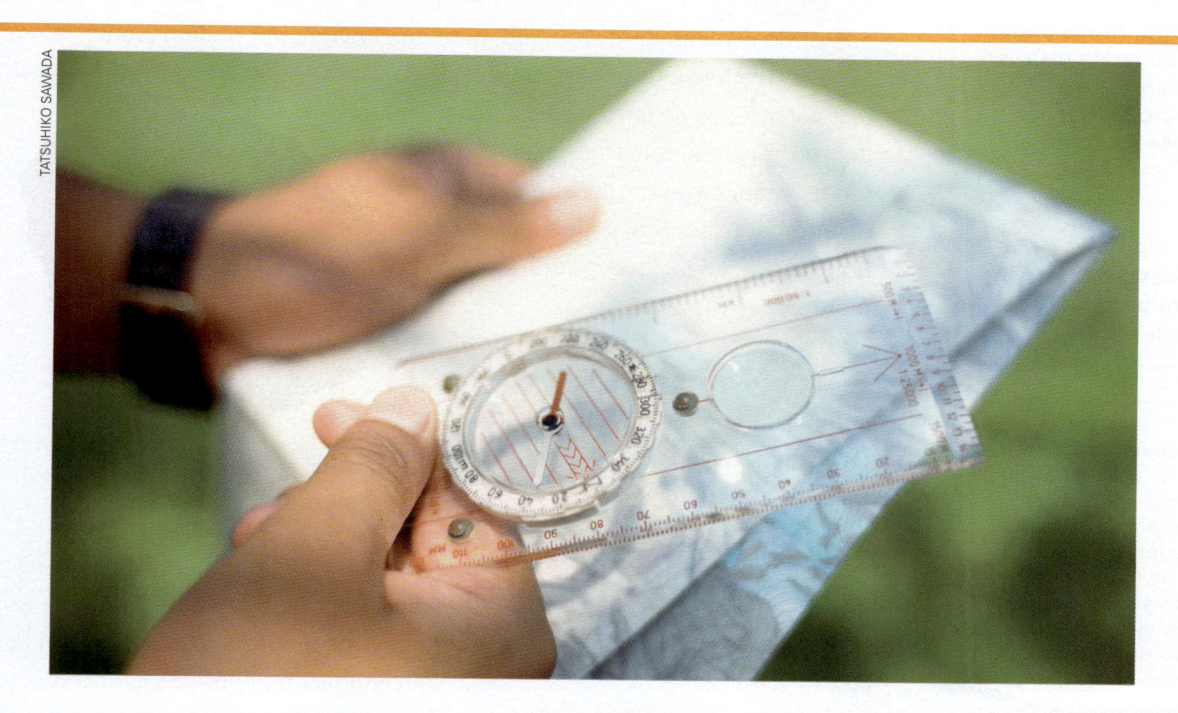

As bússolas são fundamentais para quem está "perdido", por exemplo, em uma trilha na mata. Com uma delas e um mapa, é possível descobrir qual o melhor rumo para chegar a um destino determinado. A agulha de uma bússola é um *ímã*, material dotado de *magnetismo*. Muito além das bússolas, porém, o magnetismo está presente em várias situações de nossa vida. Você conhece pelo menos uma delas? Responda em seu caderno.

O que é magnetismo?

Os *ímãs* têm a interessante propriedade de atrair objetos de metal, como clipes, grampos e alfinetes. Isso, porém, não acontece com quaisquer metais: apenas com objetos de ferro, níquel e cobalto ou de ligas desses metais. Metais como a prata, o cobre, o alumínio e o chumbo, por exemplo, não são afetados pela **atração magnética**.

Magnetismo, portanto, é a propriedade dos ímãs de exercer atração magnética sobre certos materiais metálicos.

Atração magnética ou força magnética (que você conheceu no capítulo 6) é a força de atração exercida por um ímã sobre certos materiais metálicos.

Os ímãs atraem metais como o ferro e o aço, mas não atraem alumínio ou materiais não metálicos.

Os ímãs e o magnetismo – CAPÍTULO 17 **191**

> > > **CONEXÃO História** < < <

A descoberta dos ímãs

Muito provavelmente é uma lenda. Mas o que se conta é que, certo dia, na Antiguidade, em uma região denominada **Magnésia**, na Ásia Menor, um pastor de ovelhas observou que, num dos lugares por onde passava, a ponta de seu cajado e os pregos de seus sapatos – todos de ferro – eram atraídos por alguma coisa no chão. Ele teria, então, cavado o local em que o fenômeno ocorria e descoberto uma pedra negra que atraía fortemente o ferro.

A história pode ser inventada, mas a pedra existe de fato, e ficou conhecida como magneto, numa referência a Magnésia. Trata-se de um ímã natural, a **magnetita**.

> **Magnésia**, que, naquela época, fazia parte do mundo grego, ficava onde atualmente está localizada a Anatólia, que faz parte da Turquia.

> A **magnetita** é um minério de ferro com propriedades magnéticas.

Magnetita. Amostra da Coleção do Colégio Santa Maria, São Paulo, SP.

Esta agulha magnética é feita de aço e está apoiada em uma ponta de aço muito polida, para que possa girar livremente. A data de fabricação desse objeto é desconhecida, mas ele foi incorporado ao Museu da Universidade de Coimbra em 1773.

Em antigos textos chineses e egípcios também existem referências aos magnetos ou ímãs. Por exemplo, o uso de agulhas magnéticas como indicadoras de rumo (origem das bússolas) parece ter surgido entre os chineses, muitos séculos antes da era cristã. Na Europa, tal prática só chegou no século XII d.C., levada pelos árabes, que utilizavam agulhas magnéticas na navegação.

A força de atração de um ímã pode atravessar outros materiais. Por exemplo, materiais que não sofrem atração magnética, como o papel, a madeira, o vidro e o plástico, quando colocados entre um ímã e um objeto metálico, podem ser atravessados pela força magnética.

Isso, porém, dependerá da espessura do material, porque a força magnética de um ímã diminui com a distância. Assim, quanto mais grosso o material colocado entre o ímã e o objeto metálico, menor a ação magnética do ímã sobre o objeto.

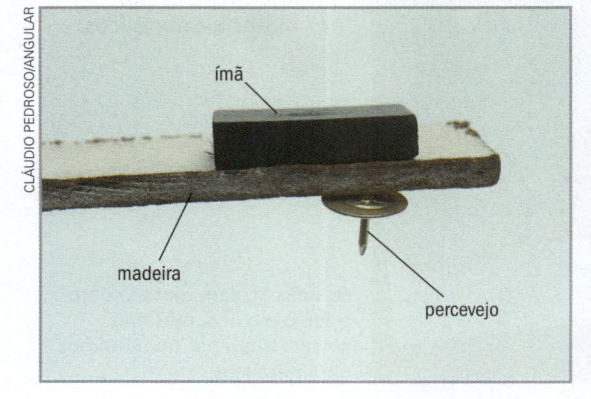

Um pedaço de madeira colocado entre um ímã e um percevejo de metal não impede que este seja atraído pelo ímã. Mas, se a madeira fosse mais espessa, aumentando a distância entre o percevejo e o ímã, talvez isso não acontecesse, porque a força magnética de um ímã diminui com a distância.

192 UNIDADE II – O estudo da Física

PORTAL Brasil pesquisa

Terapia magnética

Uma nova terapia, com base **nanotecnológica** e eficiência superior a 90%, está em desenvolvimento na Universidade de Brasília (UnB) e promete ser uma nova arma contra o câncer. Usando partículas magnéticas não tóxicas, como a maghemita (minério de ferro semelhante à magnetita), com um tamanho máximo de 20 **nanômetros**, os pesquisadores conseguem direcionar drogas anticancerígenas às células tumorais por meio de ímãs, além de mantê-las no local devido.

Segundo o coordenador da pesquisa, o físico Paulo César de Morais, do Instituto de Física da UnB, a técnica permite manipular externamente a droga ou arrastá-la para o local do tumor usando ímãs. A droga é transportada dentro de um tipo de vesícula ou bolsa – formada por membranas similares às membranas das células –, que também carrega em seu interior a partícula magnética.

A equipe também emprega outro sistema: cápsulas formadas por nanopartículas magnéticas, imersas em materiais biocompatíveis (isto é, compatíveis com tecido vivos) e biodegradáveis, transportam a droga no seu interior. A vantagem desse segundo sistema é que ele pode ser secado e armazenado para utilizações futuras, ao contrário do primeiro, que deve ser usado assim que é preparado.

A técnica poderá ser útil contra alguns tipos de câncer – de pele, bexiga, próstata, por exemplo – em que o acesso é mais fácil.

Adaptado de: Fred Furtado. *Ciência Hoje*. Rio de Janeiro: SBPC, jan./fev. 2007, n. 234.

Nanotecnologia é um conjunto de técnicas baseadas no conhecimento acumulado de vários ramos da Ciência cujo objetivo é a manipulação da matéria em nível atômico. Considera-se que as bases dessa nova área tenham sido lançadas em uma palestra realizada em 1959, pelo físico Richard Feynman, na qual ele sugeriu que, no futuro, os átomos poderiam ser manipulados para a criação de novos materiais.

O prefixo nano- vem do grego *nánnos* e significa 'excessiva pequenez'. No SI, colocado diante de uma unidade de medida, equivale à bilionésima parte da unidade indicada. Por exemplo, um **nanômetro** (ou nanometro) corresponde à bilionésima parte do metro; um nanograma equivale a um bilionésimo do grama, e assim por diante. As partículas com tais dimensões são conhecidas como nanopartículas.

Os polos de um ímã

Observe a foto.

As partículas de ferro atraídas por um ímã em barra ligam-se principalmente às extremidades da barra.

A força de atração magnética de um ímã é maior nas extremidades do que em sua porção intermediária. É por isso que, quando passamos um ímã sobre limalhas de ferro (ou outras partículas metálicas), elas se ligam preferencialmente a essas regiões, que recebem o nome de *polos* do ímã.

Os polos de um ímã estão relacionados aos polos terrestres. Observe a foto.

Se suspendermos um ímã em barra horizontalmente pelo centro – por exemplo, amarrando um barbante no meio dele –, de modo que ele possa girar livremente, observamos que o ímã permanece orientado na direção norte–sul da Terra, com um de seus polos apontado para o norte geográfico do planeta e o outro apontado para o sul geográfico. E, se o girarmos, invertendo seu sentido, verificamos que o ímã volta à posição anterior.

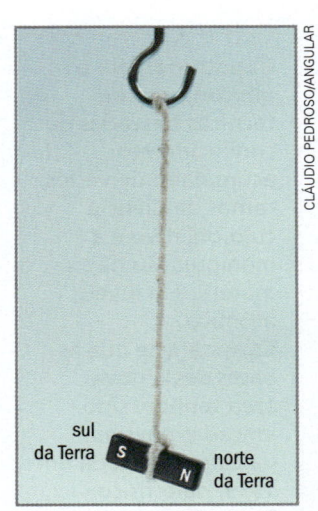

Assim, determinou-se por convenção que o polo do ímã que aponta para o norte geográfico da Terra seria o *polo norte do ímã (N)*. E que o polo que aponta para o sul geográfico seria o *polo sul do ímã (S)*.

■ Relações entre os polos dos ímãs

Se aproximarmos o polo norte de um ímã do polo norte de outro ímã, observaremos um movimento de repulsão entre eles, isto é, os dois ímãs se afastarão um do outro. Se, ao contrário, aproximarmos o polo sul do segundo ímã do polo norte do primeiro, haverá atração entre ambos.

Podemos resumir os resultados desse experimento com ímãs assim:
- polos iguais (ou de mesmo nome) se repelem;
- polos opostos (ou de nomes diferentes) se atraem.

Ou então, como é mostrado no quadro a seguir:

Repulsão	Atração
N ← → N	N → ← S
S ← → S	S → ← N

O polo norte do ímã aponta sempre para o norte geográfico da Terra.

EXPERIMENTE

Consiga dois ímãs em barra e repita o que está descrito no texto ao lado. Observe na prática o que ocorre.

A agulha magnética gira livremente em torno de um eixo vertical que fica no centro de um círculo onde estão indicados os pontos cardeais. A ponta colorida da agulha, que corresponde ao polo norte do ímã, aponta sempre para o polo norte geográfico da Terra.

■ Polos magnéticos × polos geográficos

A Terra pode ser considerada um ímã gigantesco, pois também possui dois polos magnéticos: o norte e o sul. É por isso que um ímã que pode girar livremente se orienta sempre na direção norte–sul do planeta. Ele é atraído pelos polos terrestres.

Entretanto, como acabamos de ver, polos magnéticos iguais se repelem e polos magnéticos opostos se atraem. Então:

- se o polo norte do ímã aponta para o norte geográfico da Terra é porque nessa região do planeta está localizado seu polo sul magnético;
- se o polo sul do ímã aponta para o sul geográfico da Terra é porque nessa região está localizado seu polo norte magnético.

Portanto, ao polo norte geográfico da Terra corresponde o seu polo sul magnético e ao polo sul geográfico corresponde o polo norte magnético do planeta.

Essa relação entre os polos de um ímã e os polos do planeta Terra é a base para a construção das bússolas, instrumentos utilizados na orientação geográfica, por exemplo, por quem caminha em trilhas na mata ou por navegadores em alto-mar.

194 UNIDADE II – O estudo da Física

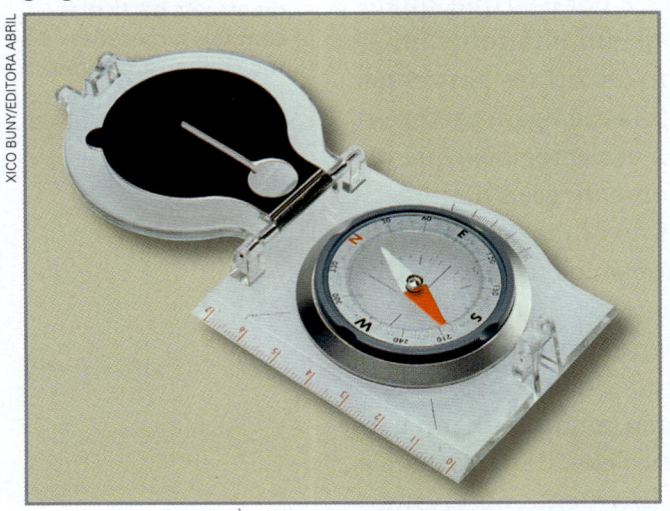

> > > CONEXÃO Geografia < < <

Os eixos da Terra e os polos

Vimos que os polos magnéticos e os polos geográficos da Terra são invertidos. Mas não é só isso: o eixo de rotação da Terra não coincide com seu eixo magnético, pois os polos geográficos e os polos magnéticos da Terra não coincidem.

Veja a ilustração ao lado: o polo sul magnético está localizado a cerca de 1 300 km do polo norte geográfico, e o polo norte magnético está localizado a cerca de 1 253 km do polo sul geográfico.

É interessante observar que os polos geográficos são praticamente fixos, mas os polos magnéticos estão sempre se deslocando. Em 1904, o polo magnético sul estava distante 770 km de sua posição atual.

Acredita-se que o campo magnético da Terra se deva ao movimento dos **metais** fundidos em seu interior. Esse movimento deve ser responsável também pelas mudanças de posição dos polos magnéticos.

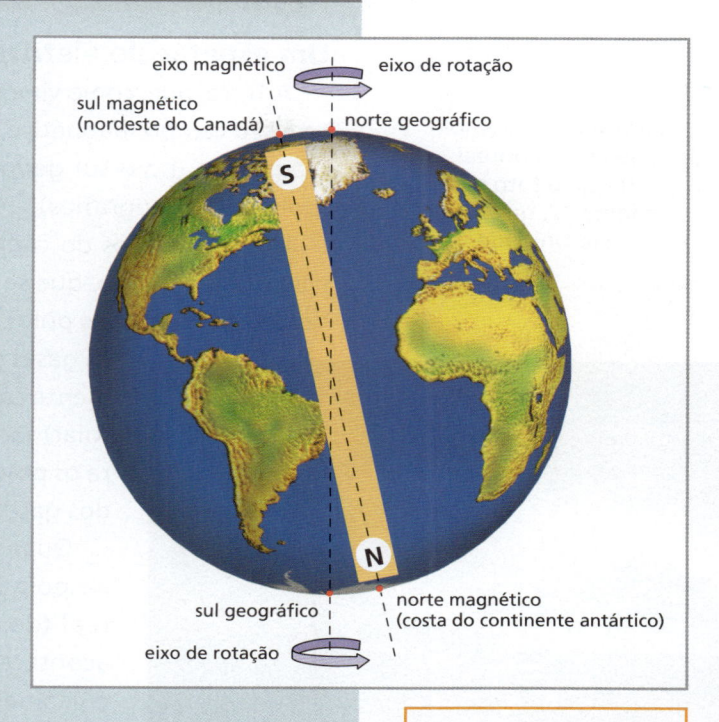

Como foi estudado no 6º ano (antiga 5ª série), o núcleo da Terra é composto principalmente de ferro e níquel, ambos **metais** magnéticos.

■ Campo magnético de um ímã

A foto ao lado mostra um ímã em barra sobre o qual se colocou um papel com limalhas de ferro. O ímã magnetiza cada limalha que, então, se alinha em relação a ele. Organizam-se assim linhas que vão de um polo a outro do ímã.

Essas linhas, chamadas de *linhas de força*, fazem parte do *campo magnético* do ímã, isto é, da região na qual a ação magnética se manifesta – ação essa que diminui com o aumento da distância em relação ao ímã.

É importante saber que, embora na foto o campo magnético do ímã pareça plano e subdividido em linhas, ele é tridimensional e contínuo. É difícil construir uma configuração tridimensional completa do campo magnético usando as limalhas, mas é possível dar uma pequena ideia dela, como mostra a foto da página 193.

Linhas de força do campo magnético de um ímã em barra.

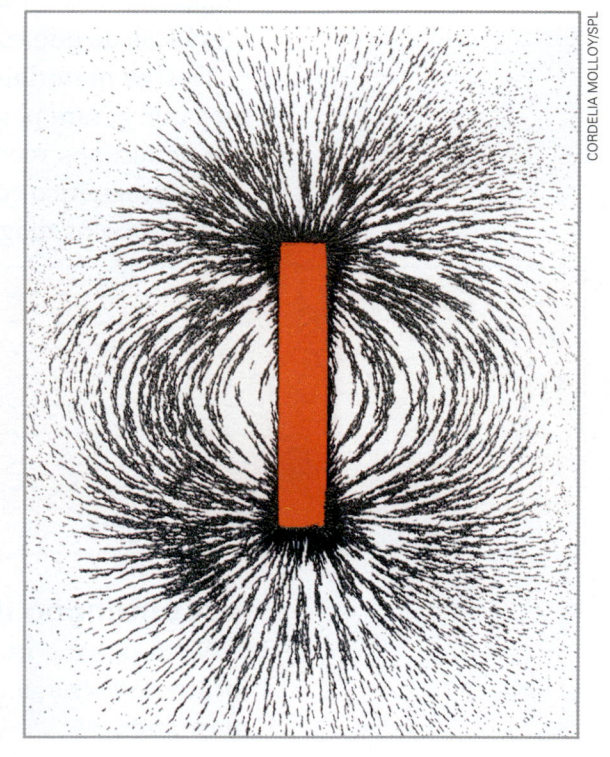

Os ímãs e o magnetismo – CAPÍTULO 17

Para ver um exemplo de aurora boreal, reveja a foto da página 47, que abre esta Unidade.

> **AMPLIAÇÃO Física e Química**
>
> ### Um espetáculo eletrizante
>
> A Terra, que, como vimos, funciona como um gigantesco ímã, também tem seu campo magnético, com linhas de força que saem do polo norte magnético (polo sul geográfico) e se dirigem ao polo sul magnético (polo norte geográfico).
>
> Um dos efeitos do campo magnético da Terra é a chamada *aurora polar*. O fenômeno, que se caracteriza como um intenso brilho colorido no céu próximo aos polos, resulta da colisão de partículas solares com os gases da atmosfera terrestre. As partículas eletricamente carregadas que vêm do Sol (do chamado vento solar) são levadas pelo campo magnético da Terra para os polos do planeta, onde colidem com as partículas dos gases atmosféricos, provocando a emissão de luz.
>
> Quando a aurora polar acontece na região próxima ao polo norte geográfico, é chamada de aurora boreal (do latim *boreale*, 'do lado do norte'); quando acontece na região próxima ao polo sul geográfico, é chamada de aurora austral (do latim *australe*, 'do lado do sul').

Aurora austral na região antártica, perto do polo sul geográfico da Terra. Imagem capturada do ônibus espacial Discovery.

A constituição dos ímãs

Vimos que o magnetismo manifesta-se apenas em determinados materiais metálicos, mais comumente o ferro, o níquel, o cobalto e certas ligas metálicas de que esses metais participam. Mas como isso acontece?

Nesses materiais, conhecidos como *ferromagnéticos*, há grupos de átomos que geram pequenos campos magnéticos em torno de si. Esses grupos de átomos recebem a denominação de *domínios magnéticos*. Um domínio magnético comporta-se como um ímã microscópico, que tem seus próprios polos magnéticos norte e sul.

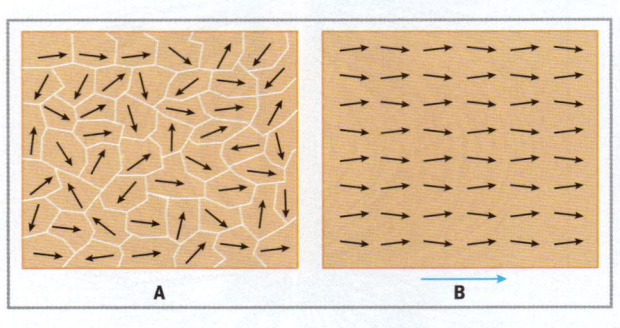

Observe as figuras ao lado:

Na figura A, que representa, por exemplo, uma barra de ferro comum (isto é, não magnetizada), os domínios magnéticos estão distribuídos aleatoriamente, ou seja, em desordem. Na figura B, a barra já foi magnetizada e os domínios magnéticos estão alinhados numa direção preferencial. É isso que torna a barra um ímã.

■ A obtenção de novos ímãs

Você já sabe que os ímãs podem ser encontrados na natureza, na forma de rocha, a magnetita. Esses são os ímãs naturais, que são ímãs permanentes.

Mas muitos dos ímãs que usamos são artificiais. Eles podem ser produzidos pelo processo denominado **imantação**. Entretanto, somente os materiais ferromagnéticos podem ser imantados ou magnetizados.

Um dos processos mais comuns de imantação é a *imantação por contato*: encosta-se um ímã num pedaço de material ferromagnético – ou em objetos feitos com esse material, como, por exemplo, agulhas de costura, tesouras, lâminas de barbear, pregos, chaves de fenda –, que, então, adquire propriedades magnéticas. Cessado o contato, a tendência é a perda do magnetismo. Em alguns casos, no entanto, pode persistir um magnetismo residual.

Quando o magnetismo do material imantado dura apenas certo tempo, temos um *ímã temporário*; é o caso dos ímãs produzidos a partir de ferro doce (ferro praticamente puro). Ao contrário, quando o magnetismo se conserva por longo tempo, temos um *ímã permanente*; é o que acontece com ímãs produzidos com o aço e o ferrite (uma cerâmica especial).

Também é possível produzir ímãs temporários por atrito, isto é, atritando-se materiais ferromagnéticos com um ímã permanente.

■ A imantação por corrente elétrica

Quando uma corrente elétrica percorre um fio condutor, surge um campo magnético em torno dele. Se esse fio estiver enrolado, constituindo uma **bobina elétrica**, e envolver uma barra de ferro, esta será magnetizada graças ao campo magnético gerado pela corrente.

Esse fenômeno, chamado de *imantação por corrente elétrica*, é aplicado na construção de eletroímãs, como, por exemplo, os guindastes eletromagnéticos, entre outras **aplicações práticas**.

Se a corrente elétrica pode produzir campos magnéticos, o magnetismo também afeta as cargas elétricas. Você saberá mais sobre isso no próximo capítulo.

> **Imantação** é o processo utilizado para a obtenção de um ímã a partir de um material ferromagnético.

> Uma **bobina elétrica**, também chamada de solenoide, é um fio condutor de eletricidade enrolado em espiral (com muitas voltas em torno de um eixo). Quando a corrente elétrica percorre o fio, um campo magnético surge no interior da bobina.

> Outras **aplicações práticas** dos eletroímãs: telefone, campainhas, motores elétricos em geral, instrumentos de medidas elétricas e trens que levitam e se locomovem sob a ação de eletroímãs.

Os guindastes eletromagnéticos são usados na separação e no transporte de objetos metálicos ferromagnéticos. Uma gigantesca peça de ferro é magnetizada por corrente elétrica e atrai tais objetos. Se a corrente elétrica é interrompida, o campo magnético desaparece e cessa a atração magnética, o que faz com que os objetos se soltem.

Um motor em corte. Um dos eletroímãs que fazem parte do motor está visível (em azul).

Os ímãs e o magnetismo – CAPÍTULO 17   **197**

ARTICULAÇÃO Seres vivos

Pombo-correio se orienta pelo campo magnético da Terra

Os pombos-correios se orientam graças ao campo magnético da Terra e não por informações olfativas ou visuais, indica estudo publicado pela revista Nature, que chama a atenção para a existência de magnetita no bico das aves.

Segundo a pesquisa, esse "ímã natural" permite aos pombos ter uma percepção magnética dos percursos e cobrir grandes distâncias sem se perderem, regressando depois ao ponto de partida.

Campo magnético

No seu trabalho de pesquisa, a equipe do professor Cordula Mora, da Universidade da Carolina do Norte, Estados Unidos, conseguiu provar que os pombos são sensíveis ao campo magnético da Terra.

Numa experiência, os pombos-correios foram colocados num túnel de madeira, em que uma bobina elétrica móvel, presa à parede externa, produzia um campo magnético. As aves se dirigiam para uma das saídas do túnel se o campo magnético era perturbado, e para a outra no caso contrário.

Quando os pesquisadores colocavam um ímã no bico dos pombos, a capacidade deles de se orientar era afetada. O mesmo efeito podia ser observado quando se anestesiava o bico das aves.

Segundo os especialistas, o experimento demonstrou que os pombos realmente se orientam pelo campo magnético. Além disso, os pesquisadores realizaram procedimentos complementares que confirmaram que outras variáveis – como os cheiros do ar (hipótese olfativa) ou a posição do Sol e das estrelas (hipótese visual) – não têm nenhuma influência na orientação das aves no regresso ao seu ponto de partida.

Adaptado de: *Folha Online*, 25 nov. 2004. Disponível em: <www1.folha.uol.com.br/folha/ciencia/ult306u12682.shtml>. Acesso em 8 maio 2007.

O pombo-correio, ave utilizada como mensageiro. A existência de partículas magnéticas (magnetita) no bico dessas aves já era conhecida desde a década de 1970.

Consulte um dicionário sempre que encontrar uma palavra nova, ou quando tiver dúvida sobre o significado de um termo.

Olhe e pense

Com base no que aprendeu neste capítulo sobre os ímãs, explique o que está acontecendo na primeira e na segunda situação mostradas nas fotos. Justifique sua resposta.

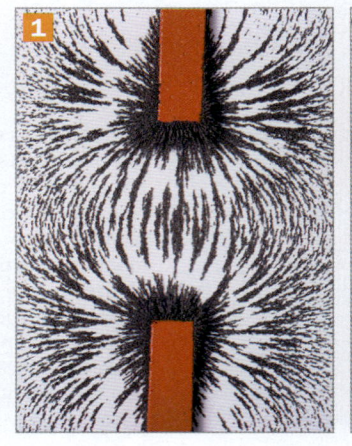

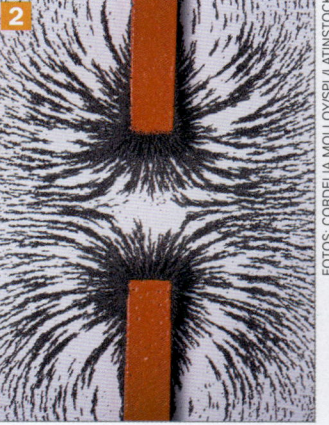

1. Um par de ímãs com limalhas de ferro indicando a área de ação de seus campos magnéticos.
2. O mesmo par de ímãs em outra situação, mas ainda com limalhas de ferro indicando a área de ação de seus campos magnéticos.

Verifique o que aprendeu

1 Por que os ímãs também são chamados de magnetos?

2 Quando jogamos limalha de ferro sobre um ímã em barra, o material se concentra preferencialmente nas extremidades do magneto. Por que isso acontece?

3 Se aproximarmos perpendicularmente um prego da região central de um ímã em barra, provavelmente ele não será atraído. Por quê?

4 Em portas de geladeira, é comum a utilização de enfeites que têm ímãs no verso. Por que são usados ímãs nesses enfeites?

5 Os ímãs também são usados para fixar bilhetes ou fotografias a quadros de avisos metálicos. Quando se trata, porém, de prender ao quadro cartões mais grossos, como os cartões-postais, eles escorregam facilmente. Explique o porquê disso.

6 Quando suspendemos um ímã pelo centro, ele oscila até permanecer na direção norte–sul da Terra.
  a) Por que isso acontece?
  b) Como se chama o polo do ímã que se volta para o polo norte geográfico?

7 O polo norte magnético da Terra corresponde ao seu polo sul geográfico. E o polo sul magnético corresponde ao polo norte geográfico. Explique como se chegou a essa conclusão.

8 Se uma agulha magnética (como a agulha de uma bússola), suspensa pelo centro, for levada para um dos polos magnéticos da Terra, ela ficará na posição vertical. Por quê?

9 Como uma barra de ferro comum pode se tornar um ímã? Explique o que acontece no interior da barra.

10 Os ímãs, além de fixarem os enfeites à porta da geladeira, estão presentes em pelo menos mais dois pontos desse eletrodoméstico. Quais são eles?

A palavra é sua

1 Providencie dois ímãs em barra e alguns grampos soltos de grampeador.
  a) Espalhe os grampos sobre uma folha de papel e passe um ímã na parte inferior da folha, levando-o de um lado para outro. O que ocorre?
  b) Deixe um dos ímãs sobre a folha de papel e passe o outro por baixo da folha. O que acontece?
  Explique no caderno o que você observou. Troque ideias com os colegas sobre as atividades desenvolvidas.

Os ímãs e o magnetismo – CAPÍTULO 17

2 Leia o texto abaixo:

Praticando Física

Em geral os objetos metálicos ao nosso redor possuem algum grau de magnetização. Um arquivo de escritório, um refrigerador ou mesmo uma lata de comida em conserva na prateleira do armário possuem polos norte e sul induzidos pelo campo magnético terrestre. Uma bússola magnética perto desses objetos, posicionada acima deles, pode mostrar se isso é verdade: o polo norte da agulha da bússola deve apontar para as partes superiores desses objetos, e o polo sul para as partes inferiores. O que indica que esses objetos são ímãs, possuindo um polo sul na parte superior e um polo norte na parte inferior. Você pode descobrir que mesmo latas de conserva que estiveram por muito tempo em sua despensa, na posição vertical, estão magnetizadas. Invertendo a posição vertical delas, é possível verificar quantos dias leva para que seus polos também se invertam!

Adaptado de: Paul G. Hewitt. *Física conceitual*. 9. ed. São Paulo: Artmed, 2002.

a) Tente encontrar em sua casa objetos que possam estar magnetizados e, se possuir uma bússola, faça o teste para a comprovação. Anote os resultados.

b) Apresente esses resultados a seus colegas e ouça a apresentação deles. Discuta com eles o que vocês descobriram.

Pratique Ciências

Faça o seu eletroímã

Material

✔ um prego de ferro relativamente longo (cerca de 7 cm) e grosso;
✔ pedaço de fio de cobre encapado, de cerca de dois metros (o suficiente para cobrir o prego e deixar duas pontas livres);
✔ pilha nova;
✔ fita isolante;
✔ suporte de pilha (opcional).

Como fazer

1 Deixando uma ponta do fio livre, enrole-o no prego como mostra a foto. Quanto mais voltas forem dadas, melhor; por isso, aproxime bem as voltas. Quando terminar, prenda o fio com a fita isolante, para que ele não desenrole. Deve sobrar outra ponta livre do fio (veja a foto).

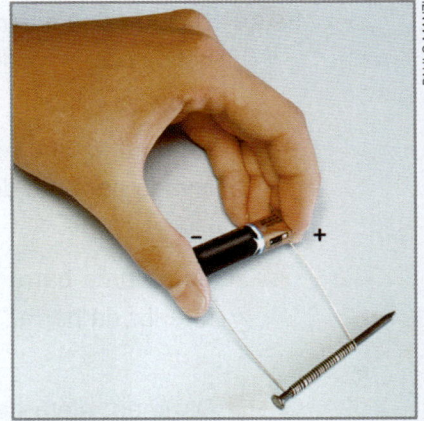

As duas extremidades do prego (a cabeça e a ponta) devem ficar desencapadas.

2 Desencape as duas extremidades do fio.
3 Encoste-as nos polos positivo e negativo da pilha e fixe-as com a fita isolante (se usar um suporte de pilha é só colocar cada ponta do fio conectada às entradas do suporte).
4 Arranje alguns objetos pequenos de metal (clipes, alfinetes, grampos de grampeador) e aproxime-os das extremidades descobertas do prego.

1 O que aconteceu? Explique.

2 Agora experimente tirar uma das extremidades do fio da pilha, desligando o seu eletroímã. O que aconteceu? Explique.

18 A eletricidade

Relâmpagos riscam o céu antes de um temporal.

Os temporais, que fazem o céu se iluminar com os relâmpagos e o ar se encher com o som das trovoadas, são um belo espetáculo da natureza, você não acha?
O que são raios, relâmpagos e trovões? Como eles surgem?
Qual a relação entre eles e a eletricidade, o tema deste capítulo?

Eletricidade: alguns conceitos

Se você nunca brincou com isto, aproveite a oportunidade: esfregue uma caneta de plástico na roupa em um único sentido e aproxime-a de pedacinhos de papel picado. O que acontece?

Experimentos como o que você acabou de fazer estão na base da história da *eletricidade*. Observações de fenômenos semelhantes levaram à conclusão de que alguns materiais, ao serem atritados, ficam *eletrizados*, isto é, adquirem *carga elétrica*.

■ A eletrização de um corpo

Para entender melhor como isso acontece, acompanhe a descrição de outros experimentos que você pode realizar facilmente.

Primeiro experimento: Duas bolinhas de plástico são penduradas por um fio fino num suporte; elas não tocam em nada e estão a uma pequena distância uma da outra. Ambas são então atritadas com um pedaço de flanela por alguns instantes. O resultado é que as bolinhas se afastam uma da outra.

Segundo experimento: Atrita-se um bastão de vidro com a flanela por alguns instantes; separadamente, atrita-se também uma das bolinhas. Aproxima-se o bastão da bolinha que foi atritada (tomando-se o cuidado de não encostar um no outro). O resultado é que o bastão e a bolinha se atraem mutuamente.

Essa forma de eletrização de materiais é chamada de *eletrização por atrito*. No primeiro experimento, os materiais eletrizados se repelem; por isso, considera-se que adquiriram a mesma carga elétrica. No segundo, eles se atraem; por isso, considera-se que adquiriram cargas elétricas diferentes.

Há, portanto, dois tipos de carga: *carga positiva* e *carga negativa*. Os materiais eletrizados, por sua vez, são chamados, respectivamente, de positivamente carregado e negativamente carregado.

Hoje se sabe que, quando dois materiais são atritados, um deles perde **elétrons**, que passam para o outro. Por isso, ambos ficam "eletrizados", mas o que ganhou elétrons fica negativamente carregado, enquanto o que cedeu elétrons fica positivamente carregado.

Cargas elétricas de sinais contrários se atraem (como os polos opostos de um ímã), e cargas elétricas de mesmo sinal se repelem (como os polos iguais de um ímã). Logo, há atração entre corpos eletrizados com cargas elétricas de sinais diferentes e repulsão entre aqueles que têm cargas elétricas de mesmo sinal.

Agora acompanhe estes outros experimentos:

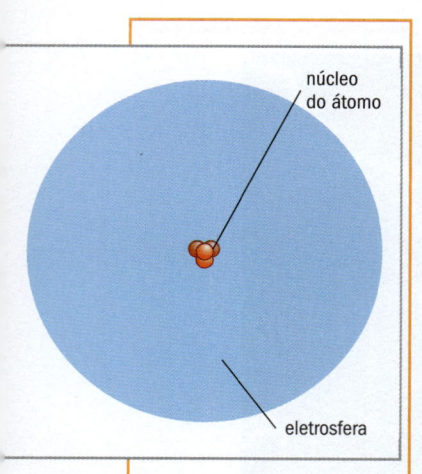

Como você já sabe, a matéria é constituída por partículas de tamanho muito reduzido, os *átomos*, que são constituídos de *núcleo* – região central onde estão os prótons, partículas de carga elétrica positiva – e *eletrosfera* – região em torno do núcleo onde estão os **elétrons**, partículas de carga elétrica negativa. (Os elementos representados na figura não estão em escala e as cores são apenas ilustrativas.) No próximo capítulo, que dá início à Unidade III, você vai estudar os átomos mais detalhadamente.

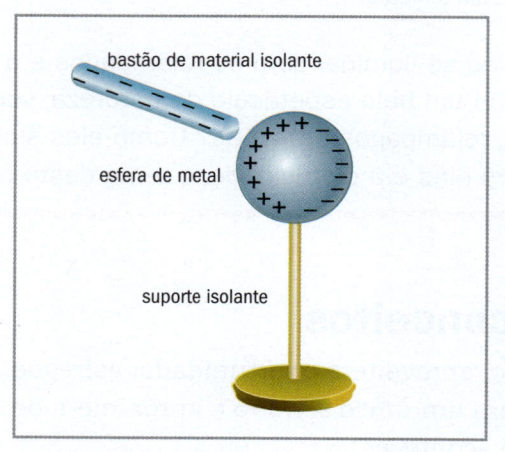

Um bastão negativamente carregado é aproximado de uma esfera metálica, sem tocá-la. Os elétrons da esfera que estão mais perto do bastão são repelidos e deslocam-se para o lado oposto (dizemos então que houve uma *polarização* das cargas elétricas da esfera). Se o bastão for afastado, as cargas elétricas voltam a se distribuir pelo corpo e a polarização deixa de existir.

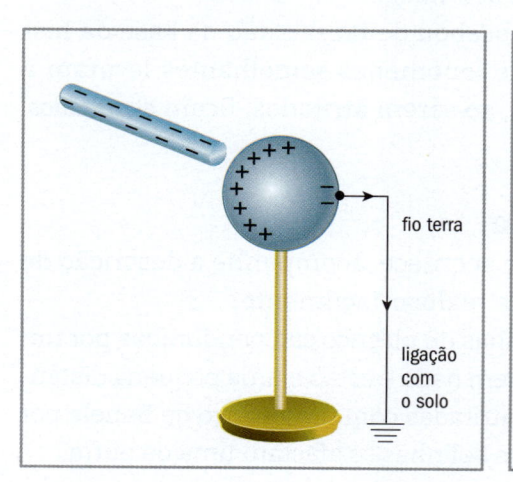

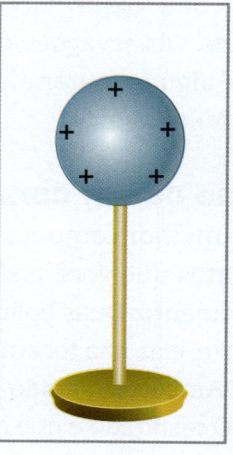

A esfera é ligada ao solo por um fio metálico, chamado de *fio terra*. Alguns elétrons da esfera passam então para o solo através do fio. Se, em seguida, o fio for retirado e, depois disso, o bastão for afastado, os elétrons não podem voltar, e a esfera fica positivamente carregada.

202 UNIDADE II – O estudo da Física

De modo geral, quando aproximamos um corpo eletrizado de um corpo neutro, as cargas deste último sofrem uma polarização e, se esse corpo estiver ligado à terra, ele poderá ficar eletricamente carregado. A eletrização de um corpo sem que ele seja tocado é chamada de *eletrização por indução*.

História da Ciência

Atração elétrica

Os gregos antigos parecem ter sido os primeiros a dar importância à eletricidade. Relatos escritos atribuem ao filósofo Tales de Mileto (c. 640-562 a.C.) a observação de que um pedaço de âmbar atritado em pele de animal curtida adquiria a propriedade de atrair corpos leves (penas, palha, etc.).

Naquela época (século VI a.C.), os gregos já conheciam a atração magnética; no caso do âmbar, porém, a atração não podia ser atribuída ao magnetismo, pois os materiais utilizados – âmbar e pelica – não eram ferromagnéticos.

A causa da atração exercida pelo âmbar foi então relacionada a outro agente, que muitos séculos depois recebeu o nome de *eletricidade*, termo que deriva do grego *élektron* ('âmbar'). O autor dessa denominação foi o inglês William Gilbert, que fez vários experimentos com eletricidade e magnetismo, mas não chegou a elucidar a relação entre os fenômenos elétricos e magnéticos (veja adiante, neste capítulo), que só ficou clara no século XIX.

Gravura representando William Gilbert (1544-1603), médico da rainha Elisabeth I e experimentalista talentoso.

■ Elétrons em movimento: corrente elétrica

Se você repetir o experimento que abre este capítulo usando uma caneta de metal no lugar da caneta de plástico, verá que os papeizinhos não são atraídos pela caneta. Por quê?

Quando a caneta metálica é atritada, também ocorre eletrização. Nesse caso, porém, os elétrons deslocam-se rapidamente para a outra ponta da caneta, passam para a sua mão, atravessam o seu corpo e chegam ao solo. O resultado é que a caneta se descarrega, isto é, fica eletricamente neutra.

O deslocamento de cargas elétricas negativas, ou elétrons, através da caneta (ou do fio terra, no caso do experimento anterior) é possível porque o metal é um material **condutor de eletricidade**, ao contrário do plástico, que é um material **isolante**.

O deslocamento de cargas elétricas negativas – os elétrons – através de um material condutor é chamado de *corrente elétrica*. Ela pode ser:
- *contínua* – quando os elétrons fluem num só sentido; a corrente contínua pode ter intensidade fixa ou variável;
- *alternada* – quando os elétrons oscilam rapidamente no interior do condutor, invertendo periodicamente o sentido da corrente, em um vaivém constante.

Um material é chamado de **condutor de eletricidade** quando os elétrons podem se mover através dele com relativa facilidade; de modo geral, os metais são bons condutores. Já os materiais **isolantes** são aqueles em que os elétrons encontram dificuldade para movimentar-se; além do plástico, também são considerados isolantes o vidro, a borracha, a madeira e a porcelana.

A eletricidade – CAPÍTULO 18

■ A diferença de potencial elétrico (ddp)

> **Potencial elétrico** é a capacidade de um corpo eletricamente carregado de realizar trabalho, ou seja, de atrair ou repelir cargas elétricas.

Quando dois corpos (ou dois pontos de um mesmo corpo) são eletrizados com cargas contrárias – um deles, positivamente, e o outro, negativamente –, cria-se entre eles uma espécie de desnível energético, que é chamado de *diferença de* **potencial elétrico** (*ddp*) ou *tensão elétrica*.

Se esses corpos forem ligados por um condutor (um fio de metal, por exemplo), as cargas elétricas negativas (os elétrons) vão fluir para o corpo positivamente carregado, formando uma corrente elétrica entre os dois corpos que se mantém até que se estabeleça um equilíbrio elétrico entre eles.

AMPLIAÇÃO Física e Química

Eletrização e tempestades

Os raios, ou descargas elétricas, que ocorrem nas tempestades são o resultado da eletrização das nuvens. Acredita-se que exista mais de um fator causador do fenômeno, mas um dos responsáveis pela eletrização das nuvens é provavelmente o atrito entre as partículas de água e gelo que as constituem, isto é, na formação dos raios, ocorre *eletrização por atrito*.

Na sequência, a eletrização negativa da parte inferior das nuvens induz à concentração de cargas positivas no solo. Ou seja, ocorre *eletrização por indução*.

Surge, então, uma enorme diferença de potencial elétrico (ddp) entre as nuvens, que estão negativamente carregadas, e o solo, carregado positivamente. Como resultado, ocorrem descargas elétricas – os *raios* –, acompanhadas da produção de clarões de luz – os *relâmpagos* – e de som – os *trovões*.

Há vários tipos de descarga elétrica: da nuvem para o solo, do solo para a nuvem, dentro da própria nuvem, entre a nuvem e a atmosfera e entre nuvens diferentes.

Na nuvem eletrizada surgem dois polos: um positivo, na parte superior da nuvem; e outro negativo, na região intermediária, mais próximo da base da nuvem. Por indução, surge no solo um excesso de cargas positivas.

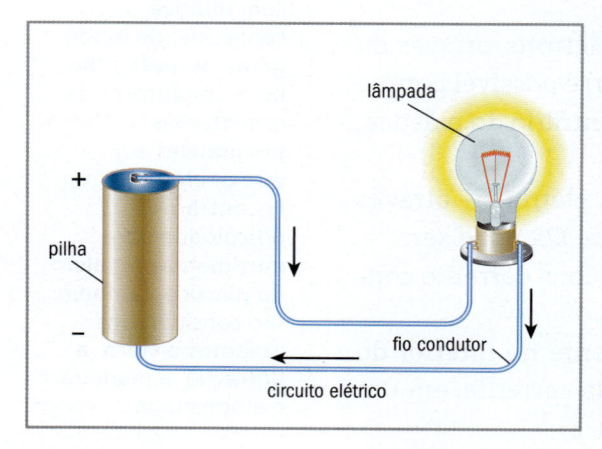

Os circuitos elétricos

Uma *lâmpada* só se acende se for percorrida por uma *corrente elétrica*. Para que isso ocorra é preciso ligá-la a uma *fonte de eletricidade* (uma pilha, por exemplo) por meio de fios condutores (fios metálicos, em geral de cobre), formando um *circuito elétrico*.

Um circuito elétrico é formado por fios condutores, uma fonte de energia elétrica (por exemplo, uma pilha) e uma lâmpada (ou outro equipamento elétrico), todos ligados da maneira adequada, isto é, de forma a permitir a passagem de corrente elétrica.

A lâmpada

Dentro de uma lâmpada **incandescente** há um filamento que se prolonga até os dois *polos* da lâmpada: um deles fica na base, no centro da peça de vidro isolante; o outro fica na lateral, na própria rosca.

Se um dos polos da lâmpada não estiver conectado ao fio condutor, ou se um dos fios (ou os dois) não estiver ligado à fonte de energia, teremos um *circuito aberto*, e a lâmpada não acenderá. Ela só acende em um *circuito fechado*, isto é, quando todos os elementos do circuito estão conectados, e da maneira correta.

> Há vários tipos de lâmpada, mas a **incandescente** (figura abaixo) é uma das mais simples e mais utilizadas.

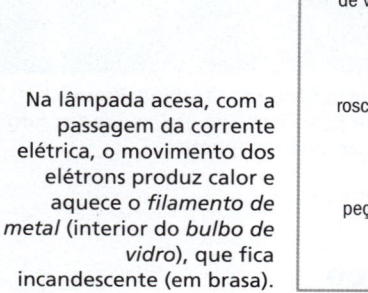

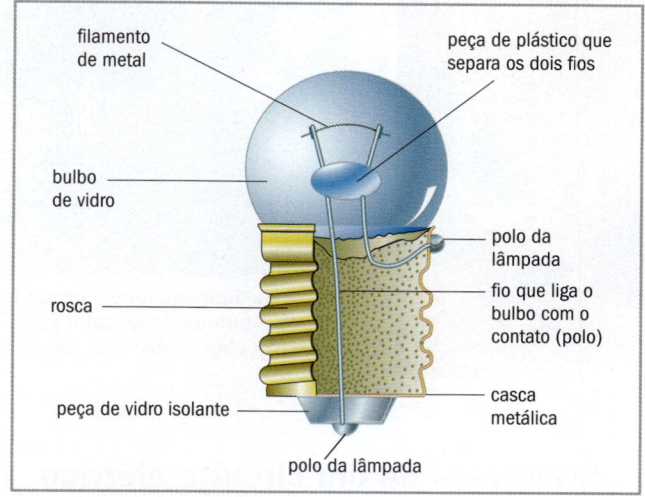

Na lâmpada acesa, com a passagem da corrente elétrica, o movimento dos elétrons produz calor e aquece o *filamento de metal* (interior do *bulbo de vidro*), que fica incandescente (em brasa).

- filamento de metal
- peça de plástico que separa os dois fios
- bulbo de vidro
- rosca
- polo da lâmpada
- fio que liga o bulbo com o contato (polo)
- peça de vidro isolante
- casca metálica
- polo da lâmpada

> *Por que a lâmpada só acende se o circuito estiver fechado?*

Fontes de eletricidade

Para que a corrente elétrica permaneça constante, é preciso manter uma diferença de potencial elétrico entre dois pontos do circuito. Essa é a função da fonte de eletricidade, também chamada de *gerador de corrente*.

Uma pilha comum é chamada de *gerador químico*, porque utiliza energia química na geração de energia elétrica.

Há também geradores que transformam a *energia mecânica* em *energia elétrica*: são os chamados *geradores mecânicos*. Seu funcionamento baseia-se no fenômeno do *eletromagnetismo*.

No capítulo anterior, você viu que uma corrente elétrica em uma bobina faz surgir um campo magnético – caso dos eletroímãs. Pois bem, o campo magnético de um ímã em movimento também pode gerar uma corrente elétrica em uma bobina, ou o contrário: se a bobina se deslocar ao longo do ímã também surgirá uma corrente elétrica no fio condutor.

Esquema de uma pilha seca: basicamente, ela é um recipiente cilíndrico de zinco – o polo negativo da pilha –, dentro do qual há uma pasta úmida de substâncias reagentes e carvão em pó envolvendo um bastão de carvão – o polo positivo da pilha. Há uma diferença de potencial elétrico (ddp) entre os polos, que, quando conectados por um fio condutor, geram uma corrente elétrica.

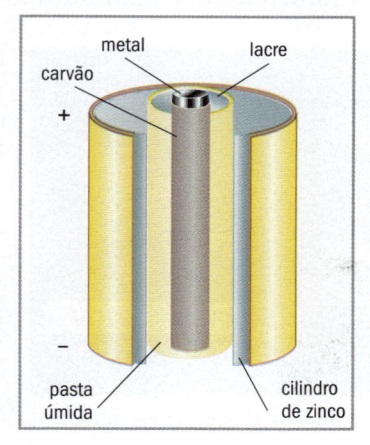

- metal
- lacre
- carvão
- pasta úmida
- cilindro de zinco

ATENÇÃO!

As baterias de automóvel e as recarregáveis utilizadas em aparelhos portáteis sem fio, como *notebooks*, máquinas de fotografia digital e telefones celulares, também são exemplos de geradores químicos. Por conterem substâncias tóxicas, essas baterias, quando inutilizadas, não podem ser descartadas no ambiente. É preciso devolvê-las ao fabricante.

A eletricidade – CAPÍTULO 18

Esse fenômeno é chamado de *indução eletromagnética*, e a corrente elétrica produzida dessa maneira é chamada de *corrente induzida*.

Os geradores mecânicos estão presentes nas usinas hidrelétricas, a forma de geração de energia elétrica mais utilizada em nosso país. Em uma hidrelétrica, a água em queda passa por turbinas – gigantescas rodas com pás, para facilitar a impulsão –, que estão acopladas a geradores.

Eixo de turbina da usina hidrelétrica de Itaipu, Paraná.

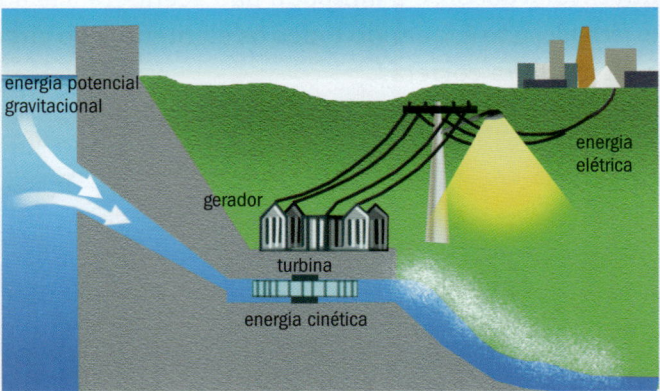

A força da água em movimento faz girar a turbina. Presa à turbina, a bobina do gerador gira diante do ímã, o que faz surgir a corrente elétrica por indução eletromagnética.

O nome **volt** é uma homenagem ao físico italiano Alessandro Volta (1745-1827), criador de um dispositivo que produzia um fluxo contínuo de eletricidade, a "pilha de Volt", a primeira da História.

No Brasil, a **tensão da corrente elétrica** pode ser de 110 V, 127 V e 220 V.

■ Grandezas de um circuito elétrico

Três grandezas básicas são importantes em um circuito elétrico. Uma delas é a diferença de potencial (ddp) elétrico ou tensão elétrica (entre dois corpos ou entre dois pontos de um corpo), que, como você viu, faz surgir a corrente elétrica em um circuito. Ela é medida em **volts (V)** e, por isso, é conhecida popularmente como *voltagem*.

É importante saber qual é a **tensão da corrente elétrica** que chega a sua casa, antes de escolher os equipamentos elétricos adequados. Por exemplo, se a tensão em sua casa for de 110 V, não vai adiantar usar, por exemplo, lâmpadas de 220 V, porque a iluminação dos ambientes ficará muito fraca. Ao contrário, se a tensão for de 220 V e for usada uma lâmpada de 110 V, a lâmpada se queima.

O mesmo vale para os eletroeletrônicos: muitos aparelhos (CD *players*, radiorrelógios, aspiradores de pó, etc.) têm uma chave para seleção da tensão, que deve ser ajustada antes de eles serem ligados para evitar que se danifiquem. Os aparelhos mais modernos contam com um sistema de dupla voltagem com ajuste automático interno, e podem ser usados em qualquer lugar de nosso país e do mundo. O sistema de ajuste automático de voltagem também permite que esses aparelhos suportem, sem danos, variações de tensão de pouco abaixo do mínimo fornecido pela rede de distribuição até pouco acima do máximo.

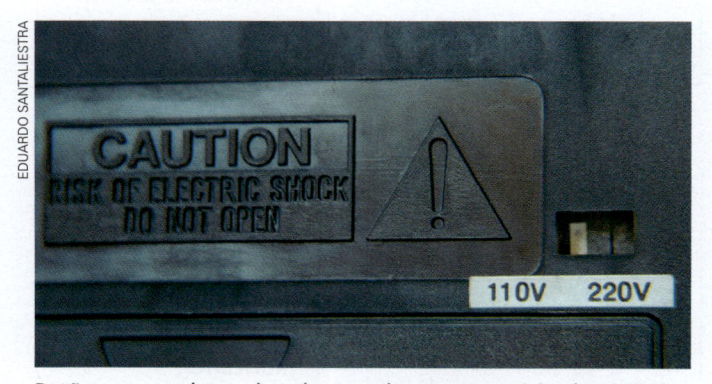

Botão para mudança de voltagem de uma secretária eletrônica.

A segunda grandeza básica em um circuito elétrico é a *intensidade de corrente (i)*, que, por definição, é a quantidade de carga que atravessa uma seção reta do condutor (fio) na unidade de tempo. Sua unidade de medida é o **ampère (A)**, e o aparelho utilizado em sua medição é o *amperímetro*.

Finalmente, há num circuito elétrico a *resistência à passagem de corrente* ou, simplesmente, *resistência elétrica (R)*, grandeza que corresponde à maior ou menor dificuldade de passagem de corrente por um condutor; ela é medida em **ohm** (Ω).

A resistência elétrica surge porque, enquanto se deslocam, os elétrons se chocam com os átomos do condutor. Ela depende de quatro fatores principais:

- da *espessura do fio* (ou área de secção): fios mais finos (menor área de secção) opõem maior resistência à passagem de corrente elétrica do que os fios mais grossos (maior área de secção);
- da *natureza do material*: os metais têm menor resistência que os não metais (por exemplo, o carvão e a grafita); materiais como o plástico, o vidro e a borracha são bons isolantes porque apresentam resistência elétrica muito elevada;
- do *comprimento do condutor*: quanto maior o comprimento de um condutor, maior sua resistência, e vice-versa;
- da *temperatura*: quanto maior a temperatura de um condutor, maior sua resistência à passagem de corrente.

> O **ampère** é uma homenagem ao físico francês André-Marie Ampère (1775-1836), responsável por importantes contribuições ao estudo do eletromagnetismo.

> O **ohm**, cujo símbolo é a letra grega ômega (Ω), é uma homenagem ao físico alemão Georges Simon Ohm (1787-1854), que estudou fenômenos elétricos, em especial a resistência elétrica.

AMPLIAÇÃO Física e Química

Resistência elétrica: aplicação prática

Há dispositivos que têm resistência elétrica de valor conhecido; eles são chamados de *resistores*.

Ao serem atravessados pela corrente elétrica, os resistores podem se aquecer, pois a passagem dos elétrons pela estrutura do metal sempre aquece um pouco o fio condutor e, quanto maior a resistência do material à passagem da corrente, maior o aquecimento do fio. Essa propriedade dos resistores tem aplicação prática; são usados, por exemplo, nos ferros de passar roupas, no chuveiro elétrico, na torradeira elétrica e em muitos outros aparelhos.

Os resistores também são empregados em circuitos eletrônicos, como os do rádio, do televisor e do computador, para diminuir a intensidade da corrente elétrica, pois, quanto maior for a resistência de um circuito, menor será a intensidade da corrente que por ele circula, e vice-versa.

Resistor de um aquecedor elétrico ligado.

Outros elementos de um circuito

Quando o fio de um circuito elétrico é percorrido por um excesso de corrente – além do que o fio aguenta sem se aquecer excessivamente, como ocorre quando há um **curto-circuito** no sistema elétrico –, o aquecimento dos fios pode provocar um incêndio.

> **Curto-circuito** é o trajeto mais curto percorrido por uma corrente, isto é, mais curto em relação ao caminho que ela deveria percorrer a fim de evitar o aquecimento excessivo dos fios.

No interior de um **fusível** há um fio de metal – geralmente chumbo – em que o ponto de fusão é mais baixo que o do metal dos fios da instalação elétrica (em geral, cobre). Em caso de curto-circuito, o calor gerado pela corrente derrete o fio do fusível e o circuito se abre, interrompendo-se a passagem de corrente.

Para evitar esse tipo de problema, é aconselhável que o circuito tenha um dispositivo de proteção, que pode ser um **fusível** ou, de preferência, um *disjuntor*.

Os circuitos elétricos mais modernos utilizam disjuntores em vez de fusíveis, cujo uso atualmente é desaconselhável. Um disjuntor é um mecanismo que interrompe automaticamente o circuito quando a corrente elétrica ultrapassa determinados valores.

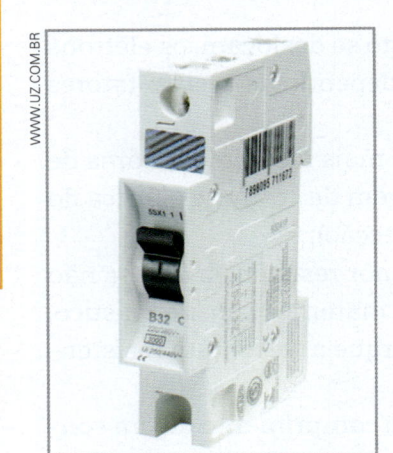

Os disjuntores têm uma chave externa semelhante (em aparência) a um **interruptor de luz**; uma vez resolvido o problema de excesso de corrente, é só acionar a chave e religar o disjuntor.

Um **interruptor de luz** é uma pequena chave que está ligada ao circuito elétrico por fios condutores. Conforme a posição da chave, o interruptor abre ou fecha o circuito elétrico, interrompendo ou permitindo, respectivamente, a passagem de corrente.

Olhe e pense

Como se chama o fenômeno que está ocorrendo com os cabelos dessa jovem? Explique por que os cabelos dela estão arrepiados dessa maneira.

Um gerador de Van de Graaff é uma máquina capaz de gerar, por atrito, muitas cargas elétricas, que se acumulam em um globo metálico, na parte superior da máquina. Veja o que acontece quando uma pessoa coloca as mãos sobre o globo.

Verifique o que aprendeu

1 Atritando-se um corpo A num corpo B, este arranca elétrons de A. Com que carga elétrica ficam esses corpos? Explique.

2 Como se formam os relâmpagos que vemos no céu durante as tempestades?

3 Este texto está no manual de instalação de um forno de micro-ondas: *Após alguns anos de uso do forno, podem ocorrer algumas descargas elétricas no interior dele. Para evitar o problema, é aconselhável a ligação do fio terra do aparelho, como mostram as instruções.* O que é um fio terra? Como ele pode evitar o aparecimento de descargas elétricas no aparelho?

4 Desenhe um circuito simples, com um gerador químico de corrente elétrica, fios condutores e uma lâmpada. Explique por que a lâmpada se acende quando o circuito está fechado.

5 O texto a seguir foi extraído do manual de uma lavadora de roupas elétrica: *Antes de instalar a máquina, verifique se a tensão (voltagem) de alimentação indicada na etiqueta do cabo de força da lavadora é a mesma da tomada onde ela será ligada (127 ou 220 V).* Qual a importância dessas instruções?

6 Chuveiros elétricos utilizam resistores como fonte de calor. Quando a chave do resistor está na posição "verão", a água esquenta menos; quando ela está na posição "inverno", a água esquenta mais. Como deve ser a resistência do circuito nessas duas situações?

A palavra é sua

Leia o texto a seguir:

O chuveiro é responsável por 24% do consumo de energia elétrica de uma residência

Usar demais o chuveiro pode comprometer seriamente o orçamento doméstico. Segundo estudo da Eletrobrás/Procel, o aparelho, sozinho, é responsável por 24% de todo o consumo de energia elétrica de uma casa. Na média brasileira, a pesquisa revela que as geladeiras vêm na sequência, respondendo por 22% das contas de luz, seguidas dos aparelhos de ar condicionado, com 20%.

Em quarto lugar no ranking vêm as lâmpadas, com 14% do consumo de energia elétrica; depois os televisores, com 9%; os freezers, com 5%; os sons e ferros de passar roupas, 3% cada; as máquinas de lavar roupas, 0,4%; e os aparelhos de micro-ondas, 0,1%.

Ainda de acordo com o levantamento, 38,1% dos brasileiros identificam o consumo de energia por meio das etiquetas dos aparelhos e apenas 15,1% utilizam o Selo Procel para isso. Além disso, menos da metade das pessoas (44,4%) conhece esse selo, e apenas 33,5% delas sabem o que ele representa. Por fim, apenas 17,6% dos brasileiros (ou seja, menos de um quinto da população) sabem quanto podem economizar em energia com a compra de eletroeletrônicos eficientes.

Adaptado de: *Uol Economia*, 19 abr. 2007. Disponível em: <http://noticias.uol.com.br/economia/ultnot/infomoney/2007/04/19/ult4040u3938.jhtm>. Acesso em 29 maio 2007.

1 Como sugere o texto, qual a melhor maneira de economizar energia elétrica em uma residência?

2 Esse tipo de atitude também ajuda a economizar um outro recurso muito utilizado nas residências. Que recurso é esse e por que é importante economizá-lo?

3 Você sabe o que é o Selo Procel? Se não souber, faça uma pesquisa para descobrir.

4 Que outras medidas e atitudes podem (e devem) ser tomadas para economizar energia elétrica? Proponha algumas dessas medidas em sua casa.

Unidade III
O estudo da Química

Não fosse a Química dificilmente teríamos, por exemplo, o chocolate em pó que adicionamos ao leite. Na verdade, a não ser que a vaca estivesse no quintal, também não seria fácil conseguir o leite. Não acredita? É verdade que o chocolate já era provado pelos maias e astecas antes da chegada dos espanhóis à América, mas os conhecimentos químicos estão na base da criação do chocolate em pó. Também foi um químico, o francês Louis Pasteur, quem criou a pasteurização, processo de conservação que permite que o leite demore mais a se deteriorar.

Poderíamos listar aqui milhares de outros exemplos de como a Química está presente o tempo todo em nosso cotidiano – e as fotos desta página mostram isso. Mas você mesmo, à medida que avançar em seus estudos, aprenderá a perceber eventos e situações em que a contribuição dos estudos químicos foi ou é fundamental. Por isso, o melhor mesmo é começar logo!

19 Átomos: a matéria na intimidade

Nebulosa localizada na Pequena Nuvem de Magalhães. Das cores que você vê na imagem, o vermelho corresponde ao hidrogênio; o verde, ao oxigênio; e o azul, ao hélio.

De que é constituída a matéria que forma as nebulosas, as estrelas e os planetas? Quais são os "tijolos" básicos que formam esses e outros corpos materiais? A partir de agora, você vai conhecê-los em detalhes...

As partículas fundamentais da matéria

Você não consegue percebê-los usando os seus sentidos, mas eles estão em toda parte. Das nebulosas espaciais às páginas deste livro, das estrelas longínquas às células de sua retina, passando pelo ar que você respira, em tudo o que existe eles estão presentes: os *átomos* são as partículas fundamentais da matéria.

Há diferentes tipos de átomo e eles não têm todos as mesmas dimensões; mas são todos muitíssimo pequenos. Por isso, não podemos vê-los individualmente, mas apenas os agrupamentos que formam, isto é, os corpos, a matéria.

Para você ter uma ideia do tamanho dessas partículas, se fosse possível enfileirar átomos ao longo de um segmento de reta de 1 cm, conseguiríamos alinhar cerca de 100 milhões deles.

> **Nebulosas** são aglomerados de poeira e gás em geral localizadas no interior de galáxias.

> Lembre-se: o átomo como partícula fundamental da matéria foi visto no capítulo 1 e revisto no capítulo 18, quando se falou do papel dos elétrons no fenômeno da eletricidade.

Átomos: a matéria na intimidade – CAPÍTULO 19   211

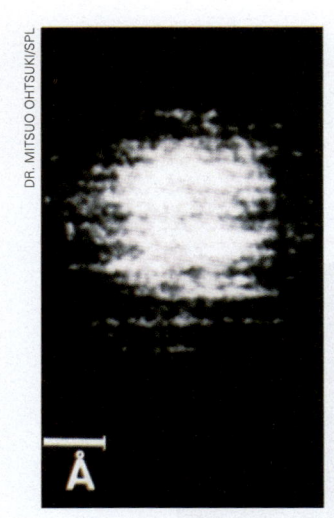

Imagem de um único átomo de ouro produzida por um microscópio eletrônico de varredura.

As ilustrações de átomo que você encontrará neste capítulo não estão em escala (como o raio do núcleo do átomo é cerca de 10 mil a 100 mil vezes menor do que o raio do próprio átomo, se fosse representado na proporção correta, ele não seria visto) e as cores são apenas ilustrativas.

O *daltonismo*, deficiência visual que você estudou no capítulo 15, tem esse nome por causa de **John Dalton**, que era portador do problema e foi o primeiro a estudá-lo.

Eventualmente, podemos "ver" imagens de átomos produzidas por técnicas especiais de microscopia. Mas, mesmo com o aumento de milhões de vezes, a imagem de um átomo individual não traz muitas informações.

Apesar do tamanho reduzido de um átomo, sua estrutura interna é bastante conhecida atualmente.

Esse conhecimento – que começou a ser construído há mais de 2 mil anos e deslanchou a partir do início do século XX, com os primeiros experimentos capazes de "enxergar" o átomo por dentro – ainda está em processo, pois ainda há perguntas sem resposta. Mas, com as informações disponíveis, é possível construir um modelo atualizado da estrutura atômica.

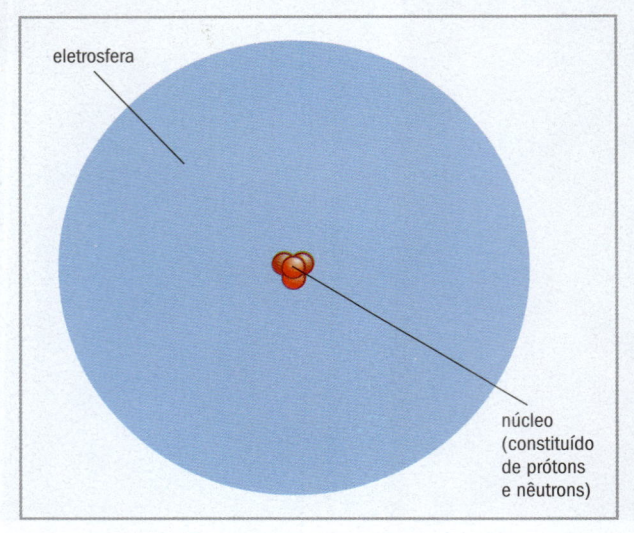

Modelo simplificado da estrutura de um átomo. O núcleo (no centro) é constituído de prótons e nêutrons. Em torno dele está a eletrosfera, onde os elétrons podem ser encontrados.

História da Ciência

O modelo atômico na História

A ideia de átomo é muito antiga. Aproximadamente 500 anos antes de Cristo, o filósofo grego Leucipo e seu discípulo Demócrito já afirmavam que a matéria era formada por partículas muito pequenas, que foram denominadas átomos (do grego: *a* = não e *tomo* = divisão; o termo *átomo* significa, portanto, 'indivisível').

Essa ideia foi deixada de lado por muito tempo e retomada apenas no início do século XIX, mais precisamente em 1803, quando o cientista inglês **John Dalton** (1766-1844) propôs o átomo como partícula fundamental da matéria. Para Dalton, o átomo era esférico, maciço, muitíssimo pequeno e indivisível. Ou seja, muito parecido com o átomo grego.

Esse modelo de átomo começou a cair por terra no século XIX, com as evidências experimentais de que existiam partículas subatômicas, os elétrons, o que deixava claro que o átomo não era indivisível. Em 1911, com a descoberta dos prótons pelo físico e químico inglês Ernest Rutherford (1871-1937), surgiu um novo modelo de átomo, com um núcleo constituído de prótons e uma eletrosfera, onde ficavam os elétrons.

212 UNIDADE III – O estudo da Química

▸ Em 1913, o modelo de Rutherford foi modificado pelo físico dinamarquês Niels Bohr (1885-1962), que descobriu que os elétrons têm diferentes quantidades de energia e ocupam diferentes distâncias em relação ao núcleo. O novo modelo (veja a figura ao lado) passou a ser conhecido como modelo de Rutherford-Bohr.

Em 1932, o físico inglês James Chadwik confirmou experimentalmente a existência de outras partículas no núcleo atômico: os nêutrons. Eles já tinham sido previstos por Rutherford e foram acrescentados ao modelo de Rutherford-Bohr.

Atualmente, sabe-se que não é possível determinar a posição exata de um elétron na eletrosfera; por isso, a ideia de que eles ocupam órbitas definidas não é mais admitida. Em seu lugar, foi proposta a ideia de **orbitais**, isto é, regiões da eletrosfera onde é maior a probabilidade de encontrar elétrons (reveja acima o modelo atualizado da estrutura do átomo).

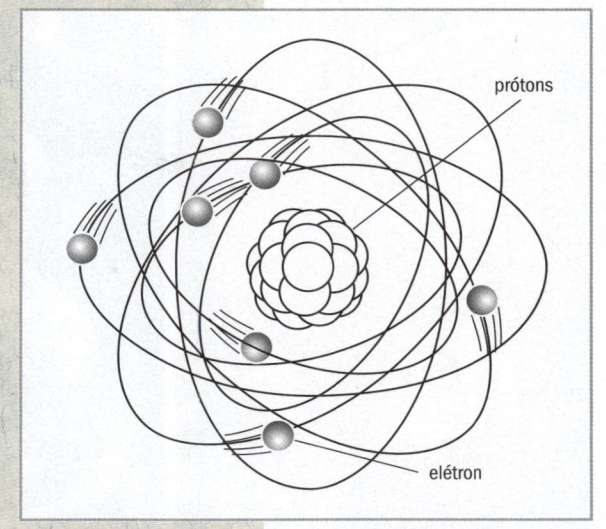

Modelo atômico de Rutherford-Bohr, de 1913, que lembra o Sistema Solar: o núcleo, formado pelos prótons, fica no centro (como o Sol), e os elétrons giram ao redor dele, em órbitas definidas (como os planetas), formando a eletrosfera.

A estrutura atômica atual

Como você já sabe, o *núcleo* do átomo é formado por dois tipos de partícula: os *prótons* e os *nêutrons*. Os prótons têm carga elétrica, que, por convenção, foi chamada de positiva, e é representada pelo sinal +. Os nêutrons, como o nome sugere, são neutros, isto é, não têm carga elétrica.

Entre prótons e nêutrons existe uma força de atração muito intensa, a *força de interação nuclear*, que é maior do que a força de **repulsão elétrica** dos prótons entre si e mantém prótons e nêutrons fortemente agrupados.

Na *eletrosfera* estão os *elétrons*, partículas que têm carga elétrica negativa (representada pelo sinal –). Se não considerarmos o sinal, a carga de um elétron e a carga de um próton têm o mesmo valor relativo, que é igual a 1.

Um átomo, portanto, tem uma *região central positiva*, o núcleo, e uma *região periférica negativa*, a eletrosfera. Isso significa que o núcleo do átomo exerce atração sobre a eletrosfera, e vice-versa.

A massa de um próton é praticamente igual à massa de um nêutron. Comparativamente, a massa de um elétron é praticamente desprezível, pois é cerca de 1 840 vezes menor que a massa de um próton ou de um nêutron.

Sabe-se atualmente que outras partículas fazem parte da constituição do átomo – por exemplo, os *quarks*, que formam os prótons –, mas as partículas fundamentais ainda são os prótons, os nêutrons e os elétrons.

> **Orbital** é a região da eletrosfera onde existe maior probabilidade de se encontrar um elétron.

> Lembre-se de que – como foi visto no capítulo anterior – ocorre **repulsão elétrica** entre cargas de sinais iguais e atração entre cargas de sinais contrários.

Átomos: a matéria na intimidade – CAPÍTULO 19

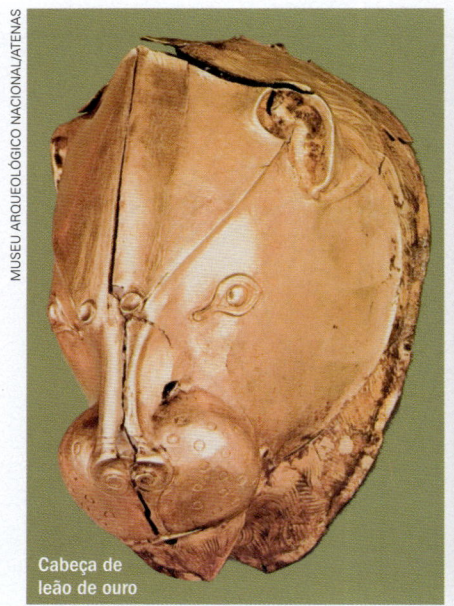

■ O núcleo do átomo

No início do século XIX, quando o interior do átomo ainda não era conhecido, John Dalton já intuía que cada material "puro" tinha o seu próprio átomo, diferente dos demais.

A intuição de Dalton estava correta. Os átomos têm a mesma estrutura, mas não são iguais: eles se diferenciam principalmente pelo número de prótons que possuem. Assim, enquanto os átomos de ouro, por exemplo, têm 79 prótons, os átomos de ferro têm apenas 26.

Cabeça de leão de ouro

Chaleira de ferro

As propriedades físicas dos metais ouro e ferro – como a cor, a resistência e a maleabilidade – deixavam evidente que eles eram diferentes entre si e, portanto, não deveriam ter a mesma constituição.

Número atômico (Z) e elemento químico

O número de prótons existentes no núcleo de um átomo é chamado de **número atômico**. Ele é representado pela letra **Z**. Assim, o número atômico, ou Z, do ouro é 79 e o Z do ferro é 26.

Se, na amostra de um material, todos os átomos presentes tiverem o mesmo número atômico, saberemos que ela é constituída de apenas um tipo de átomo.

Se todos os átomos tiverem, por exemplo, Z = 79, teremos apenas átomos de ouro. Dizemos, então, que a amostra contém um único **elemento químico**, o ouro.

> O **número atômico (Z)** de um átomo – que corresponde ao número de prótons que ele tem no núcleo – representa a identidade desse átomo.

O número de massa (A)

A soma do número de prótons (Z) e de nêutrons (partículas que são representadas pela letra n) do núcleo de um átomo recebe o nome de **número de massa** e é representado pela letra A.

Ou seja, A = Z + n. Veja um exemplo: no núcleo de um átomo de carbono há 6 prótons e 6 nêutrons; logo, o número de massa do carbono é igual a 6 + 6 = 12.

> **Elemento químico** pode ser definido como o conjunto de todos os átomos que têm o mesmo número atômico (Z).

O conceito de isótopo

Ao contrário do que acontece com o número atômico (Z), o número de massa (A) pode variar. Veja, por exemplo, no quadro a seguir, dois átomos de carbono (cujo símbolo é C), que têm número de massa diferente.

> Os elétrons não são considerados na obtenção do **número de massa** de um átomo porque, como você viu acima, a massa de um elétron é praticamente desprezível em relação à massa de um próton ou de um nêutron.

Elemento	Z	A
C	6	12
C	6	14

Uma vez que A = Z + n, isso indica que o número de nêutrons (n) no núcleo dos átomos de carbono não é sempre o mesmo. De fato, na natureza há átomos de carbono com 6 nêutrons no núcleo (são os mais comuns) e átomos de carbono com 8 nêutrons no núcleo.

Quando átomos de um mesmo elemento químico têm diferentes números de massa (A), eles são chamados de *isótopos*. Os átomos representados acima, chamados respectivamente de carbono 12 e carbono 14, são isótopos do elemento químico carbono.

Outros elementos químicos também têm isótopos. Por exemplo, na natureza há pelo menos dois isótopos do elemento químico prata (símbolo Ag, Z = 47), um com A = 107 e outro com A = 109.

■ A eletrosfera

Em um átomo não eletrizado, o número de elétrons na eletrosfera é igual ao número de prótons no núcleo. Ou seja, a quantidade de cargas positivas (prótons) é igual à quantidade de cargas negativas (elétrons), que se neutralizam mutuamente, e o átomo é eletricamente neutro.

Os elétrons estão em movimento constante e se deslocam com uma velocidade próxima à velocidade da luz. E, como eles são muito pequenos em relação ao núcleo, pode-se dizer que a maior parte de um átomo é um espaço praticamente vazio.

A distribuição dos elétrons na eletrosfera

Você viu acima que a ideia de órbitas definidas para os elétrons não é mais aceita. Entretanto, o modelo atômico de Rutherford-Bohr continua sendo útil, pois permite a identificação dos elétrons, informa sobre sua distribuição na eletrosfera e facilita a visualização das interações entre os átomos.

Nesse modelo, os níveis de energia são representados como anéis concêntricos ao núcleo, as **camadas eletrônicas** ou **níveis de energia**. Quanto maior a quantidade de energia de um elétron, menor será a atração do núcleo sobre ele; assim, os elétrons com menor quantidade de energia ocupam as camadas eletrônicas mais próximas do núcleo, e os elétrons com maior quantidade de energia ocupam as camadas mais distantes.

Um átomo pode ter no máximo sete camadas eletrônicas, designadas por letras do alfabeto: a primeira delas, que é a mais próxima do núcleo, é designada pela letra *K*; a segunda, pela letra *L*; a terceira, pela letra *M*; a quarta, pela letra *N*; a quinta, pela letra *O*; a sexta, pela letra *P*; e a sétima, pela letra *Q*. Veja o esquema ao lado.

Cada uma das camadas eletrônicas comporta um número máximo de elétrons:

| K = 2 | L = 8 | M = 18 | N = 32 | O = 32 | P = 18 | Q = 2 |

> Um elétron pode passar de uma **camada eletrônica** ou **nível de energia** mais energético (mais distante do núcleo) para outro menos energético (mais próximo do núcleo); para isso, ele deve *perder* energia. Pode também passar de um nível menos energético (mais próximo do núcleo) para outro mais energético (mais distante do núcleo); para isso, ele deve *ganhar* energia.

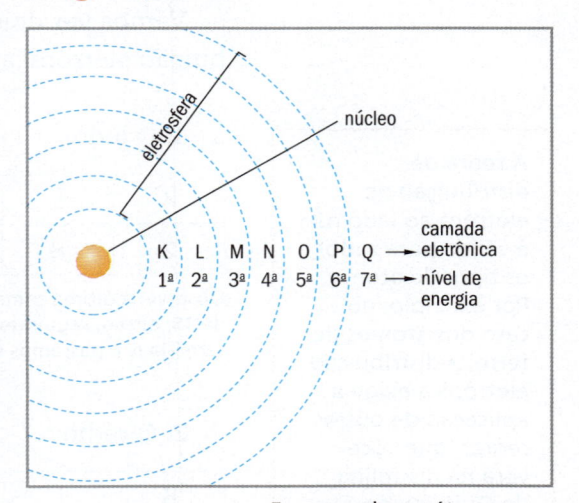

Esquema de um átomo segundo o modelo de Rutherford-Bohr representando as camadas eletrônicas. Os elementos representados não estão em escala.

Átomos: a matéria na intimidade – CAPÍTULO 19

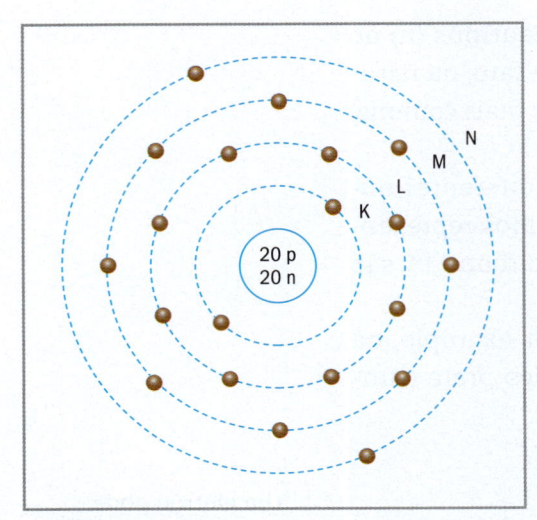

O núcleo do átomo de cálcio tem 20 prótons e 20 nêutrons, e sua eletrosfera tem 20 elétrons, que são distribuídos assim: K = 2 elétrons; L = 8 elétrons; M = 8 elétrons; N = 2 elétrons.

Esquema de átomo segundo o modelo de Rutherford-Bohr. Os elementos representados não estão em escala; e as cores são apenas ilustrativas.

A regra de distribuição de elétrons ao lado não é válida para todos os tipos de átomo. Por exemplo, no caso dos átomos de ferro, a distribuição eletrônica exige a aplicação de outras regras, que você verá na disciplina de Química, no ensino médio.

De modo geral, os átomos não apresentam todas as sete camadas eletrônicas. O átomo de hidrogênio, por exemplo, tem apenas uma. Já o átomo de mercúrio tem seis.

Qualquer que seja, porém, o número de camadas eletrônicas de um átomo, a última delas nunca pode ter mais do que 8 elétrons; isso se ela não for nem a K nem a Q, que só podem ter, no máximo, 2 elétrons. Observe, como exemplo, a distribuição eletrônica no átomo de cálcio.

Reveja o quadro da página anterior, que traz a distribuição de elétrons por camadas. Note que na camada M do átomo de cálcio poderiam ficar 10 elétrons, pois nela cabem até 18 dessas partículas. Mas, assim, a camada M seria a última e estaria com 2 elétrons a mais do que o que é possível, pois, como dissemos, a última camada nunca pode ter mais do que 8 elétrons.

Por isso, na camada M ficam apenas 8, e os 2 elétrons restantes passam para a camada N, que passa a ser a última.

A distribuição dos elétrons: algumas regras

Para ficar mais fácil, ao fazer a distribuição eletrônica de um átomo, siga sempre estas duas regras:

- se a última camada da eletrosfera ficar com mais de 8 elétrons e menos de 18, deixa-se apenas 8 elétrons nessa camada e passa-se os elétrons restantes para a camada seguinte;
- se a última camada da eletrosfera ficar com mais de 18 elétrons, deixa-se apenas 18 elétrons nessa camada e passa-se a diferença para a camada seguinte.

Vamos ver dois exemplos de aplicação dessas regras fazendo a distribuição eletrônica do átomo de iodo (Z = 53) e do rádio (Z = 88).

1. O iodo:

K	L	M	N	O
2	8	18	25 18	7

Observe: a última camada ficaria com 25 elétrons, isto é, mais de 18; então, seguindo a regra, deixamos apenas 18 na camada N e passamos a diferença, 7 elétrons, para a camada O.

2. O rádio:

K	L	M	N	O	P	Q
2	8	18	32	28 18	10 8	2

Observe: como a camada O ficaria com mais de 18 elétrons, deixamos nela apenas 18 e passamos os elétrons restantes para a camada P. Mesmo assim, a última camada ficaria com 10 elétrons (ou seja, mais de 8 elétrons); então, deixamos apenas 8 na camada P e passamos a diferença, 2 elétrons, para a camada Q, que passa a ser a última.

O processo de ionização

Vimos acima que em um átomo eletricamente neutro o número de cargas positivas (prótons) é igual ao número de cargas negativas (elétrons). Porém, certos átomos têm uma tendência natural para perder ou ganhar elétrons, e acabam ficando eletrizados.

Isso acontece com os átomos que têm menos de 8 elétrons na última camada (ou menos de 2, caso a última camada seja a K), porque um átomo só tem estabilidade se estiver com a última camada de sua eletrosfera completa. Assim, um átomo que tenha, por exemplo, 7 elétrons na última camada, tende a ganhar 1 elétron, para ficar com 8 e se estabilizar.

Vamos ver dois exemplos.

1. O átomo de cloro (símbolo Cl), que tem 17 prótons, 17 elétrons e 18 nêutrons.

Repare que a última camada eletrônica do átomo de cloro (a camada M) tem 7 elétrons, mas, para que ele adquira estabilidade, ela deve ter 8 elétrons. Portanto, esse átomo deve ganhar 1 elétron.

Caso ganhe o elétron que lhe falta, porém, o átomo de cloro deixará de ser neutro, pois passará a ter 17 prótons (17 cargas positivas) e 18 elétrons (18 cargas negativas), ou seja, ficará *carregado negativamente*.

Esquema do átomo de cloro.

> Lembre-se: nos esquemas de átomo deste capítulo, os elementos representados não estão em escala; e as cores são apenas ilustrativas.

> **?** Qual é o número de massa do átomo de cloro?

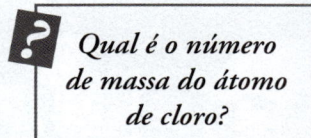

O átomo carregado negativamente recebe o nome de *íon negativo* ou *ânion*: nesse caso, íon Cl⁻ ou Cl¹⁻, também chamado de *íon cloreto*.

2. O átomo de sódio, que tem 11 prótons, 11 elétrons e 12 nêutrons.

Note que esse átomo tem apenas 1 elétron na última camada. Se ele perder esse elétron, a camada eletrônica anterior ficará completa (com 8 elétrons) e o átomo de sódio adquire estabilidade.

Porém, nesse caso, o átomo deixará de ser neutro, pois terá 11 prótons (11 cargas positivas) e 10 elétrons (10 cargas negativas), ou seja, ficará *carregado positivamente*.

O átomo carregado positivamente recebe o nome de *íon positivo* ou *cátion*: nesse caso, íon Na⁺ ou Na¹⁺, também chamado de *íon sódio*.

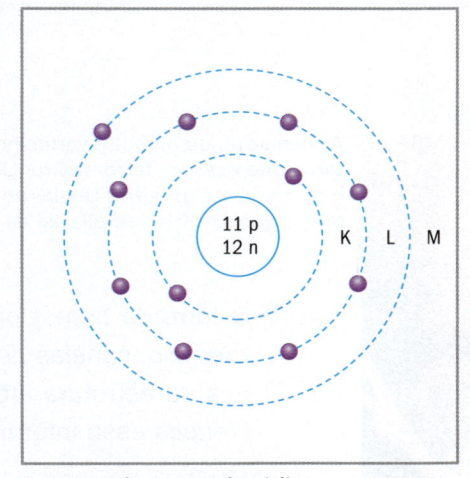

Esquema do átomo de sódio.

> Esquemas de átomo segundo o modelo de Rutherford-Bohr.

> **?** Qual é o número de massa do átomo de sódio?

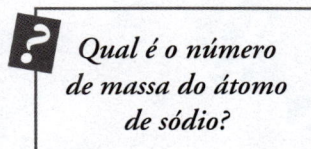

Átomos: a matéria na intimidade – CAPÍTULO 19

> A grande quantidade de energia contida no núcleo do átomo se deve à força de interação entre prótons e nêutrons.

> Radiação é a energia emitida na forma de ondas eletromagnéticas ou partículas subatômicas de altíssima velocidade por certos elementos químicos, denominados *radioativos*.

Usinas nucleares Angra I e Angra II, em Angra dos Reis, Rio de Janeiro.

> > > CONEXÃO Sociedade < < <

A energia dos átomos

A energia contida no núcleo de átomos pode ser liberada pelo processo denominado *fissão nuclear*, que significa quebra ou divisão do núcleo do átomo.

É o que acontece nas bombas atômicas, por exemplo. O processo tem início com o bombardeamento do núcleo de átomos – em geral, dos elementos químicos urânio ou tório – com nêutrons livres. O núcleo dos átomos atingidos se fragmenta, liberando energia e mais alguns nêutrons. Estes, por sua vez, vão bombardear os núcleos de outros átomos, que também se quebram, liberando mais energia e mais nêutrons, que bombardeiam outros átomos, e assim sucessivamente, numa reação em cadeia.

Esse processo é muito rápido, e uma grande quantidade de energia – chamada de radiação – é liberada de uma só vez, de forma descontrolada, podendo causar muita destruição.

Mas o ser humano aprendeu a "domar" a fissão nuclear, para aproveitar toda essa energia em benefício próprio. Nos reatores das *centrais térmicas nucleares*, também chamadas de *usinas nucleares*, a energia dos átomos é liberada de maneira controlada e usada para aquecer água até a vaporização. A força do vapor produzido move turbinas, que fazem funcionar geradores de eletricidade.

A primeira usina nuclear do mundo, usada com essa finalidade, começou a funcionar em 1954, na Rússia. Com o tempo, elas se multiplicaram, e hoje elas são responsáveis por grande parte da produção de eletricidade no mundo. No Brasil, há apenas uma usina nuclear, em Angra dos Reis (RJ), que conta com dois reatores em atividade, Angra I e Angra II.

Olhe e pense

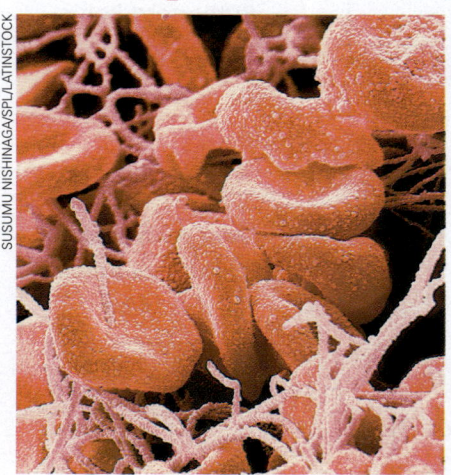

As hemácias, ou glóbulos vermelhos do sangue, são muito ricas em ferro: sua função é transportar o oxigênio até as outras células do corpo humano. (Coloração artificial; ampliação de cerca de 5 500 vezes.)

1 O ferro da hemoglobina é igual ao ferro presente em, por exemplo, panelas de ferro e outros objetos. Que característica da estrutura atômica identifica um elemento químico? Forneça essa informação para o caso do ferro.

2 Faça um esquema em seu caderno do modelo de átomo, mas que represente o átomo do ferro. Não se preocupe em esquematizar a distribuição dos elétrons.

Verifique o que aprendeu

1 Em seu caderno, represente uma linha do tempo com as principais descobertas relacionadas ao conhecimento da estrutura atômica.

2 Compare por escrito o conceito de número atômico com o de número de massa.

3 Por que, na determinação do número de massa de um átomo, levam-se em conta apenas as partículas do núcleo?

4 Aplicando a regra que você aprendeu neste capítulo, faça a distribuição eletrônica do bromo (Br), cujo Z = 35.

5 Cátion é um íon positivo porque ganhou cargas elétricas positivas. Certo ou errado? Explique sua resposta.

6 Ânion é um íon negativo porque ganhou cargas elétricas negativas. Certo ou errado? Justifique sua resposta.

A palavra é sua

Energia nuclear: você é contra ou a favor?

Muita gente se opõe à construção de novas usinas nucleares para a geração de eletricidade. Essas pessoas temem, principalmente, possíveis acidentes, porque isso pode fazer com que a **radioatividade** dos reatores escape para o ambiente. Mas também veem como problema o *lixo atômico* que essas usinas produzem. Onde colocar esse lixo, que ainda contém radioatividade?

Há também quem defenda a instalação de novas usinas, pois dizem que elas trazem menos problemas do que outras formas de gerar energia elétrica, como as termelétricas, que queimam combustíveis fósseis para produzir o vapor que gira as turbinas.

> **Radioatividade** é a propriedade de emitir radiação, e pode ser natural, isto é, ocorrer naturalmente em elementos instáveis, ou artificial, ou seja, ser provocada por reações nucleares induzidas, como as que ocorrem nas bombas atômicas e nos reatores das usinas nucleares.

1 Faça uma pesquisa sobre a queima de combustíveis fósseis (nas termelétricas), sobre a radioatividade nas usinas nucleares e no lixo radioativo. Reúna as informações que coletar e apresente-as aos seus colegas de classe.

2 Em seguida, promovam uma discussão com base na seguinte questão: Uma usina nuclear é boa ou ruim para a sociedade? Ou existe um meio-termo para classificá-la?

20 A organização do conhecimento químico

Serra do Amolar, Pantanal, Mato Grosso do Sul.

Você já estudou, em anos anteriores, muitas das substâncias presentes no ambiente retratado na foto acima. Por exemplo, a água (H_2O), alguns gases da atmosfera – como o oxigênio (O_2) e o gás carbônico (CO_2) – e até a glicose ($C_6H_{12}O_6$), produzida pelas plantas na fotossíntese… O que essas substâncias têm em comum? O que significam as letras que as representam? Por que um mesmo símbolo (H, O, C) aparece na representação de substâncias diferentes?

Elementos químicos: versáteis e onipresentes

Pense na diversidade de ambientes e de seres que existem em nosso planeta. Pense também nos inúmeros objetos que produzimos. Quantos e quais são os materiais – naturais ou sintéticos – de que tudo isso é feito? Seria possível fazer uma lista de todos eles? Difícil, não é? Praticamente impossível!

No entanto, todos os materiais que existem – não apenas na Terra, mas, até onde se sabe, em todo o Universo – são constituídos de pouco mais de noventa **elementos químicos**.

Pois bem; só é possível obter essa enorme quantidade e diversidade de materiais com base em um número tão reduzido de elementos químicos porque estes *se combinam* de várias maneiras. É o que veremos a seguir.

> **Elemento químico**, como você viu no capítulo anterior, é o conjunto de átomos que têm o mesmo número de prótons no núcleo, isto é, o mesmo número atômico (Z).

O cobre (Cu) é um bom exemplo da versatilidade dos elementos químicos na natureza. Na forma metálica, ele é usado, por exemplo, para produzir fios condutores de eletricidade. Mas ele também pode ser encontrado em materiais tão díspares quanto a hemocianina, proteína semelhante à hemoglobina responsável pelo transporte do oxigênio em alguns invertebrados, e a malaquita, mineral esverdeado usado na confecção de joias e outros objetos.

Elefante de malaquita.

> Reveja a fotografia que abre o capítulo anterior: elementos químicos como o hidrogênio, o oxigênio e o hélio, encontrados na Terra, também estão presentes em outros pontos do Universo, como as nebulosas da Nuvem de Magalhães.

■ Nomes e símbolos dos elementos

Os elementos químicos podem ser representados graficamente por uma **notação**. Veja:

> **Notação** é o conjunto de sinais definidos para fazer uma representação qualquer no campo das ciências.

Carbono	Prata	Urânio
$^{12}_{6}C$ $^{14}_{6}C$	$^{107}_{47}Ag$ $^{109}_{47}Ag$	$^{234}_{92}U$ $^{235}_{92}U$ $^{238}_{92}U$

Notação segundo as normas da Química de alguns isótopos dos elementos químicos carbono, prata e urânio.

Essas notações estão expressas na forma:

$$^{A}_{Z}X$$

em que X representa o símbolo do elemento químico, A o número de massa e Z o número atômico.

Como você vê acima, o símbolo do elemento, que é válido no mundo inteiro, é constituído por uma ou duas letras do alfabeto ocidental: o símbolo do carbono, por exemplo, é a letra C e o da prata é Ag.

Quando o símbolo do elemento tem apenas uma letra, esta é sempre maiúscula. Em geral, a letra corresponde à inicial do nome do elemento. Por exemplo: O simboliza o oxigênio, B é o símbolo do boro.

Quando dois ou mais elementos químicos têm a mesma inicial, o símbolo é representado por duas letras, para evitar confusão. Os elementos químicos cloro e cádmio, por exemplo, são representados, respectivamente, por Cl e Cd, para diferenciar do carbono (C). Note que a segunda letra é sempre minúscula e também tirada do nome do elemento.

Algumas vezes, a letra do símbolo não coincide com a inicial do nome do elemento. Por exemplo, o símbolo do enxofre é S e o do potássio é K. Isso acontece porque, nesses casos, a letra para a formação do símbolo do elemento químico foi tirada do nome do elemento em latim. Assim, o símbolo do enxofre é S, porque em latim seu nome é *sulphurium*; e o símbolo do potássio é K, porque seu nome latino é *kalium*.

Todos os elementos químicos conhecidos estão registrados na *Tabela Periódica*. Observe-a na próxima página.

> **?** *Sabendo que o número atômico do cloro é 17 e seu número de massa é 35, e que o número atômico do cádmio é 48 e seu número de massa é 112, represente-os em seu caderno pela notação vista acima para outros elementos químicos.*

A organização do conhecimento químico – CAPÍTULO 20

Na Tabela, as diferentes cores correspondem à classificação dos elementos químicos em metais (verde), não metais (rosa), metaloides ou semimetais (amarelo); gases nobres (azul); hidrogênio (branco). (Adaptada do site da Iupac). Disponível em: <www.chem.qmul.ac.uk/iupac> Acesso em jun. 2007.

222 UNIDADE III – O estudo da Química

A Tabela Periódica

Os elementos químicos estão organizados na Tabela Periódica de acordo com dois critérios básicos.

Um deles é o número atômico. Para perceber isso, procure os seguintes elementos na Tabela: o magnésio (Mg), cujo número atômico (Z) é 12, e o sódio (Na), cujo Z é 11; o cobalto (Co), que tem Z = 27, e o ferro (Fe), cujo Z = 26; e, finalmente, o tálio (Tl), que tem Z = 81, e o mercúrio (Hg), cujo Z = 80.

Como você deve ter notado, os elementos estão organizados *horizontalmente* segundo a ordem crescente do número atômico, grandeza que caracteriza um elemento químico, em sete linhas, que correspondem aos chamados *períodos* de classificação dos elementos químicos.

Já a ordenação *vertical* dos elementos – em *colunas* – está relacionada com as *propriedades* dos elementos químicos. Nas dezoito colunas, dispostas lado a lado, estão representadas as *famílias* ou *grupos* de classificação dos elementos: de modo geral, elementos que têm propriedades semelhantes ocupam uma mesma coluna.

> Além do conceito de elemento químico (revisto na página 220), serão bastante utilizados aqui os conceitos de massa atômica e camadas eletrônicas. Se achar necessário, reveja-os no capítulo anterior.

> Hoje se sabe que, assim como a água, o **gás hidrogênio** (H_2) e o **gás oxigênio** (O_2), produtos da decomposição da água, também não são elementos químicos, mas substâncias formadas de átomos dos elementos hidrogênio (H), Z = 1, e oxigênio (O), Z = 8, respectivamente.

História da Ciência

A criação da Tabela Periódica

A história da Tabela Periódica começou com o aparecimento do conceito de *elemento químico*, cuja origem está relacionada principalmente às pesquisas do filósofo e naturalista inglês Robert Boyle (1626-1691).

Para Boyle, elemento era uma substância que não podia ser decomposta em outras substâncias. Por exemplo, de uma certa porção de cobre puro não se pode retirar nada além de cobre; o cobre seria, portanto, um elemento químico. Já de uma porção de água pura é possível retirar outras substâncias: quando submetida a certa intensidade de corrente elétrica, a água se decompõe em **gás hidrogênio** e **gás oxigênio**. A água, então, não seria um elemento químico.

Entre os séculos XVIII e XIX, um grande número de elementos químicos foi descoberto; por volta de 1850 já eram conhecidos mais de cinquenta.

Pouco depois da metade do século XIX, o químico e cientista russo Dmitri Ivanovich Mendeleev (1834-1907) apresentou ao mundo sua proposta de agrupamento dos elementos químicos. Seu critério era diferente do que hoje é utilizado: ele organizou os elementos conhecidos em sua época pela massa atômica, e não pelo número atômico. Apesar disso, essa ordenação acabou por se tornar a base da Tabela Periódica atual.

Foi também Mendeleev quem organizou os elementos por suas propriedades físicas e químicas: quando um novo elemento era descoberto, ele o situava na coluna que continha elementos com propriedades semelhantes às dele. Foi assim que, aos poucos, foram se formando as colunas da Tabela Periódica.

O inglês John Dalton (1766-1844), citado no capítulo anterior, chegou a fazer uma tentativa de representar por meio de símbolos os elementos químicos já conhecidos no início do século XIX.

A organização do conhecimento químico – CAPÍTULO 20 **223**

Além dos **elementos químicos** naturais, existem também elementos químicos sintéticos, isto é, produzidos em laboratório. Na Tabela Periódica, o símbolo dos elementos químicos naturais está escrito em preto; o dos sintéticos está em branco.

A tabela, passo a passo

Agora, vamos examinar com mais detalhes os quadrinhos da Tabela Periódica? Observe a representação a seguir.

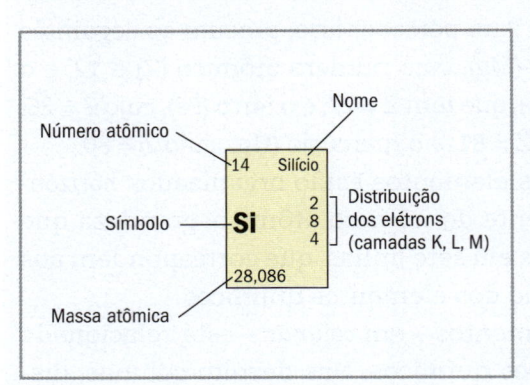

Note que no quadrinho estão representados: o nome, por extenso, do **elemento químico**; seu símbolo; seu número atômico (Z); sua massa atômica; a distribuição de seus elétrons segundo os níveis de energia.

Representação do silício na Tabela Periódica.

? *Observe na Tabela Periódica quais são os elementos da terceira linha ou 3º período e quantas camadas eletrônicas têm os seus átomos. Registre a resposta em seu caderno.*

As linhas: períodos

A Tabela Periódica tem sete linhas horizontais, que representam os sete períodos, nos quais:
- os números atômicos são consecutivos;
- os elementos *não apresentam* semelhanças em suas propriedades químicas;
- os elementos possuem o mesmo número de camadas eletrônicas.

Por exemplo, o potássio (K), um metal, e o criptônio (Kr), um gás nobre, são muito diferentes entre si, mas pertencem ambos ao mesmo período, o que significa que seus átomos têm o mesmo número de camadas eletrônicas.

Cada período corresponde ao número de camadas eletrônicas do átomo (são sete períodos e também sete camadas, K, L, M, N, O, P e Q). Por isso, os átomos do potássio e do criptônio, que estão no 4º período, têm, ambos, quatro camadas eletrônicas: K, L, M e N.

? *Veja na tabela outros exemplos: quais são as famílias dos elementos vanádio (V), Z = 23, e irídio (Ir), Z = 77?*

As colunas: famílias ou grupos

Você também viu que a tabela tem dezoito colunas (filas verticais), numeradas de 1 a 18, que correspondem às dezoito famílias (ou grupos) dos elementos químicos. Assim, o fósforo, que está na coluna 15, pertence à família 15.

Como você já sabe, as famílias são constituídas por elementos químicos que apresentam propriedades químicas semelhantes. Assim, organizados por esse critério, uns abaixo dos outros, formam as colunas da Tabela. É por isso, aliás, que a Tabela é dita **Periódica**, pois as propriedades dos elementos repetem-se em outros.

Periódico quer dizer 'que se repete em intervalos regulares'. No cotidiano, usamos a palavra para nos referirmos, por exemplo, às estações do ano (primavera, verão, outono, inverno), pois elas se repetem em intervalos de tempo iguais ao longo de um ano.

Localize na Tabela, por exemplo, o sódio (Na) e o potássio (K). Esses elementos apresentam várias propriedades em comum: ambos têm baixa densidade, são metais moles, reagem facilmente com a água, oxidam-se rapidamente quando expostos ao ar e formam íons em seus compostos. Por isso, foram considerados elementos de uma mesma família ou grupo e reunidos na mesma coluna da tabela.

Amostras dos elementos químicos sódio (Na) e potássio (K), dois metais muito semelhantes não apenas na aparência.

De modo geral, nas famílias ou grupos os átomos dos elementos químicos apresentam o mesmo número de elétrons na última camada eletrônica. Observe, por exemplo, a coluna da família 15, composta dos elementos nitrogênio (N), fósforo (P), arsênio (As), antimônio (Sb) e bismuto (Bi). Todos eles têm o mesmo número de elétrons na última camada: 5.

No entanto, as duas regras acima têm exceções. Algumas famílias, por exemplo, reúnem elementos com diferentes arranjos de elétrons na eletrosfera. Observe essas diferenças, por exemplo, na família 9, composta dos elementos naturais cobalto (Co), ródio (Rh) e irídio (Ir) e o elemento artificial meitnério (Mt).

Já na coluna 13, o elemento boro (B), embora tenha 3 elétrons na última camada, como os outros elementos dessa coluna, não apresenta as mesmas propriedades químicas que seus companheiros de família.

> As **famílias** da Tabela também podem ser chamadas de *1A a 7A*, que correspondem, nesta ordem, às famílias 1, 2, 13, 14, 15, 16 e 17; *família 0*, que corresponde à família 18; *famílias 1B a 8B*, que correspondem, nesta ordem, às famílias 11, 12, 3, 4, 5, 6, 7, 8, 9 e 10 (elementos de transição).

Outros agrupamentos na tabela

Os elementos químicos também podem ser classificados em quatro grandes grupos. Examine mais uma vez a Tabela: os metais estão em quadrinhos verdes; os não metais, em quadrinhos rosa; os metaloides ou semimetais, em quadrinhos amarelos; os gases nobres, em quadrinhos azuis; e o hidrogênio, que não faz parte de nenhum desses grupos, num quadrinho branco.

> Material **dúctil** é aquele que pode ser esticado (até certo ponto) sem se romper ou quebrar; é ideal para fazer fios.

Metais

São classificados como *metais* os elementos que apresentam as seguintes propriedades:
- têm brilho, quando polidos;
- sob temperatura ambiente, apresentam-se no estado sólido; a única exceção é o mercúrio, um metal líquido;
- são bons condutores de calor e de eletricidade;
- são resistentes, maleáveis e **dúcteis**;
- geralmente possuem 1, 2 ou 3 elétrons na última camada eletrônica, o que lhes dá a tendência a perder elétrons, transformando-se em íons positivos (cátions).

Graças à resistência e maleabilidade dos metais, como a prata, é relativamente fácil trabalhá-los manualmente.

A organização do conhecimento químico – CAPÍTULO 20

> > > CONEXÃO Saúde < < <

Os metais e a saúde humana

Dentre os metais existentes no organismo humano, destacam-se: o cálcio, que está presente nas estruturas ósseas e nos dentes; o sódio e o potássio, cuja presença, em concentrações adequadas, dentro e fora das células, permite a propagação dos impulsos nervosos; o ferro, que faz parte da estrutura da molécula de hemoglobina, responsável pelo transporte de oxigênio no organismo. O crômio, o manganês, o cobalto, o níquel, o cobre e o molibdênio também são importantes para o bom funcionamento de nosso corpo.

É fácil deduzir, portanto, que a falta desses metais pode ser prejudicial à saúde. Mas seu excesso também pode ter consequências negativas. Por isso, é importante manter uma alimentação balanceada, uma vez que a principal fonte desses elementos está nos alimentos.

Estes alimentos – carnes (vermelha e de frango), frutos do mar, nozes, feijão, amendoim e cereais – são ricos em zinco, metal importante para o funcionamento do sistema imunológico e a cicatrização de ferimentos.

Por outro lado, alguns metais e semimetais (ou metaloides), quando presentes no organismo humano, podem causar sérios distúrbios.

O arsênio, por exemplo, pode causar graves doenças cardiovasculares, renais, intestinais e até a morte.

Tão prejudiciais à saúde quanto o arsênio são alguns metais conhecidos como metais pesados, como o chumbo e o cádmio.

O chumbo – presente principalmente em baterias de automóveis, tintas e cerâmica – pode entrar no organismo com a água, com os alimentos ou com o ar e provocar distúrbios neurológicos (dores de cabeça, convulsões, delírios e tremores musculares), gastrointestinais (vômitos e náuseas) e renais, e até a morte, quando em concentrações elevadas.

O cádmio, bastante citado em noticiários por fazer parte da composição de baterias de telefones celulares, pode causar intoxicação aguda ao corpo humano, que se manifesta por distúrbios gastrointestinais (dores abdominais, náuseas e vômitos) e paralisia renal.

No tratamento das intoxicações causadas por chumbo e cádmio utilizam-se antídotos, substâncias químicas de diferentes classes que se ligam aos íons metálicos e formam com eles compostos de elevada estabilidade. Mais tarde, esses compostos são eliminados do corpo, em geral pela urina. Entretanto, apesar de existirem antídotos, é muito importante o controle do uso de materiais que contenham esses metais, a fim de evitar a contaminação das pessoas e do ambiente.

Adaptado de: Antonio Carlos Massabni. *Química Online – Conselho Regional de Química 4ª Região*. Disponível em: <www.crq4.org.br/qol_metais.php>. Acesso em 17 maio 2007.

Não metais

Os elementos que, de modo geral, apresentam características opostas às dos metais são chamados *não metais*. Os não metais:
- existem nos estados sólido (iodo, enxofre, fósforo, carbono) e gasoso (nitrogênio, oxigênio, flúor); a exceção é o bromo, um não metal líquido;
- não apresentam brilho; são exceções o iodo e o carbono sob a forma de diamante;

- não conduzem bem o calor e a eletricidade, com exceção do carbono sob a forma de grafite;
- geralmente possuem mais de 4 elétrons na última camada eletrônica, o que lhes dá tendência a ganhar elétrons, transformando-se em íons negativos (ânions).

Diamante e grafite: duas formas do carbono, um elemento químico do grupo dos não metais.

Metaloides (ou semimetais)

Os elementos que apresentam características intermediárias em relação aos metais e aos não metais – e que, na Tabela, ocupam a região fronteiriça entre metais e não metais – são chamados de *metaloides* (ou *semimetais*). Em condições ambientes, eles formam substâncias simples sólidas.

São metaloides: boro (B), silício (Si), germânio (Ge), arsênio (As), antimônio (Sb), telúrio (Te) e polônio (Po).

Gases nobres ou raros

Alguns elementos químicos dificilmente se combinam com outros; eles formam o grupo dos *gases nobres* ou *raros*. São eles: hélio, neônio, argônio, criptônio, xenônio e radônio.

Os átomos desses elementos possuem a última camada eletrônica completa, ou seja, com 8 elétrons. A única exceção é o hélio, que possui uma única camada, a camada K, que está completa com 2 elétrons.

O hidrogênio

O hidrogênio é um elemento químico à parte. Apresenta propriedades muito diferentes das dos outros elementos. Por exemplo, tem apenas 1 elétron na camada K (sua única camada, aliás), quando todos os outros elementos têm 2.

O silício é o segundo elemento químico mais comum na crosta terrestre. Está presente, por exemplo, nas estruturas que formam o esqueleto de esponjas (foto).

A organização do conhecimento químico – CAPÍTULO 20

Olhe e pense

Diadema encontrado na tumba do faraó egípcio Tutankhamon – que reinou no antigo Egito entre 1336 e 1327 a.C., aproximadamente – com as figuras de um abutre e uma cobra naja.

A joia da foto, feita de ouro, tem incrustações de:
- obsidiana: espécie de vidro vulcânico constituído principalmente por óxido de silício, mas contém também ferro e magnésio;
- malaquita: mineral rico em cobre;
- lápis-lazúli: rocha composta principalmente do mineral lazurita, em que predominam os elementos sódio, alumínio, silício e enxofre.

1 Localize na Tabela Periódica os elementos químicos que constituem o diadema do faraó e, para cada um, copie em seu caderno: o símbolo; o número atômico; a distribuição eletrônica.

2 Indique por escrito o período e a família de cada elemento e o grupo – metal, não metal, metaloide ou gás nobre – em que ele é classificado.

Verifique o que aprendeu

1 Consulte a Tabela Periódica e copie em seu caderno os símbolos dos seguintes elementos químicos: hidrogênio, hélio, flúor, ferro, oxigênio e ósmio.

2 Usando os símbolos dos elementos da questão anterior como exemplo, explique em que se baseia o símbolo de um elemento químico e como eles são constituídos.

3 Quais são os principais critérios de organização dos elementos químicos na Tabela Periódica atual?

4 Consulte a Tabela Periódica e responda:
   a) Qual é o nome do elemento posicionado no 4º período, família 15? Em que grupo ele é classificado?
   b) Qual é a posição (período e família) do elemento boro? Em que grupo ele é classificado?
   c) Qual é o nome e a posição do elemento de número atômico 31? Em que grupo ele é classificado?

5 Os átomos dos metais transformam-se em íons positivos porque perdem elétrons da última camada, que fica estável com 8 elétrons. Quantos elétrons o átomo de alumínio perde até atingir a estabilidade?

6 Em relação aos metais presentes em nosso organismo, responda:
   a) Quais são os mais importantes e como nosso organismo os obtém?
   b) Por que é importante aumentar a quantidade de cálcio na alimentação, por exemplo, na fase de crescimento do corpo?

7 Em geral, os não metais têm de 4 a 7 elétrons na última camada eletrônica e transformam-se em íons negativos ao ganhar elétrons que a completem (8 elétrons). Quantos elétrons o átomo de enxofre deve receber para ficar estável?

8 O que significa dizer que alguns elementos químicos são artificiais? Consulte a Tabela e verifique quais são esses elementos. Copie no caderno os seus símbolos e números atômicos (Z).

9 Considerando o texto *Os metais e a saúde humana*, explique por que baterias de telefones celulares não podem ser jogadas no lixo, mas devem ser encaminhadas ao fabricante para o descarte adequado.

A palavra é sua

1 Consulte a Tabela Periódica e escolha dois elementos – um metal e um não metal – que você acha que fazem parte de seu dia a dia. Pesquise onde podem ser encontrados na natureza e quais são suas aplicações na vida prática. (*Dica*: são fontes de pesquisa: livros de química de ensino médio, enciclopédias e a internet.)

2 Compartilhe com um colega os dados obtidos na pesquisa acima. Selecionem dois dos elementos pesquisados (os mais interessantes para vocês) e façam um cartaz com o desenho simplificado da Tabela Periódica, destacando apenas os elementos escolhidos (nas devidas posições), com o símbolo; o número atômico; a massa atômica; a distribuição eletrônica. No cartaz, incluam também as outras informações, isto é, onde esses elementos podem ser encontrados e quais suas utilizações na vida prática.

21 As substâncias químicas

Você talvez não reconheça a substância da fotografia, mas ela é muito familiar a todos nós: trata-se do sal de cozinha, aquele com que temperamos nossos alimentos diariamente. Em Química, o sal de cozinha é chamado de *cloreto de sódio*. Que elementos químicos participam da composição dessa substância? Consulte a Tabela Periódica e arrisque um palpite...

O segredo é combinar

No capítulo anterior você ficou sabendo que a imensa variedade de materiais do Universo é constituída de átomos de apenas pouco mais de noventa elementos químicos. E que isso é possível porque os átomos dos diferentes elementos podem se combinar de muitas e diferentes maneiras.

Nessas combinações, os átomos estabelecem ligações entre si, que recebem o nome de *ligações químicas*. Assim, átomos de certo elemento químico, o carbono (C), por exemplo, estabelecem ligações químicas com outros iguais a ele ou com átomos de outros elementos químicos e formam substâncias tão diversas quanto o gás metano (CH_4), o gás carbônico (CO_2) e a glicose ($C_6H_{12}O_6$).

As ligações químicas

Ao estudar a Tabela Periódica, no capítulo 20, você conheceu os elementos químicos da família 18, os *gases nobres* – hélio, neônio, argônio, criptônio, xenônio e radônio –, que têm como característica o fato de terem *átomos estáveis*, que não se combinam com outros átomos.

Essa estabilidade decorre do fato de esses átomos terem 8 elétrons na última camada, com exceção do **hélio**, que tem apenas 2 elétrons no total. Veja a tabela a seguir:

	K	L	M	N	O	P
hélio (Z = 2)	2					
neônio (Z = 10)	2	8				
argônio (Z = 18)	2	8	8			
criptônio (Z = 36)	2	8	18	8		
xenônio (Z = 54)	2	8	18	18	8	
radônio (Z = 86)	2	8	18	32	18	8

> O átomo de **hélio** é estável porque a camada eletrônica K – ao mesmo tempo, a primeira e última camada do átomo – fica completa com apenas 2 elétrons.

Sendo estáveis, os átomos desses elementos podem existir livres na natureza. De fato, os gases nobres são substâncias formadas por átomos isolados. Apenas em situações especiais eles se ligam (combinam) com outros elementos químicos.

Por outro lado, *átomos instáveis* tendem a se unir a outros átomos, também instáveis, para adquirir estabilidade. Tudo se passa como se esses átomos tendessem a ficar com a eletrosfera dos gases nobres, ou seja, eles tendem a ficar com 8 elétrons na última camada (ou 2, se a última camada for a camada K) e, para isso, precisam *perder* elétrons para outro átomo, *ganhar* elétrons de outro átomo ou *compartilhar* elétrons com outro átomo.

Quando isso ocorre, forma-se uma ligação entre os átomos envolvidos. Portanto, pode-se dizer que uma *ligação química* é a união entre átomos por meio da perda, ganho ou compartilhamento de elétrons, de maneira que a última camada de todos os átomos envolvidos fique completa, com 8 elétrons, isto é, forme um **octeto eletrônico** (*octo* = oito).

As ligações químicas podem ser de três tipos: *ligação iônica* (ou *eletrovalente*), *molecular* (ou *covalente*) e *metálica*.

> A hipótese que explica as ligações entre átomos com base no **octeto eletrônico** é chamada de *regra do octeto*. Ela contempla a formação da maioria das substâncias conhecidas (não todas, pois, como você vai ver no ensino médio, essa regra tem exceções).

■ A ligação iônica (ou eletrovalente)

Na *ligação iônica* ou *eletrovalente* há transferência de elétrons entre os átomos – perda ou ganho –, com a formação de *íons*.

A ligação iônica ocorre principalmente entre átomos de metais – elementos cujos átomos têm, em geral, de 1 a 3 elétrons na última camada eletrônica e tendem a perder elétrons, transformando-se em íons positivos (cátions) –, e não metais – elementos cujos átomos têm, em geral, de 5 a 7 elétrons na última camada eletrônica e tendem a ganhar elétrons, transformando-se em íons negativos (ânions).

Observe no esquema a seguir dois exemplos de formação de íons:

> Lembre-se de que, como você estudou no capítulo 19, há formação de íons quando os átomos perdem ou ganham elétrons.

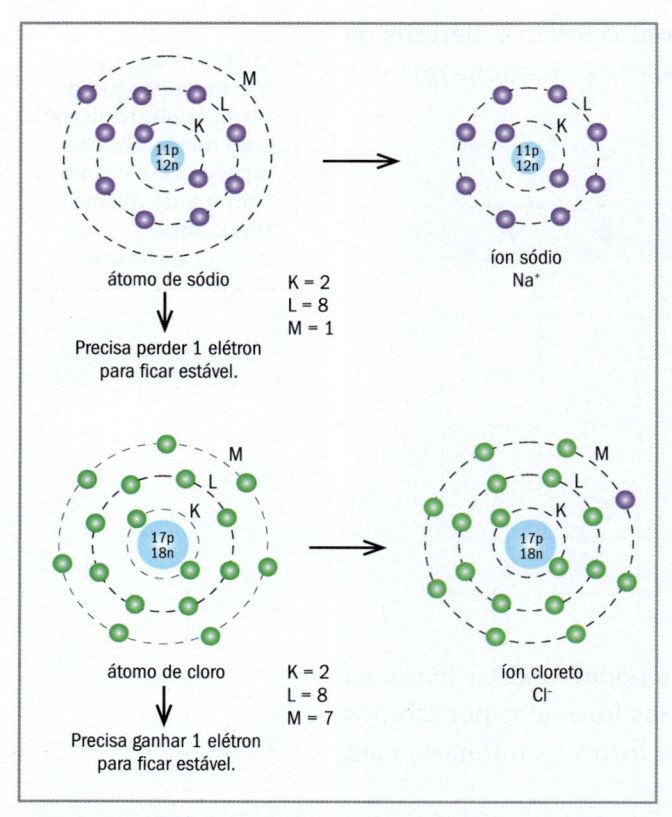

Esquema de formação de íons a partir de um átomo de sódio (um metal) e um átomo de cloro (um não metal).

átomo de sódio
K = 2
L = 8
M = 1

Precisa perder 1 elétron para ficar estável.

íon sódio
Na⁺

átomo de cloro
K = 2
L = 8
M = 7

Precisa ganhar 1 elétron para ficar estável.

íon cloreto
Cl⁻

Esquemas de átomos, íons e moléculas segundo o modelo de Rutherford-Bohr; os elementos representados não estão em escala.

Note que o átomo de sódio (metal) tem apenas 1 elétron na última camada, enquanto o átomo de cloro (não metal) tem 7 elétrons. Se o átomo de sódio perder 1 elétron e o átomo de cloro ganhar 1 elétron, ambos ficarão estabilizados, com 8 elétrons na última camada. Assim, o átomo de sódio cede 1 elétron ao cloro e fica com a última camada (L) completa. Por sua vez, o átomo de cloro, ao receber 1 elétron do sódio, também completa sua última camada (reveja o esquema: o elétron cedido pelo sódio foi parar na camada M da eletrosfera do cloro).

Ao perder 1 elétron, o sódio transforma-se em um íon positivo (um cátion), e o cloro, ao receber 1 elétron, transforma-se em um íon negativo (ânion). Por terem cargas elétricas de sinal contrário, os dois íons passam a sofrer atração mútua (cargas elétricas de sinais contrários se atraem) e se unem.

A união de íons de sinais contrários é chamada de *ligação iônica* ou *eletrovalente*. Esse tipo de ligação dá origem a *grupamentos* ou *aglomerados iônicos*, que constituem as unidades químicas de uma **substância iônica**.

A formação do cloreto de sódio também pode ser representada por meio da *notação de Lewis*, como mostra o esquema a seguir:

$$Na^x + \cdot \ddot{\underset{..}{Cl}}: \rightarrow [Na]^+ \left[{}^x_\cdot \ddot{\underset{..}{Cl}}: \right]^-$$

No exemplo analisado, a **substância iônica** formada é o cloreto de sódio, o "sal de cozinha".

Na notação de Lewis, os sinais x e • representam os elétrons que os átomos têm em sua última camada. O sódio (Na) cede um elétron ao cloro (Cl); formam-se assim dois íons, o cátion sódio (Na⁺) e o ânion cloreto (Cl⁻), que se atraem eletricamente, constituindo a substância cloreto de sódio (NaCl), representada à direita.

■ A ligação covalente (ou molecular)

A ligação *covalente* ou *molecular* ocorre principalmente entre não metais ou entre não metais e hidrogênio. Analise um exemplo no esquema a seguir:

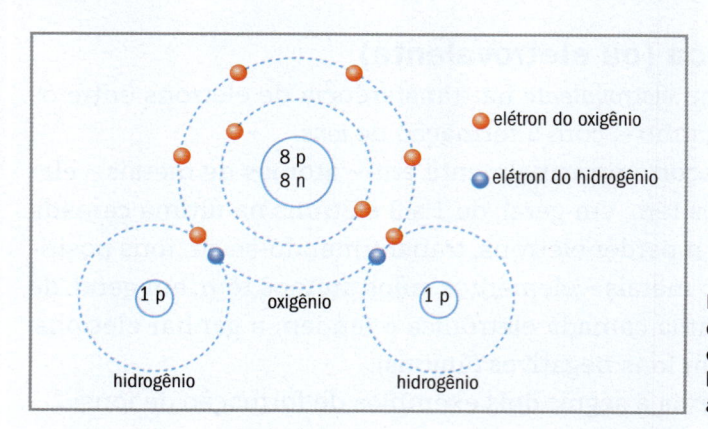

● elétron do oxigênio
● elétron do hidrogênio

8 p
8 n

1 p   oxigênio   1 p
hidrogênio   hidrogênio

Esquema da formação de ligações covalentes entre dois átomos de hidrogênio e um átomo de oxigênio.

O átomo de oxigênio, que tem 6 elétrons na última camada eletrônica, precisa de mais 2 para completá-la. E os átomos de hidrogênio, que têm apenas 1 elétron cada, precisam, ambos, de mais 1 elétron para completar a camada K. Unem-se, então, 2 átomos de hidrogênio e 1 átomo de oxigênio por compartilhamento de dois pares de elétrons: o primeiro, entre um átomo de hidrogênio e o átomo de oxigênio; o segundo, entre o outro átomo de hidrogênio e o átomo de oxigênio.

Forma-se assim uma *ligação covalente*, também chamada de *ligação molecular*, entre os átomos. Esse tipo de ligação dá origem à *molécula*, a unidade química da substância. As substâncias resultantes de ligações moleculares recebem o nome de *substâncias moleculares*.

A formação de uma ligação covalente também pode ser representada por meio da notação de Lewis. Veja, por exemplo, a ligação entre 2 átomos de hidrogênio na formação da substância molecular gás hidrogênio:

> **?** *Que substância molecular é formada no exemplo analisado ao lado?*

$$H\bullet + \times H \rightarrow H \overset{\bullet}{\underset{\times}{\,}} H$$

Os sinais × e • representam os elétrons que cada átomo de hidrogênio tem em sua última camada. Os dois átomos estão com a camada K (sua única camada) incompleta e precisam de 1 elétron para completá-la. Então, o elétron de cada um deles passa a fazer parte também da eletrosfera do outro, isto é, os 2 elétrons passam a ser compartilhados pelos dois átomos.

> Na **fusão nuclear** que ocorre nas estrelas como o Sol, núcleos de 4 átomos de hidrogênio – o elemento mais abundante do Universo – fundem-se em um núcleo de átomo de hélio, com liberação de energia.

> > > CONEXÃO Astronomia < < <

Memórias do carbono

Há bilhões de anos, uma estrela distante, semelhante ao nosso Sol, vivia seus últimos momentos. Depois de muito tempo brilhando graças à **fusão nuclear**, seu ciclo de vida chegava ao fim.

Com o esgotamento do hidrogênio, a estrela começou a se contrair, o que provocou um grande aumento da temperatura em seu núcleo. Quando os 100 milhões de graus foram atingidos, os núcleos de hélio começaram a se fundir, e formou-se um novo elemento, o carbono.

Houve novo aumento de temperatura e a estrela se expandiu muito, transformando-se em uma gigante vermelha. Então, suas camadas mais externas se desprenderam e empurraram os átomos de carbono para uma longa viagem pelo espaço.

Depois de vagar pelo espaço por milhões e milhões de anos, os átomos de carbono encontraram-se com átomos de outros elementos (também gerados nas estrelas) e formaram diversos tipos de moléculas, como o monóxido de carbono (CO) e o metano (CH_4). Graças à atração gravitacional, essas moléculas se acumularam e formaram gigantescas nuvens moleculares.

Uma dessas nuvens acabou por se fragmentar, dando origem ao nosso Sistema Solar. E, há 4,6 bilhões de anos, aproximadamente, alguns dos átomos de carbono da gigante vermelha juntaram-se a átomos de outros elementos e formaram o planeta Terra.

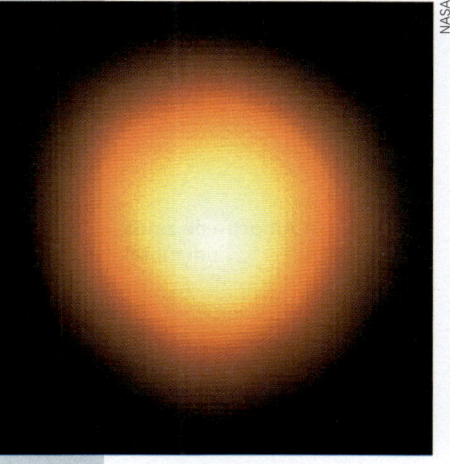

▶ A gigante vermelha Betelgeuse, que faz parte da constelação de Órion.

As substâncias químicas – CAPÍTULO 21

A molécula de **celulose** é formada por muitos átomos de carbono, oxigênio e hidrogênio e, nas plantas, constitui a parede celular.

Reveja, no capítulo 13, os problemas que a intensificação do efeito estufa pode trazer para a vida na Terra.

> *Por muito tempo, na atmosfera de nosso planeta, os átomos de carbono ligaram-se a átomos de hidrogênio ou de nitrogênio, formando moléculas diversas. Mas foram muito importantes para a vida na Terra quando estabeleceram ligações com átomos de oxigênio e formaram o gás carbônico (CO_2). Sob essa forma, entraram para o ciclo da vida na Terra, via fotossíntese. Até que, há milhões de anos, alguns desses átomos, agora como parte de moléculas de **celulose** de uma planta, foram soterrados.*
>
> *Durante esse tempo, os átomos de carbono passaram por processos que os levaram a fazer parte de outra molécula, o hidrocarboneto, que, misturada a muitas outras, constituiu o petróleo. Pouco tempo atrás, depois de terem sido extraídos do subsolo e incorporados à gasolina, em uma refinaria de petróleo, voltaram à atmosfera, eliminados pelo escapamento de um carro.*
>
> *Ironicamente, a excessiva liberação de carbono na atmosfera tem contribuído para intensificar o efeito estufa em nosso planeta, o que pode ser fatal para a vida na Terra.*
>
> Adaptado de: Adilson de Oliveira. *Ciência Hoje Online*. Disponível em: <http://cienciahoje.uol.com.br/91739>. Acesso em 19 maio 2007.

■ A ligação metálica

A *ligação metálica* ocorre principalmente entre átomos de metais. Nesse tipo de ligação, os átomos se mantêm unidos por grande força de atração.

Em um metal, a última camada eletrônica está muito afastada do núcleo. Por isso, a atração sobre os elétrons é fraca, e eles se libertam facilmente, transformando os átomos em cátions. Desse modo, a ligação metálica caracteriza-se por cátions envoltos numa "nuvem eletrônica", como está representado abaixo, na ampliação que acompanha a foto:

Os elementos representados não estão em escala. As cores são apenas ilustrativas.

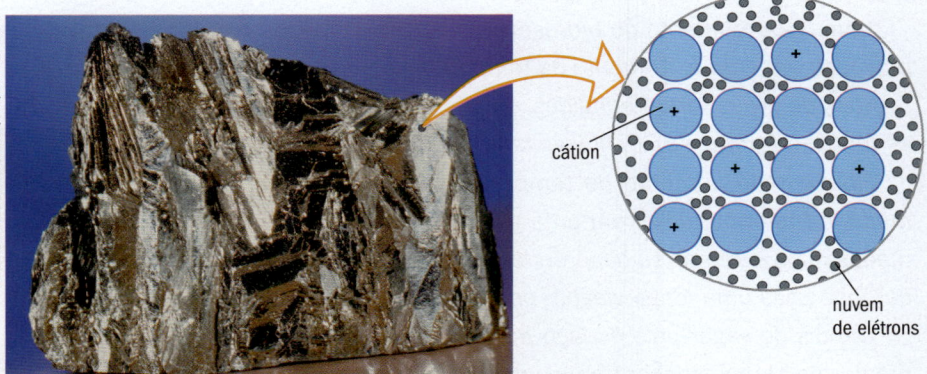

Amostra de zinco, um metal.

cátion

nuvem de elétrons

A representação das substâncias

É muito comum representarmos a água simplesmente por H_2O. Esse tipo de representação, que se utiliza de letras e números para informar sobre uma substância, é chamada de *fórmula química*.

As fórmulas químicas podem representar *moléculas*, como no caso da água; *grupamentos iônicos*, por exemplo, o cloreto de sódio, NaCl; *átomos* isolados, como o alumínio metálico, Al^0; ou *íons* isolados, por exemplo, o íon cloro, Cl^-.

■ A fórmula molecular

A *fórmula molecular* representa uma substância molecular. Nela, as letras são os símbolos dos elementos e os números indicam a quantidade de átomos de cada elemento presente na molécula.

Na fórmula da água, por exemplo, o número 2 indica que há dois átomos de hidrogênio (H) na molécula; esse número, chamado de índice, deve ser colocado abaixo e à direita do símbolo do elemento. O único átomo de oxigênio poderia ser indicado pelo número 1 (escrito abaixo e à direita do símbolo O), mas o índice 1 geralmente é omitido.

Outros exemplos de substâncias moleculares: o gás hidrogênio, H_2, substância formada por 2 átomos do elemento hidrogênio; o gás ozônio, O_3, substância formada por 3 átomos do elemento oxigênio; o fósforo branco, P_4, substância formada por 4 átomos do elemento fósforo.

As substâncias moleculares também podem ser representadas pela *fórmula eletrônica* ou *fórmula de Lewis*, em que os elétrons da camada mais externa dos átomos envolvidos são representados em torno do símbolo do elemento pelos símbolos x e •. Veja ao lado o exemplo do gás nitrogênio.

Representação do gás nitrogênio pela fórmula eletrônica. Os sinais x e • representam os elétrons que cada átomo de nitrogênio tem em sua última camada.

■ A fórmula iônica

A *fórmula iônica* representa uma substância iônica. Ela nos informa quais e quantos são os íons – íon positivo ou cátion e íon negativo ou ânion – que participam da composição da substância.

A fórmula iônica do cloreto de sódio (NaCl), por exemplo, nos informa que o aglomerado iônico nesse caso é formado por 1 cátion sódio (Na^+) e 1 ânion cloro (Cl^-). Nos dois casos, o índice é 1, que não é escrito na fórmula.

A fórmula iônica pode ser representada de duas maneiras, com os sinais de positivo e negativo, ou sem eles. Para o cloreto de sódio, temos: Na^+Cl^- (com os sinais) e NaCl (sem os sinais).

Como você pode ver, esse grupamento iônico é eletricamente neutro, porque as cargas positivas e negativas estão equilibradas: o único elétron cedido pelo sódio é recebido pelo cloro, que só precisa de 1 elétron para ficar estável.

Veja agora um exemplo em que as cargas dos íons são diferentes, na substância brometo de cálcio. Se o íon cálcio é representado por Ca^{2+}, sabemos que ele cede 2 elétrons, e se o íon brometo é representado por Br^-, sabemos que ele precisa receber apenas 1 elétron.

Nesse caso, escrevemos: $Ca^{2+} Br^-$. Como você pode ver, não há equilíbrio entre as cargas positivas e negativas. Para que haja equilíbrio, são necessários 2 íons brometo para 1 íon cálcio. Portanto, na substância iônica brometo de cálcio haverá 2 íons brometo para cada íon cálcio, o que é escrito assim:

$$Ca^{2+} [Br^-]_2 \quad \text{ou} \quad CaBr_2$$

Como foi dito acima, o número 2 colocado abaixo e à direita do símbolo do bromo é o índice, isto é, ele indica que na composição da substância brometo de cálcio, para 1 íon cálcio (o índice 1, como também foi dito acima, não é escrito) há 2 íons brometo.

Há uma regrinha prática muito simples com a qual você poderá escrever a fórmula de outros compostos iônicos. Veja, por exemplo, a formação da substância cloreto de chumbo, $PbCl_2$, no esquema ao lado.

Ao escrever uma fórmula iônica, deve-se colocar sempre o cátion do lado esquerdo e o ânion do lado direito. Por isso, no caso do cloreto de sódio, o sódio está à esquerda e o cloro à direita.

Depois de escrever os íons na posição adequada, isto é, o cátion à esquerda e o ânion à direita, é só inverter as posições, colocando a carga do ânion, sem o sinal, como índice do cátion, e a carga do cátion, sem o sinal, como índice do ânion. O resultado é a fórmula $PbCl_2$, pois o índice 1, como você já sabe, não precisa ser escrito.

$$Pb^{2+}_1 \quad Cl^{1-}_2 \rightarrow PbCl_2$$

As substâncias químicas – CAPÍTULO 21

Olhe e pense

A pedra lilás é fluorita, principal fonte do flúor utilizado na fluoretação da água tratada.

1 Usando a notação eletrônica, esquematize a ligação que dá origem à substância iônica fluoreto de cálcio, nome químico da fluorita, composta dos íons Ca^{2+} e F^-.

2 Represente a substância por sua fórmula iônica, com e sem os sinais, e explique que informações ela fornece.

Verifique o que aprendeu

1 A maioria das substâncias é formada de átomos ou de íons ligados entre si, mas existem substâncias naturalmente constituídas de átomos isolados.
a) Que substâncias são essas?
b) Explique por que os átomos dessas substâncias podem ficar isolados.

2 Em que situação o átomo de um elemento pode ser considerado estável eletronicamente?

3 Quando um átomo não é estável eletronicamente, tende a adquirir estabilidade. Em geral, como isso ocorre?

4 Átomos de alguns elementos tendem a ceder elétrons para átomos de outros elementos, que tendem a receber elétrons. Explique por que, nesse caso, passa a haver atração mútua entre esses átomos.

5 Na formação da molécula de gás fluorídrico (HF) ocorre uma ligação covalente entre um átomo de hidrogênio (H) e um átomo de flúor (F). Explique a ligação e represente-a por meio do esquema atômico de Rutherford-Bohr. (*Dica*: consulte a Tabela Periódica (p.222) para conhecer a configuração eletrônica dos átomos desses elementos.)

6 Quais são as diferenças básicas entre substâncias moleculares e substâncias iônicas?

7 O que representam as letras e os números nas fórmulas moleculares e nas fórmulas iônicas?

8 Veja alguns exemplos de substâncias: gás carbônico, CO_2; gás argônio, Ar; ácido clorídrico, HCl; cristais de enxofre, S_8; gás oxigênio, O_2.
   a) Quais são os elementos químicos presentes e quantos são os átomos desses elementos nessas substâncias?
   b) Quais delas são substâncias simples e quais são substâncias compostas? Explique sua resposta.

9 Consultando a tabela de cátions e ânions a seguir, verifique se as fórmulas iônicas abaixo estão corretas. Reescreva no caderno as que contiverem erros, corrigindo-as:

Cátions	Li^+	Ca^{2+}	Cs^+	Ag^+
Ânions	Cl^-	CO_3^{2-}	I^-	PO_4^{3-}

   a) $LiCl_2$
   b) $CaCO_3$
   c) Cs_2I
   d) Ag_3PO_4

10 Estabeleça as ligações moleculares entre os átomos dados a seguir e escreva a fórmula molecular de cada substância formada.
   a) $_6C$ e $_1H$ (metano);
   b) $_1H$ e $_{16}S$ (sulfeto de hidrogênio);
   c) átomos de $_{17}Cl$ (gás cloro);
   d) $_6C$ e $_{16}S$ (sulfeto de carbono).

A palavra é sua

Os átomos de carbono que ficaram soterrados por milhões de anos no subsolo da Terra, como parte do petróleo, além de estarem contribuindo para intensificar o efeito estufa, também estão presentes em outro tipo de problema ambiental.

Afinal, muitos deles se encontram atualmente na forma de plásticos, uma vez que as longas moléculas que constituem esses materiais são produzidas industrialmente pela ligação de várias moléculas menores – constituídas principalmente de carbono e hidrogênio – obtidas da refinação do petróleo.

Por serem impermeáveis, inquebráveis e relativamente inertes – isto é, dificilmente interagem com outros materiais –, os plásticos têm sido muito utilizados na produção de objetos diversos, mas, sobretudo, na produção de embalagens para alimentos, bebidas, remédios e produtos de uso hospitalar. O problema é que, uma vez produzidos, esses materiais demoram muito tempo para serem decompostos naturalmente no ambiente. Alguns podem levar quinhentos anos ou mais para desaparecerem por completo.

1 Escreva em seu caderno algumas propostas para solucionar o problema ambiental causado pelo excessivo uso dos plásticos em nossa sociedade.

2 Apresente suas propostas aos colegas e ouça as propostas que eles fizeram. Em seguida, discutam quais dessas propostas são viáveis e quais não são.

22 Substâncias puras e misturas

Estação de tratamento de água Morro Grande, Complexo do Alto Cotia.

Nas estações de tratamento de água, o objetivo é "purificar" a água, retirando dela materiais e substâncias inconvenientes e prejudiciais à saúde das pessoas. Você ainda se lembra dos procedimentos seguidos nesses locais (você os viu no 6º ano, antiga 5ª série)? Fale um pouco sobre eles. O que se obtém ao final do processo de tratamento é água pura? Explique.

Água **potável** é aquela que não contém substâncias ou seres vivos nocivos à saúde e, portanto, é adequada ao consumo.

Uma substância pura pode ser identificada por suas *propriedades específicas*. A **água pura**, por exemplo, é incolor, inodora, insípida e, ao nível do mar, solidifica-se a 0 °C e entra em ebulição a 100 °C.

O que é substância pura?

Você sabia que, para a Química, o líquido obtido ao final do processo em uma estação de tratamento de água não é água pura?

Essa água, apesar de **potável**, está misturada a outras substâncias, por exemplo, ao cloro e ao flúor que lhe foram adicionados no processo, e, do ponto de vista da Química, não é uma *substância pura*.

Porque, em Química, uma substância pura é aquela constituída apenas de unidades quimicamente iguais, por exemplo, moléculas, no caso de substâncias moleculares, ou grupamentos iônicos, no caso de substâncias iônicas.

Considere, então, uma porção de água sem nenhuma outra substância misturada a ela. Se dividirmos essa porção inicial de água em várias porções menores, cada uma delas deverá conter apenas moléculas formadas de dois átomos de hidrogênio e um átomo de oxigênio, que são representadas pela fórmula H_2O. Agora sim estamos falando de **água pura**.

Uma substância pura cuja unidade é constituída por átomos de um mesmo elemento químico é chamada de *substância simples* ou *elementar*. Os gases hélio (He), oxigênio (O$_2$), nitrogênio (N$_2$) e hidrogênio (H$_2$) são exemplos de substância pura simples.

Já a substância pura cuja unidade é constituída de átomos ou íons de mais de um elemento químico é dita *substância composta*. Alguns exemplos de substância pura composta são: a água (H$_2$O), o cloreto de sódio (NaCl) e o ácido clorídrico (HCl).

O quartzo incolor, também chamado de cristal de rocha, constituído de dióxido de silício (SiO$_2$), é um exemplo de substância pura composta.

Quando as características das substâncias reunidas se alteram, não se fala mais em **mistura**, mas em *reação química*, tema que será desenvolvido no próximo capítulo.

Há mais de um tipo de mistura

Quando juntamos duas ou mais substâncias diferentes e elas mantêm as características que possuíam antes, dizemos que temos uma **mistura**.

Ao adicionarmos, por exemplo, uma colher de sacarose (açúcar de cana) pura a um copo de água, também pura, as duas substâncias mantêm as características que tinham antes de se juntarem: ou seja, a água continua líquida, incolor e sem sabor; a sacarose permanece sólida e doce. Obtemos, portanto, uma mistura composta de duas substâncias, água e sacarose.

Agora observe a foto a seguir:

Se separarmos novamente a água e a sacarose, comprovaremos que as duas substâncias mantêm suas propriedades. O que você sugere para separar a água do açúcar?

O que há em cada um desses copos? Será que eles contêm apenas água? Ou a água estaria misturada a outra(s) substância(s)?

O copo da esquerda contém água e açúcar e o da direita, água e álcool. Entretanto, usando apenas a percepção visual, não é possível descobrir isso, porque, nos dois casos, a aparência da mistura não permite. Esses são exemplos de **mistura homogênea**.

Uma **mistura homogênea** – por exemplo, de água e sal – também é denominada *solução*. Nesse caso, a substância dissolvida (o sal) é chamada de *soluto*, e a substância que dissolve o soluto (a água) é chamada de *solvente*.

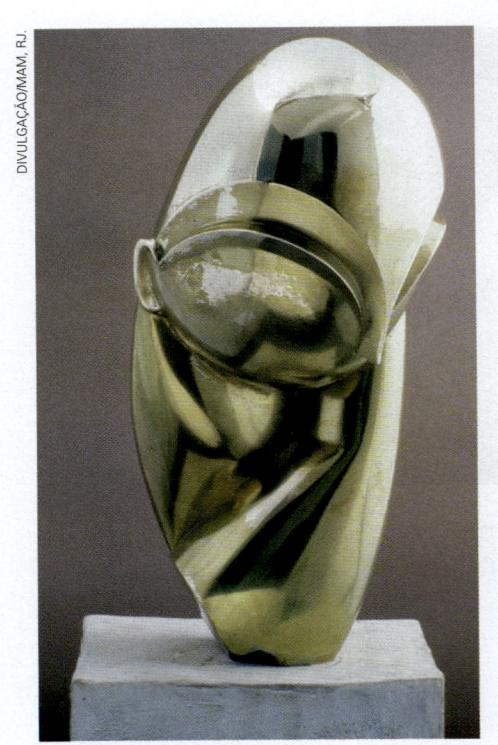

Dizemos que uma mistura é homogênea quando, utilizando apenas a observação a olho nu ou um microscópio óptico, não conseguimos distinguir as substâncias que a compõem. Outros exemplos de mistura homogênea são o café que tomamos, a gasolina e o ar atmosférico, que é uma mistura de gases.

Agora, observe estas fotos:

A) Mistura de água e areia. **B)** Mistura de água e óleo. É fácil distinguir as substâncias que compõem as duas misturas.

Mlle. Pogany, escultura em bronze de Constantin Brancusi. O bronze, liga metálica de cobre e estanho, é um exemplo de mistura homogênea no estado sólido.

Uma mistura na qual podemos distinguir as substâncias misturadas, seja pela observação a olho nu, seja utilizando um instrumento óptico de aumento (lupa ou microscópio), é denominada *mistura heterogênea*.

Um exemplo de mistura heterogênea no estado sólido: a obsidiana floco de neve. A obsidiana é uma espécie de vidro vulcânico constituído principalmente de dióxido de silício e pequena quantidade de ferro, o que lhe dá coloração escura; a denominação complementar "floco de neve" deve-se às incrustações de um mineral mais claro, o cristobalito.

Se pudéssemos dispor de microscópios capazes de mostrar moléculas e/ou íons das substâncias componentes de uma mistura, muitas misturas que nos parecem homogêneas seriam consideradas heterogêneas.

Os **métodos de separação** dos componentes de uma mistura são processos físicos, pois apenas separam as substâncias, e não alteram sua composição química.

Como separar misturas?

Praticamente todas as substâncias que encontramos no ambiente estão sob a forma de mistura. A água do mar, por exemplo, é uma mistura que contém muitos sais.

Por isso, se o que queremos é uma substância isolada, precisamos separá-la das outras. A *evaporação* da água do mar nas salinas, para a obtenção do sal, é um exemplo disso: a água é represada e, quando ela evapora, resta o sal.

Existem muitos **métodos de separação** dos componentes de uma mistura. Veremos alguns a seguir.

240 UNIDADE III – O estudo da Química

■ A separação de misturas homogêneas

Existem diversos métodos de separação de misturas homogêneas, mas abordaremos apenas alguns deles: a *evaporação*, a *destilação simples* e a *destilação fracionada*.

A extração do sal a partir da água do mar, como você já viu, é feita por *evaporação*, método que se baseia na propriedade específica das substâncias líquidas de, mesmo à temperatura ambiente, passarem para o estado gasoso.

A evaporação pode ser utilizada para separar diferentes misturas de sólidos e líquidos, mas ela é adequada apenas quando o que interessa é o material sólido. Se o que se quer é preservar o líquido, é melhor utilizar a *destilação simples*, método que se baseia na propriedade específica do **ponto de ebulição (PE)** das substâncias.

Observe a seguir a fotografia de um destilador usado em laboratório e acompanhe na legenda a explicação da destilação de uma mistura de água e cloreto de sódio (sal de cozinha).

> **Ponto de ebulição (PE)** é a temperatura na qual uma substância entra em ebulição e é específico de cada substância. Se achar necessário, reveja esse conceito no capítulo 2.

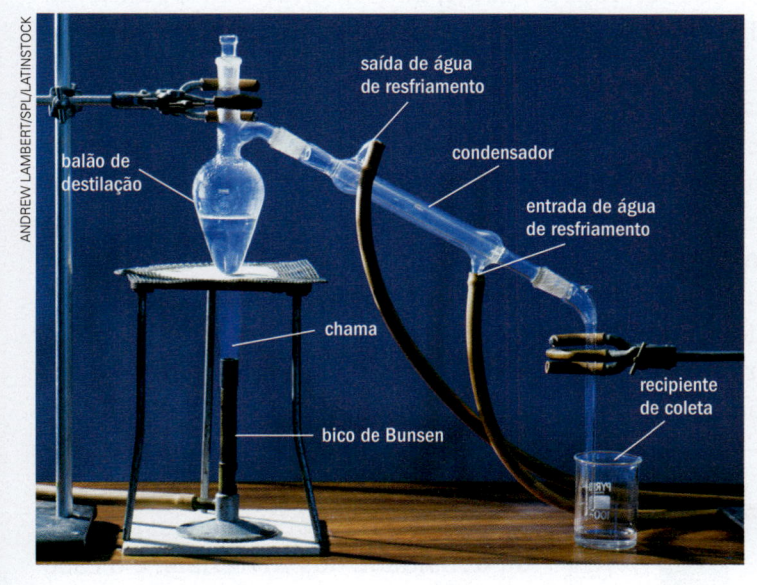

A mistura é aquecida no balão de destilação. Quando a temperatura atinge os 100 °C (sob pressão normal), a água entra em ebulição. O vapor passa para o condensador, onde encontra temperaturas mais baixas e se condensa. As gotinhas de água destilada pingam no recipiente de coleta e o cloreto de sódio (cujo PE é de cerca de 1 490 °C) fica depositado no fundo do primeiro balão.

> **ATENÇÃO!**
> Os experimentos com fogo exigem o uso de equipamentos adequados e cuidados especiais na manipulação. Siga sempre as orientações do professor.

A separação de uma mistura homogênea de dois ou mais componentes líquidos pode ser feita por um outro método de separação, a *destilação fracionada*, um aperfeiçoamento da destilação simples e que, portanto, também se baseia no ponto de ebulição das substâncias.

A mistura a ser separada é aquecida, e as substâncias se separam em ordem crescente de seus pontos de ebulição (PE). Por exemplo, em uma mistura de metanol (álcool da madeira, extremamente tóxico), etanol (álcool da cana-de-açúcar) e água, a substância com **PE** mais baixo é o metanol. Logo, é a primeira a passar ao estado de vapor, separando-se da mistura.

Após a vaporização do metanol, eleva-se a temperatura da mistura, e o etanol, que é a substância com o segundo PE mais baixo, vaporiza-se, separando-se também. Resta no balão de destilação apenas a água, a substância com o PE mais elevado em relação aos outros dois.

A separação do petróleo em seus vários componentes é um exemplo de destilação fracionada.

> Sob pressão normal, o **PE** do metanol é igual a 64,7 °C, o PE do etanol é igual a 78,4 °C, e o PE da água é igual a 100 °C.

Separação de mistura entre líquido e sólido por decantação.

■ A separação de misturas heterogêneas

Para separar os componentes de misturas heterogêneas também existem vários métodos diferentes. Veremos a seguir apenas alguns deles: a *decantação*, a *filtração*, a *levigação* e a *centrifugação*.

A *decantação* se baseia nas diferenças de densidade das substâncias que compõem a mistura. Para eliminar, por exemplo, a terra e a areia de uma porção de água coletada em um rio, basta deixar a mistura em repouso por algum tempo que as partículas sólidas se depositam no fundo. Em seguida, tomando cuidado para não agitar o frasco, é só passar a água para outro recipiente.

Esse método é utilizado, por exemplo, nas estações de tratamento de água. Depois que os materiais maiores já foram retirados da água, ela ainda contém muitas partículas sólidas, que devem ser eliminadas. A água, então, é levada para os *tanques de decantação* e deixada em repouso. As partículas de sujeira, graças a substâncias químicas adicionadas à água, formam coágulos, que tendem a descer, acumulando-se no fundo do tanque, e a parte líquida da mistura pode ser transferida para o próximo tanque.

A água, entretanto, ainda não está limpa. Ela contém partículas de sujeira que, por serem pouco densas, não decantaram, e deve passar por uma **filtração**, método de separação que se baseia no tamanho das partículas que compõem a mistura.

A filtração é um dos métodos de separação de misturas mais utilizados em nosso cotidiano. Por exemplo, a água que chega à sua casa, apesar de tratada, pode conter partículas sólidas que se misturaram a ela no trajeto pelos canos. Para melhorar sua qualidade, podemos usar o filtro caseiro. Veja a ilustração a seguir.

> Nas estações de tratamento a **filtração** é feita por meio de um filtro constituído por camadas de areia (ou areia e antracito) sobre cascalho de diversos tamanhos que retêm a sujeira que a água ainda contém.

> Para eliminar as **impurezas** misturadas ao ouro, acrescenta-se ao material um pouco de mercúrio, que forma uma liga com o ouro, que se separa do resto. A liga ouro-mercúrio é aquecida com maçarico: o ouro funde-se e o mercúrio evapora; o vapor de mercúrio, porém, pode intoxicar o garimpeiro, e, levado pelas chuvas, poluir o solo e os rios.

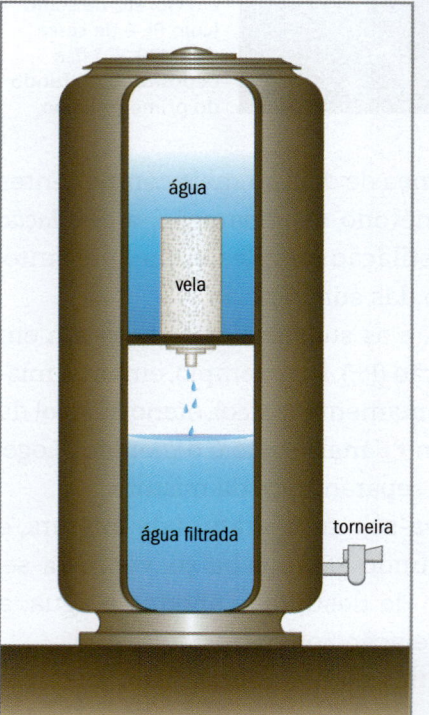

Além da decantação, outros métodos de separação de misturas também se baseiam na propriedade específica da densidade dos materiais. É o caso da *levigação*, em que uma corrente de água passa pela mistura, arrastando mais facilmente os componentes menos densos, deixando os mais densos para trás.

A levigação é muito utilizada nos garimpos: a mistura de ouro e areia é colocada numa rampa de madeira (ou numa bacia, chamada *bateia*). A areia é arrastada. Na parte superior da rampa (ou no fundo da bateia) fica o ouro, misturado com algumas **impurezas**.

Um filtro caseiro é um recipiente que contém em seu interior a *vela*, cilindro feito de material poroso que retém as partículas maiores que seus poros e deixa passar o líquido.

242 UNIDADE III – O estudo da Química

PORTAL Brasil pesquisa

O mercúrio no rio Negro

O uso indiscriminado do **mercúrio** na purificação do ouro, em garimpos, gera focos localizados de contaminação ambiental. Mas a contaminação por mercúrio também tem sido registrada em locais distantes dos grandes focos de garimpo, como o alto rio Negro. Qual seria a origem dessa contaminação? Seria um processo natural ou resultado de ação humana?

Para responder a essas questões, seria preciso conhecer mais a fundo o ciclo desse metal no ambiente, tanto local quanto globalmente. É isso o que pretende fazer o projeto de pesquisa Mercurion: Mercúrio no rio Negro, de responsabilidade de Bruce R. Forsberg, do Instituto Nacional de Pesquisa da Amazônia (INPA).

Tomando como base o ecossistema do rio Negro, o estudo procurará determinar quais os caminhos percorridos pelo mercúrio nos rios, na atmosfera, no solo e na vegetação, a participação do metal na **cadeia alimentar** do rio – que inclui as populações que se alimentam de peixe e consomem a água do rio –, assim como a influência do desmatamento e do garimpo no ciclo do elemento na região.

Por meio de coleta e análise de amostras de água do rio e das chuvas, de solos, de sedimentos, de peixes e de cabelos das pessoas de diferentes pontos da bacia do rio Negro e em períodos distintos (na enchente, na cheia, na vazante e na seca), o projeto pretende esclarecer as causas da contaminação por mercúrio na região. As informações obtidas produzirão um modelo do ciclo do mercúrio para aquela bacia, que poderá servir também para outras bacias na Amazônia.

Adaptado de: Canal Ciência, portal do Ministério da Ciência e Tecnologia. Disponível em: <www.canalciencia.ibict.br/pesquisas/pesquisa.php?ref_pesquisa=55>. Acesso em 25 maio 2007.

O **mercúrio**, metal altamente tóxico, afeta o nosso sistema nervoso, podendo causar fraqueza muscular, deficiência visual, dificuldades de fala, paralisia e até a morte. Se for ingerido por mulheres grávidas, afeta também a criança em gestação.

Os peixes, que ocupam um nível mais elevado da **cadeia alimentar**, tendem a ser os mais contaminados, pois o mercúrio se acumula nos organismos vivos.

A palavra **centrífuga** significa 'fuga do centro'. O movimento giratório de uma centrífuga faz com que os corpos dentro dela tendam a se afastar de seu eixo central.

Finalizando, existe também um outro método de separação de misturas que se baseia na diferença de densidade de substâncias, a *centrifugação*. Esse método é muito utilizado nos laboratórios de análises clínicas, na realização de exames de sangue, por exemplo, para separar a parte líquida do sangue (o plasma), porção menos densa da mistura, dos elementos sólidos (as células), porção mais densa da mistura. Veja, na foto ao lado, uma **centrífuga** de laboratório.

As amostras de sangue são encaixadas nos orifícios de um dispositivo circular com um eixo central. O aparelho é ligado e o dispositivo gira em alta velocidade, fazendo rodar os tubos. Com o movimento, acelera-se a sedimentação da parte sólida do sangue, que se acumula no fundo dos tubos.

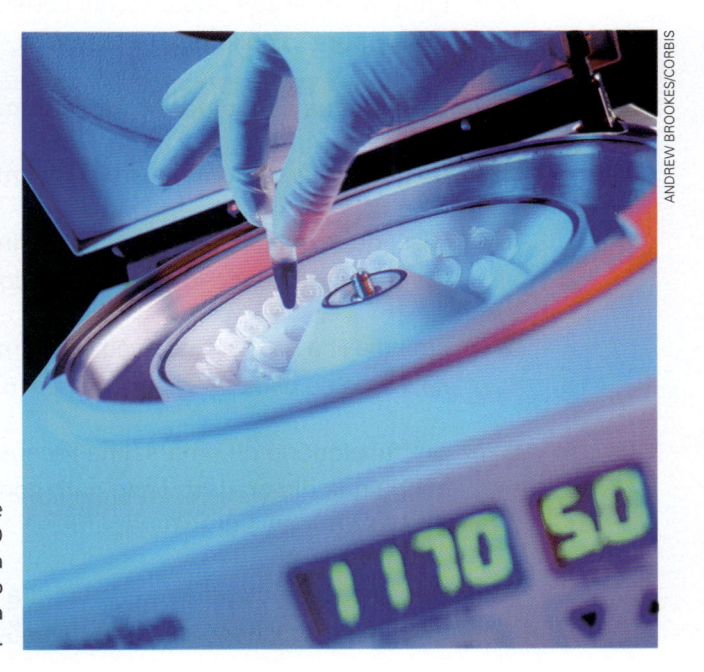

Olhe e pense

Leite de vaca em estado líquido como é visto a olho nu.

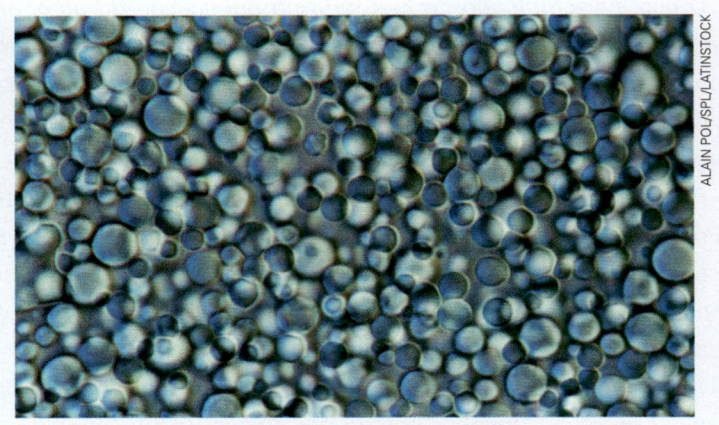

Uma gota desse leite vista ao microscópio óptico. Observe as formas esféricas: são gotas de gordura.

Observe as fotos e responda: O leite de vaca integral é uma mistura homogênea ou heterogênea? Justifique sua resposta com base nas fotos.

Verifique o que aprendeu

1 Classifique as substâncias a seguir em simples ou compostas e justifique sua classificação:

a) sulfato de cálcio (giz): $CaSO_4$;
b) gás nitrogênio: N_2;
c) gás hidrogênio: H_2;
d) cloreto de sódio (sal de cozinha): $NaCl$;
e) ácido clorídrico: HCl.

2 Entre as diversas substâncias consumidas por você e sua família, existe alguma substância pura? Explique sua resposta.

3 Gelo e água constituem uma mistura? Justifique sua resposta.

4 A água mineral é uma mistura ou uma substância pura? Por quê?

5 O sal que consumimos em nossa alimentação é retirado principalmente da água do mar. Como é o processo de separação do sal da água do mar?

6 Em uma ilha no mar, onde não existe muita água doce, mas há energia e objetos de laboratório, o que se pode fazer para ampliar os estoques de água para beber e cozinhar? Explique.

7 Um funcionário de uma salina recebeu sal como pagamento por seu trabalho, mas descobriu que ele era impróprio para consumo, pois continha areia. Como ele pode eliminar a areia do sal?

8 Nas casas de algumas pessoas, há máquinas de lavar roupas com centrífugas. Como funciona o processo de centrifugação nessas máquinas e para que ele serve?

A palavra é sua

Leia o texto a seguir:

Poluição das cidades impede tratamento de água adequado

O abastecimento de água no Brasil "já está comprometido", avalia a técnica Anna Virgínia Machado, da Associação Brasileira de Engenharia Sanitária e Ambiental (Abes). Ela alerta que, apesar de 12% de toda a água doce do mundo estar no Brasil, a poluição "não permite tratamento suficiente para que possa ser aproveitada para consumo". As descargas industriais (esgoto de indústrias) estão mais controladas, mas as descargas de esgoto doméstico são as ameaças atuais, avisa. "Por isso se insiste tanto na construção de estações de tratamento de esgoto", explica.

Ela diz que "a qualidade dos nossos recursos hídricos está comprometendo o abastecimento humano". Para resolver o problema, as cidades procuram água em outros lugares. E acrescenta: "É preciso ir a lugares mais afastados para encontrar água em condições de serem tratadas. Nas regiões com maior densidade de população, principalmente a região Sudeste, isso já é um fato".

Adaptado de: *Rota Brasil Oeste*. Disponível em: <www.brasiloeste.com.br/noticia/1746/recursos-hidricos>. Acesso em 25 maio 2007.

1 De acordo com o texto, o que é preciso fazer para reduzir o problema de escassez de água potável em regiões muito povoadas?

2 Reduzir o consumo de água potável, embora não resolva o problema da escassez, pode ajudar a diminuir o problema. O que as pessoas podem fazer para reduzir o consumo de água potável?

3 Pesquise: Como se faz o tratamento de esgotos?

Pratique Ciências

A separação de misturas na prática

Material
- três laranjas com bastante sumo;
- uma faca serrilhada de cozinha;
- uma colher;
- um copo de vidro transparente e incolor;
- uma pequena jarra ou garrafa de vidro transparente e incolor;
- um funil de plástico;
- papel-filtro (ou coador de papel para café).

> **ATENÇÃO!**
> Experimentos com objetos de vidro e instrumentos cortantes exigem cuidados especiais. Siga sempre as orientações do professor.

Como fazer

1 Com cuidado ao manejar a faca, corte as três laranjas e esprema todo o seu sumo (não use espremedor) no copo. Atenção: não misture água.
2 Coloque o sumo obtido na jarra ou garrafa de vidro.
3 Deixe-o repousar por meia hora e observe o que aconteceu.

1 O que foi observado?

2 Que método ou métodos de separação você poderia utilizar para tornar o sumo das laranjas mais homogêneo? Aplique o método proposto utilizando apenas o material solicitado na lista.

3 Depois que obtiver uma mistura homogênea, proponha um método para separar do sumo a água que ele contém. Explique suas escolhas.

Substâncias puras e misturas – CAPÍTULO 22

23 A matéria sofre transformações

Você já observou o que acontece em uma fogueira a partir do momento em que ela é acesa? Aos poucos, a madeira que existia no início é "consumida". E se ninguém alimentar a fogueira com mais lenha, rapidamente ela se extingue. O que acontece com a madeira? Desaparece? Para onde ela vai? O que são e como surgem as chamas?

As transformações da matéria

O que ocorre em uma fogueira é um exemplo de transformação da matéria: a madeira, junto com o oxigênio do ar, transforma-se em produtos gasosos, energia, na forma de luz e calor (chamas), e alguns resíduos sólidos (cinzas).

Em nosso dia a dia presenciamos (e provocamos) muitas outras transformações da matéria. Por exemplo, a combustão da gasolina, o enferrujamento de objetos, o amadurecimento de uma fruta... Também ocorrem transformações da matéria em nosso corpo. Por exemplo, a respiração celular, a digestão dos alimentos, etc.

Transformações da matéria também são chamadas de *reações químicas*. No caso da fogueira, por exemplo, fala-se em reação química *de queima* ou *de combustão*.

> Reveja, no capítulo 3, texto sobre a combustão de uma vela (p. 37).

246 UNIDADE III – O estudo da Química

Reações: reagentes e produtos

Se você misturar, por exemplo, ferro em pó, que é cinza-escuro e sofre atração magnética, com pó de enxofre, que é amarelo e não é afetado pelo magnetismo, verá que as características individuais das duas substâncias se mantêm inalteradas. Tanto que se usar um ímã, que atrai apenas o ferro, poderá separá-las novamente.

Entretanto, se você aquecer a mistura, os materiais sofrerão transformações, e não será mais possível separá-los, nem mesmo usando um ímã. Graças ao fornecimento de **energia**, houve uma *reação química* entre as duas substâncias, que, nesse caso, são chamadas de *reagentes*. Elas se transformaram em uma nova substância – o sulfeto de ferro, um sólido de coloração escura que não sofre atração magnética –, que, nesse caso, é chamada de *produto*.

Para que uma reação química ocorra, portanto, é preciso haver *contato* entre os reagentes e alguma *variação de energia*, que corresponde a uma *mudança de temperatura*.

> Todas as reações químicas envolvem variações de **energia**. Algumas delas, denominadas *endotérmicas*, necessitam do fornecimento de energia para ocorrer. Outras, denominadas *exotérmicas*, liberam energia ao ocorrer.

A representação das reações químicas

Uma reação química pode ser representada por meio de uma *equação química*, que possui dois membros, separados por uma **seta**. No primeiro membro, à esquerda da seta, são colocados os *reagentes*, ou seja, as substâncias que vão reagir quimicamente entre si. No segundo, à direita da seta, são colocados os *produtos*, isto é, as substâncias resultantes da reação.

Veja como fica, por exemplo, a equação da reação entre o nitrato de prata ($AgNO_3$) e o cloreto de sódio ($NaCl$), com a produção de nitrato de sódio ($NaNO_3$) e cloreto de prata ($AgCl$).

$$\underbrace{AgNO_3\,(aq) + NaCl\,(aq)}_{\text{1º membro: reagentes}} \rightarrow \underbrace{NaNO_3\,(aq) + AgCl\,(s)}_{\text{2º membro: produtos}}$$

> A **seta** indica o sentido da reação: da esquerda para a direita ($\rightarrow$) ou da direita para a esquerda ($\leftarrow$).

Em algumas reações químicas, a substância sólida produzida é insolúvel no meio líquido em que se encontra e se deposita no fundo do recipiente. Na reação acima, o cloreto de prata é um exemplo de produto sólido e insolúvel em água. Esse tipo de produto é denominado *precipitado*, e pode ser indicado por uma setinha, assim: $AgCl\,(s) \downarrow$.

A formação de um produto gasoso também é indicada por uma setinha colocada acima do gás produzido, apontando para o alto. Por exemplo, na reação:

$$\underset{\text{ácido clorídrico}}{2HCl} + \underset{\text{ferro}}{Fe} \rightarrow \underset{\text{cloreto de ferro}}{FeCl_2} + \underset{\text{gás hidrogênio}}{H_2 \uparrow}$$

> As letras entre parênteses ao lado das fórmulas químicas indicam o estado físico de cada substância: *s* (sólido); *l* (líquido); *g* (gasoso); *aq* (substância em solução aquosa).

Às vezes, a reação química só ocorre mediante aquecimento, o que é indicado pela letra grega delta (Δ). Veja, por exemplo, a reação entre o enxofre e o ferro com a produção de sulfeto de ferro.

$$S\,(s) + Fe\,(s) \xrightarrow{\Delta} FeS\,(s)$$

A matéria sofre transformações – **CAPÍTULO 23**

O uso desses sinais, entretanto, não é obrigatório. Em geral, eles são empregados quando se quer ressaltar alguma condição ou estado físico de uma ou mais substâncias da reação química.

■ O equilíbrio das reações químicas

Sabemos que o gás hidrogênio (H_2) se combina com o gás oxigênio (O_2) para formar a água (H_2O). Porém, esta representação da reação:

$$H_2 + O_2 \rightarrow H_2O$$

não está correta. Por quê?

Observe que no primeiro membro (reagentes) há 4 átomos: 2 de hidrogênio e 2 de oxigênio; e que no segundo membro (produto) há apenas 3 átomos: 2 de hidrogênio e 1 de oxigênio. Dizemos, então, que essa equação não está equilibrada, pois, aparentemente, 1 átomo de oxigênio se **perdeu**.

Na verdade, é a equação química que não está representada corretamente, porque, para que essa reação possa ocorrer, precisam participar, no mínimo, 2 moléculas de gás hidrogênio e 1 molécula de gás oxigênio, resultando na produção de 2 moléculas de água. A equação equilibrada (ou *balanceada*) fica assim:

$$2H_2 + O_2 \rightarrow 2H_2O$$

Ou seja, os reagentes têm 6 átomos (4 de hidrogênio e 2 de oxigênio) e o produto também tem 6 átomos (2 moléculas de água, cada uma constituída de 3 átomos). A partir daqui, para facilitar sua compreensão, todas as equações químicas representadas estão balanceadas.

> Como você vai ver no item "As leis da Química", a matéria não se **perde** nem se cria, apenas se transforma. Logo, em uma reação química, não há perda nem acréscimo de átomos.

■ Há mais de um tipo de reação química

Conforme as características que apresentam, as reações químicas podem ser classificadas em diferentes categorias. Você vai ver a seguir exemplos de reações de algumas dessas categorias: reação *de adição* (ou *síntese*); *de decomposição* (ou *análise*); *de substituição* (ou *simples troca*); *de permutação* (ou *dupla troca*).

- **Reação de adição (ou síntese)**

1. O óxido de cálcio reage com a água, produzindo hidróxido de cálcio:

$$CaO\,(s) + H_2O\,(l) \rightarrow Ca(OH)_2\,(s)$$

2. O hidrogênio e o oxigênio se combinam para formar água:

$$2H_2\,(g) + O_2\,(g) \rightarrow 2H_2O\,(l)$$

Nos dois casos, duas substâncias reagem e produz-se uma terceira substância. De modo geral, *reações de adição* ou *síntese* são aquelas em que duas substâncias (simples ou compostas) reagem e produzem uma substância composta de estrutura mais complexa. Elas podem ser representadas por: $A + B \rightarrow AB$.

- **Reação de decomposição (ou análise)**

1. Por eletrólise (fenômeno de separação de substâncias pela ação da eletricidade), a água acidulada se decompõe em hidrogênio e oxigênio:

$$2H_2O\,(l) \xrightarrow{\text{corrente elétrica}} 2H_2\,(g) + O_2\,(g)$$

2. Sob ação do calor, o óxido de mercúrio se decompõe em mercúrio e oxigênio:

$$2HgO\ (s) \xrightarrow{\Delta} 2Hg\ (l) + O_2\ (g)$$

Nas duas reações acima, determinada substância se desdobra em outras menos complexas do que ela. De modo geral, *reações de decomposição* ou *análise* são aquelas em que uma substância composta, submetida à ação de um agente externo (calor, eletricidade, luz, etc.), se decompõe em outras substâncias de estrutura mais simples do que ela. Elas podem ser representadas genericamente por AB → A + B.

• **Reação de substituição (ou simples troca)**

1. Quando se mergulha um fio de cobre em uma solução de nitrato de prata (incolor), ocorre mudança de cor da solução.

$$Cu\ (s) + AgNO_3\ (aq) \rightarrow Cu(NO_3)_2\ (aq) + 2Ag\ (s)$$

A representação nos diz que, quando imerso numa solução de nitrato de prata, o cobre tende a substituir a prata no nitrato, com a formação de nitrato de cobre, e que os íons prata liberados se agregam, formando o metal prata.

2. O cálcio e o ácido clorídrico reagem, produzindo cloreto de cálcio e gás hidrogênio. Observe que o cálcio substitui o hidrogênio no ácido clorídrico.

$$Ca\ (s) + 2HCl\ (aq) \rightarrow CaCl_2\ (s) + H_2\ (g)\uparrow$$

Nos dois exemplos, um elemento se desloca e substitui outro num determinado composto. De modo geral, *reações de substituição* ou *simples troca* são aquelas nas quais um elemento toma o lugar de outro numa substância composta. Elas podem ser representadas por A + BC → B + AC.

• **Reação de permutação (ou dupla troca)**

1. O hidróxido de sódio reage com o ácido clorídrico para formar cloreto de sódio e água:

$$NaOH\ (aq) + HCl\ (aq) \rightarrow NaCl\ (aq) + H_2O\ (l)$$

Observe que ocorrem duas trocas de elementos: o sódio substitui o hidrogênio no ácido e o hidrogênio substitui o sódio no hidróxido.

2. O iodeto de potássio reage com o nitrato de chumbo, $Pb(NO_3)_2$ (líquido incolor), formando iodeto de chumbo e nitrato de potássio.

$$KI\ (aq) + Pb(NO_3)_2\ (aq) \rightarrow PbI_2\ (s) + KNO_3\ (aq)$$

Também nesse caso ocorrem duas trocas de elementos: o potássio substitui o chumbo no nitrato e o chumbo substitui o potássio no iodeto.

Nos dois exemplos, portanto, há uma dupla troca de elementos entre as substâncias que tomam parte na reação. Dizemos que, de modo geral, *reações de permutação* ou *dupla troca* são aquelas nas quais duas substâncias compostas trocam elementos entre si. Elas podem ser representadas genericamente por AB + CD → CB + AD.

Um fio de cobre foi mergulhado em uma solução de nitrato de prata (incolor) e ocorreu uma reação de substituição, com formação de prata metálica, que se cristalizou sobre o fio, e nitrato de cobre (solução azulada).

Uma solução aquosa de iodeto de potássio (incolor) é misturada a uma solução aquosa de nitrato de chumbo (também incolor), e ocorre a formação de um sólido amarelo insolúvel em água, o iodeto de chumbo, em solução aquosa de nitrato de potássio.

As leis da Química

Volte à foto de abertura do capítulo: ao observar uma fogueira, você pode ter a impressão de que a madeira desaparece, mas, na verdade, ela apenas sofre uma reação química, expressa pela equação: madeira + gás oxigênio → energia + gás carbônico + vapor de água.

Ou seja, como os produtos da reação, que estão na forma gasosa, dispersam-se na atmosfera, a impressão que se tem é de que houve perda de matéria.

Em outras reações químicas, pode acontecer o contrário. Se você acompanhar, por exemplo, o enferrujamento de um objeto, medindo sua massa antes e depois do fenômeno, verá que ela é maior após a reação. Para entender como isso ocorre, analise a equação da reação de enferrujamento:

$$Fe\ (s) + H_2O\ (l) + O_2\ (g) \rightarrow Fe_2O_3 \times H_2O\ (s)$$

ferro — gotículas de água da atmosfera — gás oxigênio — óxido de ferro hidratado (a ferrugem)

Note que o ferro se transforma em ferrugem, isto é, óxido de ferro hidratado (rico em água), apenas na presença de gás oxigênio e água. Ou seja, o aumento de massa do objeto corresponde à massa dos reagentes atmosféricos água e oxigênio, que não tinha sido considerada antes da reação.

Nos dois exemplos, portanto, a impressão de perda de matéria (na reação de combustão) ou de acréscimo (no enferrujamento) se deve à participação de substâncias gasosas na reação, o que só é possível porque as reações químicas estão ocorrendo em um *sistema aberto*, que permite a troca de materiais com o ambiente.

> Reveja, na página 39, capítulo 3, a importância da participação do gás oxigênio nas reações de combustão.

■ A Lei de Lavoisier

Quando uma reação química ocorre em um *sistema fechado* – isto é, isolado do meio externo –, como no interior de um recipiente tampado ou uma redoma de vidro com a base vedada, não há diminuição nem aumento da massa dos reagentes em relação à massa dos produtos da reação.

Essa é a base da *Lei da Conservação da Massa*, também conhecida como *Lei de Lavoisier*, que pode ser enunciada assim: "Num sistema fechado, quando duas ou mais substâncias reagem entre si, a soma das massas dos produtos é igual à soma das massas das substâncias reagentes". Ou, de maneira mais simples: "Na natureza nada se cria, nada se perde; tudo se transforma".

> O francês Antoine Laurent de **Lavoisier** (1743-1794) introduziu os métodos quantitativos – como o uso da balança – nos estudos experimentais, e, por isso, é considerado o fundador da Química.

■ A Lei de Proust

A *Lei das Proporções Definidas*, também conhecida como *Lei de Proust*, pode ser enunciada assim: "Quando duas ou mais substâncias se combinam para formar um composto, elas devem guardar entre si proporções certas e definidas".

Em outras palavras, a Lei de Proust diz que, quando duas substâncias específicas (por exemplo, os gases oxigênio e hidrogênio) reagem para formar determinado composto (por exemplo, a água), elas devem ser combinadas em quantidades proporcionais entre si, que respeitam sempre a mesma proporção.

> O químico e farmacêutico francês Joseph Louis **Proust** (1754-1826), utilizando os métodos quantitativos propostos por Lavoisier, realizou os experimentos que o levaram a formular a lei que leva seu nome.

Isso porque na constituição de cada substância química também há uma proporção constante. Em nosso exemplo, na molécula de água (H_2O) há sempre 2 átomos de hidrogênio (H) para 1 átomo de oxigênio (O). Assim, se quisermos produzir água a partir dos gases hidrogênio e oxigênio, as massas desses reagentes devem estar na mesma proporção em que os respectivos elementos aparecem na molécula de água, isto é, 2 H : 1 O; ou, simplesmente, 2 : 1.

Mas, como estamos falando de quantidade de matéria (massa), deve-se levar em conta também a massa dos átomos desses elementos, chamada de **massa atômica**.

A massa atômica do hidrogênio é igual a 1 u e a massa atômica do oxigênio é igual a 16 u, mas, uma vez que na molécula de água há 2 átomos de H para 1 átomo de O, a relação de proporção entre as massas atômicas dos dois reagentes será de (2 × 1) : 16, ou, 2 : 16, o que, simplificando, dá 1 : 8.

Portanto, de acordo com a Lei de Proust, se quisermos produzir a substância água, devemos combinar as massas das substâncias hidrogênio e oxigênio sempre na proporção 1 : 8. Assim, se tivermos, por exemplo, 30 g de hidrogênio, precisaremos de 240 g de oxigênio (8 × 30 g).

No laboratório e na indústria, as leis de Lavoisier e Proust são aplicadas para calcular tanto a quantidade de reagentes no preparo de substâncias como a quantidade de produtos que deverão ser obtidos.

> O padrão de medida da **massa atômica** é o átomo de carbono 12 (^{12}C), e a *unidade de massa atômica (u)* é igual a $\frac{1}{12}$ da massa desse átomo. A massa do átomo de hidrogênio (^{1}H), que é o átomo com menor massa, é igual a 1 u. Ou seja, um átomo ^{12}C tem doze vezes mais massa que um átomo de ^{1}H.

> **?** *De acordo com a Lei de Lavoisier, quantos gramas de água serão produzidos com essas quantidades de reagentes?*

> A **Química** é uma ciência relativamente recente, pois nasceu há, apenas, pouco mais de 200 anos, com os trabalhos de Lavoisier.

> > > CONEXÃO História < < <

Química × alquimia

*Não se deve confundir **Química** com alquimia, mas, pelo menos parcialmente, a origem da Química está relacionada à prática da alquimia, uma pseudociência esotérica que nasceu com a descoberta dos metais.*

Ao ver surgir do solo – e, depois, dos primeiros fornos – esses novos materiais resistentes, frios e brilhantes, o ser humano ficou maravilhado, e deu início a uma série de experimentos em metalurgia.

Como os processos de obtenção de metais não eram bem compreendidos – pois ainda não se conhecia a constituição dos materiais nem se compreendia como ocorriam as reações químicas –, criou-se em torno da novidade uma espécie de "religião metalúrgica", uma mistura de técnicas experimentais e magia que tinha como um dos objetivos criar ouro a partir de uma mistura de metais menos nobres. Todas as grandes civilizações antigas – Egito, Grécia, Mesopotâmia – praticaram a alquimia.

Hoje em dia a alquimia pode nos parecer ingênua, mas muitas das técnicas utilizadas em Química Experimental, como a destilação, e alguns dos termos empregados em laboratórios de Química do mundo inteiro, como precipitação, redução, combustão e amálgama, foram criados pelos alquimistas.

Traduzido e adaptado de: *Livro Interativo de Química* (em francês). Disponível em: <http://chimie.scola.ac-paris.fr/sitedechimie/hist_chi/Alchimie_intro.htm>. Acesso em 5 jun. 2007.

Ilustração colorida do processo de produção de cobre no Japão antigo. No centro da imagem, um trabalhador alimenta a fornalha, enquanto o outro resfria o cobre fundido em água.

Olhe e pense

Observe as fotos ao lado:

A) Uma pessoa segura pedaços do metal zinco (Zn), que serão acrescentados à solução aquosa de sulfato de cobre (CuSO₄), de coloração azulada.
B) O zinco foi acrescentado à solução e ocorreu uma reação química, com a formação de um precipitado escuro e a mudança de coloração da solução.

a) Esquematize a reação química entre os dois reagentes usando sinais, símbolos e outras convenções estudadas no capítulo.
b) O que é o precipitado escuro produzido?
c) Classifique a reação conforme os tipos de reação estudados no capítulo.

Verifique o que aprendeu

1 Abaixo você tem uma lista de fenômenos. Apenas um deles corresponde a uma reação química. Aponte a alternativa correta e justifique sua resposta. (*Dica*: se achar necessário, reveja os conceitos estudados no capítulo 2.)
   a) fusão do chumbo
   b) combustão do carvão
   c) ebulição da água
   d) sublimação do iodo

2 Classifique as seguintes reações químicas de acordo com seu tipo:
   a) $Fe + 2HCl \rightarrow FeCl_2 + H_2$
   b) $2Mg + O_2 \rightarrow 2MgO$
   c) $2HgO \rightarrow 2Hg + O_2$
   d) $Na_2S + 2HNO_2 \rightarrow 2NaNO_2 + H_2S$

3 Uma folha de papel de massa igual a 2,55 g foi parcialmente queimada. A massa do que sobrou dela após a queima foi medida e obteve-se o valor de 0,74 g. Ou seja, após a reação de queima, a massa da folha de papel diminuiu, contrariando, ao menos aparentemente, a Lei da Conservação da Massa.
   a) Explique o que ocorreu nesse caso e diga por que, ao contrário do que parece, a Lei de Lavoisier não foi contrariada.
   b) Faça um esquema geral que indique os reagentes e os produtos da reação que ocorreu com a folha de papel. Escreva os nomes por extenso (não use fórmulas).

UNIDADE III – O estudo da Química

4 Comparando a massa de uma semente de árvore que germina e a quantidade de madeira que a árvore adulta contém, podemos pensar que o crescimento e desenvolvimento dessa planta é um exemplo de criação de matéria.
   a) Usando a Lei de Lavoisier, explique por que esse pensamento não está correto.
   b) Qual é a explicação para a matéria que constitui uma árvore adulta? (Se necessário, pesquise o tema em livros de Biologia que abordem temas de Botânica.)

5 É necessário 1 g de hidrogênio para reagir com 8 g de oxigênio, formando a água. Se a quantidade de hidrogênio for igual a 5 g:
   a) Quantos gramas de oxigênio serão necessários para produzir água?
   b) Qual será a massa de água formada? Justifique sua resposta.

6 Em um frasco de vidro que contém 98 g de ácido sulfúrico (H_2SO_4) são colocados 65 g de zinco (Zn). O frasco é imediatamente fechado.
   a) Sabendo que a reação química nesse caso é de simples troca ou substituição e que um dos produtos da reação é o gás hidrogênio, esquematize a reação química.
   b) Qual deve ser a massa total de produtos? Justifique sua resposta.

A palavra é sua

Podemos dizer que, ao fazer um bolo, estamos provocando reações químicas. Um dos ingredientes do bolo costuma ser o fermento em pó, que faz o bolo crescer e ficar macio e é constituído principalmente de bicarbonato de sódio, cuja fórmula química é $NaHCO_3$. Quando o bolo vai ao forno, o aquecimento faz o bicarbonato de sódio se decompor em três produtos: um deles é o carbonato de sódio, cuja fórmula química é Na_2CO_3; outro é a água; e outro é um gás, que infla a massa e faz o bolo crescer.
a) Que tipo de reação química ocorreu nesse caso?
b) Esquematize a equação da reação química e descubra qual é o gás que faz o bolo crescer. (Não é necessário equilibrar a equação.)

Pratique Ciências

A oxidação do ferro

Material
- 4 pregos de aço bem limpos;
- 4 pires brancos, identificados com plaquinhas numeradas de 1 a 4;
- detergente diluído em água;
- suco de limão;
- filme plástico.

ATENÇÃO!
Experimentos com instrumentos perfurantes exigem cuidados especiais. Siga sempre as orientações do professor.

Como fazer
1 Coloque um prego em cada pires.
2 No pires 1, acrescente água; no 2, acrescente suco de limão; no 3, ponha detergente diluído em água; no 4, deixe apenas o prego e recubra o pires com um pedaço de filme plástico.
3 Depois de uns quinze minutos, escorra os líquidos dos três primeiros pires.
4 Tomando o cuidado de identificar os pires, deixe-os em local reservado, onde ninguém mexa.

1 Observe os pires de tempos em tempos (uns dois dias) e veja se ocorreu alguma modificação.

2 O que foi observado? Escreva suas conclusões.

24 Funções químicas: ácidos e bases

Gravura de 1815-1816, da série *A arte da Tauromaquia*, de Francisco Goya y Lucientes, produzida pela técnica artística da água-forte.

Na *água-forte*, uma chapa de metal é recoberta de verniz, que é riscado pelo artista com uma ferramenta de ponta metálica. A chapa é mergulhada em água-forte (nome antigo do *ácido nítrico*), que corrói o metal apenas onde o verniz foi riscado. Em seguida, o resto de verniz é retirado da chapa e a tinta é aplicada. A tinta se fixa nos sulcos produzidos pelo ácido e o desenho aparece, podendo, enfim, ser impresso em papel.
Você conhece outros ácidos além do nítrico? Será que todos eles corroem os materiais?

Onde encontrar ácidos e bases

> **Ácido muriático** é o nome comercial do *ácido clorídrico*, que é produzido também em nosso estômago, onde atua na digestão dos alimentos.

Os ácidos têm utilizações bem mais banais do que a produção de obras de arte. Eles são úteis, por exemplo, na limpeza de pisos, caso do **ácido muriático**, ou na fabricação de baterias de automóvel, caso do *ácido sulfúrico*.

Os ácidos estão presentes também em outros materiais de nosso cotidiano. Por exemplo, frutas como o limão, a laranja e o abacaxi devem seu sabor ligeiramente azedo à presença do *ácido cítrico*; o vinagre, que usamos como tempero, contém *ácido acético*; refrigerantes e outras bebidas gaseificadas contêm *ácido carbônico*.

À esquerda estão agrupadas algumas substâncias ácidas; à direita, substâncias básicas.

> No **tratamento da água**, na *floculação*, a base hidróxido de cálcio Ca(OH)$_2$, ou barrilha, é adicionada à água (juntamente com dois sais) para provocar a coagulação de pequenas partículas de sujeira em suspensão na água. Na *decantação* – que você estudou no capítulo 22 –, os coágulos formados se depositam no fundo do tanque.

As bases também fazem parte de nossa vida diária. Elas são encontradas, por exemplo, na composição de cremes dentais, sabonetes, sabões e detergentes, na fórmula de certos medicamentos e até mesmo entre as substâncias utilizadas no **tratamento da água**.

As funções químicas

Como você pode ver, é muito grande a variedade de substâncias que nos rodeiam. Por isso, é importante classificá-las, organizando-as em grupos por semelhanças e diferenças de propriedades.

Alguns desses grupos são as **funções químicas**. Há quatro funções químicas principais: *ácidos* e *bases*, que estudaremos neste capítulo; e *sais* e *óxidos*, que veremos no capítulo seguinte.

> **Função química** é um grupo de substâncias que possuem propriedades e comportamentos químicos semelhantes.

■ A caracterização de ácidos e bases

Misturando sumo de limão ou vinagre a uma porção de água destilada produz-se uma solução que permite a passagem de corrente elétrica. Isso também ocorre com soluções aquosas de outros ácidos. Por isso, podemos dizer que ácidos são substâncias que, em solução aquosa, permitem a passagem de corrente elétrica.

Isso, porém, não basta para caracterizar um ácido, pois as bases também têm essa propriedade. A cal hidratada, usada na pintura de paredes, cuja fórmula é Ca(OH)$_2$, é um exemplo de base que, quando em solução aquosa, é boa condutora de eletricidade.

Agora, observe nas duas tabelas a seguir alguns dos ácidos e bases mais comuns, prestando atenção especial nas fórmulas dessas substâncias.

Ácido	Fórmula química
Clorídrico	HCl
Cianídrico	HCN
Carbônico	H$_2$CO$_3$
Sulfúrico	H$_2$SO$_4$
Fosfórico	H$_3$PO$_4$
Nítrico	HNO$_3$

Base	Fórmula química
Hidróxido de sódio	NaOH
Hidróxido de cálcio	Ca(OH)$_2$
Hidróxido de magnésio	Mg(OH)$_2$
Hidróxido de potássio	KOH
Hidróxido de lítio	LiOH
Hidróxido de prata	AgOH

> Por possuir um **hidróxido** em sua composição, as bases também são denominadas *hidróxidos*.

Você deve ter observado que:
- todos os ácidos possuem o elemento hidrogênio (H) em sua composição química, sempre combinado com um não metal (Cl, S) ou com um íon negativo (SO_4^{2-}, NO^{3-});
- todas as bases têm em sua estrutura química o radical OH, chamado *hidroxila* ou **hidróxido**, ligado a um metal.

História da Ciência

Definindo ácidos e bases

Frequentemente, na história da Ciência, os pesquisadores precisam fazer modificações em conceitos, modelos e definições já estabelecidos por conta de novos estudos e descobertas. Isso é mais comum do que se poderia pensar, pois o conhecimento científico está em constante evolução. Com o conceito de ácido e base não foi diferente.

Em 1884, o pesquisador **S. A. Arrhenius** observou que, em solução aquosa, algumas substâncias sofriam *ionização*, isto é, a partir delas eram produzidos *íons*. E ele percebeu que, ao ionizar-se, algumas dessas substâncias davam origem ao íon ou *cátion* H^+, enquanto outras davam origem ao íon ou *ânion* OH^-.

Essas observações levaram-no a elaborar a primeira definição de ácidos e bases: ácidos são compostos que, em solução aquosa, sofrem ionização, com a produção do *cátion hidrogênio* (H^+); e bases são compostos que, em solução aquosa, sofrem ionização, com a produção do *ânion hidróxido* (OH^-).

Observe nos esquemas a seguir a formação de íons H^+ a partir de moléculas de um ácido, o ácido cianídrico, e de íons OH^- a partir de uma base, o hidróxido de cálcio, em solução aquosa.

O químico sueco **Svante August Arrhenius** (1859-1927) recebeu o Prêmio Nobel de Química de 1903 pela teoria sobre ácidos e bases, que acabou por se transformar num dos principais conceitos da Química.

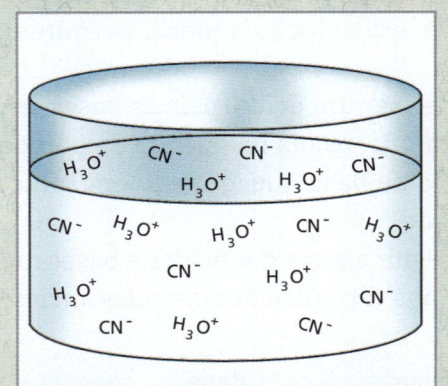

Dissolvido em água, o ácido cianídrico (HCN) ioniza-se no ânion CN^- e no cátion H^+. Imediatamente, o H^+ se liga à molécula de água (H_2O), formando o íon H_3O^+.

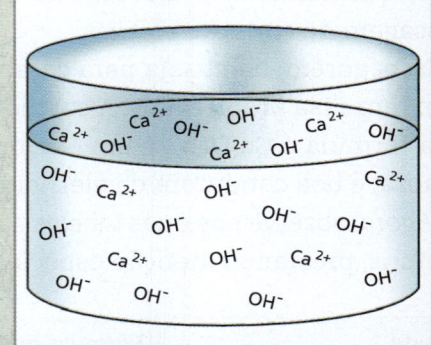

Dissolvido em água, a base hidróxido de cálcio $Ca(OH)_2$ ioniza-se no ânion Ca^{2+} e no cátion OH^-.

No entanto, essa definição só valia para soluções aquosas: mais tarde, ao observar soluções não aquosas, alguns químicos consideraram-na incompleta. Surgiu então a necessidade de reformulação dos conceitos de ácido

▶ e de base, o que foi feito por **G. N. Lewis**. Com base nos resultados de suas pesquisas, Lewis afirmou que:
- ácidos são todas as substâncias cujas moléculas ou íons podem receber um par de elétrons (que, nesse caso, são recebidos pelos íons ou moléculas que têm deficiência dessas partículas);
- bases são todas as substâncias capazes de doar um par de elétrons (doado, nesse caso, às moléculas ou íons que têm deficiência dessas partículas).

Aqui nesta obra, entretanto, utilizamos principalmente a definição de Arrhenius, que, apesar de incompleta, é suficiente para os nossos objetivos.

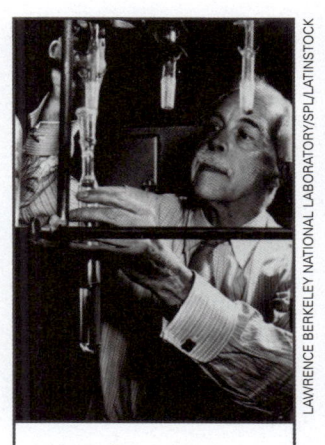

Foi **Gilbert Newton Lewis** (1875-1946), físico e químico norte-americano conhecido pela teoria do compartilhamento de elétrons na *ligação covalente* – que você estudou no capítulo 21 –, quem propôs, em 1923, a teoria que redefinia ácidos e bases.

Especificidades dos ácidos

Dependendo da quantidade de íons H^+ produzidos em solução aquosa, os ácidos podem ser considerados fortes ou fracos. Quanto maior a capacidade de produzir íons H^+, mais forte é o ácido. Reveja a tabela da página 255: são ácidos fortes, por exemplo, o HNO_3 e o HCl; e são ácidos fracos, por exemplo, o H_2S e o H_2CO_3.

De modo geral, os ácidos apresentam as seguintes propriedades:
- têm sabor azedo, como o limão e o vinagre;
- podem ser altamente corrosivos, como o ácido fórmico, que mata as células;
- reagem com certos metais, formando sais;
- são bons condutores de eletricidade quando em solução;
- reagem com as bases, sendo por elas neutralizados, formando sais e água.

Esse tipo de reação, chamada de *reação de neutralização*, pode ser representada pela equação:

$$HCl\,(aq) + NaOH\,(aq) \rightarrow NaCl\,(aq) + H_2O\,(l)$$
ácido   base   sal   água

Ou seja, um ácido – no caso, o ácido clorídrico – reage com uma base – no caso, o hidróxido de sódio –, formando água e um sal – no caso, o cloreto de sódio.

Especificidades das bases

De modo geral, as bases apresentam as seguintes propriedades:
- têm sabor adstringente, isto é, produzem certa constrição na língua e nas mucosas da boca, como ocorre com o caju e algumas frutas verdes;
- podem ser altamente corrosivas;
- conduzem bem a eletricidade quando em solução;
- reagem com os ácidos, sendo por eles neutralizadas, formando sais e água.

Analise este outro exemplo da reação de neutralização:

$$HNO_3\,(aq) + NaOH\,(aq) \rightarrow NaNO_3\,(aq) + H_2O\,(l)$$
ácido nítrico   hidróxido de sódio   nitrato de sódio   água

> **ATENÇÃO!**
>
> Nunca prove substâncias desconhecidas: elas podem causar sérios danos à saúde! Ácidos e bases, por exemplo, podem ser muito corrosivos.

Você estudou as *enzimas digestivas* no capítulo 5 do 8º ano (antiga 7ª série).

ATENÇÃO!

Nunca tome medicamentos sem aconselhamento médico! Só um médico pode avaliar, para cada situação, qual o melhor medicamento e em que dosagem utilizá-lo.

ARTICULAÇÃO Corpo humano

Direto no estômago

No nosso estômago há células que produzem, entre outras substâncias, o ácido clorídrico *(HCl)*. Tal produção é um processo auxiliar da digestão dos alimentos, pois as enzimas digestivas que atuam nesse órgão só funcionam bem em meio ácido.

Entretanto, alguns fatores, como uma alimentação inadequada ou nervosismo excessivo, podem provocar um aumento na produção de ácido clorídrico, gerando *acidez estomacal*, também conhecida como *azia*.

Quando isso ocorre, certos medicamentos, conhecidos como *antiácidos*, podem representar um alívio. Esses medicamentos contêm em sua fórmula hidróxidos de magnésio, $Mg(OH)_2$, e de alumínio, $Al(OH)_3$, que, ao atingir o estômago, reagem com o ácido clorídrico, em reações de neutralização. Veja a seguir como essas reações (já equilibradas) podem ser esquematizadas:

$2\ HCl + Mg(OH)_2 \rightarrow MgCl_2 + 2\ H_2O$

ou seja, ácido clorídrico mais hidróxido de magnésio, produzindo água mais cloreto de magnésio.

$3\ HCl + Al(OH)_3 \rightarrow AlCl_3 + 3\ H_2O$

ou seja, ácido clorídrico mais hidróxido de alumínio, produzindo água mais cloreto de alumínio.

Ao término das reações de neutralização, o íon Mg^{2+} (cátion magnésio) atua como laxativo, isto é, "solta" o intestino. Felizmente, o íon Al^{3+} age de maneira contrária, como constipante, ou seja, "prendendo" o intestino. Salva-se assim o equilíbrio do organismo.

Adaptado de: Mariza Magalhães. *Tudo o que você faz diariamente tem a ver com química!* Niterói: Muiraquitã, 2004.

Os indicadores ácido-base

Tanto ácidos como bases têm uma propriedade muito interessante: a capacidade de alterar a coloração de outras substâncias, que são chamadas de *indicadores*.

Utilizando essa propriedade, podemos estabelecer, na prática, a distinção entre meios ácidos (que contenham substâncias ácidas) e meios básicos (que contenham substâncias básicas). Os meios neutros – isto é, meios em que há equilíbrio entre a acidez e a basicidade – não alteram a coloração dos indicadores.

Há vários indicadores de ácidos e bases, mas os mais utilizados em laboratório são a fenolftaleína e o papel de tornassol.

A *fenolftaleína* é um sólido branco, produzido em laboratório, pouco solúvel em água e que, por isso, deve ser dissolvido em álcool. O resultado é uma solução incolor, que não é ácida nem básica, ou seja, é *neutra*.

Quando misturada a um ácido, a solução alcoólica de fenolftaleína permanece incolor, mas, se for misturada a uma base, ela adquire uma coloração rosada.

Já o **papel de tornassol** é um papel absorvente que foi previamente embebido em uma solução de uma substância extraída de certos liquens.

O papel de tornassol azul adquire coloração rosada quando em contato com ácidos, e continua azul quando em contato com bases. Já o papel de tornassol rosa funciona de maneira oposta: muda de cor quando em contato com soluções básicas, como se vê nas fotos a seguir.

> Há dois tipos de **papel de tornassol**: o azul, produzido de liquens azuis; e o rosa, produzido de liquens vermelhos.

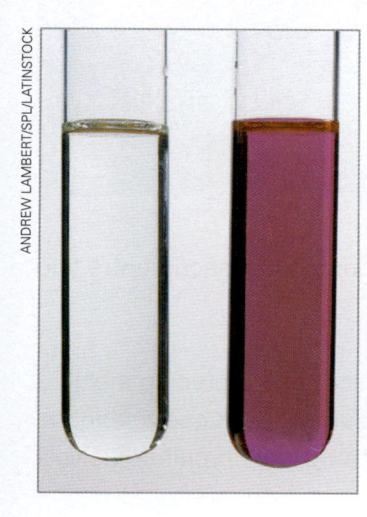

A fenolftaleína permanece incolor quando misturada a um ácido (tubo de ensaio da esquerda), mas adquire a coloração rosada quando misturada a uma base (tubo da direita). Quanto maior a concentração da base, mais intensa é a coloração da solução.

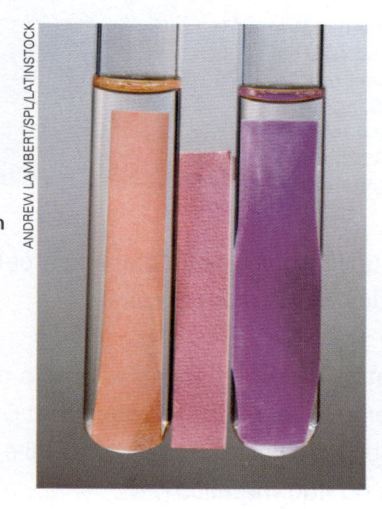

O papel de tornassol rosa (entre os dois tubos de ensaio) permanece rosa quando em contato com soluções ácidas (tubo da esquerda) e muda de coloração quando em contato com uma base (tubo da direita).

■ Medindo a acidez de um meio

É possível medir quanto uma solução é ácida ou básica utilizando uma escala construída com *medidas de pH*, uma grandeza estabelecida matematicamente que se baseia na concentração de íons H^+ de uma solução.

Quanto menor o pH, mais forte é o ácido; quanto maior o pH, mais forte é a base. O pH é neutro quando há equilíbrio entre acidez e basicidade.

Para obter a medida de pH com precisão pode ser usado um aparelho próprio, chamado *peagâmetro*, mas quando a precisão não é fundamental basta utilizar uma mistura líquida de indicadores denominada **indicador universal**.

Uma tira de papel-filtro é embebida nessa mistura e adquire determinada coloração. Quando o papel é posto em contato com a solução a ser analisada, ele pode mudar de cor. A cor obtida é comparada com uma escala de cores que acompanha o produto e que corresponde a uma escala numérica de pH.

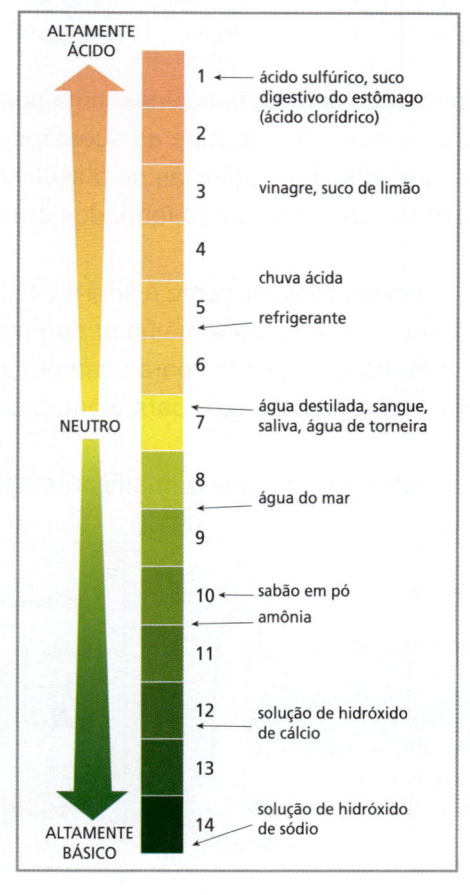

> **ATENÇÃO!**
> Os experimentos com ácidos e bases exigem cuidado na manipulação das substâncias, que podem ser muito corrosivas.
> Siga sempre as orientações do professor.

ALTAMENTE ÁCIDO
1 — ácido sulfúrico, suco digestivo do estômago (ácido clorídrico)
2
3 — vinagre, suco de limão
4
5 — chuva ácida
— refrigerante
6
NEUTRO
7 — água destilada, sangue, saliva, água de torneira
8 — água do mar
9
10 — sabão em pó
— amônia
11
12 — solução de hidróxido de cálcio
13
14 — solução de hidróxido de sódio
ALTAMENTE BÁSICO

> O **indicador universal** é produzido em escala industrial e comercializado em lojas de equipamentos de laboratório ou em casas de produtos para piscina ou para aquarismo.

Escala indicando o pH de algumas substâncias: 1 equivale à máxima acidez; 14, à máxima basicidade; e 7, ao pH neutro, isto é, ao equilíbrio entre acidez e basicidade. (Adaptada de: Holman, John. *Chemistry*. Nelson, Ontario, 1995.)

Funções químicas: ácidos e bases – CAPÍTULO 24

Olhe e pense

Observe as duas fotos:

A) Um pedaço do metal lítio (Li) reage com água pura (H₂O), com a produção de novas substâncias. **B)** A mesma reação entre lítio e água, mas, agora, a fenolftaleína foi acrescentada à solução e, à medida que a reação acontece, surge uma coloração rosada.

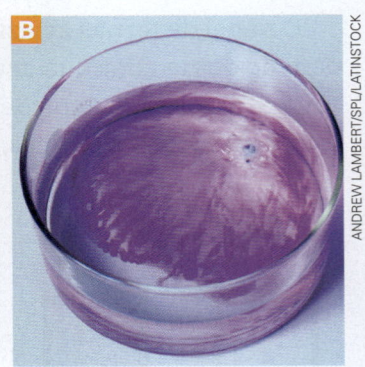

1 Em que função química se classifica pelo menos um dos produtos da reação entre lítio e água? Justifique sua resposta.

2 Esquematize a reação acima por meio de sua equação química (não é preciso incluir a fenolftaleína na equação) e responda: Que substância produzida faz com que a fenolftaleína adquira a coloração rosada? Qual é a substância que faz surgir as borbulhas visíveis em torno do lítio metálico?

Verifique o que aprendeu

1 Analise o conjunto de fórmulas a seguir:

| Mg(OH)₂ | HClO₃ | HBr | KOH | H₂SO₄ | HNO₃ | NaOH | Al(OH)₃ | H₃PO₄ |

a) Faça um quadro com duas colunas, uma para as substâncias ácidas e outra para as substâncias básicas, e agrupe as substâncias acima de acordo com esse critério.
b) Imagine que essas substâncias se dissolvam em água formando soluções aquosas e escreva os íons que seriam formados em cada caso.

2 No cultivo de certas plantas, como a soja e o feijão, o agricultor mistura ao solo produtos básicos, como o calcário, para melhorar sua qualidade.
a) Qual é a explicação química para essa prática?
b) Qual é o melhor tipo de solo para plantas como a soja e o feijão?

3 Analise o experimento mostrado nas figuras abaixo:

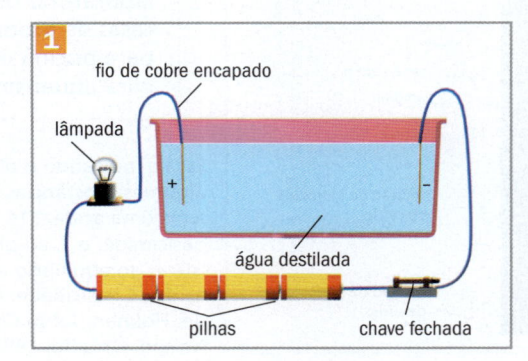

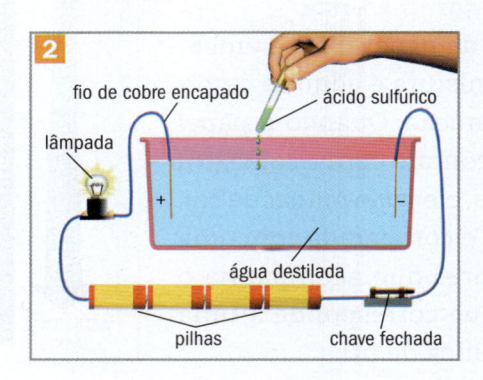

260 UNIDADE III – O estudo da Química

a) Por que a lâmpada está apagada na primeira fase do experimento e se acende na segunda fase?

b) Que propriedade da substância adicionada à água explica o fenômeno de a lâmpada se acender?

4 Você tem uma solução desconhecida e pinga nela algumas gotas de fenolftaleína incolor, porém nada acontece. Diante disso pode-se ter certeza de que a solução é um ácido? Explique sua resposta.

5 Se você já pingou limão em seu chá, deve ter percebido que ele muda de cor. Como isso pode ser explicado?

6 O ambiente em que crescem os liquens azuis é ácido ou básico? E no caso dos liquens vermelhos? Justifique suas respostas.

7 Por que as pessoas que comem exageradamente podem sentir certa acidez no estômago?

A palavra é sua

A chuva ácida é um fenômeno natural, pois a água da atmosfera (H_2O) reage com o gás carbônico (CO_2) e produz o ácido carbônico (H_2CO_3). Mas o fenômeno se intensifica devido à poluição atmosférica, e acaba por se tornar um problema ambiental sério, uma vez que aumenta a acidez do solo e afeta a composição química de rios e lagos, prejudicando os seres vivos desses ambientes.

1 Quando a água (H_2O) reage com poluentes atmosféricos, como o dióxido de enxofre (SO_2), produz o ácido sulfúrico. Verifique a fórmula desse ácido (na tabela de ácidos da página 255) e escreva a equação química da reação. Não é necessário fazer o balanceamento da equação.

2 Outro poluente atmosférico que acidifica a água da chuva é o óxido de nitrogênio (NO_3), com a produção do ácido nítrico. Veja a fórmula do ácido nítrico (na tabela de ácidos) e escreva a equação química da reação. Não é necessário balancear a equação.

3 No Brasil, a chuva ácida é causada principalmente pelos gases emitidos por escapamentos de automóveis e chaminés de indústrias que consomem carvão e combustíveis de petróleo. A chuva que cai na região onde você mora é ácida? Colete um pouco da água da chuva e, utilizando o indicador universal (peça ao professor), meça a acidez da água.

4 Proponha medidas para evitar ou reduzir a formação de chuvas ácidas em nossas cidades.

25 Funções químicas: óxidos e sais

Cavernas como essa se formam pela lenta e prolongada dissolução de rochas de carbonato de cálcio por ácidos que se formam naturalmente no ambiente. (Gruta do Lago Azul em Bonito, Mato Grosso do Sul.)

O *carbonato de cálcio* ($CaCO_3$), substância classificada como *sal*, é também a principal fonte da cal virgem utilizada em construções. Quando o carbonato é aquecido, produz-se a cal virgem, que é *óxido de cálcio*, e o *dióxido de carbono*, duas substâncias classificadas como *óxidos*. Observe a reação: $CaCO_3 \xrightarrow{\Delta} CaO + CO_2$. Óxidos e sais são funções químicas. Você conhece outros sais? Quais? E quanto aos óxidos, você arriscaria citar algum?

O **monóxido de carbono** (CO) forma uma ligação relativamente duradoura com o ferro da hemoglobina das hemáceas, tomando o lugar do oxigênio (O_2). Por isso, uma pessoa que respira monóxido de carbono por algum tempo pode morrer asfixiada.

Onde encontrar óxidos e sais

Além do dióxido de carbono e do óxido de cálcio, há muitas outras substâncias classificadas como óxidos. Por exemplo: o *óxido de silício*, principal componente da areia; o *óxido de ferro*, ou *hematita*, minério do qual é extraído o ferro; e o **monóxido de carbono**, substância produzida pela queima incompleta de materiais – por exemplo, a gasolina num motor mal regulado – e que pode ser muito tóxica para nós.

Os sais também são muito comuns no ambiente, até mesmo como parte de organismos vivos: o próprio *carbonato de cálcio*, que forma as rochas que dão origem às cavernas, é o principal constituinte das conchas e carapaças de organismos marinhos; já o *fosfato de cálcio*, $Ca_3(PO_4)_2$, faz parte dos ossos de vertebrados e é muito utilizado como fertilizante.

Certos sais são a principal fonte de elementos químicos fundamentais para o nosso metabolismo: é o caso do *cloreto de potássio*, KCl, que fornece ao nosso organismo o potássio (K), elemento fundamental para a condução de sinais nervosos.

A caracterização de um óxido

Analise e compare as fórmulas químicas destes exemplos de *óxidos*:
- óxido de alumínio, Al_2O_3, a bauxita, principal minério do qual se extrai o alumínio metálico;
- óxido de silício, cuja fórmula química é SiO_2, e dióxido de carbono, CO_2 (citados na página anterior);
- óxidos de enxofre, SO_2, e de nitrogênio, NO_3 (que você viu no capítulo anterior);

Como você pode ver, todos são compostos binários, isto é, formados de apenas dois elementos químicos, e em todos eles um dos elementos é o oxigênio.

Quando um composto binário é formado por *oxigênio* associado a um *metal* ou a um *não metal*, ele é classificado na **função óxido**.

Os óxidos são muito abundantes no ambiente, pois quase todos os elementos químicos da Tabela Periódica podem combinar-se com o oxigênio. Existe, porém, uma exceção importante: o flúor, um não metal, liga-se ao oxigênio produzindo substâncias que não são consideradas óxidos.

> A **função óxido** compreende as substâncias binárias nas quais um dos elementos é o oxigênio e o outro é um metal ou um não metal.

Um exemplo de óxido muito comum no ambiente é a ferrugem, o óxido de ferro hidratado ($Fe_2O_3 \times H_2O$). Ela se forma do contato de objetos de ferro com a água e o oxigênio presentes na atmosfera.

■ Classificação dos óxidos

Segundo as propriedades dos óxidos, podemos classificá-los em diferentes grupos, dos quais veremos apenas dois:
- os *óxidos ácidos* – aqueles que, ao reagir com água, produzem um ácido. Veja um exemplo:

$$CO_2 + H_2O \rightarrow H_2CO_3$$

Funções químicas: óxidos e sais – **CAPÍTULO 25**

Ou seja, o dióxido de carbono (CO_2) reage com água (H_2O), produzindo o ácido carbônico (H_2CO_3).

- os *óxidos básicos* – aqueles que, ao reagir com água, produzem uma base. Analise este exemplo:

$$Na_2O + H_2O \rightarrow 2NaOH$$

Ou seja, o óxido de sódio (Na_2O) reage com água (H_2O), produzindo a substância básica hidróxido de sódio (NaOH).

> > > CONEXÃO História < < <

Alumínio: um metal precioso

Na corte do imperador francês Napoleão III (1808-1873), quando havia convidados de honra para o jantar, utilizavam-se pratos e talheres de... alumínio! Estranho? Mas era assim mesmo. Afinal, até meados do século XIX, um quilo de alumínio, que hoje é um metal relativamente barato, era muito mais caro do que um quilo de ouro.

O alumínio é o metal mais comum na crosta terrestre. No entanto, ele costuma estar combinado com o oxigênio, como Al_2O_3 – isto é, na forma de óxido de alumínio, minério conhecido como bauxita –, e não é fácil separá-lo... Pelo menos até a época de Napoleão III, em que as técnicas que existiam eram caríssimas, o que encarecia muito o metal. Tanto é que na Exposição de Paris, em 1855, barras de alumínio foram exibidas como "joias da coroa francesa".

Adaptado de: Fernando Pereira. *Folha de S.Paulo*, Fovest, 21 nov. 2006.

ATENÇÃO!
Nunca realize experiências sem a supervisão de um adulto.

A caracterização de um sal

Em Química, a palavra *sal* não identifica apenas o familiar sal de cozinha, isto é, o cloreto de sódio (NaCl). Ao contrário: muitos outros compostos são classificados nessa função química. Veja alguns exemplos de sais:

Quando o cloreto de prata é dissolvido em água, o cátion Ag^+ separa-se do ânion Cl^-. A presença dos íons permite a passagem de corrente elétrica através da solução.

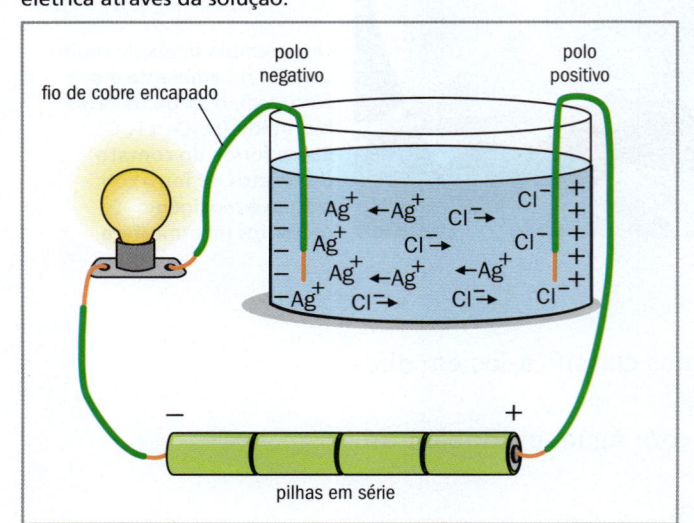

- o sulfato de potássio, representado por K_2SO_4, é um dos componentes dos adubos químicos;
- o cloreto de alumínio, representado por $AlCl_3$, é uma das substâncias presentes na fórmula de certos desodorantes;
- o cloreto de prata, cuja fórmula é AgCl, é uma das substâncias utilizadas na produção de papel fotográfico.

Todas essas substâncias são iônicas, isto é, quando dissolvidas em água, sofrem dissociação em seus íons. Veja ao lado, por exemplo, o esquema da dissociação iônica do cloreto de prata, AgCl.

Além disso, como você pode ver analisando as fórmulas químicas, nenhuma delas contém o íon H⁺ (que caracteriza um ácido) ou o íon OH⁻ (que caracteriza uma base).

Substâncias com tais características são classificadas na **função sal**.

> A **função sal** compreende as substâncias iônicas que possuem um cátion diferente de H⁺ e um ânion diferente de OH⁻.

■ Especificidades dos sais

Os sais apresentam as seguintes propriedades:
- têm sabor salgado;
- quando em solução, são bons condutores de corrente elétrica;
- são obtidos, juntamente com a água, em reações químicas entre ácidos e bases, ou seja, a **reação de neutralização**, que você viu no capítulo anterior. Reveja dois exemplos desse tipo de reação:

$$HCl\ (aq) + NaOH\ (aq) \rightarrow NaCl\ (aq) + H_2O\ (l)$$
ácido — base — sal — água

$$HNO_3\ (aq) + NaOH\ (aq) \rightarrow NaNO_3\ (aq) + H_2O\ (l)$$
ácido — base — sal — água

No primeiro exemplo, o ácido clorídrico reage com o hidróxido de sódio (base) formando cloreto de sódio (NaCl) e água. No segundo, o hidróxido de sódio (base) e o ácido nítrico reagem formando nitrato de sódio (NaNO₃) e água.

> Apesar de os sais serem produzidos mais comumente nas **reações de neutralização**, eles podem ser produzidos também em outros tipos de reação, por exemplo, entre um óxido e um ácido, resultando em sal e água.

■ Classificação dos sais

Os sais podem ser classificados em:
- *sais oxigenados*, aqueles que contêm oxigênio em sua fórmula; por exemplo, o sulfato de potássio (K₂SO₄), o nitrato de sódio (NaNO₃) e o carbonato de cálcio (CaCO₃);
- *sais não oxigenados*, aqueles que não contêm oxigênio em sua fórmula; por exemplo, o cloreto de sódio (NaCl), o iodeto de cálcio (CaI₂) e o sulfeto de ferro II (FeS).

> **ATENÇÃO!**
> Nunca prove substâncias desconhecidas; elas podem causar danos à saúde.

Alguns sais. No sentido dos ponteiros do relógio, temos: o sal rosado (no alto) é cloreto de cobalto II, CoCl₂; o sal grafite é cloreto de cromo III, CrCl₃; o sal castanho é cloreto de ferro III, FeCl₃; o sal verde é nitrato de níquel, Ni(NO₃)₂; e o sal azul é sulfato de cobre II, CuSO₄.

> *Em seu caderno, classifique os sais que aparecem na foto ao lado como oxigenados ou não oxigenados.*

ARTICULAÇÃO Corpo humano

A importância do sódio

Quando lemos sobre sal em revistas e livros, as palavras sal, sódio e cloreto de sódio *são frequentemente usadas para significar a mesma coisa. Os químicos, porém, enfocam esse termo de forma bem diferenciada. Para eles, um sal – qualquer sal – é um composto constituído por íons positivos e negativos, em geral um metal e um não metal.*

No cloreto de sódio, interessa-nos o metal, isto é, o sódio, que em nosso organismo está presente como um íon positivo, não associado ao cloreto, mas livre para mover-se independentemente. Cada célula de nosso corpo necessita de um pouco de sódio, e alguns componentes do corpo, tais como o sangue e os músculos, precisam de grandes quantidades desse elemento. Junto com o potássio, o sódio é fundamental na transmissão dos impulsos elétricos em nervos e fibras musculares.

Precisamos de sódio também para outros fins, porém essa é a utilização mais importante desse metal em nosso organismo.

É necessário fornecê-lo regularmente ao organismo, uma vez que parte dele é perdida quando o sangue é filtrado nos rins (ou seja, ele sai do corpo com a urina) e no processo de transpiração (nesse caso, ele é eliminado pelas glândulas sudoríparas, com o suor).

A reposição do sódio não é muito difícil, mesmo em dietas isentas de sal, uma vez que cada bocado de comida que ingerimos contém esse metal. Ou seja, em princípio, não é preciso adicionar sal à comida para conseguir 1 g diário de sódio, que é a quantidade de que nosso corpo necessita.

Adaptado de: John Emsley. *Moléculas em exposição.* São Paulo: Edgard Blücher, 2001.

O cloreto de sódio é apenas um dos muitos sais que existem.

Olhe e pense

Observe as fotos a seguir:

A) O recipiente contém uma solução incolor de água mais hidróxido de cálcio ($Ca(OH)_2$).
B) Alguém sopra gás carbônico (CO_2) na solução; começa a se formar um sólido insolúvel em água (precipitado branco).
C) A água já está turva por causa do sólido insolúvel, que é carbonato de cálcio, $CaCO_3$.

266 UNIDADE III – O estudo da Química

1 Esquematize a reação química que ocorreu nessa situação. Não é preciso balancear a equação.

2 Classifique as substâncias que participam da reação (reagentes e produtos) de acordo com as funções químicas vistas neste capítulo e no anterior. Justifique sua classificação.

3 Compare a reação acima com a reação que abre este capítulo e anote as semelhanças e diferenças entre elas.

Verifique o que aprendeu

1 Em seu caderno, construa uma tabela com os nomes e fórmulas de alguns óxidos e sais citados neste capítulo.

2 O gás oxigênio pode ser classificado como um óxido? Por quê?

3 Veja a fórmula química de algumas substâncias:

HCl	Ba(OH)$_2$	CO$_2$	HCN	NaNO$_3$	K$_2$SO$_4$	H$_2$CO$_3$	
Al$_2$O$_3$	MgBr$_2$	HNO$_3$	FeSO$_4$	KOH	Al(OH)$_3$	Fe$_2$O$_3$	CaO

a) Classifique-as de acordo com as funções químicas estudadas neste capítulo e no anterior.
b) Tente dar o nome de cada substância.

4 Ácidos e bases combinam-se facilmente entre si.
a) Quais são os produtos dessa reação?
b) Escreva a equação geral que representa esse tipo de reação.

5 Na reação de neutralização, são produzidos sais, que são compostos iônicos. Nesse tipo de reação:
a) Qual é a função química da substância que fornece ao sal o seu íon positivo?
b) Qual é a função química da substância que fornece ao sal o seu íon negativo? (*Dica*: para responder, analise a equação de uma reação desse tipo.)

6 Qual é a diferença entre sais oxigenados e sais não oxigenados? Dê um exemplo de cada tipo.

7 Em relação a compostos binários, isto é, formados por dois elementos químicos, responda:
a) Em que situação um composto binário é um óxido?
b) O cloreto de prata é um composto binário cuja fórmula é AgCl. Por que essa substância não é classificada como óxido, mas como sal?

8 Leia a frase: "Todos os óxidos possuem oxigênio e hidrogênio em sua composição". A afirmação está correta? Justifique sua resposta e dê exemplos.

9 O mármore, um material relativamente duro, é constituído principalmente de carbonato de cálcio ($CaCO_3$). No entanto, o ácido sulfúrico (H_2SO_4), presente na chuva ácida, transforma o mármore em um material muito mais mole, o gesso, constituído principalmente de sulfato de cálcio ($CaSO_4$).

   a) Esquematize a reação química entre o $CaCO_3$ e o H_2SO_4 com a formação do $CaSO_4$. (Não é necessário equilibrar a equação.)

   b) Qual a função química dos dois produtos dessa reação?

A palavra é sua

As funções químicas em sua vida

Procure em sua casa os produtos químicos utilizados na limpeza de roupas, pisos, louças, eletrodomésticos, azulejos, etc. Procure também produtos de higiene pessoal, como xampus e condicionadores, sabonetes, cremes de limpeza, creme dental, etc.

Nos rótulos desses produtos costuma vir descrita sua composição química. Selecione alguns e faça uma lista indicando o produto selecionado e as substâncias químicas que entram em sua composição e que lhe sejam familiares. Tente indicar a função química das substâncias que você listou.

> **ATENÇÃO!**
> Produtos como água sanitária e inseticida são tóxicos. Tenha muito cuidado ao manuseá-los.

Pratique Ciências

A produção de sal

Imagine que tenha sido encontrado um grande depósito de sal comum (cloreto de sódio, NaCl). Infelizmente, o sal está misturado com areia e com outros dois sais, carbonato de sódio (Na_2CO_3) e carbonato de cálcio ($CaCO_3$). Você deve descobrir os processos de extração de cloreto de sódio puro dessa mistura. A tabela a seguir contém alguns dados sobre as substâncias químicas contidas na mistura:

Substância	Estado	Solubilidade em água	Reação com ácido clorídrico (HCl)
sal comum (cloreto de sódio, NaCl)	sólido branco	solúvel	não reage
carbonato de sódio, Na_2CO_3	sólido branco	solúvel	reage: são produzidos cloreto de sódio e água
carbonato de cálcio, $CaCO_3$	sólido branco	insolúvel	reage: são produzidos cloreto de sódio e água
areia (óxido de silício, SiO_2)	sólido marrom/amarelado	insolúvel	não reage

1 Faça um roteiro descrevendo os processos de separação de misturas que podem ser empregados e em que ordem devem ser utilizados.

2 Como a pureza do sal poderia ser testada? (Lembre-se de que substâncias desconhecidas nunca devem ser cheiradas ou provadas, porque podem ser tóxicas ou corrosivas.)

Tudo é energia

Ao estudar os temas desenvolvidos neste livro (e mesmo nos volumes anteriores desta coleção), você deve ter notado que todos os fenômenos em Ciências podem ser resumidos a uma só ideia: a de que a energia, em suas múltiplas formas, interage com a matéria em seus diferentes estados e organizações.

A energia, portanto, tem presença central em nossa vida. Por isso mesmo, nas últimas páginas desta coleção, discutiremos um pouco a importância da geração de energia na sociedade humana atual.

> Para melhor aproveitamento da leitura destas páginas, sugerimos que você releia os boxes "O domínio do fogo" (p. 39-40) e "A energia dos átomos" (p. 218) e reveja os conceitos de *efeito estufa* e *aquecimento global* (p. 147) e *fusão nuclear* (p. 146 e 233).

A energia na sociedade humana

Todos os seres vivos alteram, em algum grau, o lugar em que vivem, e nós, seres humanos, não fugimos à regra. Entretanto, modificamos o ambiente a tal ponto que hoje, início do século XXI, não há praticamente ecossistema algum na superfície do planeta que não tenha sofrido interferência humana.

As consequências disso se refletem nos inúmeros problemas ambientais, que estão por toda parte. O mais urgente deles é, sem nenhuma dúvida, a contínua elevação da concentração de gás carbônico na atmosfera, com o agravamento do *efeito estufa*.

Desde que começou a usar o fogo, o ser humano passou a lançar certo excesso de gás carbônico na atmosfera. Todavia, esse excesso só se tornou significativo com a Revolução Industrial e a utilização cada vez maior do carvão mineral para a produção de energia. E começou a se caracterizar como um problema com o advento do automóvel e o aumento acelerado do consumo de combustíveis de petróleo.

Atualmente, a concentração de gás carbônico atmosférico é tão alta que, no mundo inteiro, já se manifestam as consequências do agravamento do efeito estufa, por exemplo, na forma de alterações climáticas que ameaçam seriamente a sobrevivência de diversas espécies, incluindo a nossa.

A busca de soluções, portanto, não pode esperar. E cabe à Ciência a pesquisa por tecnologias que permitam retirar o excesso de gás carbônico da atmosfera e explorar fontes de energia que não emitam gases de efeito estufa.

Fontes alternativas de energia

Há muito tempo o ser humano conhece e explora fontes de energia que não emitem gases de efeito estufa. O problema é que nenhuma delas é totalmente satisfatória: enquanto algumas apresentam inconvenientes, como a produção de rejeitos tóxicos, outras, apesar de limpas, têm rendimento muito aquém do ideal, sobretudo quando se considera o investimento que exigem. Vamos ver como se caracterizam algumas dessas fontes e conhecer as propostas para o seu melhor aproveitamento.

Energia nuclear

Trata-se da energia do núcleo do átomo, também chamada de *energia atômica*. É obtida em reatores de *fissão nuclear* e transformada em energia elétrica.

No Brasil há apenas dois reatores nucleares, o Angra 1 e o Angra 2, localizados no complexo nuclear de Angra dos Reis, Rio de Janeiro. A energia nuclear gerada nos dois reatores corresponde a menos de 1% do total de energia consumida em nosso país.

Apesar de não emitir gases de efeito estufa e de ser economicamente viável – no mundo inteiro há usinas nucleares em pleno funcionamento, produzindo a energia elétrica consumida por milhares de pessoas –, a produção de energia por fissão nuclear traz consigo o problema da radioatividade, que, em caso de acidente com o reator, pode contaminar o ambiente.

Além disso, a radioatividade também está presente nos rejeitos produzidos ao final do processo. Em geral, esse lixo radioativo é colocado em recipientes de concreto, que são depositados em lugares isolados, como o subsolo de lugares estáveis (não sujeito a abalos sísmicos) ou o fundo dos oceanos, mas sempre há o perigo de vazamentos. A Ciência está buscando destinos mais seguros para o lixo radioativo, mas, por enquanto, nenhuma solução eficaz foi encontrada.

Entretanto, a energia atômica também pode ser gerada por um processo teoricamente mais seguro, a *fusão nuclear*, em que a energia é produzida pela fusão de núcleos de átomos, como ocorre nas estrelas.

A fusão nuclear é considerada uma das tecnologias mais promissoras de geração de energia para o futuro, pois poderá gerar muita energia com poucos quilogramas de um combustível relativamente barato – isótopos do hidrogênio, que podem ser extraídos da água do mar.

Além disso, os resíduos produzidos no processo têm radioatividade relativamente baixa e se tornam inofensivos em cerca de um século (em usinas de fissão nuclear, a radioatividade dos rejeitos pode durar milhares de anos). Mesmo em caso de acidente, o nível de radiação seria muito pequeno e não seria necessária a evacuação da área próxima à usina.

O problema é que ainda não se sabe se a fusão nuclear será economicamente viável algum dia – atualmente, um reator de fusão consome mais energia do que produz – nem quando isso será possível. Na França, há um reator experimental internacional (conhecido pela sigla Iter) em projeto, com início de funcionamento previsto para 2016, cujo objetivo principal é verificar se a produção de energia por esse processo poderá ser realidade algum dia.

Energia solar

A energia da luz solar pode ser captada pelas chamadas células fotovoltaicas e transformada em eletricidade. Átomos de silício – material que reveste essas células – recebem a energia da luz solar e perdem elétrons da última camada, que são conduzidos por fios metálicos.

Embora haja muita energia solar disponível – apenas uma pequena parte de toda a energia emanada pelo Sol supriria toda a necessidade energética da Terra – há alguns inconvenientes que impedem o aproveitamento eficiente dessa energia por coletores solares instalados em solo terrestre: não há produção alguma de energia nos períodos em que o Sol não ilumina a Terra (noite) e há grande flutuação no aproveitamento da energia, que varia com as condições climáticas.

Para eliminar tais inconvenientes, seria vantajoso empregar, por exemplo, os painéis espaciais de coleta de energia solar (ESE). Os ESE têm pelo menos duas grandes vantagens em relação aos painéis terrestres: colocados em órbita da Terra, com a mesma velocidade de rotação do planeta, receberiam continuamente a luz solar com uma intensidade média oito vezes maior do que os painéis instalados na superfície do planeta.

O grande problema está nos custos envolvidos no lançamento ao espaço desses painéis e em sua manutenção em órbita, mas espera-se que avanços tecnológicos na área espacial mudem esse quadro.

A agência espacial japonesa (Jaxa) tem um projeto de lançamento, já em 2010, de um satélite que estenderá um grande painel solar no espaço.

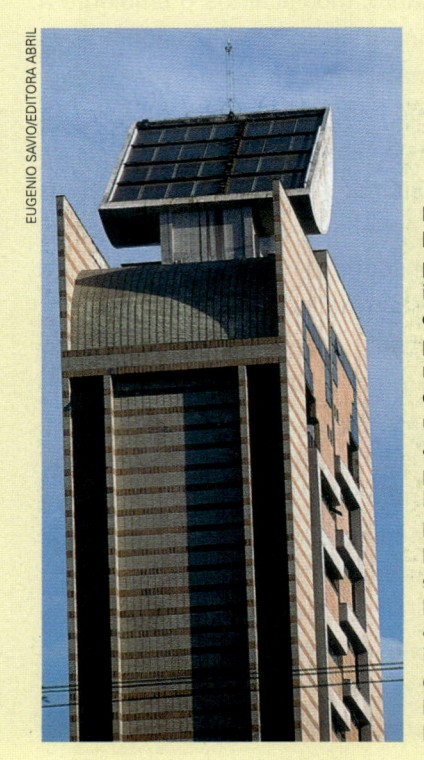

No Brasil, que tem boa insolação praticamente o ano inteiro, e apesar de cerca de 15% da população brasileira não ter acesso à energia elétrica, o uso da energia solar ainda é muito pequeno. Está limitado a pequenos projetos apoiados pelo governo e algumas iniciativas particulares, como as placas coletoras instaladas no alto desse edifício em Belo Horizonte, Minas Gerais.

Energia eólica

É a energia do vento e de outras correntes atmosféricas, e pode ser transformada em eletricidade.

Quando a importância da energia elétrica ainda nem era conhecida, já se utilizavam moinhos de vento para moer grãos e produzir farinha. Nos moinhos modernos, a energia do vento faz girar as pás de uma turbina que está conectada a um gerador de energia elétrica.

Entretanto, calcula-se que a maior parte da energia eólica disponível – cerca de dois terços do total de energia que essa fonte poderia gerar em nosso planeta – está em correntes de grandes altitudes. Ou seja, não é possível explorá-las com os moinhos terrestres, é preciso criar novas tecnologias.

Já existem alguns projetos em desenvolvimento nesse sentido: uma empresa canadense projetou um gerador giratório flutuante, que ficará preso a um cabo até 122 metros acima do solo, produzindo energia em uma estação fixa; outra empresa, de origem norte-americana, estuda a produção de uma espécie de moinho capaz de subir a até 10 mil metros para captar a energia disponível nas alturas; finalmente, em um terceiro projeto, do holandês Wubbo J. Ockels, uma série de pipas, controladas por computador ligadas por um longo cabo, formando uma espécie de escada, subiria e desceria, como um gigantesco ioiô, e faria funcionar um gerador localizado no solo. Todas essas ideias, porém, são apenas projetos e ninguém ainda sabe como se sairão na prática.

No Brasil, a velocidade dos ventos não é a ideal para o bom funcionamento dos moinhos eólicos, mas há algumas áreas onde as condições são adequadas, como Fernando de Noronha, o litoral das regiões Nordeste e Sul, o sul do estado de Mato Grosso e algumas áreas do estado de São Paulo. Na foto, moinhos de vento do Parque Eólico de Mucuripe, Fortaleza, Ceará.

Energia cinética dos oceanos

Trata-se sobretudo da energia das marés, que pode ser aproveitada por usinas semelhantes a usinas hidrelétricas: um dique é construído fechando uma baía ou a desembocadura de um rio e, quando a maré sobe ou desce, o movimento da água faz girar uma turbina, que transforma energia cinética em energia elétrica. Mas a energia cinética das correntes oceânicas também pode ser utilizada para pôr geradores elétricos em funcionamento.

Até a década de 1990, existiam apenas dois empreendimentos comerciais de sucesso capazes de aproveitar a energia cinética dos oceanos: uma grande usina de marés na França e uma estação menor no Canadá. Recentemente, esse número aumentou: uma usina foi instalada na China, e, em breve, seis turbinas movidas por ondas começarão a girar na cidade de Nova York, Estados Unidos, e a primeira estação de ondas entrará em operação em Portugal.

Na Grã-Bretanha estuda-se a instalação de uma represa de 16 km no estuário do rio Severn, que tem as segundas maiores marés do mundo, para a produção de 8,6 gigawatts (1 gigawatt, GW, equivale a 1 bilhão de watts) de energia enquanto as marés estiverem fluindo.

Outra possibilidade é a instalação de turbinas ao longo da costa britânica. Segundo seus defensores, essa opção tem um custo muito mais baixo, menor impacto ambiental e pode gerar tanta energia quanto as marés da represa que se quer construir no rio Severn.

Também se pensa em utilizar a energia gerada por ondas em alto-mar, fonte que já está sendo testada em projetos de várias empresas europeias.

No Brasil, apesar de existirem locais com grandes amplitudes de marés – como a baía de São Marcos, em São Luís, Maranhão, onde a diferença entre maré alta e maré baixa é de 6,8 metros –, a topografia do litoral nessas regiões não favorece a construção de represas para o aproveitamento da energia.

Bibliografia consultada

"Plano B para a energia", reportagem da edição nacional da revista *Scientific American*. Disponível em: <www2.uol.com.br/sciam/reportagens/plano_b_para_a_energia_11.html>. Acesso em 4 jul. 2007.

Energia para o século XXI, de Francisco C. Scarlato e Joel A. Pontin, São Paulo, Ática, 2001.

Portal Ambiente Brasil. Disponível em: <www.ambientebrasil.com.br>. Acesso em 4 jul. 2007.

Referências bibliográficas

Livros e obras de referência

ATKINS, P. W. *Moléculas*. São Paulo: Edusp, 2000.

BIZZO, Nélio. *Ciências: fácil ou difícil?* São Paulo: Ática, 2000.

CHANG, Raymond. *Chemistry*. Hightstown: MacGraw-Hill, 1994.

CIÊNCIA HOJE NA ESCOLA. Eletricidade. Rio de Janeiro: SBPC; São Paulo: Global, 2001. v. 12.

COMO A CIÊNCIA FUNCIONA. São Paulo: Globo, 1994. (Coleção Guia Prático de Ciências.)

COOPER, Christopher. *Matéria*. São Paulo: Globo, 1994. (Coleção Aventura na Ciência.)

CRAIG, Annabel & ROSNEY, Cliff. *The Usborne Science Encyclopedia*. London: Usborne, 1993.

CUTNELL, John D. & JOHNSON, Kenneth W. *Physics*. 4. ed. New York: John Wiley, 1997.

DOBSON, Ken. *Physics*. London: Thomas Nelson, 2002. (Nelson Science.)

ELETRICIDADE. São Paulo: Globo, 1994. (Coleção Aventura na Ciência.)

EMSLEY, John. *Moléculas em exposição*. São Paulo: Edgard Blücher, 2001.

ENERGIA. São Paulo: Globo, 1994. (Coleção Aventura na Ciência.)

FÍSICA. São Paulo: Ática, 1997. (Série Atlas Visuais.)

FORÇA E MOVIMENTO. São Paulo: Globo, 1994. (Coleção Aventura na Ciência.)

FORÇAS FÍSICAS. Rio de Janeiro: Abril/Time Life, 1996. (Coleção Ciência e Natureza.)

GUYTON, Arthur C. *Tratado de Fisiologia Médica*. Rio de Janeiro: Guanabara Koogan, 1992.

HELP! São Paulo: *O Estado de S. Paulo*, 1996.

HOLMAN, John. *Chemistry*. Walton-on-Thames: Nelson Science, 2001.

JONES, Mary & JONES, Geoff. *Physics*. Cambridge: Cambridge University Press, 1997.

LE BLANC, Beverly. *Chemistry in the kitchen*. Avon: Cherrytree Press, 1991.

LUZ. São Paulo: Globo, 1994. (Coleção Aventura na Ciência.)

MARSDEN, W. E. & MARSDEN, V. M. *World in change*. Edinburgh: Oliver & Boyd, 1987.

MEIOS DE TRANSPORTE. Rio de Janeiro: Abril/Time Life, 1996. (Coleção Ciência e Natureza.)

OKUNO, Emico; CALDAS, Iberê L.; CHOW, Cecil. *Física para ciências biológicas e biomédicas*. São Paulo: Harper & Row, 1982.

PARÂMETROS CURRICULARES NACIONAIS. Ciências naturais, terceiro e quarto ciclos do Ensino Fundamental. Brasília: MEC/SEF, 1998.

PHYSICS. Harlow: Longman, 1992. (Nuffield Coordinated Sciences.)

QUÍMICA. São Paulo: Ática, 1997. (Série Atlas Visuais.)

QUÍMICA. São Paulo: Globo, 1994. (Coleção Aventura na Ciência.)

SCIENCE ENCYCLOPEDIA. London: Kingfisher Books, 2000.

SCIENCE AND TECHNOLOGY. Oxford: Oxford University Press, 1993.

SCIENCE YEAR 9. London: Nuffield-Chelsea Curriculum/Longman, 1991.

SERWAY, Raymond A. *Principles of Physics*. Fort Worth: Saunders College Publishing, 2003.

THIS, Hervé. *Um cientista na cozinha*. 4. ed. São Paulo: Ática, 1999.

Outras fontes

CIÊNCIA HOJE. (Vários números.)

FOLHA DE S.PAULO. (Diversos exemplares.)

GALILEU. São Paulo: Globo. (Vários números.)

ISTOÉ. São Paulo: Três. (Vários números.)

O ESTADO DE S. PAULO. (Diversos exemplares.)

SCIENTIFIC AMERICAN. New York. (Vários números.)

SCIENTIFIC AMERICAN BRASIL. São Paulo. (Vários números.)

SUPERINTERESSANTE. São Paulo: Abril. (Vários números.)

VEJA. São Paulo: Abril. (Vários números.)

tudo é Ciências
FÍSICA E QUÍMICA
Daniel Cruz

SUPLEMENTO DE ATIVIDADES EXPERIMENTAIS

9º ANO

editora ática

SUMÁRIO

FÍSICA

I. Mecânica
1. Medidas de velocidade média 4
2. Centro de gravidade de figuras geométricas 5
3. Máquina simples: roldana móvel 6

II. Termologia
4. Testando a condução do calor 7
5. O cofre de Gravesande 8
6. Energia térmica: construindo uma máquina térmica 9

III. Ondulatória
7. A propagação do som nos sólidos 11
8. Construindo um estetoscópio 12

IV. Óptica
9. Câmara escura 13
10. Imagens em espelhos angulares 14
11. Construindo lentes de água 15

V. Magnetismo
12. Explorando ímãs 17
13. Construindo uma bússola 18

VI. Eletricidade
14. Construindo e testando um pêndulo eletrostático 19
15. Construindo e testando um eletroscópio 21
16. Pesquisando condutores e isolantes 24
17. Gerando corrente elétrica em circuito elétrico simples 25

VII. Eletromagnetismo
18. Gerando campo magnético por corrente contínua 27
19. Ação da corrente elétrica sobre um ímã 28
20. Construindo e testando um amperímetro 29
21. Construindo uma campainha improvisada 31

QUÍMICA

I. Mistura de substâncias
1. Separação de misturas (I)..32
2. Separação de misturas (II)...33
3. Separação de misturas (III)..34
4. Separação de misturas (IV): cromatografia...34

II. Reações químicas
5. Reação química I: o estouro do champanhe..36
6. Reação química II: combustão..36
7. Reação química III: a formação da ferrugem...37
8. Reação química IV: a eletrólise da água...39
9. Lei da Conservação da Massa..40

III Funções químicas
10. Ácidos e bases I..42
11. Ácidos e bases II...44
12. A condução de corrente em solução salina...46
13. A pilha..47

Material elaborado pelo Prof. Alberto Gaspar, com base em seu livro *Experiências de Ciências para o 1º grau* (2. ed. São Paulo, Ática, 1993. Série Na Sala de Aula), e pelo autor.

Este *Suplemento* apresenta experimentos complementares que devem ampliar sua compreensão dos fenômenos estudados neste livro. Realize-os com atenção.

Alguns dos experimentos – que envolvem o uso de fogo, vidro, objetos cortantes, etc. – vão requerer cuidados especiais e exigir a presença do professor ou de outro adulto. Sempre que for assim, você encontrará, ao lado da lista com o material necessário, um ícone como este:

[ATENÇÃO]

Portanto, sempre que esse ícone aparecer, fique atento!

Além disso, quando os experimentos forem realizados em laboratório, respeite sempre as normas de segurança relacionadas a seguir. Elas são importantes para a manutenção da segurança.

• Não toque em nenhum material sem o consentimento do professor.

• Não mexa com bicos de gás, se houver. Esquecê-los abertos pode causar intoxicação, explosão, queimaduras e morte.

• Atenção ao usar fogareiro ou lamparina que funcione com combustível. Não use fósforo dentro do laboratório sem autorização do professor. Cabelos longos devem ser mantidos presos.

• Mantenha abertas as janelas do laboratório.

• Cuidado ao manusear utensílios cortantes, como tesoura, faca e estilete.

• Não inale produtos químicos contidos em frascos ou que se desprendem de reações químicas. Proteja sempre os olhos.

• Cuidado ao manusear substâncias corrosivas. No caso de contato com a pele, lave-a com bastante água corrente e procure assistência médica.

Bom trabalho!

FÍSICA
I. MECÂNICA

EXPERIMENTO 1

Medidas de velocidade média

Material necessário

- régua de 1 m graduada em centímetros; 1 m de mangueirinha transparente de aproximadamente 1 cm de diâmetro; duas braçadeiras para prender a mangueirinha; 2 rolhas de diâmetro adequado à mangueirinha; 1 litro de água; cronômetro (ou um relógio que marque segundos); folha de papel e lápis.

Montagem

Com as braçadeiras, prenda a mangueirinha na régua, paralelamente à escala. Tampe com rolha uma extremidade da mangueirinha. Pela extremidade aberta, encha a mangueirinha de água. Deixando uma pequena bolha de ar, tampe também essa extremidade da mangueirinha com a outra rolha. Acerte seu aparelho pela figura.

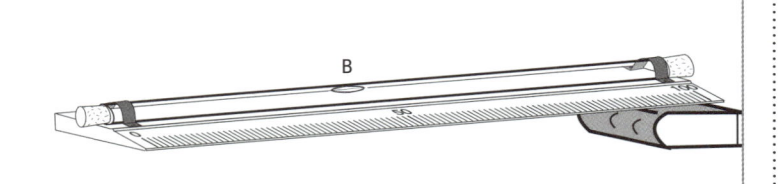

Montagem para medidas de velocidade média. Observe a bolha de ar (**B**), que se movimenta para cima e para baixo dependendo da inclinação da régua.

Procedimentos e questões

1. Faça com que a bolha de ar fique na extremidade inicial da régua. Em seguida, incline ligeiramente a outra extremidade da régua, apoiando-a sobre um livro ou caderno. O que você observou?

_____

_____

2. Você vai repetir toda a operação do item 1, agora marcando no papel as posições da bolha correspondentes aos segundos marcados pelo cronômetro. Portanto, essa etapa deve ser realizada em dupla: um aluno fala as posições da bolha de acordo com o cronômetro — por exemplo: 3 cm, 5 s; 4 cm, 10 s… — e o outro aluno marca as posições e os tempos no papel. Dispare o cronômetro assim que a bolha começar a se movimentar, marcando sua posição inicial. Vá marcando as posições da bolha correspondentes a cada 5 s (ou 2 s, dependendo da velocidade da bolha e da facilidade que vocês tiverem para fazer as anotações). Com base nos valores obtidos pela dupla, preencha a tabela abaixo, sabendo que os valores devem crescer numa razão aproximadamente constante.

Instantes t (s)	Posição da bolha x (cm)
0	
5	
10	
15	
20…	

3. Determine o espaço percorrido, Δs, pela bolha nos intervalos de tempo, Δt:

0 a 5 s $\Rightarrow$ $\Delta s =$ _____

5 a 10 s $\Rightarrow$ $\Delta s =$ _____

_____ s $\Rightarrow$ $\Delta s =$ _____

_____ s $\Rightarrow$ $\Delta s =$ _____

_____ s $\Rightarrow$ $\Delta s =$ _____

4. Determine a velocidade média (vm) em cada intervalo de tempo do item 3.

0 a 5 s $\Rightarrow$ vm = $\dfrac{cm}{s}$ = _____ cm/s

5 a 10 s $\Rightarrow$ vm = $\dfrac{cm}{s}$ = _____ cm/s

_____ ⇒ vm = $\frac{cm}{s}$ = _____ cm/s

_____ ⇒ vm = $\frac{cm}{s}$ = _____ cm/s

_____ ⇒ vm = $\frac{cm}{s}$ = _____ cm/s

5. Determine a velocidade média ao longo de todo o percurso da bolha.

Δt = _____ (intervalo de tempo total)

Δs = _____ (espaço percorrido total)

vm = _____ cm/s

6. Tomando-se por base os resultados obtidos nos itens 4 e 5, pode-se dizer que se trata de um MRU? Por quê?

_____
_____
_____
_____
_____
_____

7. Aumentando a inclinação da régua, repita os procedimentos 2, 3, 4 e 5. Que diferenças você obteve? Qual o movimento da bolha?

_____
_____
_____
_____
_____

EXPERIMENTO 2

Centro de gravidade de figuras geométricas

Material necessário

- papel-cartão grosso; tesoura; um clipe de metal ou um alfinete; mais ou menos 50 cm de linha; régua; peso (pode ser uma rosca de parafuso médio); um pedaço curto e grosso de madeira.

Procedimentos e questões

Recorte em papel-cartão algumas figuras geométricas, como triângulos, quadriláteros, etc. Faça furos pequenos nos vértices de cada figura recortada. Veja a figura 1.

Obtenha um fio de prumo, amarrando o peso a uma extremidade da linha. Prenda o clipe ou alfinete mais ou menos 10 cm abaixo da outra extremidade da linha, improvisando assim um gancho para pendurar as figuras recortadas, como se pode ver na figura 2.

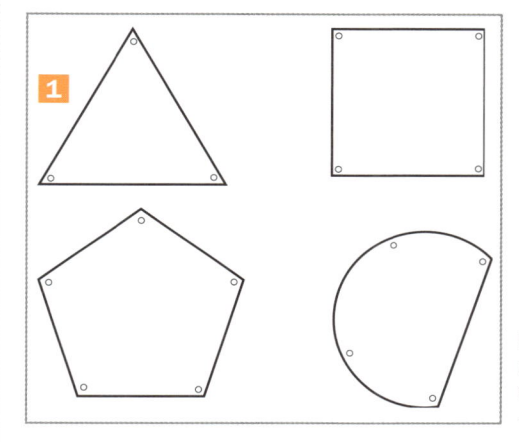

Figuras recortadas em papel-cartão.

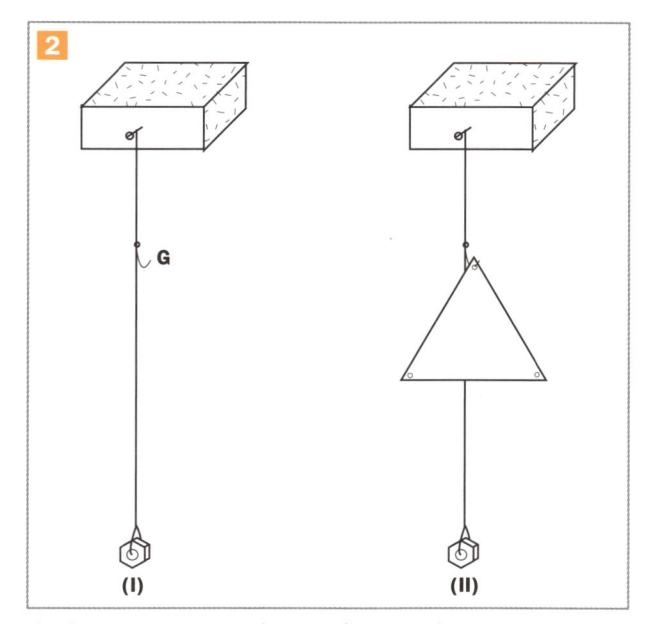

Fio de prumo para pendurar as figuras. Observe, em **I**, o gancho (**G**) feito com um clipe ou um pedaço de arame ou alfinete. Veja em **II** como pendurar a figura no gancho. Ela não deve encostar no fio e o gancho não deve ficar apertado no furo.

Suplemento de atividades experimentais – 9º ano **5**

1. Pendure uma figura geométrica no gancho do fio de prumo através de um de seus furos (se preciso, reveja a figura 2-II). Trace sobre a figura uma reta vertical, passando pelo furo em que ela está pendurada. Pendurando a mesma figura pelos demais furos, repita o procedimento de traçar a reta vertical. Com a repetição do procedimento, uma mesma figura terá diversas retas traçadas sobre ela. O que você observa em relação ao cruzamento das retas traçadas?

_____
_____
_____
_____

2. Explique a resposta obtida no item 1.

_____
_____
_____
_____

3. De que forma poderia ser demonstrada a resposta que você deu no item 2?

_____
_____
_____
_____

4. Repita com as outras figuras o procedimento do item 1. É possível prever a posição do centro de gravidade de algumas delas? Quando?

_____
_____
_____
_____

EXPERIMENTO 3

Máquina simples: roldana móvel

Material necessário

[**ATENÇÃO**]

- duas roldanas (carretéis); corda de varal; uma ripa de madeira não muito fina; arame grosso, braçadeira ou prego médio; martelo; barbante médio; corpo sólido (uma pedra, por exemplo).

Montagem

Faça os dois suportes para as roldanas (como sugere a figura 1). Pregue horizontalmente a ripa de madeira de tal forma que, ao ser fixada nela, sua roldana fique livre, sem encostar em anteparos (na parede, por exemplo). Uma sugestão é pregar a ripa num batente de porta (mesmo que depois, para usar a roldana, você precise subir num banquinho).

Observe bem a figura 2. Uma das roldanas deve ser presa pelo gancho à ripa de madeira. (Se você não conseguir enfiar o gancho na ripa, prenda-o com uma braçadeira, que pode ser improvisada com um prego encurvado.) Passe pela roldana (já fixada) a corda de varal, deixando alguns centímetros da corda sem passar. Apoie a outra roldana na corda de varal (deixando o gancho dessa roldana para baixo) e prenda a extremidade da corda na ripa de madeira.

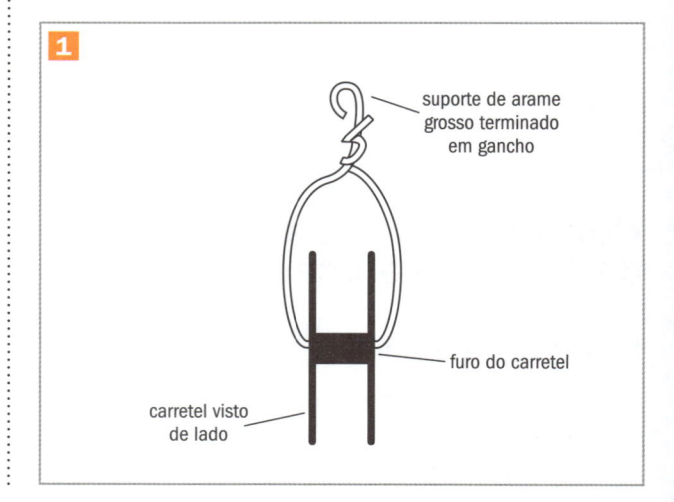

1

suporte de arame grosso terminado em gancho

furo do carretel

carretel visto de lado

2

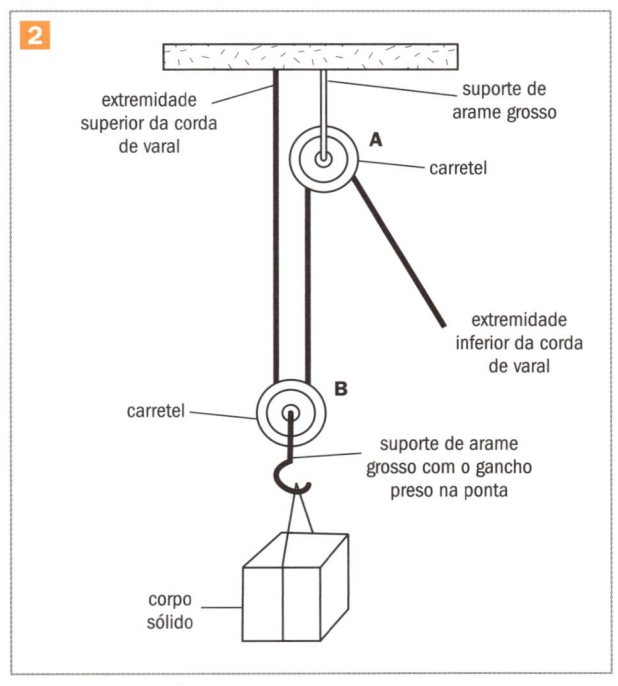

*Instrumento pronto com peso pendurado: a roldana **A** é fixa; a **B** é móvel.*

Procedimentos e questões

1. Com um pedaço de barbante, pendure o corpo sólido à roldana móvel. Levante-o puxando a extremidade livre da corda de varal e observe se há vantagem em elevá-lo usando esse instrumento. O que você observou?

_____
_____
_____
_____

2. Procure equilibrar o peso (P) pendurado na roldana móvel com outro peso (P') pendurado na extremidade livre da corda. Que relação você achou entre P e P'?

_____
_____
_____
_____
_____

3. Como você justifica sua conclusão no item 2 aplicando o conceito de trabalho e sua conservação?

_____
_____
_____
_____
_____
_____

4. Esquematize um sistema de roldanas que seja um aperfeiçoamento da figura 2.

II. TERMOLOGIA
EXPERIMENTO 4

Testando a condução do calor

Material necessário

ATENÇÃO

- barra metálica (25 cm x 2 cm, aproximadamente, com 1 cm de espessura); lamparina; pano grosso ou alicate; caixa de fósforos ou isqueiro; vela; 10 percevejos.

Procedimentos e questões

Coloque a barra sobre uma superfície plana. Acenda a vela e pingue 10 gotas de parafina derretida ao longo da barra, numa distância de 2 cm entre cada gota. Em cada gota de parafina derretida, vá colando um percevejo. Você terá, com isso, uma extremidade livre de mais ou menos 5 cm. Veja a figura.

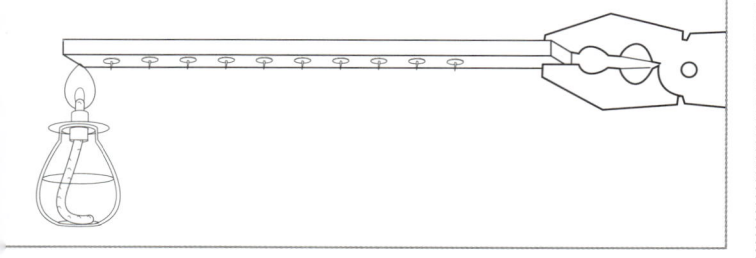

1. Acenda a lamparina, deixando a chama o mais forte possível. Segurando a barra metálica (com o pano ou alicate) pela extremidade sem percevejos, coloque-a (os percevejos virados para baixo) junto à chama, de tal modo que esta fique próxima do primeiro percevejo. O que você observou?

_____
_____
_____

2. Como você explica isso?

_____
_____
_____
_____

3. Todos os corpos conduzem calor da mesma maneira? Proponha uma variação desse experimento que comprove sua resposta.

_____
_____
_____

_____
_____
_____
_____
_____
_____

EXPERIMENTO 5

O cofre de Gravesande

Material necessário [ATENÇÃO]

- lata de conserva pequena (formato cilíndrico), aberta e vazia; moeda grande (de 1 real ou 50 centavos); lamparina; pregador de roupas (de madeira); prego fino (diâmetro não maior do que a espessura da moeda); martelo; talhadeira pequena (com a extremidade inferior estreita).

Procedimentos e questões

Usando o prego e o martelo, faça um furinho no fundo da lata. Com o martelo e a talhadeira, alargue o furo até formar uma fenda, que deve ser apenas um pouco menor do que o necessário para a passagem da moeda. Em seguida, force a passagem da moeda pela fenda de maneira que a abertura fique na medida exata da moeda (a moeda deve cair dentro do cofre assim que colocada na fenda). Veja na figura como a latinha parece um cofre.

1. Verifique se a fenda, embora tenha exatamente as mesmas medidas da moeda, permite sua passagem. Com o cofre por perto, segure a moeda com o pregador de roupas e coloque-a na chama da lamparina. Quando a moeda estiver bem quente, coloque-a imediatamente na fenda do cofre. O que você observou?

_____
_____
_____

2. Deixe a moeda por alguns segundos na fenda. O que aconteceu?

_____
_____
_____
_____

3. Como você explica o que observou nos itens 1 e 2?

_____
_____
_____
_____
_____
_____
_____

4. Por que o nome desse experimento é cofre de Gravesande?

_____
_____
_____
_____
_____
_____

EXPERIMENTO 6

Energia térmica: construindo uma máquina térmica

Material necessário [ATENÇÃO]

- 4 latas vazias de refrigerante (uma deve ter a tampinha de abertura); placa de madeira; uma seringa de injeção (sem a agulha); um canudinho de refresco ou, de preferência, um tubinho vazio de carga de caneta esferográfica; prego de diâmetro mais ou menos igual ao do canudinho ou tubinho; carretel comum de máquina de escrever vazio; arame de média espessura; cola epóxi; uma tesoura de cortar papel; uma vela e uma caixa de fósforos; preguinhos; uma rolha de cortiça; uma faquinha.

Montagem

I) Caldeira e fornalha

Seu conjunto deve ficar como o da figura 1. Para isso, recoloque na posição original a tampinha em uma lata, vedando-a bem com cola epóxi. No lado oposto ao da tampinha, faça com o prego um furo junto à borda da lata, encaixando e colando ali o canudinho ou o tubinho, tomando o cuidado de deixar para o lado de dentro da latinha apenas cerca de 0,5 cm do canudinho ou do tubinho. Com o arame, arme quatro pés que envolvam horizontalmente a caldeira, apoiando-a nessa armação com o tubinho na parte mais alta.

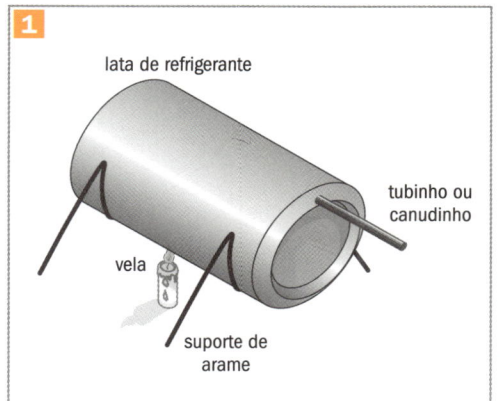

1 Caldeira sobre a fornalha, que é uma vela acesa. Observe que o tubinho deve ficar no alto.
(lata de refrigerante; tubinho ou canudinho; vela; suporte de arame)

II) Turbina

Com a faquinha, corte um pedaço de rolha com cerca de 2,5 cm de comprimento. Peça a um adulto para fazer um furo no centro da rolha, usando uma broca ou um prego quente. Esse furo deve vazar a rolha de uma face à outra e por ele deve passar o arame. Faça 8 cortes laterais na rolha, no sentido do comprimento. Usando a tesoura e uma das latas que sobraram, corte oito pedaços de alumínio em forma de retângulo, com mais ou menos 3 cm de comprimento por 1,5 cm de largura, que servirão como pás da turbina improvisada. Cole esses retângulos de alumínio nos cortes laterais da rolha. Passe e cole o arame no furo da rolha (o tamanho do arame dependerá da largura do suporte da turbina).

O suporte da turbina é feito com dois retângulos de alumínio (mais ou menos três vezes maior que o diâmetro da turbina). Numa das extremidades de cada retângulo faça, junto à borda, um furo que dê para passar folgadamente o arame da turbina (eixo). Amasse as outras extremidades das plaquinhas, formando um L, e pregue-as na madeira. Afaste as plaquinhas para passar o arame da turbina e depois coloque-as novamente na posição vertical.

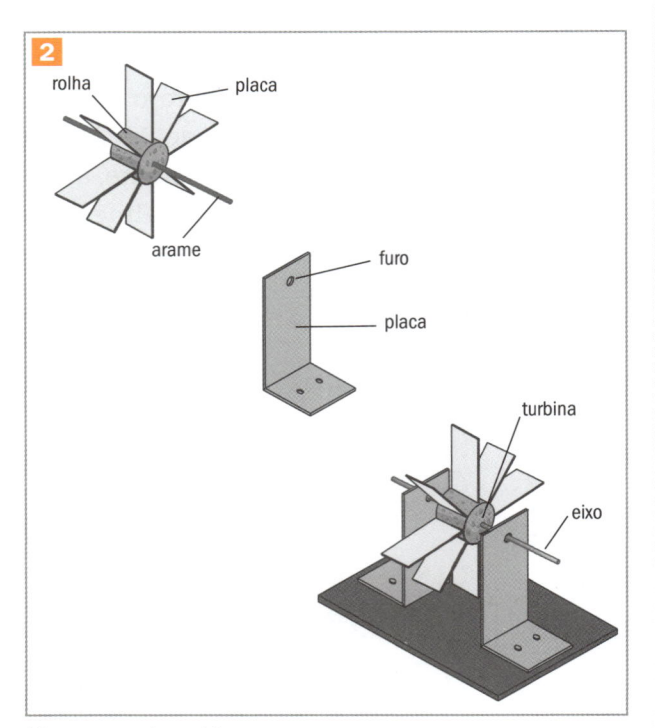

Montagem da turbina.

III) Máquina térmica

Veja na figura 3 que para montar a máquina térmica basta colocar a turbina diante da caldeira de modo que o canudinho coincida com a altura das aletas.

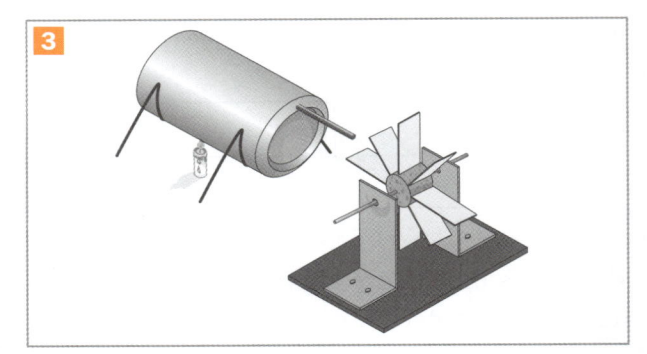

Máquina térmica montada. A caldeira e a turbina estão em bases separadas, facilitando o ajuste do tubinho dirigido às pás, que é a posição ideal para o experimento.

Procedimentos e questões

Disponha sua máquina térmica sobre uma mesa de fórmica ou alvenaria. Com a seringa de injeção, encha a caldeira de água, utilizando a própria abertura do tubinho fixado na caldeira. Acenda a vela e coloque-a sob a caldeira, mais ou menos no meio do comprimento da latinha. Tome cuidado para que a vela não fique sob o tubinho, porque o calor da chama poderá derretê-lo. Muito cuidado com a vela acesa, para evitar acidentes.

1. Aguarde alguns minutos. O que você observou?

_____
_____
_____
_____

2. Que transformações de energia você observou neste experimento?

_____
_____
_____
_____

3. Que utilizações práticas você conhece de máquinas térmicas?

___

III. ONDULATÓRIA
EXPERIMENTO 7

A propagação do som nos sólidos

Material necessário

- uma colher de pau (ou um cabo de vassoura pequeno); um pedaço de arame fino com cerca de 30 cm de comprimento; dois talheres (garfo e colher, por exemplo).

Montagem

Enrole a extremidade do arame na extremidade do cabo da colher de pau (ou do cabo de vassoura). Enrole a outra extremidade do arame na parte mais fina de um dos talheres (por exemplo, no garfo). Deixe o garfo livre pendurado no cabo da colher de pau, que deverá ficar na posição horizontal.

Procedimentos e questões

1. Encoste a concha da colher de pau numa das orelhas e dê algumas pancadas suaves com a colher de metal no garfo pendurado na extremidade da colher de pau. O que você observou?

___

2. Como isso pode ser explicado?

___

3. Que conclusão pode ser tirada disso?

_____
_____
_____
_____
_____
_____

4. Quando mergulhamos na água do mar ou de uma piscina, ouvimos nitidamente a voz de pessoas que conversam fora da água. Por quê?

_____
_____
_____
_____
_____
_____
_____
_____

5. Você também poderá encostar a concha da colher de pau no alto-falante de um radinho de pilha, ligado num volume baixo. A extremidade do cabo da colher de pau deverá ficar encostada numa das orelhas. O que você acha que acontecerá? Explique.

_____
_____
_____
_____
_____
_____

EXPERIMENTO 8

Construindo um estetoscópio

Material necessário

- funil pequeno de plástico; mais ou menos 1,20 m de mangueirinha com diâmetro ajustável à saída do funil; pedaço de bexiga de borracha, um pouco maior que a boca do funil; tubo de vidro em Y; duas "cabeças" de conta-gotas de borracha; barbante fino.

Montagem

Estique e prenda o pedaço de borracha na boca do funil, amarrando-a fortemente com o barbante (figura 1). Corte a mangueirinha em três pedaços de 40 cm, aproximadamente. Ligue os três pedaços utilizando o tubo de vidro em Y (figura 2, **B**). Conecte o funil à extremidade inferior do tubo em Y (figura 2, **A**). Na extremidade livre das duas mangueirinhas, ajuste as "cabeças" de borracha do conta-gotas (figura 2, **C** e **D**).

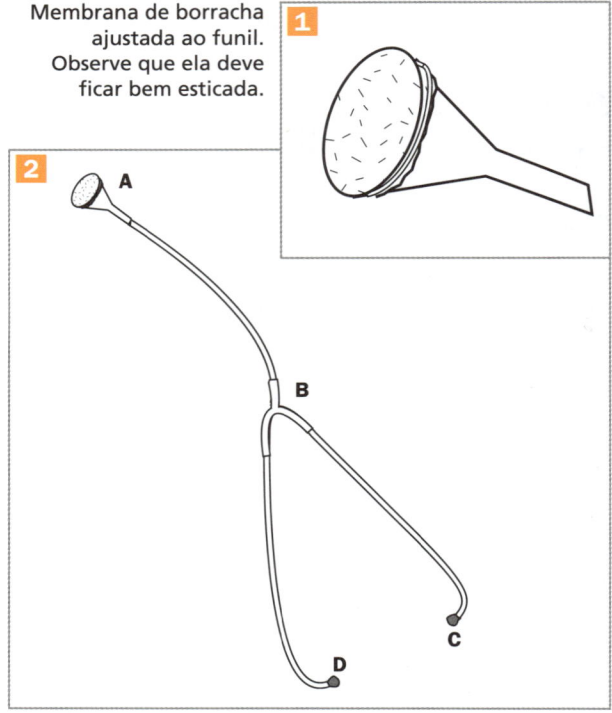

Membrana de borracha ajustada ao funil. Observe que ela deve ficar bem esticada.

Estetoscópio: **(A)** funil; **(B)** tubo em Y; **(C)** e **(D)** borrachinhas ("cabeças") de conta-gotas.

Procedimentos e questões

1. Coloque as extremidades livres do estetoscópio nas orelhas. Bata com o dedo na membrana do funil. O que você percebeu?

_____
_____
_____

2. Coloque a boca do funil junto ao peito, na região do coração. O que você ouviu?

_____
_____

3. Como você explica as observações dos itens 1 e 2?

_____
_____
_____
_____
_____
_____

4. O que aconteceria se você usasse uma mangueirinha de 300 m de comprimento?

_____
_____
_____
_____
_____

IV. ÓPTICA

EXPERIMENTO 9

Câmara escura

Material necessário

- papel-cartão preto; pedaço de papel vegetal; cola; lâmpada acesa (pode ser a do cômodo onde estiver sendo realizado o experimento).

Montagem

Faça uma caixa com o papel-cartão, com a face preta voltada para dentro. No meio de uma das faces faça um pequeno orifício e, na face oposta, recorte uma janela, colando o papel vegetal como anteparo. A figura mostra como fazer essa caixa, que será sua câmara escura.

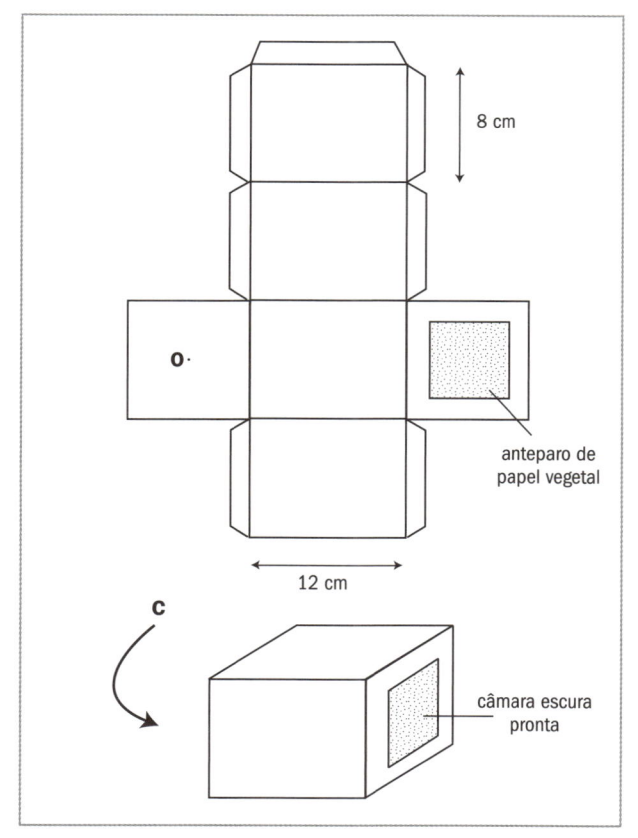

Câmara escura de papel-cartão. Observe a posição do orifício **O**, que fica na face oposta à janela. Esta é o anteparo feito de papel vegetal esticado, e é por ela que você verá as imagens conjugadas. A face preta do papel-cartão fica do lado interno da câmara escura.

Suplemento de atividades experimentais – 9º ano 13

Procedimentos e questões

1. Para realizar este experimento você deve ficar num cômodo escuro (não precisa ser totalmente escuro). Se houver uma janela, abra uma fresta dela, o suficiente para que o orifício da câmara escura possa ser dirigido para fora, para a paisagem iluminada pelo sol, de preferência. O que você observou no anteparo?

_____
_____
_____
_____

2. Como você explica a posição da imagem observada no item 1? Faça um esquema para ilustrar sua explicação.

_____
_____
_____
_____

3. Agora acenda a luz e dirija a câmara para a lâmpada acesa. O que você observou no anteparo?

_____
_____
_____
_____

4. Varie a distância da câmara à lâmpada. O que ocorre com o tamanho da imagem projetada no anteparo? Responda e justifique sua resposta com um esquema legendado.

_____
_____
_____
_____

5. Que relações existem entre a altura do objeto **o**, a altura da imagem **i**, a distância **d** da câmara ao objeto e o comprimento **c** da câmara?

_____
_____
_____
_____

EXPERIMENTO 10

Imagens em espelhos angulares

Material necessário

- dois espelhos planos pequenos (8 cm x 10 cm); fita crepe larga; papel sulfite; régua e lápis.

Procedimentos e questões

Usando fita crepe, prenda verticalmente um espelho ao outro, com as faces refletoras voltadas para dentro, de maneira que possam ser abertos ou fechados, como se fosse um livro (figura 2). Desenhe no papel sulfite ângulos de 30°, 45°, 60°, 90° e 120°, como está na figura 1. Apoie, então, sobre o papel sulfite o conjunto de espelhos aberto num ângulo de sua preferência.

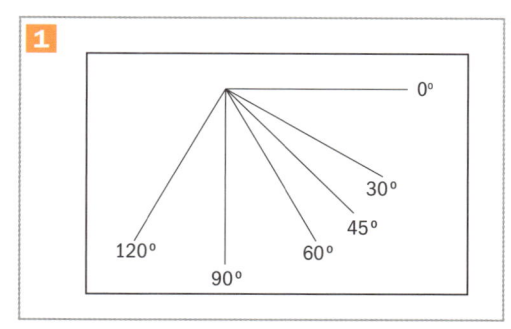

1

Forma de traçar os ângulos na base (papel sulfite) para determinar a abertura dos espelhos.

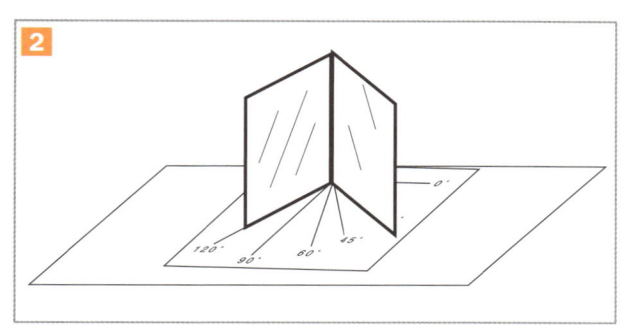

2

Espelhos em ângulo: observe que as faces refletoras estão voltadas para dentro.

1. Escolha um objeto pequeno (borracha, apontador, tampa de caneta) e coloque-o entre os espelhos. Observe as imagens do objeto nos espelhos. Varie a abertura dos espelhos passando por todos os ângulos desenhados na base. O que você observou?

_____
_____
_____
_____
_____
_____

2. A fórmula matemática abaixo dá, para cada ângulo de abertura, o número de imagens **n** conjugadas pelo conjunto de espelhos:

$$n = \frac{360}{\alpha} - 1$$

Utilizando essa fórmula, calcule o número de imagens **n** para os ângulos desenhados. Preencha a tabela com os resultados que obteve:

α	30°	45°	60°	90°	120°
N					

3. Reabra os espelhos nos ângulos desenhados na base e compare o número de imagens do objeto ali colocado com os resultados de seus cálculos. Comente suas observações.

_____
_____
_____
_____
_____
_____
_____
_____
_____
_____

EXPERIMENTO 11

Construindo lentes de água

Material necessário

ATENÇÃO

- lâmpada pequena e esférica incolor (de preferência queimada); tubo de ensaio grande; duas rolhas: uma para tampar a boca da lâmpada, outra para tampar o tubo de ensaio; cola de silicone; folha de papel branco; fonte de luz.

Procedimentos e questões

Abra a lâmpada para tirar o miolo (peça a um adulto para ajudar). Limpe-a bem e encha-a de água. Tampe então a lâmpada com a rolha, passando cola em torno do encaixe para que a água não escape.

1. Escolha uma janela ensolarada e, com o auxílio da lâmpada cheia de água, procure projetar a imagem dessa janela sobre a folha de papel. Faça abaixo um desenho esquemático, mostrando a posição da janela, da lâmpada e do papel.

2. Quais as características da imagem que você obteve?

_____
_____
_____
_____

3. Usando a lâmpada cheia de água como intermediária, tente projetar sobre a folha de papel a imagem de uma lâmpada acesa (do teto por exemplo). Se for possível, projete a imagem de um *slide*. Faça esquemas mostrando como obteve essas imagens e descreva suas características.

4. Encha de água o tubo de ensaio, sem deixar bolha de ar, e tampe-o com a rolha adequada (se for preciso, passe cola no encaixe para vedar bem). Com isso, você obtém uma lente de água. Procure observar com essa lente algumas palavras escritas de preferência com letra de forma. Varie a distância da lente às letras. O que ocorreu?

_____
_____
_____
_____
_____
_____
_____

5. O que faz uma lente aumentar, diminuir e inverter a imagem de um objeto? Responda, depois faça um esquema gráfico com legenda para ilustrar sua explicação.

_____
_____
_____
_____
_____
_____
_____

V. MAGNETISMO
EXPERIMENTO 12

Explorando ímãs

Material necessário
- 2 ou mais ímãs (de preferência em forma de barra); materiais metálicos, como pedaços de alumínio, latão, cobre, ferro e aço (peça ao professor ou a um profissional que trabalha com metais, um serralheiro por exemplo, que o ajude a identificá-los); materiais não metálicos (madeira, plásticos, vidro, etc.); alfinetes ou agulhas; pregos.

Procedimentos e questões

1. Verifique quais materiais são atraídos pelo ímã. Faça uma relação dos materiais que foram atraídos pelo ímã (ferromagnéticos) e dos que não foram.

Materiais atraídos pelo ímã (ferromagnéticos):

Materiais não atraídos pelo ímã:

2. Atraia um prego com o ímã. Aproxime o prego, ainda ligado ao ímã, dos alfinetes ou agulhas. O que ocorreu?

3. Segurando o prego, retire o ímã. O que aconteceu?

4. Como você explica os resultados dos itens 2 e 3?

5. Pegue dois ímãs, de preferência iguais, e verifique se eles se atraem em qualquer posição. O que você observou?

6. Marque, em cada ímã, as posições em que eles se atraem e se repelem. O que você observou com relação a essas posições e o que sabe sobre elas?

_____
_____
_____
_____
_____
_____
_____

7. Procure atrair alfinetes ou agulhas com ambos os polos de um ímã. Há diferença quanto à atração?

_____
_____
_____

8. Existem aparelhos e brinquedos que usam ímãs para funcionar. Faça uma pesquisa para conhecer alguns desses aparelhos (pergunte, por exemplo, em lojas de brinquedos, em casas de conserto de eletrodomésticos ou de acessórios de carros e outros aparelhos elétricos).

_____
_____
_____
_____
_____
_____
_____
_____

EXPERIMENTO 13

Construindo uma bússola

Material necessário

[ATENÇÃO]

- ímã flexível de porta de geladeira; tampa plástica de pote de margarina; vidro de maionese com tampa; agulha de injeção; parte superior ("cabeça") de ampola de injeção; cola; tesoura; estilete.

Montagem

I) Agulha magnética

Observe a figura 1, que descreve as etapas de construção da agulha magnética da bússola, e faça o que está descrito na legenda.

II) Bússola

Monte agora a bússola, seguindo as instruções da figura 2.

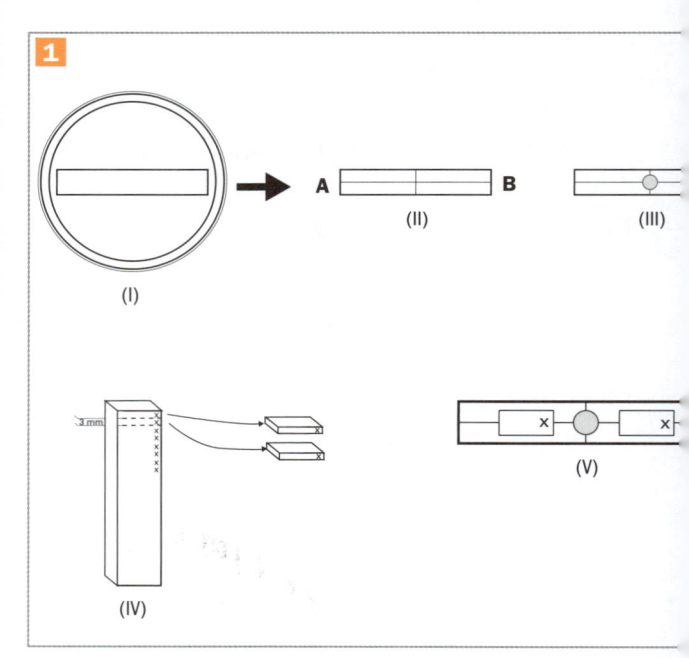

1

Montagem da agulha magnética: I) Corte uma tira de plástico da tampa de margarina. II) Divida-a simetricamente. III) Faça um furo no meio da tira (o tamanho do furo deve ser tal que a tira possa girar livremente quando encaixada na ampola, como se vê na figura 2, II). IV) Num dos lados do pedaço de ímã de geladeira marque um **x**. Corte duas fatias desse ímã, com 3 mm de espessura, aproximadamente. V) Cole essas fatias na tira de plástico, exatamente sobre o segmento **AB**, equidistantes do furo, com a polaridade **x** voltada para o mesmo lado.

18 Suplemento de atividades experimentais – 9º ano

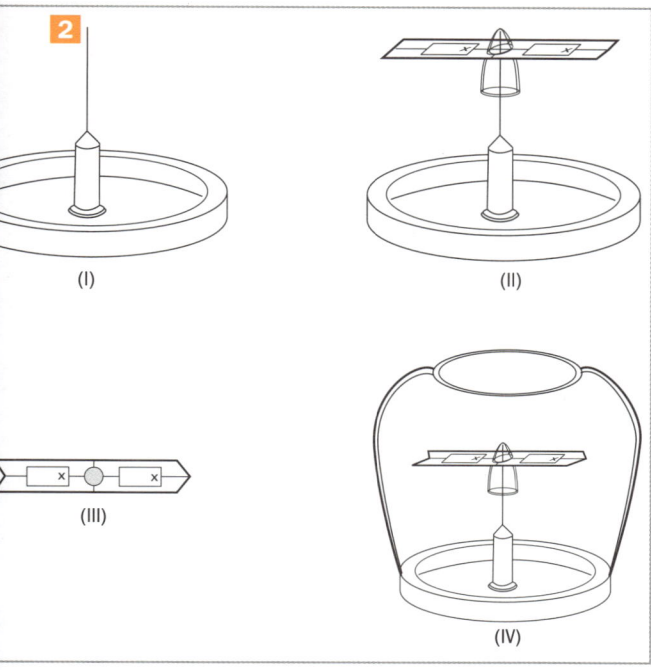

I) Cole verticalmente uma agulha de injeção no centro da tampa do vidro de maionese. II) Coloque a "cabeça" da ampola sobre a agulha e a agulha magnética que você montou sobre a ampola. Deixe que ela se mova livremente para saber que lado aponta para o norte. III) Retire a agulha magnética e recorte-a em forma de seta, cuja ponta é o lado norte. IV) Proteja o conjunto, fechando-o com o vidro de maionese.

Procedimentos e questões

1. Coloque sua bússola em vários lugares diferentes (evite a proximidade de aparelhos eletrônicos, sobretudo alto-falantes, e de objetos de aço e ferro). O que você observou?

_____
_____
_____
_____
_____

2. Como você explica o que observou?

_____
_____
_____
_____
_____

3. Como você identifica os polos de um ímã utilizando a bússola? (A resposta da questão 6 do experimento anterior pode ajudar nesta identificação.) Faça um esquema explicativo.

_____
_____
_____
_____
_____

4. Se você estiver perdido em algum lugar e possuir apenas uma bússola, conseguirá sair da situação? Por quê?

_____
_____
_____
_____
_____
_____
_____
_____

VI. ELETRICIDADE

EXPERIMENTO 14

Construindo e testando um pêndulo eletrostático

Material necessário

- 2 canudos de refresco: um inteiro, outro cortado em 1/3 de seu comprimento; fio (bem fino) tirado de meia de náilon; disco de papel-alumínio (2 cm de raio); base de madeira com furo em que se possa encaixar um canudo; grampo de cabelo; fita adesiva ou cola.

Montagem

Seu pêndulo deve ficar como o da figura (leia a legenda). Cole ou prenda com um pedacinho de fita adesiva o fio de náilon no disco de papel-alumínio. Pendure a extremidade livre do fio na armação de canudos de refresco em forma de L invertido, já fixada por um furo na base de madeira (essa base com furo será usada no próximo experimento).

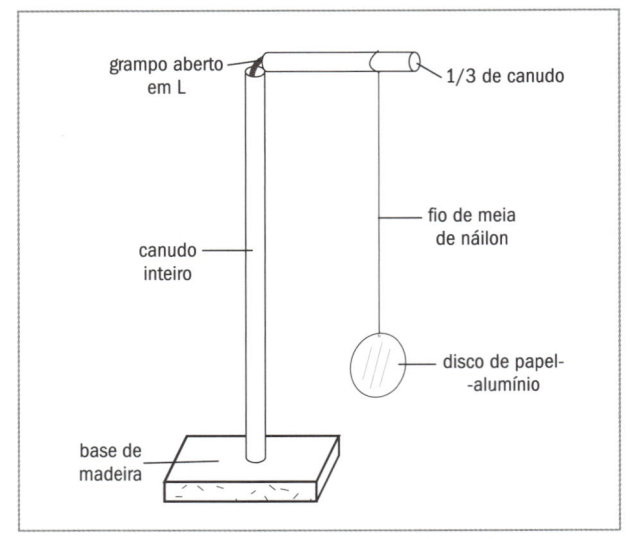

Pêndulo eletrostático. Já fixado na base de madeira, o canudo horizontal, bem menor que o vertical, é mantido em forma de forca por um arame dobrado em L (ou grampo de cabelo aberto), que liga os dois canudos.

Procedimentos e questões

1. Pegue o restante do canudo que foi cortado para ser o menor da armação e friccione-o várias vezes com um lenço de papel ou papel higiênico. Em seguida, aproxime-o do disco do pêndulo. O que você observou?

2. Como você explica o que observou?

3. Atrite o canudo e toque com o dedo a parte de trás do disco. Deixe o disco entre o canudo e seu dedo. O que você observou?

4. Como você explica essa ocorrência?

_____
_____
_____
_____
_____
_____
_____
_____
_____
_____
_____

EXPERIMENTO 15

Construindo e testando um eletroscópio

Material necessário

- 2 canudos de refresco; papel-cartão ou cartolina; base de madeira com furo (do experimento anterior) para encaixar o canudo; tira de papel de seda (2 cm x 6 cm); fita adesiva; cola.

Montagem

Observe a figura 1. Para fazer a placa do eletroscópio, recorte o papel-cartão com mais ou menos 3 cm x 10 cm. Recorte também um disco do mesmo papel, com cerca de 3 cm de raio. Faça na placa uma pequena dobra em L (de mais ou menos 0,5 cm ou 1,0 cm), colando ali o disco.

Observe agora a figura 2. Prenda na placa do eletroscópio a tira de papel de seda com um pequeno pedaço de fita adesiva. Encaixe um canudo no furo da base de madeira. Com fita adesiva, prenda o conjunto disco–placa na base.

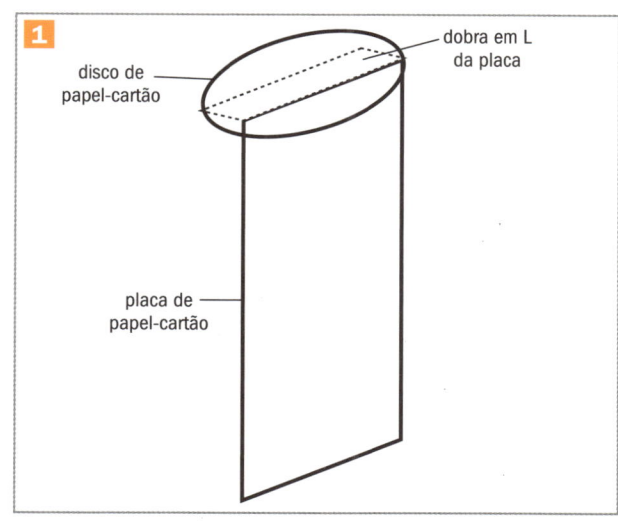

1

Placa e disco do eletroscópio. A dobra (em linhas tracejadas) serve de apoio para colar o disco na placa.

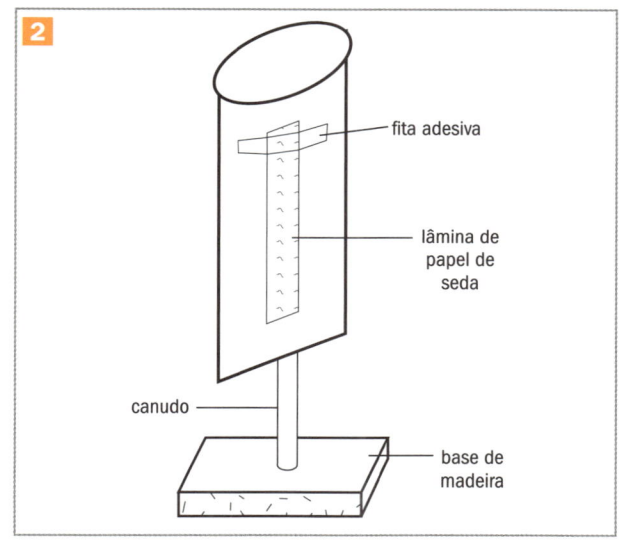

2

Eletroscópio montado. A tira deve ser muito leve para mover-se com facilidade. Use seu eletroscópio com cuidado para não estragá-lo, pois ele será usado também no próximo experimento.

Procedimentos e questões

1. Atrite várias vezes o outro canudo com um lenço de papel ou papel higiênico. Aproxime e afaste do disco do eletroscópio o canudo atritado, por cima, sem tocar no disco. Descreva o que você observou.

_____
_____
_____
_____
_____

Suplemento de atividades experimentais – 9º ano **21**

2. Atrite novamente o canudo, passando-o em seguida no disco do eletroscópio (como quem passa manteiga no pão). Depois afaste o canudo. O que você observou?

_____
_____
_____
_____

3. Aproxime novamente o canudo do disco do eletroscópio, por cima, sem tocar. O que você observou?

_____
_____
_____
_____

4. Toque o disco do eletroscópio com o dedo. O que ocorreu?

_____
_____
_____

5. Atrite novamente o canudo. Aproxime bem o canudo do disco, mas sem tocá-lo. Ao mesmo tempo, aperte fortemente o disco com os dedos polegar e indicador. Em seguida solte o disco e depois afaste o canudo. O que você observou?

_____
_____
_____
_____

6. Aproxime mais uma vez o canudo eletrizado do disco do eletroscópio, por cima, sem tocar. O que ocorreu?

_____
_____
_____

7. Compare o que ocorreu no item 6 com o que ocorreu no item 2. Houve diferença?

_____
_____
_____
_____
_____
_____
_____

8. Explique suas observações para os itens de 1 a 7.

_____
_____
_____
_____
_____
_____
_____
_____
_____
_____

EXPERIMENTO 16

Pesquisando condutores e isolantes

Material necessário

- eletroscópio (do experimento anterior); canudo de refresco; palito de sorvete (ou outros objetos de madeira); pedaço de papel; borracha; grafite; prego grande; tesoura (sem cabo de plástico); pedaço de plástico (pode ser uma tampa de recipiente ou outro plástico qualquer); acrílico.

Procedimentos e questões

1. Atrite o canudo várias vezes com um lenço de papel ou papel higiênico. Carregue o eletroscópio por contato. Descreva como se deve proceder para isso.

_____
_____
_____
_____

2. Como você sabe se o eletroscópio está, de fato, eletricamente carregado?

_____
_____
_____
_____

3. De que forma é possível descarregar o eletroscópio? O que indica que ele se descarregou?

_____
_____
_____
_____

4. Além do material pedido — palito de sorvete, borracha, prego, etc. —, reúna o maior número possível de objetos dos mais diferentes materiais. Encoste esses objetos, um de cada vez, no disco do eletroscópio, observando quais são capazes de descarregá-lo (condutores) e quais não são (isolantes). Lembre-se de recarregar o eletroscópio sempre que algum objeto condutor o descarregue. Escreva abaixo a lista dos condutores e isolantes que você identificou.

CONDUTORES:

_____
_____
_____
_____
_____

ISOLANTES:

_____
_____
_____
_____
_____

5. Você obteve algum resultado que o surpreendeu? Por quê?

_____
_____
_____
_____
_____
_____

6. O eletroscópio poderia ser construído com um palito de sorvete fixado na base de madeira em vez de um canudo de plástico? Por quê?

_____
_____
_____
_____
_____
_____
_____

EXPERIMENTO 17

Gerando corrente elétrica em circuito elétrico simples

Material necessário

[**ATENÇÃO**]

- 1 pilha com suporte (geralmente de plástico, comprado em casas de material elétrico); lâmpada pequena (de 1,2 V ou 1,5 V) com soquete; chave de fenda pequena; base de madeira de mais ou menos 10 cm x 15 cm; 3 pedaços de fio de cobre encapado; 10 percevejos; chapinhas de metais variados; pedaço de madeira; borracha; plástico; grafite; vidro e outros materiais que você conseguir.

Montagem

Observe a figura 1. Monte o circuito elétrico numa base de madeira, prendendo nela, com percevejos, o suporte da pilha e a lâmpada com soquete. Faça as ligações com os pedaços de fio de cobre, deixando duas extremidades livres, desencapadas. As extremidades dos fios acoplados aos polos da pilha também devem ser desencapadas, bem como as extremidades dos fios ligados ao soquete.

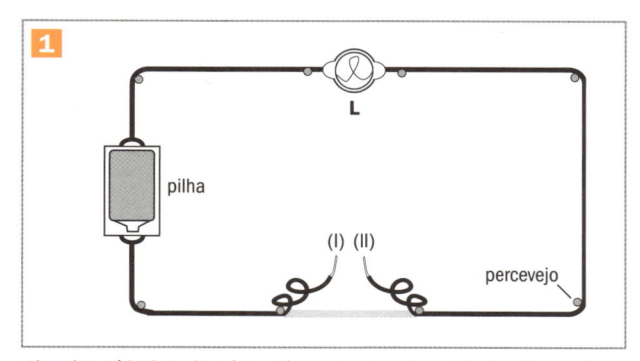

1

Circuito elétrico simples. Observe as extremidades livres do fio de cobre (**I** e **II**), que são desencapadas e servirão para fechar o circuito; a lâmpada é representada por **L**.

Procedimentos e questões

1. Feche o circuito, unindo as extremidades desencapadas dos fios. O que você observou?

_____
_____
_____

2. Quais as transformações de energia que ocorrem ao ser fechado o circuito?

_____
_____
_____
_____
_____
_____
_____
_____
_____
_____
_____
_____

3. Feche o circuito utilizando agora as chapinhas de metal uma de cada vez e depois os outros materiais, também um de cada vez (figura 2). Com esse procedimento, a lâmpada sempre acendeu? Por quê?

_____
_____
_____
_____
_____
_____
_____
_____

Fechando o circuito com as extremidades desencapadas dos fios encostadas em chapinhas metálicas e em outros materiais.

4. Faça uma relação dos materiais que você pesquisou no item anterior, separando-os em condutores ou isolantes na situação deste experimento.

CONDUTORES:

_____
_____

ISOLANTES:

_____
_____

5. Compare essa relação de condutores e isolantes com a que você obteve no experimento anterior. O que se pode concluir?

_____
_____
_____
_____
_____
_____
_____
_____
_____
_____

6. Você acredita na existência de condutores e isolantes perfeitos? Por quê?

_____
_____
_____
_____
_____
_____
_____
_____
_____
_____
_____
_____
_____
_____

26 Suplemento de atividades experimentais – 9º ano

VII. ELETROMAGNETISMO
EXPERIMENTO 18

Gerando campo magnético por corrente contínua

Material necessário

ATENÇÃO

- bússola (de preferência comercial; a que foi construída no experimento 13 serve, mas é pouco sensível e muito desajeitada para este experimento); pilha grande com suporte adequado (compra-se em loja de material elétrico); fio condutor retilíneo e rígido (25 cm a 30 cm de comprimento); interruptor (tipo botão de campainha); 3 pedaços de fio flexível; 2 tocos de madeira; parafusos.

Montagem

Observe a figura, depois monte um circuito elétrico simples com a pilha grande e o interruptor tipo campainha. Num trecho desse circuito, coloque o pedaço de fio rígido e reto de tal modo que o circuito possa ser elevado e colocado sobre dois toquinhos de madeira, quando necessário.

Procedimentos e questões

1. Apoie cada extremidade do fio rígido nos toquinhos e, sob o fio, coloque a bússola. Mova todo o conjunto até que a agulha da bússola fique paralela ao fio rígido. Ligue o interruptor. O que você observou?

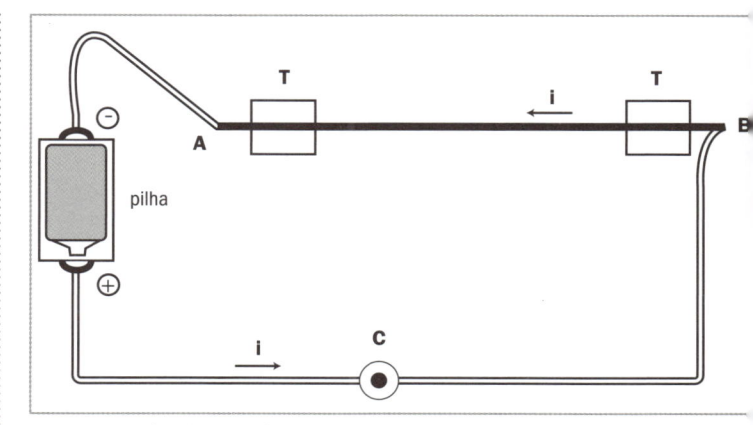

_____
_____
_____
_____
_____

Montagem do circuito do experimento. **A** e **B** são as extremidades do fio condutor retilíneo e rígido; **T** são dois toquinhos de madeira sobre os quais as extremidades do fio são apoiadas, quando se quer elevá-lo para movimentar o conjunto ou colocar uma bússola sob ele. **C** é um interruptor tipo campainha. É importante saber qual é o sentido da corrente **i**: ela sai do polo positivo da pilha, percorre o circuito e chega ao polo negativo da pilha.

2. Coloque agora o fio rígido na base do circuito, use os toquinhos como apoio e coloque a bússola sob o fio. Verifique se a agulha da bússola está paralela ao fio; caso contrário, mova o conjunto para que isso ocorra. Ligue o interruptor. O que você observou?

_____
_____
_____
_____
_____
_____
_____

3. Como você explica os movimentos da bússola observados nos itens 1 e 2?

_____
_____
_____
_____
_____
_____

4. Como você pode representar graficamente a explicação dada no item 3?

5. Este experimento foi realizado pela primeira vez no início do século XIX, por Hans Christian Öersted (1777-1851), um professor de física dinamarquês. Procure saber por que ele tem um grande valor histórico e relate-o a seguir.

_____
_____
_____
_____
_____

EXPERIMENTO 19

Ação da corrente elétrica sobre um ímã

Material necessário

- uma pilha grande; um pedaço de fio rígido de cerca de 10 cm; fita adesiva; um pedaço de arame grosso com cerca de 12 cm; três percevejos; uma base de madeira com aproximadamente 10 cm x 5 cm; um pedaço de ímã de porta de geladeira com cerca de 3 cm de comprimento (ou um ímã comprido com mais ou menos esse comprimento); um pedaço de linha de costura de 8 cm.

Montagem

Faça um suporte com o arame, dobrando-o em L. Improvise um gancho numa das pontas e, na outra, faça uma base para prender o arame na madeira com os percevejos. Amarre a linha no meio do ímã e pendure-o no gancho do suporte. Verifique se o ímã permanece na posição horizontal e na direção norte–sul da Terra. Descasque as pontas do fio rígido e amasse-o nas extremidades de modo que a parte central tenha o mesmo comprimento da pilha. Com a fita adesiva, prenda as pontas descascadas do fio nos polos da pilha.

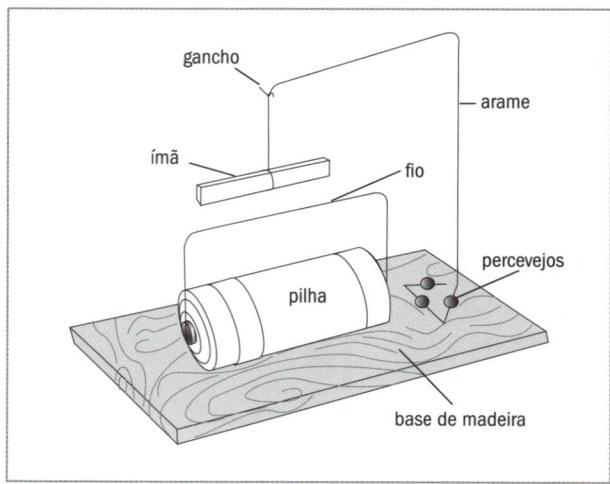

Procedimentos e questões

Coloque o conjunto da pilha e do fio embaixo do ímã suspenso, distante cerca de 1 cm, de modo que o comprimento do ímã seja paralelo ao do fio e da pilha.

1. O que você observou?

_____
_____
_____
_____
_____

2. Explique o que ocorreu.

_____
_____
_____
_____
_____
_____

3. Se você inverter a posição da pilha e repetir o experimento, o que vai acontecer? Por quê?

_____
_____
_____
_____
_____
_____
_____
_____

4. Qual é a conclusão que se tira desse experimento?

_____
_____
_____
_____
_____
_____
_____
_____

EXPERIMENTO 20

Construindo e testando um amperímetro

Material necessário

- garrafa de plástico vazia; fio esmaltado de cobre (3 m, bitolas de 22 a 28); ímã flexível de porta de geladeira; alfinete; papel-cartão (ou cartolina); mais ou menos 1 m de fio de cobre comum; base de madeira; pilhas de tamanhos diferentes, algumas novas e outras usadas.

Montagem

I) Bobina

Corte a parte superior da garrafa de plástico e enrole o fio de cobre esmaltado no gargalo. Com isso, você monta uma bobina (espira). Veja a figura 1.

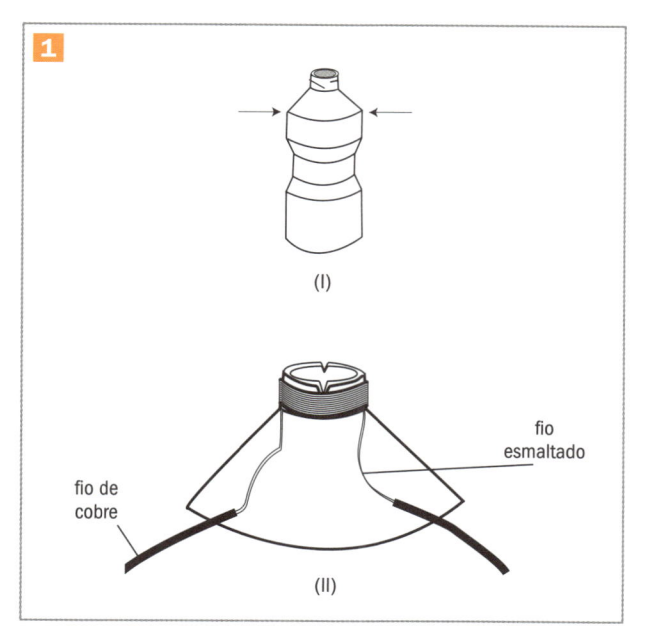

1

(I)

fio esmaltado
fio de cobre

(II)

Bobina de amperímetro. I) Corte a parte superior de uma garrafa plástica. Faça dois recortes em V no gargalo, como mostra a figura II. II) Enrole o fio de cobre esmaltado no gargalo, prendendo-o na parede da garrafa; raspe o esmalte das extremidades do fio de cobre e emende nelas dois pedaços de fio de cobre flexível (se forem fios encapados, retire parte da capa de plástico de suas pontas), que serão os terminais do amperímetro.

II) Ponteiro

Siga as instruções da figura 2.

2

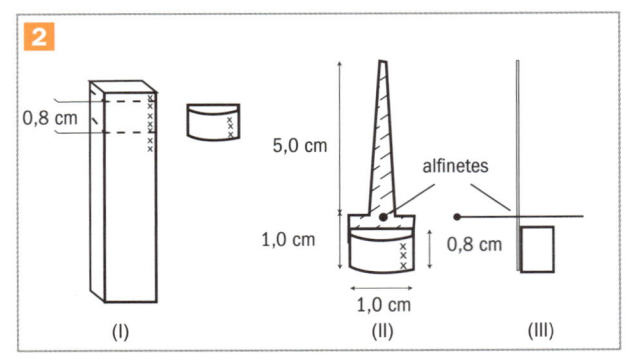

0,8 cm
5,0 cm
alfinetes
1,0 cm
0,8 cm
1,0 cm
(I) (II) (III)

Construa o ponteiro: I) Corte uma fatia do ímã de geladeira (o mesmo que você usou no experimento 13, com um dos lados marcados por **x**). II) Recorte em cartolina um ponteiro, colando em sua base o pedaço do ímã de geladeira (observe bem a posição dos **x**). III) Veja, no ponteiro de perfil, a forma correta de colocar o alfinete.

III) Amperímetro

Para montar o amperímetro basta colocar o ponteiro sobre a bobina, apoiado nos recortes em V do gargalo da garrafa. Veja a figura 3.

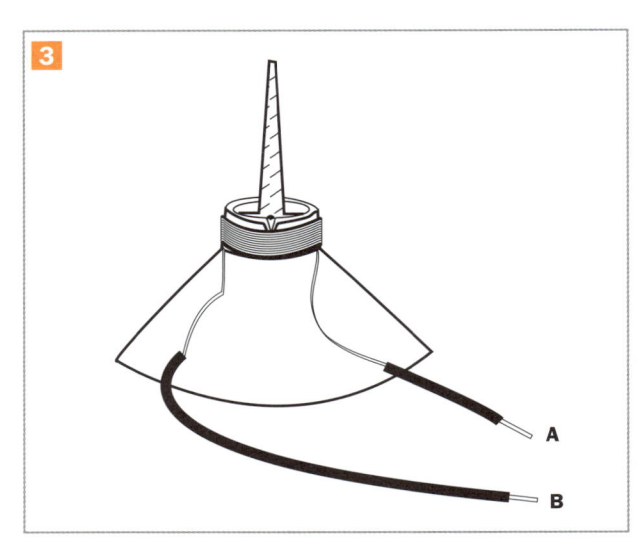

3

A
B

Amperímetro montado. Observe que as pontas dos fios, nos terminais **A** e **B**, devem estar desencapadas (se os fios forem só esmaltados, as pontas devem ter o esmalte raspado). O ponteiro deve ficar na vertical e ter certa mobilidade.

Procedimentos e questões

1. Usando uma pilha nova, ligue o terminal **A** do amperímetro ao polo positivo da pilha e o terminal **B** ao polo negativo. O que você observou?

2. Repita o procedimento do item anterior, mas inverta as ligações (terminal **A** no polo negativo e **B** no polo positivo da pilha). O que você observou?

3. Como você explica essa observação?

4. Pegue as outras pilhas (grande, média, pequena, nova e usada). Ligue o amperímetro aos polos de cada uma dessas pilhas (uma de cada vez), observando a deflexão do ponteiro. O que você notou?

5. Como você explica o que observou no item anterior?

_____
_____
_____
_____
_____
_____
_____
_____
_____
_____
_____
_____
_____

EXPERIMENTO 21

Construindo uma campainha improvisada

Material necessário

[**ATENÇÃO**]

- um pedaço de madeira de 16 cm × 6 cm × 1 cm, para servir de base da campainha; um toco de madeira de 2,5 cm × 2 cm × 1 cm; um toco de madeira de 5 cm × 2 cm × 1,5 cm; fita adesiva; 1 parafuso próprio para madeira, com tamanho suficiente para atravessar o primeiro toco; 2 parafusos pequenos, também para madeira; 1 prego grande; 4 preguinhos; um pedaço de lâmina de metal flexível (lata), medindo 4 cm × 1 cm; 1 pilha grande de lanterna; 5 m de fio esmaltado, próprio para bobina; um pedaço de fio flexível com cerca de 20 cm de comprimento e com as extremidades descascadas.

Observação: um melhor resultado poderá ser obtido se a pilha for substituída por uma bateria de 9 volts.

Montagem

Comece pregando os tocos de madeira: o primeiro, próximo a uma das extremidades da base; e o segundo, mais ou menos no centro, com o seu comprimento alinhado com o da base. Em seguida faça o eletroímã, enrolando várias voltas do fio esmaltado em torno do prego grande, deixando as pontas descascadas e com cerca de 8 cm para fora do eletroímã.

Fixe com fita adesiva o eletroímã no toco de madeira e a pilha na base. Dobre a lâmina flexível em L de modo que um dos lados dobrados meça 1 cm. Depois, parafuse esse lado menor da lâmina na base de tal forma que fique a cerca de 1 cm de distância do toco de madeira preso na extremidade da base. Atravesse esse toco com o parafuso, encostando sua ponta na lâmina de metal.

Ligue uma das pontas do fio do eletroímã à lâmina, prendendo-o num dos parafusos que a fixam na base. Ligue a outra extremidade do fio do eletroímã a um dos polos da pilha, prendendo com fita adesiva. Finalmente, prenda uma das extremidades do fio flexível no outro polo da pilha, utilizando também, para isso, a fita adesiva.

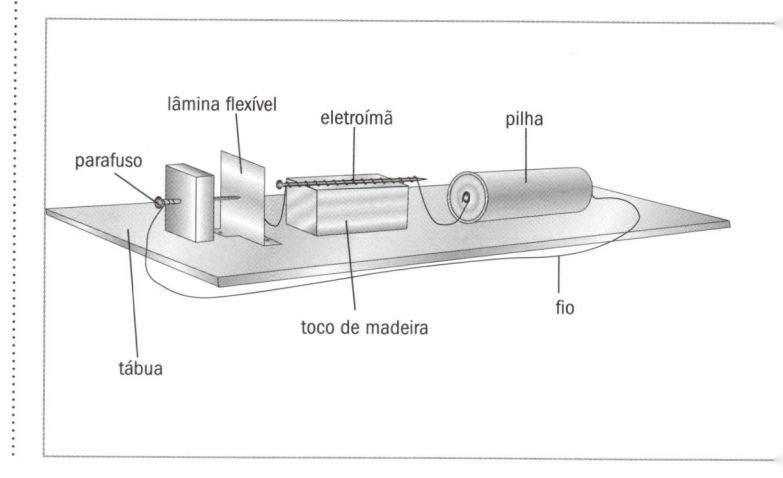

Procedimentos e questões

Ligue a outra extremidade do fio flexível ao parafuso atravessado no toco. Gire o parafuso para regular sua pressão sobre a lâmina de metal. Quando o parafuso encosta na lâmina, fecha o circuito e o eletroímã funciona. Este atrai a lâmina, fazendo com que o contato do parafuso seja interrompido, abrindo assim o circuito. O eletroímã, então, deixa de funcionar e a lâmina volta a entrar em contato com o parafuso, fazendo funcionar novamente o eletroímã, repetindo assim a sequência. Ao vibrar, a lâmina produz um leve ruído de campainha. Note que é preciso regular bem a pressão do parafuso sobre a lâmina de metal por meio de tentativas.

1. Por que a campainha não funcionaria caso utilizássemos um ímã permanente no lugar do eletroímã?

_____
_____
_____
_____
_____
_____

2. Se utilizássemos uma lâmina de papelão no lugar da lâmina de metal, o experimento daria resultado? Por quê?

_____
_____
_____
_____
_____

3. Por que, quando a lâmina vibra, se ouve um zumbido?

_____
_____
_____
_____

QUÍMICA
I. MISTURA DE SUBSTÂNCIAS

EXPERIMENTO 1

Separação de misturas (I)

Material necessário

- um copo com água barrenta; colher.

Procedimentos e questões

1. Mexa bem a água barrenta com a colher e deixe-a em repouso por alguns minutos. O que aconteceu? Como se chama esse processo?

_____
_____
_____
_____
_____
_____
_____
_____
_____
_____
_____

2. Procure separar a água do barro sem usar filtro. Conte o procedimento que adotou.

_____
_____
_____
_____
_____
_____
_____
_____
_____
_____
_____
_____
_____
_____
_____
_____
_____
_____
_____
_____

EXPERIMENTO 2

Separação de misturas (II)

Material necessário

- uma garrafa vazia; um funil; um coador de papel (como os de café); um copo com água barrenta.

Procedimentos e questão

Se você estiver usando papel-filtro, dobre-o como mostram as etapas **A**, **B** e **C** da figura 1.

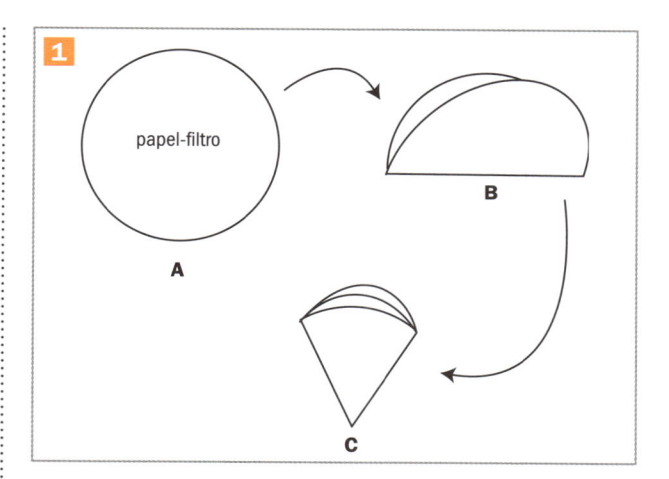

1

papel-filtro

A
B
C

2

água barrenta
papel-filtro
funil

Coloque o funil no gargalo da garrafa. Adapte o filtro ao funil (figura 2). Depois, despeje a água barrenta no filtro. O que aconteceu com a água barrenta?

_____
_____
_____
_____
_____
_____
_____

1. O que você observou?

2. Qual o nome do fenômeno que você observou no item 1?

EXPERIMENTO 4

Separação de misturas (IV): cromatografia

Material necessário

- canetas hidrográficas (no mínimo 6 cores diferentes); tesoura; papel-filtro; álcool; 6 palitos de sorvete; 6 copos; cola.

Procedimentos e questões

Veja a figura. Recorte, para cada cor de caneta, uma tira retangular de papel-filtro, pouco maior que a altura de um copo correspondente. Cole uma extremidade de cada tira no meio de um palito de sorvete de tal modo que a tira fique apenas um pouco menor que o comprimento do copo. Na extremidade inferior das tiras, a cerca de 5,0 cm da base, faça um traço horizontal forte com a caneta hidrográfica, uma cor para cada tira. Coloque um pouco de álcool nos copos e neles coloque, verticalmente, cada tira de papel de maneira que o álcool não atinja o traço no papel.

Aguarde pelo menos uma hora.

EXPERIMENTO 3

Separação de misturas (III)

Material necessário

- um pires; um ímã; areia; limalha de ferro.

Procedimentos e questões

Misture bem a limalha de ferro com areia no pires. Depois, passe o ímã diversas vezes tanto sobre a mistura como no meio dela.

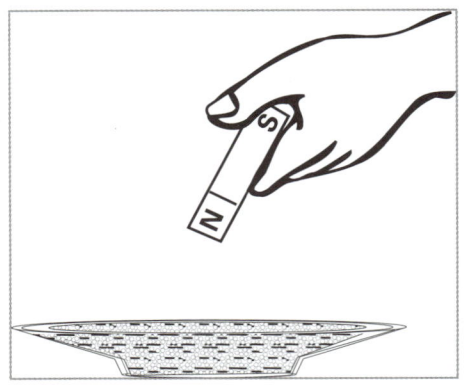

Prato com mistura de areia e limalha de ferro.

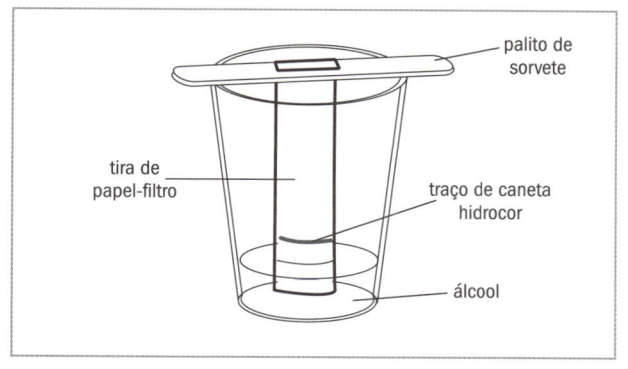

Cromatografia. Atenção: A tira não encosta no fundo do copo e o traço horizontal deve estar acima do nível do álcool.

1. O que você observou quanto aos traços coloridos feitos no papel?

2. Como você explica esse resultado?

II. REAÇÕES QUÍMICAS

EXPERIMENTO 5

Reação química I: o estouro do champanhe

Material necessário

- garrafa de vidro com rolha de cortiça (a rolha deve servir no gargalo da garrafa); meio copo de ácido acético (vinagre); bicarbonato de sódio; um pedaço de papel fino (de preferência papel higiênico).

Procedimentos e questões

Coloque o ácido acético na garrafa. Em seguida, faça um canudo de papel fino fechado na base; o canudo deve passar pela boca da garrafa. Encha o canudo de bicarbonato de sódio e, com sua base fechada voltada para baixo, coloque-o dentro da garrafa preso ao gargalo, de forma que o bicarbonato não entre em contato imediato com o vinagre (veja a figura). Em seguida, tampe a garrafa com a rolha (empurre com ela o canudo de papel), sem forçá-la muito.

Colocando o bicarbonato de sódio na garrafa, como mostra a figura, ele demora alguns segundos até entrar em contato com o vinagre.

1. Agite a garrafa para que o bicarbonato de sódio se misture com o vinagre. O que você observou?

_____
_____
_____
_____
_____
_____

2. Como você explica o que observou?

_____
_____
_____
_____
_____
_____
_____
_____

EXPERIMENTO 6

Reação química II: combustão

Material necessário [ATENÇÃO]

- recipiente de vidro largo e fundo; um prato; três velas comuns de tamanhos diferentes; um copo de ácido acético (vinagre); bicarbonato de sódio.

Procedimentos e questões

1. Fixe as velas em pé no prato; espalhe sobre o prato uma camada fina de bicarbonato de sódio. Acenda as velas e cubra-as com o recipiente (veja a figura). Enquanto elas ainda estão acesas, com cuidado derrame no prato todo o vinagre do copo. O que você observou?

_____
_____
_____
_____
_____

2. Como você explica esse resultado?

_____
_____
_____
_____
_____
_____
_____
_____
_____
_____
_____

3. De que forma este experimento complementa o anterior?

_____
_____
_____
_____
_____
_____
_____
_____
_____
_____
_____
_____
_____

4. Que aplicação prática tem o gás produzido neste experimento?

_____
_____
_____
_____
_____
_____

EXPERIMENTO 7

Reação química III: a formação da ferrugem

Material necessário

- um copo com água (sem estar completamente cheio); um pedaço de esponja de aço; um tubo de ensaio.

Procedimentos e questões

Molhe a esponja de aço e coloque-a no fundo do tubo de ensaio de modo que fique presa. Mergulhe o tubo de ensaio no copo com água, com a boca para baixo, procurando mantê-lo o

Suplemento de atividades experimentais – 9º ano **37**

máximo possível na vertical (veja a figura). Coloque o conjunto num lugar onde possa ficar sem ser tocado durante alguns dias.

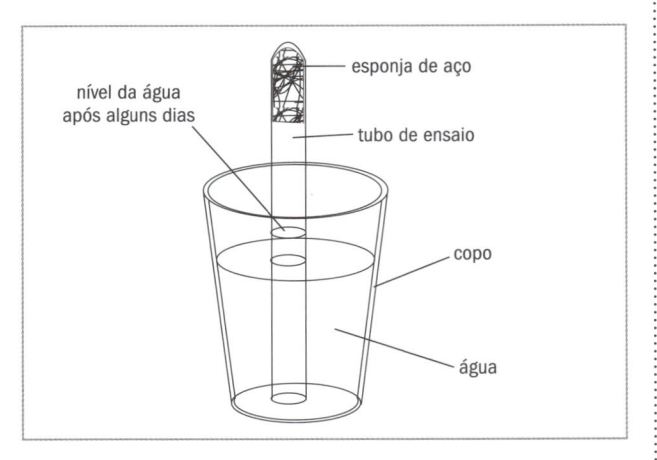

Figura: tubo de ensaio com esponja de aço invertido dentro de um copo com água; indicações: esponja de aço, nível da água após alguns dias, tubo de ensaio, copo, água.

1. Após alguns dias, o que você observou com relação ao nível da água no tubo?

_____
_____
_____

2. O que aconteceu com a esponja de aço?

_____
_____
_____
_____

3. Retire o tubo do copo e examine a substância em que se transformou a esponja de aço. Descreva a substância, se possível dizendo seu nome químico. Depois, explique a causa do fenômeno, inclusive do que foi observado no item 1.

_____
_____
_____
_____

EXPERIMENTO 8

Reação química IV: a eletrólise da água

> **ATENÇÃO!**
> Nunca utilize corrente elétrica alternada, como a de tomadas da rede elétrica, para fazer este experimento, pois há risco de choque elétrico fatal.

Material necessário [ATENÇÃO]

- 1 recipiente de vidro (ou plástico) de boca larga (aquário pequeno ou recipiente para alimentos, por exemplo); 2 pedaços de fio com 30 cm de comprimento cada um; 1 pedaço de fio mais curto (cerca de 15 cm); 4 pilhas médias ou grandes (1,5 V cada uma) sem uso; 1 lâmpada de lanterna com soquete; fita isolante ou fita crepe; tesoura; 2 tubos de ensaio de mesmo tamanho ou 2 frascos de vidro pequenos e iguais; solução concentrada de água e sal.

Procedimentos e questões

Encha o recipiente com a solução de água e sal. Ligue as pilhas em série, unindo-as com a fita isolante. Com a tesoura, retire a cobertura plástica das pontas de cada pedaço de fio. Prenda os dois mais longos a cada uma das extremidades do conjunto de pilhas, deixando as outras pontas livres (veja a figura). Dobrando os fios como mostra o esquema, mergulhe as pontas livres na solução de água e sal. Encha os dois tubos de ensaio (ou os dois frascos) com a mesma solução de água e sal e, tapando a abertura com o polegar, mergulhe-os no recipiente, emborcando-os nas pontas dos fios. Tome cuidado para que as pontas desencapadas fiquem totalmente dentro dos tubos de ensaio. Se houver formação de bolhas, isso significa que a montagem está correta e a eletrólise está ocorrendo. Se não estiver correta, verifique os contatos e confira com o esquema para ver se algo foi montado errado. O problema também pode estar na concentração do sal na água. Talvez seja preciso dissolver um pouco mais de sal na água do recipiente para haver passagem de corrente pela solução. Teste a condutividade elétrica da solução usando o pedaço de fio mais curto: introduza a lâmpada no circuito, como mostra a figura, e verifique se ela acende. Aguarde até o fim do dia ou até o dia seguinte.

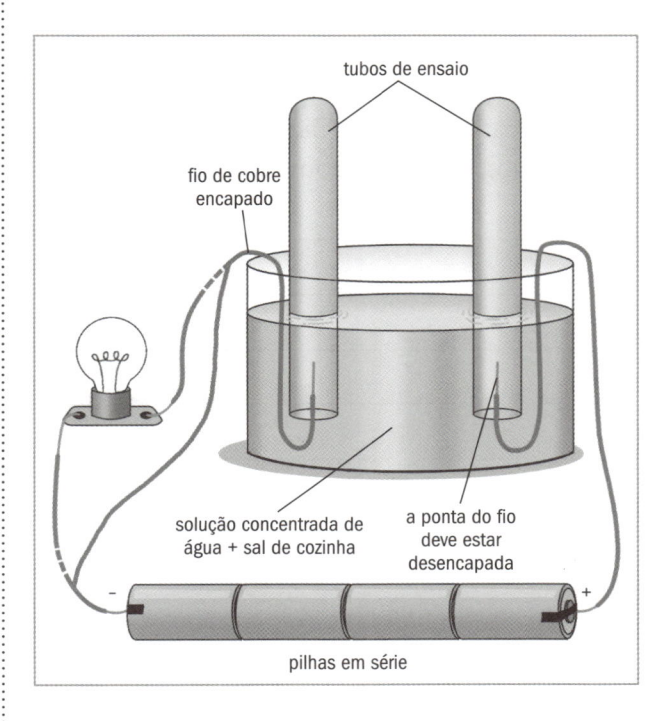

1. O que foi observado?

_____
_____
_____
_____
_____
_____
_____
_____
_____
_____

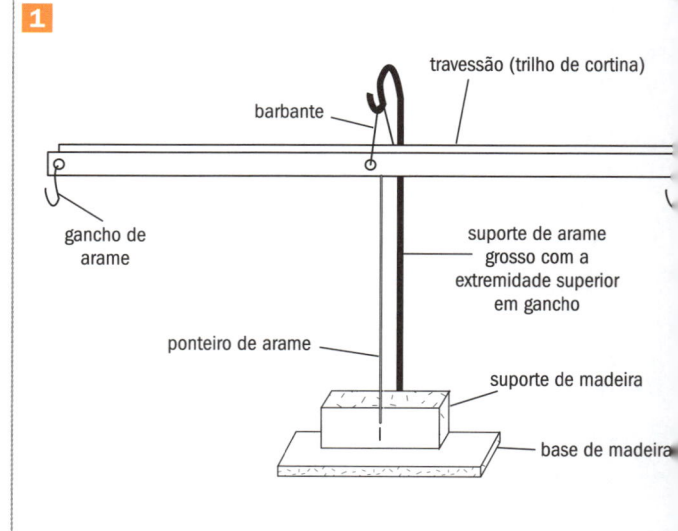

2. Como o fenômeno ocorrido pode ser explicado? (Dica: pesquise utilizando as palavras do título do experimento como palavras-chave.)

EXPERIMENTO 9

Lei da Conservação da Massa

Material necessário [ATENÇÃO]

- uma balança de precisão; frasco de vidro ou de plástico, de boca larga e com tampa (pode ser um vidro de azeitona vazio); 1 copo de vinagre; metade de um comprimido efervescente; uma rolha de cortiça; uma faca; barbante; uma pedra (ou um objeto, como um estojo) amarrada com barbante (para ser pendurada).

Se você não tiver facilidade para conseguir uma balança de precisão, construa uma igual à mostrada na figura 1. Para isso, você vai precisar dos materiais relacionados na própria figura. Analise-a bem, antes de construir a sua balança.

1

(Figura com indicações: travessão (trilho de cortina); barbante; gancho de arame; suporte de arame grosso com a extremidade superior em gancho; ponteiro de arame; suporte de madeira; base de madeira)

A extremidade superior do ponteiro de arame está presa na parte de baixo do travessão.

Procedimentos e questões

Improvise para o frasco de vidro uma alça de barbante, como na figura 2.

Corte uma fatia da rolha com cerca de 1 cm de espessura. Coloque vinagre dentro do frasco, até mais ou menos 3 centímetros da borda. Ponha a fatia da rolha para flutuar no vinagre. Com cuidado para que não caia no vinagre, deposite meio comprimido efervescente sobre a rolha (se achar que esse pedaço é grande, corte-o pela metade). Feche o frasco com a tampa. Pendure cuidadosamente o frasco num dos ganchos do travessão da balança, equilibrando-o com a pedra pendurada no outro gancho como contrapeso (se preciso, use mais de um contrapeso para equilibrar o frasco). Quando conseguir equilibrar o frasco, retire-o do gancho e agite bem para misturar o comprimido com o vinagre. Ocorrerá, então, uma reação química caracterizada por efervescência. Cessada a reação, note que o comprimido praticamente desapareceu. Recoloque então o frasco na balança com o mesmo contrapeso.

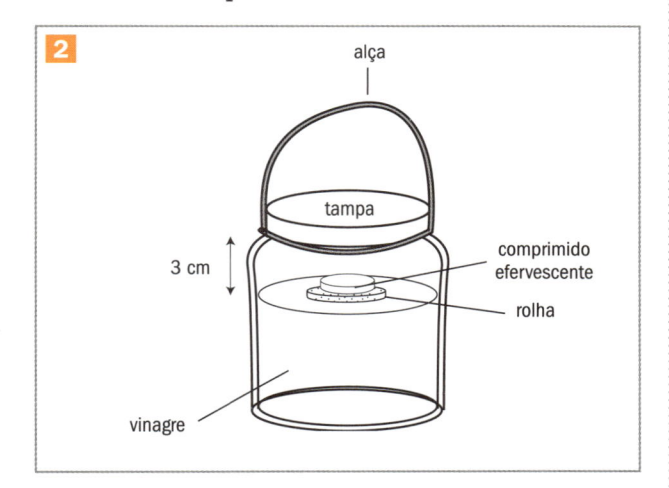

2

alça
tampa
3 cm
comprimido efervescente
rolha
vinagre

1. Explique a reação química de efervescência que se processou entre o vinagre e o comprimido.

_____
_____
_____
_____

2. O que você observou com relação ao equilíbrio da balança quando recolocou o frasco nela, depois de dissolvido o comprimido?

_____
_____
_____
_____

Suplemento de atividades experimentais – 9º ano

3. O que você conclui da observação descrita no item 2?

___

III. FUNÇÕES QUÍMICAS
EXPERIMENTO 10

Ácidos e bases I

Material necessário　　[**ATENÇÃO**]

- 3 a 5 folhas de repolho roxo; um coador de chá; uma panela pequena; uma faca; um vidro grande vazio (de maionese, por exemplo); 4 frascos de plástico ou de vidro transparente (como os de comprimido); água pura (destilada); um pouco de suco de limão; vinagre de vinho branco (ácido acético); solução de hidróxido de cálcio (cal usada na pintura).

Procedimentos e questões

Corte o repolho em tiras. Ferva cerca de meio litro de água da torneira na panela (peça ajuda a um adulto); adicione as tiras do repolho, mexa rapidamente e retire em seguida a panela do fogo. Deixe esfriar e depois coe o líquido no vidro grande: a água de repolho deve ficar com uma coloração roxo-escura. Coloque um pouco de água destilada no primeiro frasco; um pouco de suco de limão no segundo; um pouco de vinagre no terceiro; um pouco da solução de hidróxido de cálcio no quarto.

1. Despeje um pouco da solução de repolho no copo com água destilada. O que você observou na cor da solução de repolho?

___

2. Despeje agora um pouco da solução roxa no copo com suco de limão. O que você observou?

_____
_____
_____
_____
_____
_____
_____
_____
_____
_____

3. Despeje a seguir um pouco da solução roxa no copo com vinagre de vinho branco. O que você observou?

_____
_____
_____
_____
_____
_____
_____
_____
_____
_____

4. Finalmente, despeje um pouco da solução roxa no copo com solução de cal. O que você observou?

_____
_____
_____
_____
_____
_____
_____
_____

5. Que conclusão você tira desses experimentos?

_____
_____
_____
_____
_____
_____
_____
_____
_____
_____
_____
_____
_____
_____
_____
_____

EXPERIMENTO 11

Ácidos e bases II

Material necessário

[ATENÇÃO]

- uma panela pequena; um copo cheio de água; um copo pequeno contendo grãos de feijão preto cru (cerca de ¼ da capacidade do copo); um coador; um limão cortado; ¼ de copo de vinagre de vinho branco (ácido acético); ¼ de copo de cada uma das seguintes soluções:
- água e sabão;
- água e hidróxido de alumínio;
- água e hidróxido de magnésio.

Procedimentos e questões

Ponha o feijão preto dentro da panela com a água do copo e leve ao fogo (peça ajuda a um adulto). Depois que a água começar a ferver, espere alguns instantes (cerca de 1 minuto), apague o fogo e deixe esfriar. Aproveite um dos copos vazios e coe o caldo de feijão. O resultado será um líquido roxo. Caso isso não aconteça, leve novamente ao fogo e deixe ferver por mais alguns instantes para depois coar outra vez.

A seguir, utilizando o outro copo vazio, serão realizadas diversas etapas em que o caldo de feijão será misturado com os demais materiais. Faça uma etapa de cada vez, observe o resultado e, ao terminar cada uma delas, jogue fora a mistura e lave bem o copo.

1. Ao misturar o caldo de feijão com a solução de sabão, o que pode ser observado?

2. Quando se mistura caldo de feijão com a solução de hidróxido de alumínio, o que se observa?

3. Ao misturar caldo de feijão com a solução de hidróxido de magnésio, qual é o resultado?

_____
_____
_____
_____
_____
_____
_____
_____
_____
_____

4. O que se observa quando se mistura o suco de limão com o caldo de feijão?

_____
_____
_____
_____
_____
_____
_____
_____
_____
_____
_____
_____

5. Qual o resultado que se obtém quando se mistura caldo de feijão com vinagre de vinho branco?

_____
_____
_____
_____
_____
_____
_____
_____
_____
_____
_____

6. Como você explica o que aconteceu?

_____
_____
_____
_____
_____
_____
_____
_____
_____
_____
_____
_____

Solicite a colaboração de seu professor para a análise dos experimentos 12 e 13, que envolvem conceitos dos quais você ainda não tem pleno domínio.

EXPERIMENTO 12

A condução de corrente em solução salina

Material necessário

[ATENÇÃO]

- recipiente de plástico vazio (pote de margarina, por exemplo); dois pedaços de fio de cobre; uma bateria de 9 V; um prego e uma placa de cobre (caso você não consiga a placa de cobre, raspe cerca de 10 cm de fio de cobre e dobre-o em várias voltas, como se montasse uma placa); solução aquosa de sulfato de cobre (facilmente encontrado em lojas de produtos para piscina).

Procedimentos e questões

Analise a figura. Depois, coloque a solução de água + sulfato de cobre ($CuSO_4$) no recipiente sem enchê-lo totalmente. Raspe as pontas dos dois fios e ligue-os aos polos da bateria. As outras duas pontas devem ser ligadas à placa de cobre e ao prego: o fio correspondente ao prego deve estar ligado ao polo negativo da bateria; o fio correspondente à placa de cobre deve estar ligado ao polo positivo. Mergulhe então a placa e o prego na solução de sulfato de cobre.

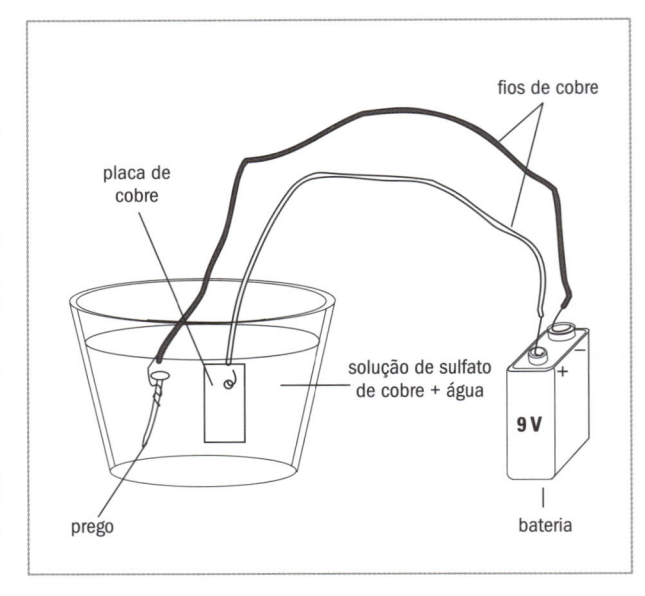

1. Depois de alguns minutos, o que aconteceu com o prego?

2. A indústria costuma aplicar o procedimento descrito neste experimento usando outros metais no lugar do cobre. Cite algumas dessas aplicações.

_____
_____
_____
_____
_____
_____
_____
_____
_____
_____
_____
_____
_____
_____
_____
_____
_____
_____
_____
_____

EXPERIMENTO 13

A pilha

Material necessário   [ATENÇÃO]

- placa de cobre (10 cm x 2 cm); placa de zinco (10 cm x 2 cm); 1 prego fino; 1 martelo; 30 cm de papel higiênico (não muito fino); 1 palha de aço; 2 pedaços de fio encapado n.º 20 (15 cm cada um); 1 lâmpada de 1,5 V (lâmpada de lanterna ou lâmpada pingo-d'água) com soquete metálico; 1 copo de vidro com 30 ml de solução de sulfato de cobre (concentração: 100 g/litro)[1].

Procedimentos e questões

Limpe a placa de cobre e a de zinco com a palha de aço até que fiquem brilhando. Com o prego e o martelo, faça um furo próximo da borda mais estreita de cada placa. Descasque as extremidades dos fios. Ligue uma das pontas de um deles à placa de cobre e a outra ponta ao terminal do soquete; ligue uma das pontas do segundo fio à placa de zinco e a outra ponta ao outro terminal do soquete. Atarraxe a lâmpada ao soquete.

1. Encoste as placas e observe: A lâmpada acende? Como isso pode ser explicado?

_____
_____
_____
_____
_____
_____
_____
_____
_____
_____

2. Dobre o papel higiênico de forma que ele fique do mesmo tamanho das placas metálicas. Então, mergulhe-o na solução de sulfato de cobre para que fique completamente embebido. Coloque o papel embebido entre as placas, como mostra a figura a seguir. Comprima bem as placas contra o papel. Lave bem as mãos, imediatamente após essa operação.

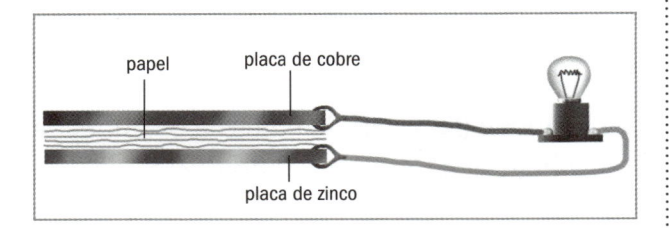

3. O que aconteceu? A lâmpada acendeu? E agora, como isso pode ser explicado?

4. O funcionamento da pilha depende da passagem de corrente elétrica, que só é possível graças à ocorrência de uma reação química entre os materiais que a compõem e que pode ser representada pela equação:

zinco metálico   solução de sulfato de cobre   solução de sulfato de zinco

$$Zn\ (s)\ +\ Cu^{2+}SO_4^{2-}\ (aq)\ \rightarrow\ Zn^{2+}SO_4^{2-}\ (aq)\ +\ Cu\ (s)$$

cobre metálico

Que materiais perdem e quais ganham elétrons nessa reação?

tudo é Ciências
FÍSICA E QUÍMICA
Daniel Cruz

CADERNO DE ATIVIDADES

9º ANO

editora ática

UNIDADE I – O MUNDO DA FÍSICA E DA QUÍMICA

Capítulo 1 – De que são feitas as coisas?

1. Marque um X na resposta correta:

a) Medida da inércia de um corpo:

( ) extensão ( ) volume
( ) densidade ( ) massa

b) Uma porção limitada de matéria é chamada de:

( ) substância ( ) corpo
( ) massa ( ) capacidade

2. Molécula é a menor porção da substância água. Certo ou errado? Justifique sua resposta.

_____
_____
_____

3. Associe cada propriedade da matéria à definição correspondente:

a) compressibilidade   d) elasticidade
b) dureza   e) divisibilidade
c) densidade   f) brilho

( ) relação entre a massa e o volume de uma porção de matéria
( ) capacidade da matéria de diminuir seu volume
( ) capacidade da matéria de refletir a luz
( ) capacidade da matéria de se separar em partículas
( ) capacidade da matéria de aumentar de volume
( ) capacidade de um material de riscar o outro

4. Identifique com a letra **E** o que for propriedade específica da matéria e com a letra **G** o que for propriedade geral:

( ) sabor   ( ) brilho
( ) extensão   ( ) impenetrabilidade
( ) massa   ( ) cor
( ) dureza   ( ) odor
( ) densidade   ( ) inércia

5. Se você leu e entendeu este capítulo, então vai conseguir responder:

a) O que é matéria?
_____
_____

b) O que é corpo? Cite três exemplos.
_____
_____

c) O que são substâncias? Cite três exemplos.
_____
_____

d) O que é impenetrabilidade?
_____
_____
_____

e) O que é inércia? Cite um exemplo.
_____
_____
_____
_____

f) Por que se diz que o diamante é a substância natural que apresenta maior dureza?
_____
_____
_____

g) Como se calcula a densidade de uma substância?

_____

_____

_____

Capítulo 2 – Por dentro da matéria

1. Identifique com um **X** a afirmativa errada. Justifique sua resposta:

(   ) Sob pressão normal, o gelo derrete a 0 °C.

(   ) A vaporização lenta e espontânea à temperatura ambiente chama-se evaporação.

(   ) O gelo-seco é gás carbônico solidificado.

(   ) Em pressão normal, o ponto de fusão coincide com o ponto de solidificação.

(   ) Quanto maior é a pressão sobre um líquido, menor é o ponto de ebulição.

Justificativa: _____

_____

2. Preencha os quadrinhos para formar palavras que correspondam aos conceitos a seguir. Depois defina a mudança de estado físico que aparece em destaque na coluna vertical:

a) Passagem lenta de uma substância líquida para o estado gasoso.

b) Forma apresentada pelos líquidos.

c) Região de um líquido onde a tensão entre as moléculas é maior.

d) Estado físico caracterizado pela forma e volume variáveis.

e) Um dos fatores que têm influência na mudança do estado físico.

f) Passagem de uma substância do estado gasoso para o líquido.

g) Material usado para escrever na lousa (quadro-negro).

h) Substância usada para matar traças e outros insetos.

i) Passagem do estado líquido para o gasoso, rápida e com turbulência.

j) Passagem de uma substância do estado sólido para o líquido.

k) Um dos fatores que influem na evaporação.

_____

_____

_____

Caderno de atividades – 9º ano

3. Assinale com um **X** tudo o que estiver relacionado com a vaporização:

( ) 0 °C
( ) ebulição
( ) sublimação
( ) neblina
( ) gelo derretendo
( ) evaporação
( ) 100 °C
( ) embaçamento de um espelho
( ) água fervendo
( ) ponto de ebulição

4. Use palavras e setas para completar o esquema das mudanças de estado físico da matéria:

```
_____        Vaporização
   Sólido        Líquido        Gasoso
   Solidificação   _____
                   _____
```

5. Se você leu e entendeu este capítulo, então vai conseguir responder:

a) Como se comportam as partículas da matéria no estado sólido?
_____
_____
_____
_____
_____

b) Como se comportam as partículas da matéria no estado líquido?
_____
_____
_____
_____

c) Por que a tensão das partículas na superfície de um líquido é maior que no interior da massa líquida?
_____
_____
_____
_____
_____
_____

d) Como se comportam as partículas da matéria no estado gasoso?
_____
_____
_____
_____

e) O que é fusão? Cite dois exemplos.
_____
_____
_____
_____

f) O que é vaporização? Cite um exemplo.
_____
_____
_____

g) Qual é a diferença entre evaporação e ebulição?
_____
_____
_____
_____

h) O que é liquefação? Cite dois exemplos.
_____
_____
_____
_____

i) O que é solidificação? Cite um exemplo.
_____
_____
_____
_____

j) Defina ponto de fusão e ponto de ebulição. Dê a temperatura a que a água deve ser submetida nos dois casos.
_____
_____
_____
_____
_____

k) O que é sublimação?
_____
_____
_____
_____

l) Que fatores influem na densidade de uma substância?
_____
_____
_____
_____

Capítulo 3 – Fenômenos

1. Use a letra **F** para identificar os fenômenos físicos e **Q** para os fenômenos químicos:

( ) funcionamento de um motor elétrico
( ) uma vela queimando
( ) ação de enzimas na digestão
( ) queima da gasolina
( ) luz
( ) dissolução do açúcar
( ) movimento dos corpos
( ) calor
( ) cozimento de alimentos
( ) movimentos da comida no esôfago

2. Preencha os espaços nas frases abaixo:

a) Os fenômenos podem ser classificados em: _____ e _____.

b) No fenômeno _____ as substâncias não se alteram quimicamente; no fenômeno _____ são formadas _____ substâncias.

c) Quando fervemos a água, suas partículas recebem _____ ou _____ da chama e com isso elas passam a se _____ com mais intensidade. Quando a água esfria, ela _____ energia e suas partículas se agitam com _____ intensidade.

d) O _____ é a principal _____ de energia da Terra, promove a _____ nos vegetais, a circulação da _____ no ambiente, etc.

3. Se você leu e entendeu este capítulo, então vai conseguir responder:

a) Para a Ciência, o que é fenômeno?
_____
_____
_____
_____

b) Como é feita a transferência de calor entre os corpos e o ambiente?

_____
_____
_____

c) O que ocorre com as partículas de um corpo quando ele ganha energia? E quando ele perde energia?

_____
_____
_____
_____

d) Cite três exemplos de transformações de uma forma de energia em outra.

_____
_____
_____
_____
_____

e) Em relação a outras formas de energia na Terra, qual a diferença da energia nuclear? Na prática, como ela é utilizada?

_____
_____
_____
_____
_____
_____

UNIDADE II – O ESTUDO DA FÍSICA

Capítulo 4 – Corpos em movimento

1. Quando podemos afirmar que um corpo está em movimento? Assinale a resposta correta:

( ) Quando sua posição não varia no tempo, segundo um referencial.

( ) Quando sua posição é sempre a mesma, segundo um referencial.

( ) Quando ele muda de posição no espaço, segundo um referencial.

( ) Quando sua posição não depende de um referencial.

( ) Quando sua velocidade é zero.

2. Ligue os conceitos da coluna esquerda às definições correspondentes na coluna direita:

Trajetória.	Velocidade de um corpo num dado momento.
Velocidade média.	Linha descrita por um ponto material em movimento.
Movimento retilíneo uniforme.	Razão entre o espaço percorrido por um corpo e o tempo gasto.
Velocidade instantânea.	Mudança de posição em relação a um referencial.
Deslocamento.	Deslocamento em linha reta com velocidade constante.

3. Resolva os seguintes problemas:

a) Um trem de carga viaja do Rio de Janeiro para São Paulo com velocidade constante e gasta 7,5 h para fazer o trajeto. Calcule a velocidade média do trem. Considere que a distância entre as duas cidades é de 420 quilômetros.

_____
_____

b) Um atleta estabeleceu um recorde local em sua cidade percorrendo 100 m com a velocidade média de 36 km/h. Calcule em quantos segundos ele fez o trajeto.

_____
_____
_____
_____
_____

c) Um avião gasta 189,6 minutos para ir de São Paulo a Fortaleza, voando com a velocidade constante de 850 km/h. Quantos quilômetros separam São Paulo de Fortaleza?

_____
_____
_____
_____
_____

d) O Sonda IV, foguete brasileiro lançado em 8 de outubro de 1987 da Barreira do Inferno, próximo à cidade de Natal, voou com velocidade de 10 800 km/h, atingindo 570 km de altura.

Adaptado de: *Encyclopaedia Britannica do Brasil*, Rio de Janeiro/São Paulo: 1997, v. 2, p. 156.

Responda:

I – Qual é a velocidade média do foguete em km/s?

_____
_____

II – Quantos segundos o foguete gastou para atingir a altura máxima?

_____
_____
_____

e) A função horária de um móvel é dada pela seguinte equação:

S = 48 + 12t, sendo S medido em metros e *t*, em segundos.

Determine:

I – A posição inicial do móvel.

_____
_____
_____
_____
_____

II – A velocidade do móvel.

_____

III – O instante em que sua posição é S = 72 m.

_____
_____

IV – Sua posição quando t = 8 s.

_____
_____

4. Se você leu e entendeu este capítulo, então vai conseguir responder:

a) O que é preciso considerar para afirmar se um corpo está ou não em movimento?

_____
_____
_____

b) O que é ponto material?

_____
_____
_____
_____

c) Quando é possível afirmar que um corpo está em movimento?
_____
_____
_____

d) Qual é a diferença entre o espaço percorrido e o deslocamento?
_____
_____
_____
_____
_____
_____

e) O que é trajetória?
_____
_____
_____

f) O que é velocidade média?
_____
_____
_____
_____
_____

g) O que é movimento retilíneo uniforme?
_____
_____
_____
_____
_____

Capítulo 5 – Corpos acelerados

1. Assinale com um **X** o que for movimento retilíneo variado:

a) ( ) |— 600 m / 3 min —|— 400 m / 5 min —|

b) ( ) |— 112 m / 4 s —|— 112 m / 4 s —|

c) ( ) |— 240 m / 3 h —|— 150 m / 3 h —|

d) ( ) |— 320 m / 40 s —|— 140 m / 20 s —|

e) ( ) |— 60 km / 2 h —|— 180 m / 6 h —|

2. Use a letra **V** nas afirmativas verdadeiras e **F** nas falsas. Depois, corrija as afirmativas falsas.

a) ( ) Aceleração média é a razão entre a variação de velocidade e o intervalo de tempo ocorrido durante essa variação.

b) ( ) Velocidade e aceleração com sinais diferentes: aumento de velocidade.

c) ( ) A unidade km/h é uma unidade de velocidade, e não de aceleração.

d) ( ) A aceleração e a velocidade são grandezas vetoriais.

e) ( ) Movimento uniformemente variado é aquele em que a velocidade simplesmente varia de qualquer valor.

Correção: _____
_____
_____
_____
_____
_____
_____
_____

3. Aceleração não é apenas o aumento da velocidade, mas também a diminuição da velocidade por unidade de tempo. Certo ou errado? Justifique sua resposta.

_____
_____
_____
_____

4. Resolva os seguintes problemas:

a) Um caminhão se move em uma velocidade de 54 km/h quando, então, é freado até parar, depois de sofrer uma aceleração de –5 m/s². Quantos segundos se passaram desde o instante em que foi freado até parar?

_____
_____
_____

b) Um carro enguiça na estrada e o motorista resolve empurrá-lo para o acostamento, aplicando sobre ele uma aceleração constante de 0,52 m/s². Qual será a velocidade do carro 5 segundos depois de ser posto em movimento?

_____
_____

5. Se você leu e entendeu este capítulo, então vai conseguir responder:

a) O que é movimento variado? Dê um exemplo.

_____
_____
_____

b) O que é aceleração?

_____
_____

c) Dê a relação matemática que permite calcular a aceleração média explicando o seu significado.

_____
_____
_____

d) O que é movimento retilíneo uniformemente variado?

_____
_____
_____
_____
_____
_____

e) Qual é a diferença entre o movimento acelerado e o retardado? Cite exemplos.

_____
_____
_____
_____
_____

f) Como devem ser os sinais da velocidade e da aceleração quando há um aumento de velocidade? E quando houver diminuição de velocidade?

_____
_____
_____
_____

Capítulo 6 – Força: ação entre corpos

1. Marque com um **X** tudo o que estiver relacionado com a força aplicada em um corpo:

( ) newton   ( ) movimento
( ) metro cúbico   ( ) referencial

( ) temperatura ( ) sentido
( ) direção ( ) módulo
( ) ponto de aplicação ( ) ponto material

2. Identifique com a letra **V** as afirmativas verdadeiras e com **F** as falsas. Depois, corrija as afirmativas falsas.

a) ( ) Resultante é a força que substitui a ação das componentes.

b) ( ) 1 N equivale a 9,8 kgf.

c) ( ) Força é uma grandeza vetorial.

d) ( ) A aplicação de uma força sobre um corpo sempre produz movimento.

e) ( ) Um corpo está em equilíbrio quando a resultante de um sistema de forças aplicado sobre ele é nula.

Correção: _____

_____

_____

_____

_____

_____

3. Resolva os problemas:

a) Determine a resultante do sistema de forças a seguir:

546 kgf   705 kgf

_____

_____

_____

_____

_____

b) Cinco forças atuam na mesma direção com os sentidos e as intensidades a seguir: Três forças para a esquerda, de 27 N, 54 N e 63 N. Duas forças para a direita, de 45 N e 120 N. Calcule a intensidade da resultante desse sistema de forças e indique o sentido dela.

_____

_____

_____

_____

_____

_____

c) Qual é o seu peso em kgf? E em N?

_____

_____

_____

_____

_____

4. Se você leu e entendeu este capítulo, então vai conseguir responder:

a) No estudo dos movimentos, o que é força?

_____

_____

_____

b) Cite os três elementos de uma força e explique em que eles consistem.

_____

_____

_____

c) O que é resultante de um sistema de forças?

_____

_____

d) Qual é a diferença entre a força de contato e a força a distância? Cite exemplos.

_____
_____
_____
_____
_____
_____
_____

e) Como é definida a unidade de força chamada newton? Qual é o seu símbolo?

_____
_____

f) Como é definido o quilograma-força? Qual é o seu símbolo?

_____
_____
_____

Capítulo 7 – As leis do movimento

1. Marque um X na resposta correta:

a) As forças que atuam na Lei da Ação e Reação têm a mesma intensidade e direção, mas não se anulam, porque:

( ) são diferentes de zero
( ) atuam sobre corpos diferentes
( ) são iguais a zero
( ) atuam em um mesmo corpo

b) A aceleração adquirida por um corpo é diretamente proporcional à força aplicada sobre ele e inversamente proporcional à sua massa. Essa é a expressão da:

( ) Terceira Lei de Newton
( ) Primeira Lei de Newton
( ) Segunda Lei de Newton
( ) nenhuma das respostas anteriores

c) A reação de uma superfície de apoio ao peso de um corpo chama-se:

( ) força de ação
( ) força de reação
( ) inércia
( ) força normal

2. Assinale o que for *incorreto*. Justifique sua resposta:

a) ( ) É mais difícil empurrar um guarda-roupas do que uma cadeira.

b) ( ) É mais difícil parar uma bola de tênis do que uma bola de futebol, quando as duas se deslocam com a mesma velocidade.

c) ( ) É mais fácil empurrar um automóvel do que um caminhão.

d) ( ) É mais difícil segurar uma bicicleta, impedindo que ela tombe, do que fazer o mesmo com uma motocicleta.

e) ( ) É mais fácil parar uma bola de pingue-pongue do que uma bola de tênis, ambas com a mesma velocidade.

Justificativa: _____
_____
_____
_____
_____
_____
_____
_____
_____
_____
_____

3. Identifique os tipos de força que atuam no foguete. Depois, diga a que lei elas se referem:

_____
_____
_____

4. Resolva os problemas:

a) Ao ser empurrado, um saco de cimento de massa igual a 50 kg adquire uma aceleração de 0,32 m/s². Qual é a intensidade da força aplicada ao saco de cimento?

_____
_____
_____

b) Um balde cheio de água tem massa de 22 kg. Que aceleração o balde adquire ao ser empurrado com uma força de 17,6 N?

_____
_____
_____

c) Calcular a massa de um carrinho de mão sabendo que uma força de 40,8 N aplicada sobre ele o faz deslocar-se com uma aceleração de 1,2 m/s².

_____
_____
_____

5. Se você leu e entendeu este capítulo, então vai conseguir responder:

a) Enuncie a Primeira Lei de Newton.

_____
_____
_____

b) Quando o estado de repouso de um corpo é modificado?

_____
_____

c) Quando o estado de movimento de um corpo é modificado?

_____
_____

d) O que impulsiona um avião a jato? Justifique sua resposta.

_____
_____
_____

e) Qual das Leis de Newton é aplicada na questão anterior? Explique-a.

_____
_____
_____

f) Na Lei da Ação e Reação, embora as intensidades e as direções das forças de ação e reação sejam iguais, elas não se anulam. Por quê?

_____
_____
_____

g) Enuncie a Segunda Lei de Newton.

_____
_____

h) Escreva a equação da Segunda Lei de Newton e explique o significado de cada símbolo.

_____
_____
_____
_____
_____

Capítulo 8 – A Lei da Gravitação Universal

1. Observe a figura:

(A) P$_1$ ·····x····· S$_1$

(B) P$_2$ ·····3x····· S$_2$

Nela estão representados:

A – O planeta P$_1$ e seu respectivo satélite, S$_1$, separados pela distância **x**.

B – O planeta P$_2$ e seu respectivo satélite, S$_2$, separados pela distância 3x.

Supondo que os dois planetas tenham a mesma massa, o que também ocorre com os satélites, pergunta-se:

Onde a atração gravitacional é menor: em **A** ou em **B**? Por quê?

_____
_____
_____
_____
_____
_____

2. Resolva o seguinte problema:

Uma pedra é jogada em um poço e depois de 4 segundos ela bate na água. Com que velocidade a pedra atingiu a água, considerando que a aceleração da gravidade é de 9,8 m/s^2? (Desconsidere a resistência do ar.)

_____
_____

3. Se você leu e entendeu este capítulo, então vai conseguir responder:

a) O que é a força de gravidade?

_____
_____

b) Quais são os dois fatores que influem na força de gravidade?

_____

c) Que tipo de movimento um corpo adquire em queda livre?

_____
_____

d) Enuncie a Lei da Gravitação Universal.

_____
_____
_____

e) Por que a Terra não cai no Sol, se este exerce uma força gravitacional sobre ela?

_____
_____
_____
_____

f) A Terra tem massa maior do que a Lua; logo, é a Terra que atrai a Lua, e não o contrário. Qual é a sua opinião sobre essa afirmativa?

_____

_____

_____

_____

Capítulo 9 – Peso e empuxo

1. Marque um X na resposta correta:

a) A direção da força de gravidade é:

( ) inclinada   ( ) vertical

( ) horizontal   ( ) para o lado

b) O ponto de aplicação da força peso é denominado:

( ) centro de gravidade

( ) centro do peso

( ) centro do empuxo

( ) nenhuma das respostas anteriores

c) O sentido da força de gravidade é:

( ) de baixo para cima

( ) da esquerda para a direita

( ) da direita para a esquerda

( ) de cima para baixo

d) A resultante das forças gravitacionais que atuam em todos os pontos de um corpo chama-se:

( ) força massa   ( ) força peso

( ) força resultante   ( ) força nula

e) Módulo da força peso é o mesmo que:

( ) sentido   ( ) ponto de aplicação

( ) direção   ( ) intensidade

2. Um pedreiro construiu uma parede de tijolos e, ao conferir com um fio de prumo se ela estava na vertical, encontrou o seguinte resultado:

Na sua opinião, a parede está rigorosamente na vertical? Explique.

_____

_____

_____

_____

_____

3. Resolva as seguintes questões:

a) Calcule a densidade do álcool etílico sabendo que 106 cm³ desse líquido tem massa de 83,74 gramas.

_____

b) Calcule a densidade do cobre sabendo que 65 cm³ desse metal tem massa de 585 gramas.

_____

c) Um objeto tem massa de 537,6 gramas e volume de 256 cm³. Se for mergulhado na água, esse objeto vai afundar ou flutuar? Por quê?

_____

_____

_____

4. Se você leu e entendeu este capítulo, então vai conseguir responder:

a) Qual é a diferença entre a massa e o peso?
_____
_____
_____
_____
_____

b) Quais são os três elementos da força peso? Como eles se caracterizam?
_____
_____
_____
_____
_____

c) O que é centro de gravidade?
_____
_____

d) Quais são as duas condições para que um corpo permaneça em equilíbrio?
_____
_____
_____

e) O que é empuxo?
_____
_____
_____
_____

f) Enuncie o Princípio de Arquimedes.
_____
_____
_____
_____
_____

g) Se levarmos em conta a densidade, quando um corpo flutua na água? Cite exemplos.
_____
_____
_____
_____

Capítulo 10 – Forças realizam trabalho

1. Assinale com um **X** a expressão matemática que permite calcular o trabalho de uma força. Depois, explique o significado dos símbolos da expressão:

( ) $\tau = m \cdot \Delta S$

( ) $\tau = F \cdot m$

( ) $F = \tau \cdot \Delta S$

( ) $\Delta S = F \cdot \tau$

( ) $\tau = F \cdot \Delta S$

Explicação: _____
_____
_____

2. Use a letra **V** para identificar as afirmativas verdadeiras e **F** para as falsas. Corrija as afirmativas falsas.

a) ( ) O joule é uma unidade de trabalho.

b) ( ) Quanto maior o deslocamento, maior é o trabalho realizado.

c) ( ) Em Física, trabalho é apenas um esforço realizado por um trabalhador.

d) ( ) O watt é uma unidade de potência.

e) ( ) Quanto maior o tempo para realizar um trabalho, maior é a potência.

Correção: _____
_____
_____
_____
_____

3. Identifique com um **X** a figura que mostra a realização de um trabalho maior. Explique a razão da sua escolha:

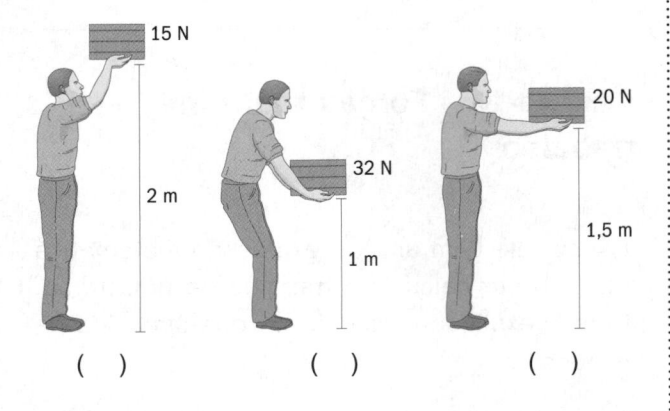

15 N   2 m   ( )

32 N   1 m   ( )

20 N   1,5 m   ( )

Explicação: _____
_____
_____
_____
_____
_____

4. Relacione as fórmulas aos seus respectivos conceitos:

a) $E_{pg} = m \cdot g \cdot h$ ( ) energia cinética

b) $\tau = F \cdot \Delta S$ ( ) energia potencial gravitacional

c) $E_c = mv^2/2$ ( ) energia mecânica

d) $E_m = E_p + E_c$ ( ) trabalho

5. Resolva os seguintes problemas:

a) Para empurrar uma mesa a uma distância de 5 m foi necessário o emprego de uma força 16 N. Qual foi o trabalho realizado?
_____
_____

b) Na aula de musculação, para um atleta levantar um haltere de peso igual a 22 N, precisou realizar um trabalho de 18,7 J. A que altura o haltere foi levantado?
_____
_____

c) Uma força foi empregada para realizar um trabalho de 787,5 J, a fim de deslocar um carrinho de mão a uma distância de 12,5 m. Qual é o valor dessa força?
_____
_____
_____

d) O motor de um liquidificador realiza um trabalho de 5 040 J gastando, para isso, 12 segundos. Qual é a potência desse liquidificador?
_____
_____
_____

e) Uma antena parabólica de 62 kg é montada no terraço de um edifício a 54 m de altura. Qual é a energia potencial gravitacional da antena em relação ao térreo desse edifício (considere $g = 10$ m/s^2)?
_____
_____
_____

6. Se você leu e entendeu este capítulo, então vai conseguir responder:

a) Em termos físicos, quando uma força realiza um trabalho?

b) Dê o nome da unidade de trabalho no Sistema Internacional (SI), o seu símbolo e sua definição.

c) Dê o símbolo do quilogrâmetro e sua respectiva definição.

d) O que é potência?

e) Cite a unidade de potência no SI, seu símbolo e sua definição.

f) Qual é a diferença entre a energia potencial gravitacional e a energia cinética?

g) Como é calculada a energia potencial gravitacional?

h) O que é energia mecânica?

i) Enuncie o Princípio da Conservação da Energia.

Capítulo 11 – Máquinas amplificam forças

1. Preencha os espaços nas frases a seguir:

a) Numa alavanca, a distância que vai da força potente ao ponto de apoio chama-se _____ _____ e a que vai da _____ ao ponto de apoio chama-se braço da _____.

b) Numa alavanca _____, a força potente está localizada entre o _____ e a força _____.

c) Quando o ponto fixo está localizado entre a força potente e a força _____, a alavanca é chamada _____.

d) O carrinho de mão é um exemplo de alavanca _____, porque a força _____ está situada entre a força _____ e o ponto fixo.

2. Associe os tipos de alavanca aos exemplos correspondentes:

a) inter-resistente   (   ) pinça
b) interpotente   (   ) abridor de latas
c) interfixa   (   ) alicate
                             (   ) vassoura
                             (   ) abridor de garrafas
                             (   ) tesoura
                             (   ) cortador de unha

3. Identifique os tipos de alavanca nas figuras:

a) _____

b) _____

c) _____

4. Resolva os seguintes problemas:

a) Uma alavanca é usada para erguer uma pedra que pesa 156 N. Uma das pontas da alavanca está sob a pedra, a 20 cm do ponto de apoio. Calcule, em metros, o comprimento do braço de potência dessa alavanca, sabendo que na outra ponta dela foi aplicada uma força de 30 N.

_____
_____
_____
_____
_____
_____

b) Um balde usado para puxar água de um poço pesa 24 N quando está cheio. Ele está pendurado na ponta de uma corda que passa numa roldana móvel. Qual é a força mínima que deve ser aplicada na outra ponta da corda para que o balde possa ser erguido até a boca do poço? (Dica: trata-se de uma condição de equilíbrio de roldanas.)

_____
_____
_____

5. Se você leu e entendeu este capítulo, então vai conseguir responder:

a) O que são máquinas simples? Cite exemplos.

_____
_____
_____
_____
_____
_____
_____
_____

b) Qual é a diferença entre a força potente e a força resistente?

_____
_____
_____

c) Quais são as duas condições de equilíbrio de uma alavanca?

_____
_____
_____
_____

d) Qual é a diferença entre a roldana fixa e a móvel?

_____
_____
_____
_____

e) O que é plano inclinado? Que vantagem ele apresenta?

_____
_____
_____

f) Que tipo de alavanca é um pegador de doces? Explique.

_____
_____
_____
_____
_____

g) Que tipo de alavanca é um quebra-nozes? Explique.

_____
_____
_____
_____
_____

Capítulo 12 – A temperatura dos corpos e o calor

1. Marque um **X** em tudo o que estiver relacionado com termômetros:

( ) mercúrio ( ) estreitamento acima do bulbo
( ) luz ( ) escala
( ) gravidade ( ) bússola
( ) som ( ) álcool
( ) vidro ( ) índices

2. Use a letra **V** para identificar as afirmativas verdadeiras e **F** para as falsas. Depois, corrija as afirmativas falsas.

a) ( ) A temperatura de um corpo indica o grau de agitação térmica de suas partículas.

b) ( ) Quanto menor é a agitação térmica das partículas de um corpo, mais quente ele está.

c) ( ) A agitação térmica das partículas de um corpo está relacionada com as ideias de quente e frio.

d) ( ) Quando se põe gelo na água quente, o gelo derrete e a água esfria, porque o calor se transfere do gelo para a água.

e) ( ) Se pusermos uma colher quente em água fria, a colher esfria e a água se aquece, porque o calor passa da colher para a água.

Correção: _____
_____
_____
_____

3. Faça as seguintes transformações:

a) 60 °C para °F:
_____
_____

b) 68 °F para K:
_____
_____
_____

c) 77 °F para °C:
_____
_____
_____

d) 55 °C para K:
_____

4. Se você leu e entendeu este capítulo, então vai conseguir responder:

a) O que ocorre com a temperatura de um corpo quando a agitação térmica de suas moléculas aumenta?
_____

b) Para que serve o termômetro?
_____
_____
_____

c) Cite as três principais escalas termométricas e diga qual delas é a escala padrão no Sistema Internacional de Unidades.
_____
_____
_____
_____

d) Quais são as duas temperaturas usadas como referência na construção de escalas termométricas?
_____
_____
_____

e) Para que serve o termômetro de máxima e mínima?
_____
_____
_____
_____

f) Para que serve o termômetro clínico e quais são, em geral, as temperaturas-limite de sua escala?
_____
_____
_____
_____

g) Por que o termômetro clínico de mercúrio é considerado perigoso?
_____
_____
_____

h) Quando cessa a transferência de calor de um corpo quente para um corpo frio?

_____
_____
_____
_____

i) Defina caloria.

_____
_____
_____

Capítulo 13 – Calor: fontes, propagação e efeitos

1. Marque um X na resposta correta:

a) A Terra se mantém aquecida graças a um fenômeno natural chamado:

( ) inversão térmica ( ) igualdade térmica

( ) efeito estufa ( ) dispersão calorífica

b) A propagação do calor por condução ocorre:

( ) de partícula a partícula

( ) pelo deslocamento de partículas

( ) por irradiação

( ) por ondas de calor

c) Aparelho que esfria a água circulante de motores por correntes de convecção:

( ) alternador ( ) gerador

( ) ar-condicionado ( ) radiador

d) O calor do Sol chega à Terra por meio da propagação por:

( ) convecção ( ) condução

( ) irradiação ( ) nenhuma das opções anteriores

2. Assinale as fontes naturais de calor:

( ) chuveiro elétrico ( ) ferro de passar roupa

( ) Sol ( ) fogão elétrico

( ) torradeira ( ) magma terrestre

3. Associe os conceitos a seguir com os seus correspondentes:

a) convecção

b) condução

c) dilatação

d) radiação térmica

e) irradiação

( ) efeito físico do calor

( ) propagação de calor nos sólidos

( ) propagação de calor nos líquidos e gases

( ) propagação do calor de uma fogueira

( ) fluxo de calor na forma de raios infravermelhos

4. O agravamento do efeito estufa, causado pelo excesso de dióxido de carbono (gás carbônico) na atmosfera, é um dos grandes problemas ambientais da atualidade. Mesmo assim, o efeito estufa natural é importante para a manutenção da vida na Terra. Certo ou errado? Justifique sua resposta.

_____
_____
_____
_____

5. Quando nos aquecemos diante de uma fogueira, o calor que sentimos é propagado por condução através do ar. Certo ou errado? Justifique sua resposta.

_____
_____
_____

6. Se você leu e entendeu este capítulo, então vai conseguir responder:

a) Quais são as duas principais fontes naturais de calor?
_____
_____

b) O efeito estufa natural é importante para a vida na Terra. Por quê?
_____
_____
_____
_____

c) Como o calor se propaga por condução? Cite um exemplo.
_____
_____
_____
_____

d) Como ocorre a propagação do calor por convecção? Cite um exemplo.
_____
_____
_____
_____

e) Cite os principais efeitos do calor.
_____
_____

f) O que é dilatação térmica?
_____
_____
_____
_____

g) O que ocorre com o volume da água quando sua temperatura fica abaixo de 4 °C?
_____
_____
_____

Capítulo 14 – As ondas sonoras

1. Assinale todas as palavras relacionadas a ondas sonoras:

( ) luz
( ) amplitude
( ) calor
( ) ondas transversais
( ) ondas longitudinais
( ) frequência
( ) timbre
( ) ondas eletromagnéticas
( ) comprimento de onda
( ) ondas de rádio

2. Observe a figura que representa a propagação de uma onda:

Agora, responda:

a) Como é chamado o ponto A?

b) Como é chamado o ponto Q?

_____

c) Qual é a medida do comprimento de onda?

_____

d) Qual é a amplitude dessa onda?

_____

e) Qual é a frequência da onda representada?

_____

3. As figuras abaixo representam ondas sonoras. Observe-as com atenção e depois responda ao que é pedido:

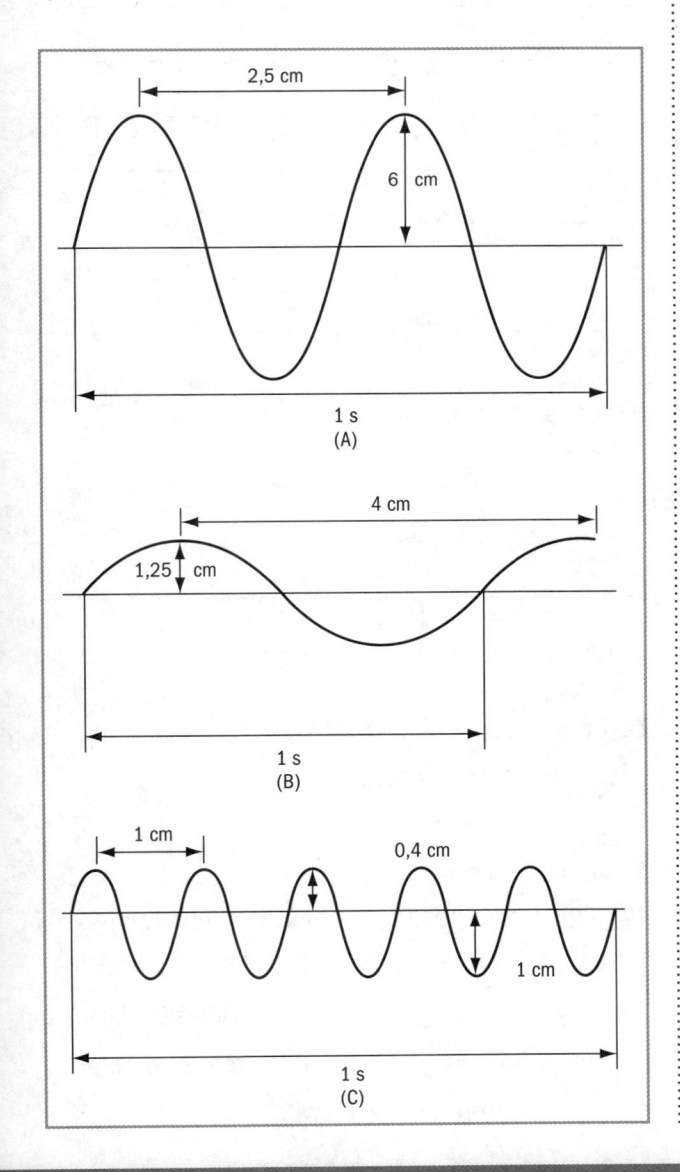

a) O som de maior frequência está representado na figura _____, com o valor de _____ Hz.

b) O som de maior amplitude é o da figura _____, com o valor de _____ cm.

c) O som de maior comprimento de onda é o da figura _____, com _____ cm de comprimento.

d) O som mais agudo é o da figura _____, porque tem maior _____.

e) O som mais forte é o da figura _____, porque tem maior _____.

4. Resolva os seguintes problemas:

a) Numa comemoração de fim de ano, o som do estouro de um foguete é ouvido por uma pessoa 4 segundos depois que ela vê o clarão da explosão. A que distância dessa pessoa o foguete estourou? (Considere a propagação da luz instantânea e a velocidade do som no ar igual a 340 m/s.)

_____
_____
_____

b) Um navio faz estudos próximo às Ilhas Marianas, onde se encontra a maior profundidade oceânica conhecida. O sonar do navio capta o eco de um sinal sonoro, num lugar onde a profundidade é máxima, 16 segundos após ter sido emitido. Qual é a profundidade máxima das Ilhas Marianas? (A velocidade do som na água é de 1 480 m/s.)

_____
_____
_____
_____
_____
_____

c) A nota musical "lá" é considerada o som fundamental da música e corresponde ao som emitido pelo diapasão, utilizado na afinação de certos instrumentos musicais. Sabendo que o diapasão vibra com frequência de 425 Hz, determine o período de cada vibração. (Utilize somente três casas decimais.)

___

5. Se você leu e entendeu este capítulo, então vai conseguir responder:

a) O que é o som?

___

b) Uma pedra é lançada na água de um lago e provoca a formação de ondas. Essas ondas encontram uma rolha de cortiça em seu trajeto e a fazem subir e descer, mas não a levam para a margem. Por quê?

___

c) Qual é a diferença entre as ondas mecânicas e as ondas eletromagnéticas? Cite exemplos.

___

d) Defina comprimento de onda.

___

e) O que é frequência? E período?

___

f) Qual é a diferença entre as ondas longitudinais e as transversais? Cite exemplos.

___

g) Cite duas aplicações do eco.

___

Capítulo 15 – **As ondas eletromagnéticas**

1. Assinale as palavras relacionadas à comunicação por transmissão de ondas eletromagnéticas:

( ) DVD ( ) MP3
( ) televisão (VHF) ( ) televisão (UHF)
( ) micro-ondas ( ) telefone celular
( ) ondas de rádio AM e FM

2. Analise as figuras abaixo e diga que fenômenos luminosos elas representam.

Explique sua resposta.

(A) superfície polida — ar

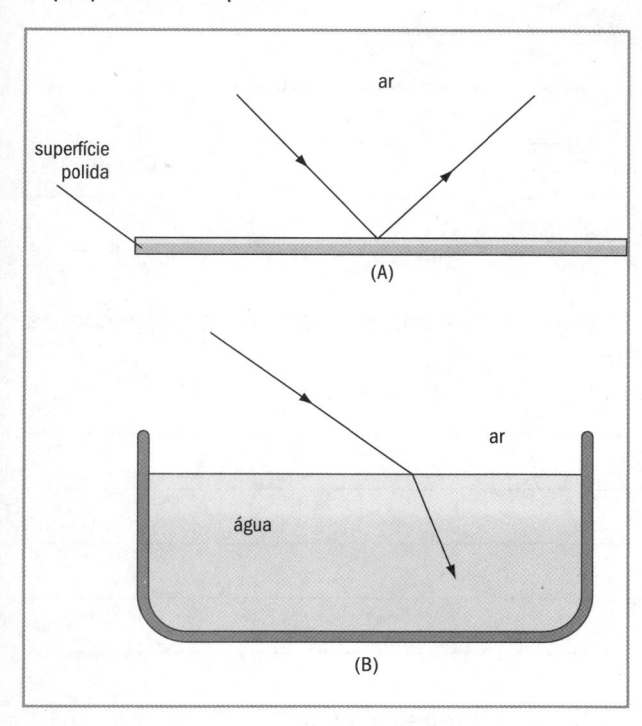

(B) água — ar

Figura A:
Fenômeno:
___

Explicação:
___
___
___
___

Figura B:
Fenômeno:
___

Explicação:
___
___
___
___

3. Observe o fenômeno representado na figura a seguir.

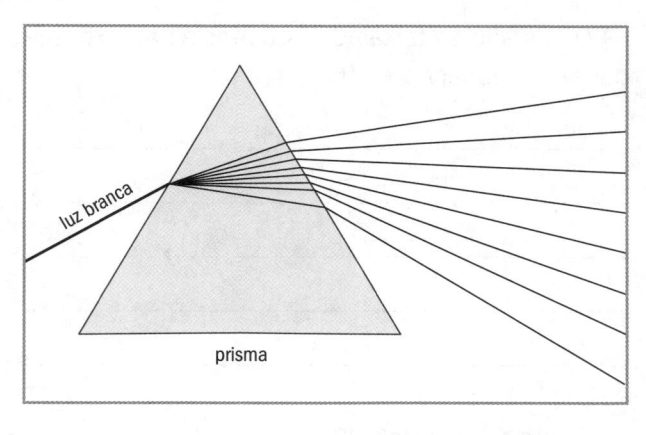

luz branca — prisma

a) Como se chama esse fenômeno? Por que ele ocorre?
___
___
___
___
___
___
___
___

b) Pinte o esquema acima com as cores adequadas.
___
___
___
___
___

4. Use a letra **A** para identificar o que for corpo transparente; **B** para corpo translúcido e **C** para corpo opaco:

( ) metal ( ) vidro polido

( ) vidro fosco ( ) água

( ) madeira ( ) cerâmica

( ) papel vegetal ( ) papelão

( ) ar

Caderno de atividades – 9º ano **25**

5. Se você leu e entendeu este capítulo, então vai conseguir responder:

a) Quais são as faixas de frequência nas extremidades do espectro eletromagnético?
_____
_____
_____
_____
_____

b) O que é a luz visível?
_____
_____
_____
_____

c) Qual é a importância dos raios X?
_____
_____
_____
_____

d) Qual é a diferença entre os corpos luminosos e os iluminados? Cite exemplos.
_____
_____
_____
_____
_____
_____

e) O que é feixe luminoso? Cite os três tipos.
_____
_____
_____
_____
_____

f) Cite as três propriedades da propagação da luz.
_____
_____
_____
_____
_____

g) O que é a refração da luz?
_____
_____
_____

h) O que é a reflexão da luz?
_____
_____
_____

i) De que depende a cor de um objeto? Cite um exemplo.
_____
_____
_____
_____
_____

Capítulo 16 – Fenômenos luminosos: espelhos e lentes

1. Assinale a afirmativa errada e justifique sua resposta.

( ) Nos espelhos planos só se formam imagens virtuais.

( ) Toda lente tem pelo menos uma superfície curva.

( ) Espelhos convexos ampliam o campo visual do observador.

( ) As lentes convergentes nunca conjugam imagens reais.

Justificativa: _____
_____
_____
_____

2. Observe a figura abaixo, que representa a conjugação de uma imagem em uma lente convergente. Depois, identifique os elementos da lente que no esquema são representados por suas letras iniciais:

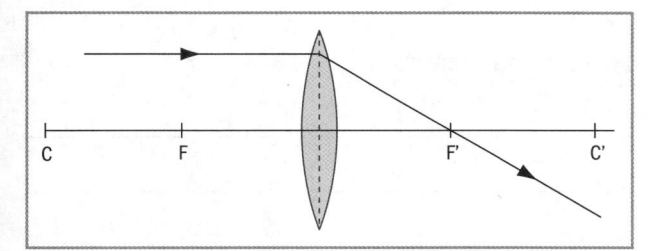

C e C': _____
_____

F: _____
_____
_____

F': _____
_____
_____

3. Nomeie as partes do olho humano na figura abaixo:

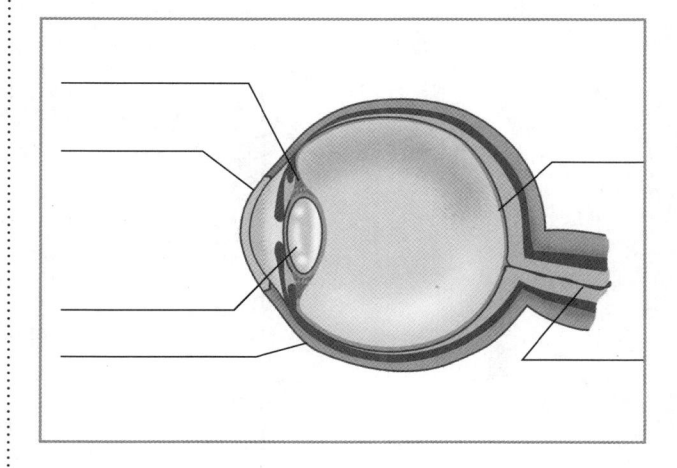

4. Observe os diferentes tipos de lentes convergentes e divergentes. Depois, dê o nome de cada uma:

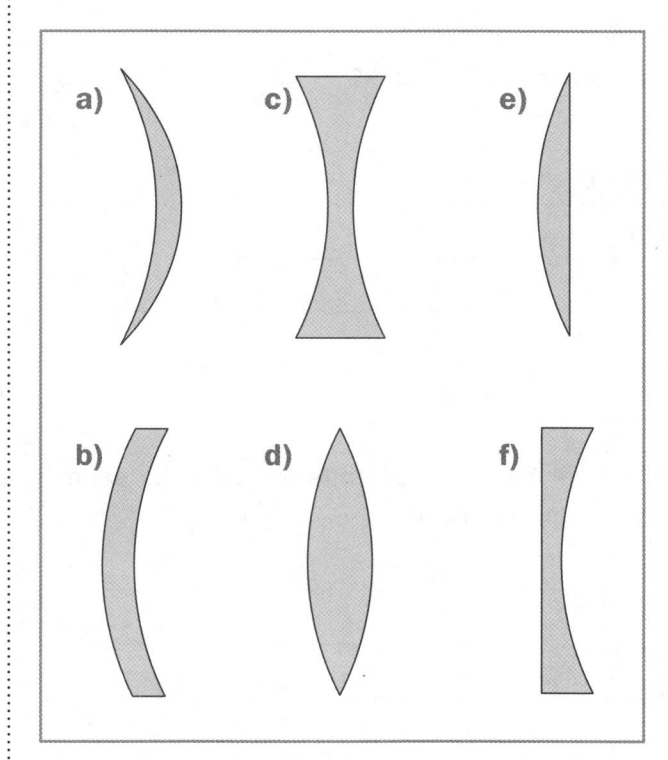

a) _____
b) _____
c) _____
d) _____
e) _____
f) _____

5. Construa a imagem virtual do ponto no espelho plano da figura:

6. Se você leu e entendeu este capítulo, então vai conseguir responder:

a) O que são espelhos?

_____
_____
_____
_____
_____

b) Qual é a diferença entre a imagem virtual e a real? Cite exemplos.

_____
_____
_____
_____
_____
_____
_____
_____

c) Cite as características da imagem fornecida por um espelho plano.

_____
_____
_____
_____
_____
_____
_____

d) O que é um espelho esférico?

_____
_____

e) Cite os dois tipos de espelhos esféricos e explique em que consistem.

_____
_____
_____
_____
_____

f) O que são lentes?

_____
_____
_____
_____

g) Qual é a principal diferença entre as lentes convergentes e as divergentes?

_____
_____
_____
_____
_____

h) Cite as duas propriedades da formação das imagens nas lentes.

_____
_____
_____
_____
_____

i) Em que consiste o defeito da visão denominado miopia? Como ele pode ser corrigido?

_____
_____
_____
_____
_____
_____
_____

j) O que é presbiopia? Como ela pode ser corrigida?

_____
_____
_____
_____
_____
_____
_____

k) O que é astigmatismo? Como esse problema pode ser corrigido?

_____
_____
_____
_____

l) O que é hipermetropia? Como ela pode ser corrigida?

_____
_____
_____
_____
_____

Capítulo 17 – Os ímãs e o magnetismo

1. Identifique com a letra **V** as afirmativas verdadeiras e com **F** as falsas. Depois, corrija as afirmativas falsas.

a) ( ) Ímã é um material que tem a capacidade de atrair qualquer metal.

b) ( ) Todo ímã cria um campo magnético a sua volta.

c) ( ) As bússolas são usadas na orientação de navegadores.

d) ( ) Polos de um ímã de mesmo nome se atraem; polos de nomes diferentes se repelem.

e) ( ) O polo norte geográfico corresponde ao polo sul magnético.

Correção: _____
_____
_____
_____
_____
_____

2. Assinale com um **X** tudo o que estiver relacionado com o magnetismo:

( ) luz   ( ) ondas sonoras

( ) eletroímã   ( ) calor

( ) polos   ( ) bússola

( ) temperatura   ( ) campo magnético

3. Observe as figuras abaixo. Indique com a letra **C** as que estão corretas e com **E** as que estão erradas:

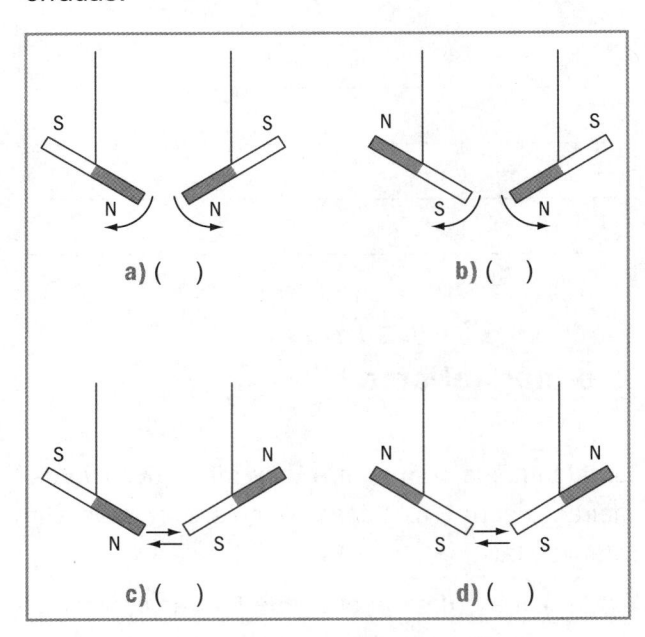

a) (   )   b) (   )

c) (   )   d) (   )

4. Observe as duas figuras abaixo:

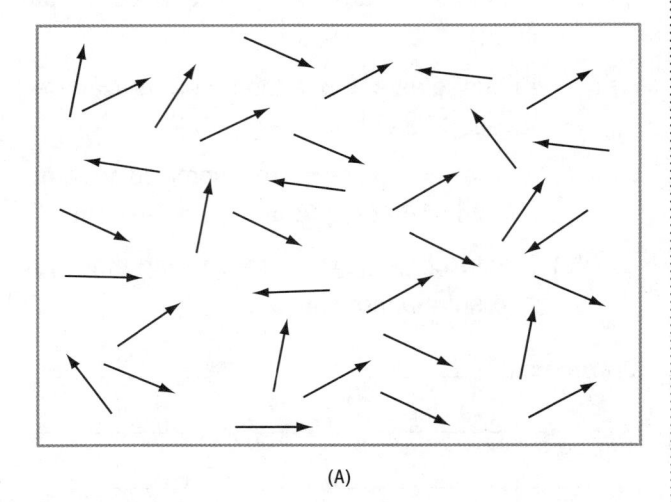

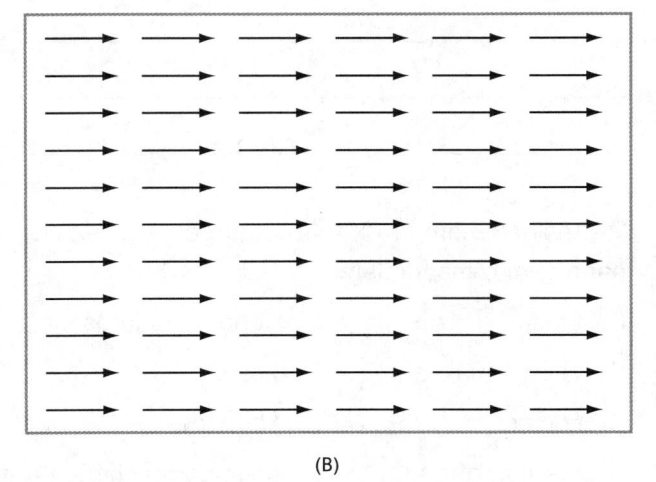

(A)

(B)

Agora, responda: qual dessas figuras representa um material magnético, a figura **A** ou a figura **B**? Por quê?

_____
_____
_____
_____

5. Se você leu e entendeu este capítulo, então vai conseguir responder:

a) O que é magnetismo?

_____
_____
_____
_____

b) O que são polos de um ímã? Quais são eles?

_____
_____
_____

c) Por que o polo norte de um ímã recebe esse nome?

_____
_____
_____
_____

d) Para que serve a bússola? Como ela funciona?

_____
_____
_____
_____
_____
_____

e) Como se comportam os polos de dois ímãs quando eles são aproximados um do outro?

f) Por que a Terra é considerada um ímã gigantesco?

g) O que é campo magnético?

h) Qual é a diferença entre o ímã permanente e o ímã temporário?

i) Como é feita a imantação por contato?

j) O que são eletroímãs e quais são as suas principais aplicações?

Capítulo 18 – A eletricidade

1. A pilha é um tipo de gerador de eletricidade que faz funcionar os circuitos elétricos de diversos aparelhos. Certo ou errado? Justifique a sua resposta.

2. Dê as cargas elétricas (+ ou –) dos corpos situados na parte inferior de cada figura escrevendo o sinal no espaço correspondente:

a) ( )   repulsão

b) ( )   atração

c) ( )   repulsão

d) ( )   atração

3. Preencha os quadrinhos para formar palavras que correspondam aos conceitos abaixo. Depois, dê o significado da palavra em destaque na coluna vertical.

a) Gerador químico de eletricidade.

b) Dispositivo de proteção contra curto-circuito.

c) Unidade de resistência elétrica.

d) Unidade de tensão elétrica.

e) Unidade de intensidade elétrica.

f) Eletrização de um corpo a distância.

g) Tipo de corrente elétrica em que os elétrons vibram e mudam o sentido da corrente periodicamente.

h) Situação de um circuito em que um dos fios (ou todos) não está ligado a um dos polos de uma fonte de energia elétrica.

a)
b)
c)
d)
e)
f)
g)
h)

_____

_____

4. Associe os dados da coluna esquerda aos seus correspondentes à direita:

a) pilha   ( ) corrente que flui num só sentido

b) fusível   ( ) corrente produzida pelo movimento de um ímã

c) corrente alternada   ( ) gerador químico de eletricidade

d) dínamo   ( ) proteção contra curto-circuito

e) corrente induzida   ( ) vaivém de elétrons

f) corrente contínua   ( ) gerador mecânico de eletricidade

5. Observe a figura que representa um circuito elétrico.

Considere a voltagem da pilha adequada à voltagem da lâmpada e responda: a lâmpada desse circuito vai acender? Por quê?

_____
_____
_____
_____
_____

6. Se você leu e entendeu este capítulo, então vai conseguir responder:

a) Qual é a diferença entre os condutores e os isolantes de eletricidade? Cite exemplos.

_____
_____
_____
_____
_____
_____
_____

32   Caderno de atividades – 9º ano

b) Quando um corpo está eletrizado negativamente?

c) Explique a propriedade fundamental das cargas elétricas.

d) Quais são as duas formas de eletrização? Explique.

e) O que é corrente elétrica?

f) O que é diferença de potencial?

g) O que é indução eletromagnética?

h) O que é circuito elétrico?

i) Como funcionam os disjuntores? Para que eles servem?

UNIDADE III – O ESTUDO DA QUÍMICA

Capítulo 19 – Átomos: a matéria na intimidade

1. A última camada dos gases nobres é completa, ou seja, tem oito elétrons. O gás hélio não possui oito elétrons em sua última camada; logo, não é um gás nobre. Certo ou errado? Justifique a sua resposta.

2. Ligue os termos da coluna esquerda aos conceitos correspondentes:

número atômico   partículas negativas

prótons   circunda o núcleo do átomo

eletrosfera   soma do número de prótons com o número de nêutrons

elétrons   partículas positivas

nêutrons   número de prótons de um átomo

número de massa   partículas sem carga elétrica

3. Identifique com um **X** a afirmativa errada. Depois, corrija-a:

( ) O átomo de sódio tem 11 elétrons. Então, ele tem 2 elétrons na 1ª camada eletrônica, 8 na 2ª e 1 na última.

( ) Íon é um átomo eletricamente carregado.

( ) O átomo de cálcio tem 20 elétrons. Então, ele tem 2 elétrons na 1ª camada eletrônica, 8 na 2ª e 10 na última, que pode ter no máximo 18 elétrons.

( ) A massa do elétron é cerca de 1 840 vezes menor que a massa do próton.

( ) O átomo de potássio tem 19 elétrons. Então, ele tem 2 elétrons na 1ª camada, 8 na 2ª, 8 na 3ª e 1 na última.

Correção: _____
_____
_____
_____
_____
_____
_____

4. Identifique as partículas do átomo no esquema abaixo:

5. Complete a figura abaixo com todas as camadas eletrônicas que pode haver em um átomo e seus respectivos números máximos de elétrons:

6. Faça a distribuição dos elétrons nas camadas dos átomos a seguir (use K =, L =, M =, etc.).

a) fósforo (Z = 15):
_____

b) criptônio (Z = 36):
_____

c) zinco (Z = 30):
_____

d) prata (Z = 47):
_____

7. Calcule o número de nêutrons do núcleo dos seguintes átomos:

a) carbono: Z = 6 e A = 13

b) enxofre: Z = 16 e A = 32

_____

c) ferro: Z = 26 e A = 56

_____

d) urânio: Z = 92 e A = 238

_____

8. Observe as figuras dos íons abaixo:

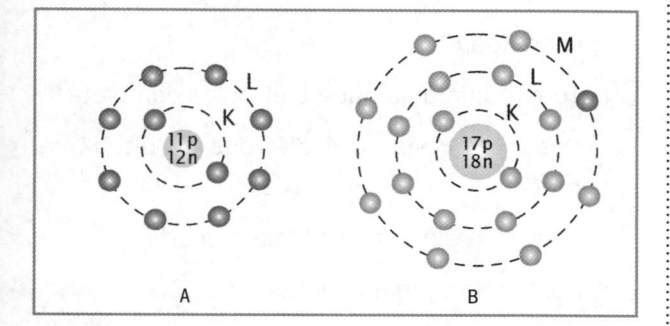

(Figura A: 11p, 12n, camadas K, L)
(Figura B: 17p, 18n, camadas K, L, M)

Agora, responda:

a) Que tipo de íon é o da figura **A**?

_____

b) Justifique a sua resposta anterior.

_____
_____
_____
_____

c) Que tipo de íon é o da figura **B**?

_____

d) Justifique a sua resposta anterior.

_____
_____
_____
_____

9. Se você leu e entendeu este capítulo, então vai conseguir responder:

a) Quais são as três principais partículas do átomo e suas cargas elétricas?

_____
_____
_____

b) Quando um material está carregado positivamente?

_____
_____
_____
_____
_____

c) O que é número atômico? Como ele é representado? Cite um exemplo.

_____
_____
_____

d) Quando um átomo pode ser considerado eletricamente neutro?

_____
_____

e) Cite as sete camadas eletrônicas e o respectivo número máximo de elétrons que pode haver em cada uma delas.

_____
_____

f) Quando um átomo se transforma em íon?

_____
_____

Capítulo 20 – A organização do conhecimento químico

1. Complete as frases abaixo:

a) Um átomo é caracterizado por seu _____ _____.

b) O conjunto de átomos que têm o mesmo número atômico chama-se _____.

2. Associe cada elemento ao respectivo símbolo:

a) nitrogênio ( ) C
b) cloro ( ) K
c) potássio ( ) Ag
d) carbono ( ) N
e) prata ( ) S
f) enxofre ( ) Cl

3. Observe a notação do seguinte átomo: $^{56}_{26}Fe$.

a) A notação representa o átomo da substância _____.

b) O número 26 da notação significa que o _____ _____.

c) O número 56 da notação significa que o _____ _____.

d) Pelos dados da notação, sabe-se que o número de nêutrons do núcleo do átomo de ferro é _____.

4. Associe os elementos químicos às suas características:

a) metais **d)** hidrogênio
b) não metais **e)** semimetais
c) gases nobres

( ) Têm a última camada eletrônica completa.
( ) Possuem mais de 4 elétrons na última camada.
( ) Tem 1 só elétron na última camada.
( ) Apresentam brilho quando são polidos.
( ) Possuem propriedades intermediárias de metal e não metal.
( ) Possuem 1, 2 ou 3 elétrons na última camada.
( ) Metaloides.
( ) São resistentes, maleáveis e dúcteis.
( ) Não conduzem bem o calor e a eletricidade.

5. Escreva nas linhas da figura abaixo o significado dos componentes do seguinte elemento da Tabela Periódica:

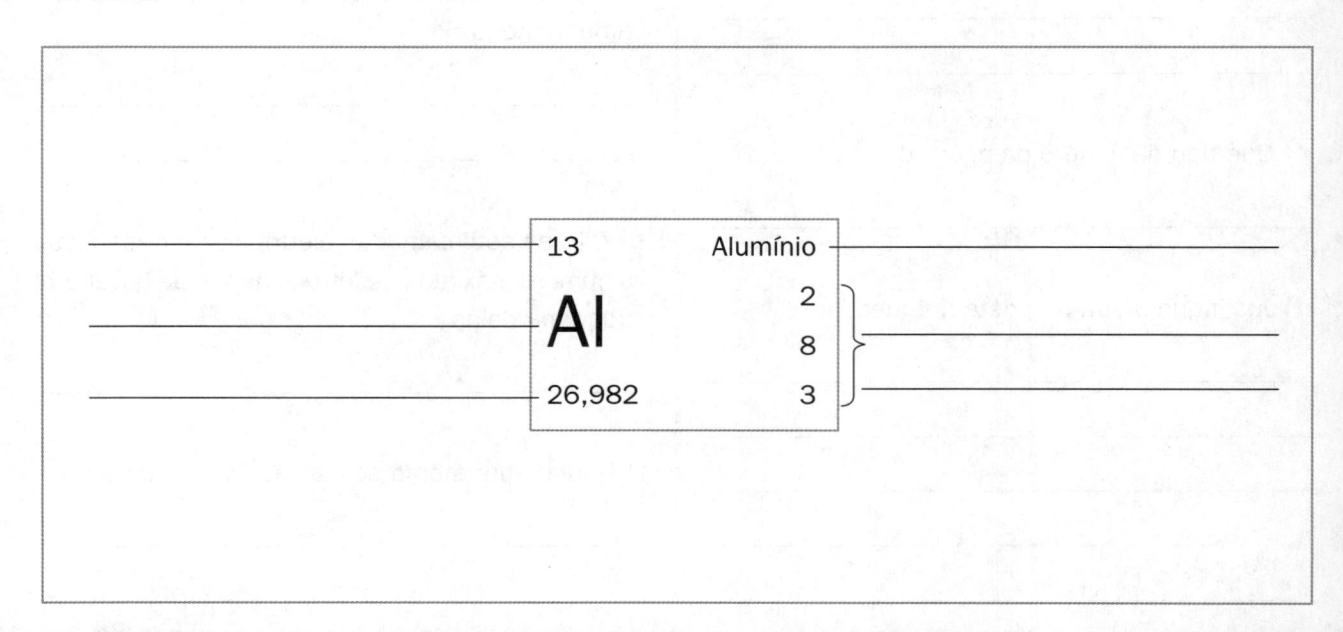

```
            13           Alumínio
            Al              2
                            8
            26,982          3
```

6. Ligue os termos da coluna esquerda aos respectivos conceitos:

elementos artificiais	base da construção da Tabela atual
períodos	mesmo número de elétrons na última camada
Mendeleev	produzidos em laboratório
famílias	elemento à parte na Tabela Periódica
número atômico	mesmo número de camadas eletrônicas
hidrogênio	construiu a primeira Tabela Periódica

7. Os gases nobres dificilmente se combinam com outros elementos químicos. Certo ou errado? Justifique sua resposta.

___

8. Use a letra **M** para indicar o que for metal; **N** para não metal; **S** para semimetal; e **G** para gás nobre:

( ) cloro ( ) oxigênio
( ) xenônio ( ) hélio
( ) cálcio ( ) sódio
( ) potássio ( ) enxofre
( ) silício ( ) níquel
( ) carbono ( ) antimônio

9. Consulte a Tabela Periódica e dê o nome dos seguintes elementos, conforme os períodos e famílias a que pertencem:

a) Período: 3; Família: 16 – Elemento:

___

b) Período: 4; Família: 18 – Elemento:

___

c) Período: 2; Família: 2 – Elemento:

___

d) Período: 4; Família: 8 – Elemento:

___

10. Se você leu e entendeu este capítulo, então vai conseguir responder:

a) O que é elemento químico? Cite exemplos.

___

b) De modo geral, de que é constituído o símbolo que representa um átomo? Cite exemplos.

___

c) Por que certos símbolos não coincidem com a inicial do nome do elemento? Cite exemplos.

___

d) Em que se baseia a disposição dos elementos na Tabela Periódica?

e) Quais são as características dos períodos na Tabela Periódica?

f) Quais são as características das famílias na Tabela Periódica?

g) Quais são as características dos metais? Cite exemplos.

h) O que são gases nobres ou raros? Cite exemplos.

i) O que são não metais? Cite exemplos.

j) Qual é a principal característica dos semimetais ou metaloides? Cite exemplos.

Capítulo 21 – As substâncias químicas

1. Use a letra **I** para identificar as substâncias formadas por ligações iônicas; **C** para as que apresentam ligações covalentes; e **M** para as que apresentam ligações metálicas:

( ) água ( ) fluoreto de cálcio
( ) cloreto de sódio ( ) oxigênio
( ) ferro ( ) cobre
( ) hidrogênio ( ) iodeto de magnésio

2. Marque um **X** na resposta correta:

a) Os elementos que apresentam átomos normalmente estáveis são chamados de:

( ) metais ( ) hidrogênio
( ) não metais ( ) gases nobres

b) O átomo que tende a perder elétrons tem, na última camada:

( ) menos de 4 elétrons ( ) mais de 4 elétrons
( ) exatamente 8 elétrons ( ) exatamente 4 elétrons

c) A ligação química feita com o compartilhamento de elétrons é denominada ligação:

( ) metálica ( ) covalente
( ) iônica ( ) nenhuma alternativa anterior

3. O átomo de cloro tem 7 elétrons na última camada, enquanto o de sódio só tem 1. Nesse caso, o átomo de sódio cede esse elétron ao átomo de cloro e ambos se tornam estáveis. Certo ou errado? Justifique sua resposta.

_____
_____
_____
_____
_____
_____
_____

4. Assinale a afirmativa errada. Justifique sua resposta:

( ) A fórmula química é constituída por símbolos de elementos químicos e números.

( ) A fórmula iônica indica o grupamento iônico que representa uma substância.

( ) Uma fórmula química representa apenas átomos de elementos químicos.

( ) Na fórmula química, as letras indicam os elementos químicos que participam da composição da substância.

( ) Em uma fórmula iônica, os índices informam a quantidade de íons presentes no grupamento iônico que representa a substância.

Justificativa: _____
_____
_____

5. Observe a fórmula química de alguns cátions (íons positivos) e ânions (íons negativos):

Monovalentes	Bivalentes	Trivalentes
Iodeto: I^-	Óxido: O^{2-}	Fosfato: PO_4^{3-}
Fluoreto: F^-	Sulfato: SO_4^{2-}	
Nitrato: $NO3^-$	Cálcio: Ca^{2+}	
Sódio: Na^+	Zinco: Zn^{2+}	
Potássio: K^+	Manganês: Mn^{2+}	
Cloreto: Cl^-	Magnésio: Mg^{2+}	
Hidróxido: OH^-	Cromato: CrO_4^{2-}	
Prata: Ag^+		

Agora, escreva a fórmula das seguintes substâncias:

a) Iodeto de potássio: _____

b) Óxido de cálcio: _____

c) Sulfato de zinco: _____

d) Fluoreto de manganês: _____

e) Fosfato de potássio: _____

6. Consulte o quadro de íons da atividade anterior e escreva o nome das substâncias representadas pelas fórmulas a seguir:

a) CaO: _____

b) KCl: _____

c) MgI_2: _____

d) NaOH: _____

e) $CaSO_4$: _____

7. Se você leu e entendeu este capítulo, então vai conseguir responder:

a) O que são ligações químicas entre átomos?
_____
_____

b) O que é necessário para que um átomo seja estável?
_____
_____

c) O que é ligação iônica ou eletrovalente? Como ela ocorre? Cite um exemplo.
_____
_____
_____
_____
_____
_____
_____

d) O que é ligação covalente ou molecular? Como ela ocorre? Cite um exemplo.
_____
_____
_____
_____
_____

e) O que é ligação metálica?
_____

f) O que é índice? O que ele representa em uma fórmula química?
_____
_____

Capítulo 22 – Substâncias puras e misturas

1. Marque com um **X** a resposta correta:

a) Uma substância pura pode ser identificada por:

( ) suas propriedades específicas

( ) sua aparência homogênea

( ) suas propriedades gerais

( ) sua aparência heterogênea

b) A água é chamada de substância composta porque é formada por:

( ) átomos de um único elemento

( ) íons e moléculas

( ) átomos de mais de um elemento

( ) cátions e nuvem de elétrons

c) Exemplo de mistura homogênea:

( ) água e areia   ( ) água e óleo

( ) água e serragem   ( ) ar

d) As misturas homogêneas também são chamadas de:

( ) solutos   ( ) soluções

( ) substâncias compostas   ( ) solventes

2. Assinale as misturas homogêneas:

( ) água e açúcar   ( ) suco de laranja filtrado

( ) água e óleo ( ) água e areia
( ) café ( ) água e sal
( ) areia e pó de ferro ( ) farinha e pó de café

( ) a água destilada cai no recipiente
( ) a mistura é aquecida
( ) a água em ebulição se transforma em vapor
( ) a mistura é posta em um balão de destilação
( ) o vapor passa pela serpentina do condensador

3. Identifique com um **X** a afirmativa errada. Justifique sua resposta.

( ) O dióxido de carbono ou gás carbônico é uma substância composta.

( ) As substâncias compostas são formadas por átomos ou íons de mais de um elemento químico.

( ) Em uma mistura de água e sal, a água é o soluto e o sal é o solvente.

( ) Uma substância simples é formada por átomos de um único elemento químico.

( ) O gás hidrogênio é uma substância simples.

Justificativa: _____
_____

4. Associe os termos da coluna à esquerda com os seus correspondentes à direita:

a) evaporação ( ) aparelho que separa misturas líquidas homogêneas

b) destilação fracionada ( ) propriedade em que se baseia a destilação

c) ponto de ebulição ( ) método utilizado para separar os componentes do petróleo

d) destilador ( ) separa o plasma dos glóbulos sanguíneos

e) centrifugação ( ) método de separação do sal da água do mar

5. Os itens a seguir referem-se a etapas do processo de destilação da água. Numere-os para indicar a ordem correta do processo:

( ) o vapor condensa-se, isto é, transforma-se em água líquida

6. Use a letra **V** para identificar as afirmativas verdadeiras e **F** para as falsas. Justifique sua resposta.

a) ( ) A decantação é parte do processo de purificação da água usado nas estações de tratamento.

b) ( ) Nos garimpos, para separar o ouro da areia, os garimpeiros recorrem ao processo conhecido como levigação.

c) ( ) A filtração, método que separa a água das impurezas, baseia-se na diferença de densidades das substâncias.

d) ( ) Para separar o sal da água pode-se usar a destilação simples.

e) ( ) Na centrifugação do sangue, os glóbulos sanguíneos ficam flutuando na superfície do plasma.

Justificativa: _____
_____
_____
_____
_____
_____
_____

7. Se você leu e entendeu este capítulo, então vai conseguir responder:

a) O que é substância pura? Cite exemplos.
_____
_____
_____
_____

b) Qual é a diferença entre as substâncias simples e as compostas? Cite exemplos.

c) Qual é a diferença entre o solvente e o soluto? Cite exemplos.

d) O que é mistura homogênea? Cite exemplos.

e) Onde é usado o processo de separação de misturas por evaporação?

f) Que mudanças de estado físico ocorrem na destilação?

g) Qual é a base do processo de filtração?

h) Em que consiste a decantação?

i) Diga em que consiste o processo de separação de misturas por levigação. Cite exemplos.

Capítulo 23 – A matéria sofre transformações

1. Associe os termos da coluna da esquerda com as respectivas definições à direita:

a) equação química ( ) substâncias formadas pela reação química

b) precipitado ( ) substâncias que reagem entre si

c) reagentes ( ) representação de uma reação química

d) produtos ( ) substância insolúvel produzida em uma reação

2. Analise a equação química da reação entre o alumínio metálico (Al⁰) e o ácido clorídrico (HCl):

Al + 3HCl → Cl₃Al + 3H⁺↗

a) O que está ocorrendo na reação representada acima?

_____
_____
_____

b) Explique o significado do símbolo ↗ sobre o segundo produto da reação.

_____
_____
_____

3. Assinale todas as equações que representam uma reação química de adição:

( ) Na₂O + H₂O → 2NaOH

( ) 3HCl + Al(OH)₃ → AlCl₃ + 3H₂O

( ) Mn + 2HCl → MnCl₂ + H₂↗

( ) Fe + S →^Δ FeS

( ) Ca + 2HCl → CaCl₂ + H₂↗

( ) I + Na → NaI

4. Identifique com a letra **V** as afirmativas verdadeiras e com **F** as falsas. Justifique sua resposta.

a) ( ) Os produtos de uma reação são representados no primeiro membro de uma equação química.

b) ( ) Na reação de análise, uma substância composta se decompõe em outras.

c) ( ) O primeiro membro de uma equação química é separado do segundo por uma seta.

d) ( ) Em uma reação química de simples troca, um elemento químico toma o lugar de outro em uma substância composta.

e) ( ) Em uma reação química de permutação, duas ou mais substâncias reagem para formar uma substância mais complexa.

Justificativa: _____
_____
_____
_____
_____

5. Complete a seguinte equação química:

_____ + 2HCl → Cl₂Zn + ↗ _____

6. Associe as equações químicas abaixo com os seus respectivos tipos ou categorias:

a) Ba(OH)₂ → BaO + H₂O

b) Na₂S + 2HNO₂ → 2NaNO₂ + H₂S

c) S + Ca → CaS

d) Fe + 2HCl → FeCl₂ + H₂

( ) reação de substituição

( ) reação de adição

( ) reação de decomposição

( ) reação de permutação

7. Preencha os quadrinhos para formar palavras que correspondam aos conceitos abaixo. Depois, enuncie a lei formulada pelo cientista cujo nome aparece em destaque na coluna vertical.

a) Elemento químico de número atômico (Z) igual a 17.

b) Nome dado à transformação química de substâncias: _____ química.

c) Ligação química com compartilhamento de elétrons.

d) Nome do cientista que formulou a Lei das Proporções Definidas.

e) Nome pelo qual o íon positivo também é conhecido.

f) Nome dado à mudança de estado da matéria de sólido para líquido.

g) Nome pelo qual o íon negativo também é conhecido.

h) Conjunto de átomos que têm o mesmo número atômico.

i) Nome dado a cada linha da Tabela Periódica.

_____
_____
_____
_____
_____

8. A combinação de substâncias deve ser feita em quantidades proporcionais, de acordo com as massas atômicas dos elementos que formam essas substâncias. Essa afirmação corresponde ao que afirma a lei de:

( ) Lavoisier   ( ) Newton   ( ) Dalton

( ) Arquimedes   ( ) Proust   ( ) Rutherford

9. Para produzir cloreto de sódio (NaCl), o cloro (Cl) e o sódio (Na) devem ser combinados na proporção de 35 : 23, respectivamente. Quantos gramas de sódio devemos combinar com 70 g de cloro para produzir essa substância? Quantos gramas da substância serão produzidos? Explique.

_____
_____
_____
_____
_____
_____
_____
_____
_____
_____
_____
_____
_____
_____

10. Se você leu e entendeu este capítulo, então vai conseguir responder:

a) O que são reações químicas?

_____
_____

b) O que são reagentes de uma reação química?

_____
_____

c) O que são produtos de uma reação química?

_____

d) Como são representadas as reações químicas?

___

e) O que é reação de adição ou síntese? Cite um exemplo.

___

f) O que é reação de decomposição ou análise? Cite um exemplo.

___

g) O que é reação de substituição ou simples troca? Cite um exemplo.

___

h) O que é reação de permutação ou dupla troca? Cite um exemplo.

___

i) Enuncie a Lei da Conservação da Massa.

___

j) Enuncie a Lei das Proporções Definidas.

___

k) Em um dos pratos de uma balança, uma vela acesa (reação de combustão) equilibra-se com um peso padrão no outro prato. Depois de queimar durante certo tempo, a balança se desequilibra, pendendo para o lado em que está o peso padrão. Esse experimento parece contrariar a Lei de Lavoisier, mas sabemos que não é verdade. Explique o que ocorre nesse caso.

___

Capítulo 24 – Funções químicas: ácidos e bases

1. Identifique com a letra **A** as fórmulas que representam ácidos e com a letra **B** aquelas que representam bases:

( ) HNO_3 ( ) $Al(OH)_3$

( ) $Mn(OH)_2$ ( ) H_3PO_4

( ) KOH   ( ) NaOH

( ) H_2SO_3 ( ) $Mg(OH)_2$

2. Assinale os produtos que podem conter bases em sua constituição:

( ) vinagre
( ) sabonetes
( ) detergentes
( ) limão
( ) refrigerantes
( ) cremes dentais
( ) laranja
( ) remédios contra a acidez estomacal

3. Assinale as expressões que correspondam a características de bases.

( ) sabor ácido
( ) pH menor que 7
( ) neutro
( ) sabor adstringente
( ) conduzem bem a eletricidade, em solução
( ) reagem com ácidos, formando óxidos
( ) podem ser corrosivas
( ) pH maior que 7

4. Um papel-filtro embebido em indicador universal foi usado para testar o pH da água de uma piscina. Como resultado, o papel adquiriu uma coloração alaranjada. Portanto, podemos concluir que a água da piscina está:

( ) neutra
( ) básica
( ) excessivamente ácida
( ) pouco básica
( ) ligeiramente ácida
( ) excessivamente básica

5. Assinale a afirmativa errada. Justifique sua resposta:

( ) Ácidos são substâncias que, em solução aquosa, sofrem ionização, produzindo íons H^+.
( ) Os ácidos reagem com as bases formando sais e água.
( ) Ao ser mergulhado em uma solução básica, o papel de tornassol azul fica rosado.
( ) São exemplos de substâncias ácidas: iogurte, limão e vinagre.
( ) Bases são substâncias que, em solução aquosa, sofrem ionização, produzindo íons OH^-.

Justificativa: _____
_____
_____
_____

6. Associe os ácidos e bases às fórmulas correspondentes:

a) hidróxido de cálcio
b) acido clorídrico
c) ácido sulfúrico
d) hidróxido de magnésio
e) ácido carbônico
f) hidróxido de sódio

( ) H_2SO_4
( ) H_2CO_3
( ) NaOH
( ) $Ca(OH)_2$
( ) HCl
( ) $Mg(OH)_2$

7. Se você leu e entendeu este capítulo, então vai conseguir responder:

a) Segundo Lewis, o que são ácidos e o que são bases?

_____
_____
_____
_____
_____
_____
_____

b) O que os ácidos têm em comum em sua composição?

_____
_____
_____

c) O que as bases têm em comum em sua composição?

d) Cite três propriedades dos ácidos.

e) Cite três propriedades das bases.

f) O que são indicadores químicos? Cite exemplos.

g) O que ocorre com a fenolftaleína incolor quando adicionamos uma base a ela?

h) O que ocorre com a fenolftaleína rósea quando adicionamos um ácido a ela?

Capítulo 25 – Funções químicas: óxidos e sais

1. Associe cada uma das fórmulas de óxidos a seguir ao nome correspondente:

a) FeO   ( ) dióxido de enxofre
b) SO_2 ( ) dióxido de carbono
c) Na_2O ( ) óxido de sódio
d) Al_2O_3 ( ) óxido de ferro
e) CO_2 ( ) óxido de alumínio

2. Use a letra **O** para indicar o que for óxido e **S** para o que for sal:

( ) KNO_3 ( ) CO
( ) CaO   ( ) $AlCl_3$
( ) $Al_2(SO_4)_3$ ( ) $CaSO_4$
( ) K_2O ( ) Cl_2O

3. Os sais não possuem os íons H^+ e OH^-. Certo ou errado? Justifique a sua resposta.

4. Analise esta reação química:

HCl (aq) + NaOH (aq) → NaCl (aq) + H_2O (l).

Agora, responda:

a) Quais são os produtos da reação?

b) Quais são os nomes dos reagentes?

c) Como se chama esse tipo de reação entre um ácido e uma base com a produção de um sal e água?

_____

_____

5. Marque com um **X** tudo o que for propriedade dos sais:

( ) Têm sabor azedo.

( ) Conduzem bem a eletricidade quando em solução.

( ) Têm sabor salgado.

( ) Contêm o íon hidrogênio.

( ) Resultam da reação entre ácidos e bases.

( ) Têm sabor adstringente.

6. O texto a seguir contém alguns erros. Reescreva-o da maneira correta:

Sais são substâncias moleculares que possuem um ânion diferente de OH^+ e um cátion diferente de H^- e que resultam da reação entre um ácido e uma base, a qual também produz um ácido.

Texto correto: _____

_____

_____

_____

_____

7. Se você leu e entendeu este capítulo, então vai conseguir responder:

a) O que é óxido? Cite exemplos.

_____

_____

_____

_____

b) O que é sal? Cite exemplos.

_____

_____

_____

_____

c) Qual é a diferença entre os óxidos ácidos e os óxidos básicos? Cite exemplos.

_____

_____

_____

_____

_____

_____

d) Qual é a diferença entre os sais oxigenados e os não oxigenados? Cite exemplos.

_____

_____

_____

_____

_____

e) Cite três propriedades dos sais.

_____

_____

_____

_____

f) Cite um tipo de reação destinada a produzir um sal e que não seja a reação de neutralização entre ácidos e bases.

_____

_____

_____